Lorenz Sichelschmidt/Hans Strohner (Hrsg.)
Sprache, Sinn und Situation

DUV Sprachwissenschaft

Lorenz Sichelschmidt/Hans Strohner (Hrsg.)

Sprache, Sinn und Situation

Festschrift für Gert Rickheit zum 60. Geburtstag

Springer Fachmedien Wiesbaden GmbH

Die Deutsche Bibliothek – CIP-Einheitsaufnahme

Sprache, Sinn und Situation : Festschrift für Gert Rickheit zum
60. Geburtstag / Hrsg.: Lorenz Sichelschmidt/Hans Strohner.
– 1. Aufl..
(DUV : Sprachwissenschaft)
ISBN 978-3-8244-4448-9 ISBN 978-3-663-08962-9 (eBook)
DOI 10.1007/978-3-663-08962-9

1. Auflage September 2001

Ursprünglich erschienen bei Deutscher Universitäts-Verlag GmbH, Wiesbaden, 2001

Lektorat: Ute Wrasmann / Dr. Tatjana Rollnik-Manke

duv@bertelsmann.de
www.duv.de

Gedruckt auf säurefreiem und chlorfrei gebleichtem Papier.

ISBN 978-3-8244-4448-9

Gert Rickheit

Vorworte

„Vorworte“ – im Plural? Ja. Der Plural ist schon richtig, denn dieser Abschnitt enthält gleich mehrere Vorworte.

Das erste Vorwort richtet sich an Sie, die Leserinnen und Leser des vorliegenden Sammelbandes. Sie finden hier eine Reihe von Arbeiten, die sich aus verschiedenen Perspektiven mit der Frage befassen, welche Rolle die Sprache in der Auseinandersetzung des Menschen mit der Welt, in der er lebt und die er erlebt, spielt: Wie erfahren Menschen ihre Umwelt, und wie hilft Sprache, sie zu verstehen? Wie erfahren Menschen Sprache, und wie hilft die umgebende Welt, sie zu verstehen? Wie funktioniert der sprachliche Informationsaustausch, wie das Zusammenspiel von sprachlicher und nichtsprachlicher Information in der menschlichen Kommunikation? Alle diese Fragen – und noch einige weitere – bilden den gemeinsamen inhaltlichen Hintergrund der im vorliegenden Sammelband enthaltenen Beiträge.

Sie werden gewissermaßen von einer doppelten Klammer umfasst. Die zwei ersten Beiträge stellen, bildlich gesprochen, ‚öffnende Klammern‘ dar: Eingangs nimmt *Theo Herrmann* unter funktionalen Gesichtspunkten eine Einordnung von Sprache in den evolutionären Gesamtzusammenhang der Auseinandersetzung des Menschen mit seiner Umwelt vor. Im anschließenden Beitrag von *Siegfried Kanngießer* erfolgt eine Verortung der funktionalen Sichtweise innerhalb eines engeren sprachwissenschaftlichen Rahmens – eine exemplarische Diskussion von Leistungen und Grenzen strukturalistischer Ansätze. Komplementär dazu stellen die zwei letzten Beiträge insofern ‚schließende Klammern‘ dar, als beide unterschiedliche Perspektiven einer zukünftigen Sprachwissenschaft skizzieren: *Helmut Schnelle* entwirft eine an netztheoretischen, kausalanalytischen Überlegungen ausgerichtete Linguistik, deren Forschungsinteresse sich auch auf das neuronale Substrat richtet, während *Peter Finke* und *Hans Strohner* für eine Orientierung an ökosystemischen Überlegungen plädieren, wobei der Situation als Umweltbezug eine besondere Rolle zukommt – zwei Perspektiven, die sich nicht nur nicht ausschließen, sondern vielleicht sogar, Synergien freisetzend, ergänzen können.

Zwischen diesen doppelten Klammern stehen Arbeiten, die ein breites Spektrum unterschiedlicher Zugänge zu „Sprache, Sinn und Situation" repräsentieren. Zunächst setzen sich vier Beiträge mit der situativen Verankerung von sprachlichen Ausdrücken auseinander: *Wolfgang Schnotz* stellt hierzu ein Modell der Inbeziehungsetzung von sprachlicher und bildlicher Information bei der Verarbeitung illustrierter Texte vor. *Constanze Vorwerg* diskutiert anhand empirischer Beobachtungen wahrnehmungs- und sprachpsychologische Grundlagen der verbalen Spezifikation von Objektattributen. *Petra Weiß* untersucht in einem Experiment die Rolle des sprachlichen und situativen Kontexts beim Verstehen objektbezogener Handlungsanweisungen. *Josef Meyer-Fujara* und *Hannes Rieser* schließlich befassen sich mit den semantischen, pragmatischen und kognitiven Voraussetzungen der Interpretation bildhaft-metonymischer Objektbenennungen. Mit der Betonung des Diskurskontexts wird hier ein Übergang vom Themenschwerpunkt ‚Verstehen' zum nächsten Schwerpunkt ‚Verständigung' vollzogen, dem sich zwei Beiträge widmen: Neue Wege der Inferenzforschung, die sich durch den Einbezug von diskursanalytischen und gestalttheoretischen Ansätzen eröffnen, zeigt *Walther Kindt* auf. Charakteristika des Diskurses unter älteren Menschen, speziell die Ambivalenz zwischen der Normalität und Abweichungen davon, werden von *Reinhard Fiehler* erörtert. Bei den vier dann folgenden Beiträgen handelt es sich um psycholinguistische Experimente zur Produktion sprachlicher Äußerungen: *Stefan Barattelli, Lorenz Sichelschmidt* und *Marja van Tuinen* berichten über ein Experiment zu der Frage, inwieweit sich Äußerungsplanung in den Augenbewegungen des Sprechers widerspiegelt. *Eva Belke, Hans-Jürgen Eikmeyer* und *Ulrich Schade* liefern experimentelle Indizien für einen freien, nicht in Stufen verlaufenden Zugriff auf das mentale Lexikon bei der Sprachproduktion. *Rüdiger Weingarten* untersucht mit Hilfe einer Doppelaufgaben-Technik den Zeitverlauf von schriftlicher und mündlicher Objektbenennung. Und *Claudia Rohwetter, Klaus Kessler* und *Martina Hielscher-Fastabend* weisen in einem methodisch ganz ähnlich angelegten Experiment Einflüsse räumlich-visueller Information auf den Prozess des Buchstabierens nach. In drei weiteren Beiträgen schließlich geht es um konkrete Anwendungen kognitiv-linguistischer Überlegungen in einem klinischen Umfeld, in Medienkommunikation und im Labor: *Tatjana Hedtmann* weist auf die Relevanz von Texten in der Aphasiologie hin, *Elke Prestin* plädiert für die Berücksichtigung von Produktionsbedingungen und -intentionen bei der Gestaltung von Texten für Printmedien, und *Horst M. Müller* und *Sabine Weiss* stellen am Beispiel konkreter und abstrakter Nomina ein vielversprechendes

Verfahren zur Untersuchung der der Verarbeitung zugrunde liegenden neurophysiologischen Prozesse vor, wodurch ein klarer inhaltlicher Bezug zur ersten der oben beschriebenen ‚schließenden Klammern' gegeben ist. – Soweit das erste Vorwort, das einen Eindruck vom Inhalt des Sammelbands vermitteln sollte.

Das zweite Vorwort richtet sich ebenfalls an Sie als Leserinnen und Leser des vorliegenden Buches. Es betrifft sein Zustandekommen. Die Autorinnen und Autoren möchten mit ihren Beiträgen einen Kollegen und Freund würdigen, dessen Werk als akademischer Forscher, Lehrer und Manager maßgeblich dazu beigetragen hat, die Grundlagen der hier skizzierten Ansichten zum Zusammenhang von „Sprache, Sinn und Situation" in der europäischen Linguistik zu etablieren: *Gert Rickheit*.

Gert Rickheit, am 4. Oktober 1941 in Braunschweig geboren, hat in Braunschweig Erziehungswissenschaften und in Bochum Linguistik, Literaturwissenschaft, Psychologie und Philosophie studiert. Seit 1978 ist er Professor für Psycholinguistik an der Fakultät für Linguistik und Literaturwissenschaft der Universität Bielefeld. Von 1996 bis 2001 hatte er zudem das Amt des Rektors dieser Universität inne.

Gert Rickheits unermüdlicher Einsatz bei der Initiierung, Planung und Durchführung von Forschungsinitiativen hat im Laufe der letzten Jahre an der Universität Bielefeld eine interdisziplinäre Arbeitsumgebung entstehen lassen, in der Wissenschaftlerinnen und Wissenschaftler in fach- und interessenübergreifender Kooperation und mit großem Erfolg kognitiv-linguistische Problemstellungen einer Lösung näherzubringen vermochten. Das hat sich nicht zuletzt in einer großen Zahl von Publikationen, an denen Gert Rickheit beteiligt war, niedergeschlagen. Zu nennen sind in diesem Zusammenhang vor allem folgende Initiativen:

- die DFG-Forschergruppe „Kohärenz" (1986 – 1991),
- die internationale Forschungsgruppe „Mental Models" am Zentrum für interdisziplinäre Forschung der Universität Bielefeld (1992 – 1995),
- der interdisziplinäre DFG-Sonderforschungsbereich „Situierte Künstliche Kommunikatoren" (seit 1993),
- der Studiengang „Klinische Linguistik" (seit 1996) mit dem entsprechenden Forschungsumfeld in Kooperation mit mehreren Kliniken der Region.

Gert Rickheit – stets offen für neue Ideen, jedoch Bewährtes dabei nicht außer Acht lassend, stets bemüht um den Dialog zwischen verschiedenen Disziplinen und Statusgruppen, stets motivierend und organisierend, sich stets bewusst den aktuellen Herausforderungen einer an kognitiven Prozessen ausgerichteten Linguistik stellend – versteht es zweifellos, seinen Studierenden, Mitarbeitern und Kollegen die Faszination des Spannungsfeldes von „Sprache, Sinn und Situation" nahezubringen und den wissenschaftlichen Diskurs zu dieser Thematik anzuregen. Von daher ist es kennzeichnend, dass im vorliegenden Sammelband ganz selbstverständlich höchst unterschiedliche individuelle Denkansätze präsentiert werden und dass selbstverständlich Vertreter verschiedener Fachrichtungen – von der Linguistik bis zur Physiologie – und verschiedener akademischer Grade – von der Magisterabsolventin bis zum Ehrendoktor – zu Wort kommen, um – hoffentlich – mit Ihnen, den Leserinnen und Lesern, in einen Dialog zu treten.

In Anbetracht der Leistungen Gert Rickheits haben verschiedene Institutionen das Entstehen dieses Sammelbandes bereitwillig unterstützt. Die Herausgeber danken in diesem Zusammenhang dem Rektorat der Universität Bielefeld, dem DFG-Sonderforschungsbereich „Situierte Künstliche Kommunikatoren" und der Westfälisch-Lippischen Universitätsgesellschaft. – Soweit das zweite Vorwort zum Zustandekommen des vorliegenden Bandes.

Das dritte Vorwort richtet sich an Gert Rickheit – aber natürlich freuen wir uns, wenn auch Sie es lesen. Lieber Gert, die Autorinnen und Autoren dieses Bandes gratulieren Dir hiermit zum 60. Geburtstag und wünschen Dir für die Zukunft alles Gute. Bleib' so wie Du bist: Jemand, der weitaus jünger ist als sein Lebensalter suggeriert, jemand, der bei allen Irritationen des Tagesgeschehens den Sinn für Heiterkeit nicht verliert, und jemand, der neben dem Wert wissenschaftlicher Erkenntnisse zu „Sprache, Sinn und Situation" auch Interessen außerhalb des Elfenbeinturms zu schätzen weiß. Denn eines ist klar: Du wirst zwar älter, doch Deine Oldtimer (eine Sammlung klassische Motorfahrzeuge der 50er und 60er Jahre) werden immer älter sein als Du selbst. In diesem Sinne appellieren wir an Dich wie an uns: Machen wir weiter! – Soweit das dritte Vorwort, eine Gratulation.

Das vierte und letzte Vorwort richtet sich ebenfalls an Gert Rickheit. Es ist ganz persönlich. Es ist ganz kurz. Es umfasst nur ein einziges Wort: Danke.

Bielefeld, 4. Oktober 2001

Lorenz Sichelschmidt
Hans Strohner

Inhalt

Sprache und Komplexitätsbewältigung

Theo Herrmann

Anstelle eines Abstracts eine Vorbemerkung: Ich widme diesen Aufsatz meinem Freund Gert Rickheit, der auch die evolutionspsychologische Position, die ich hier kurz zu explizieren versuche, stets mit Toleranz und konstruktiver Kritik begleitet hat. Von seiner besonders weitgespannten linguistisch-psychologischen Sachkenntnis wie von seiner besonderen Fähigkeit, psychologische und linguistische Einzelprobleme vorurteilsfrei und handfest zu analysieren und aus dieser Arbeit kreative theoretische Folgerungen zu ziehen, habe ich seit Jahrzehnten profitiert.

1 Einleitung

Unsere Fähigkeit zum Sprechen und zum Sprachverstehen ist ein Teilprodukt der Evolution des menschlichen Geistes. Einerseits ist die spezifische Befähigung von Homo sapiens sapiens zum Denken und Problemlösen eine notwendige Bedingung der rezenten Sprachfähigkeit, umgekehrt macht unsere Befähigung zum Denken und Problemlösen die Sprachfähigkeit, so wie wir sie heute besitzen, erst erforderlich. Soweit komplex strukturierte Vorstellungs- und Denkinhalte fehlen, besteht nämlich kein Anlass, in entsprechend komplex strukturierter Form über sie zu kommunizieren. Andererseits ist die Sprachfähigkeit aber auch eine Teilkonstituente unserer Denkfähigkeit selbst: Unser Denken ist partiell sprachähnlich und kann geradezu den Charakter eines ‚inneren Gesprächs' annehmen. Unser Verstand qua Denkfähigkeit und unsere Sprachfähigkeit stehen also in engster Wechselwirkung, und sie sind ganz überwiegend auf einem und demselben evolutionären Ast gewachsen.

Dem Sprechen und Sprachverstehen ebenso wie dem Denken und Problemlösen liegt die Lösung der basalen Evolutionsaufgabe zugrunde, die ständig anwachsende Komplexität und Dynamik der – weitgehend von uns selbst gemachten – Umwelt zu beherrschen. Individuen und Arten, die die explodierende Weltkomplexität nicht kognitiv meistern konnten, gingen zugrunde. Die besondere Notwendigkeit zur Komplexitätsbewältigung konstituiert den menschlichen Geist und seine enormen Leistungen. Und diese in spezifischen mentalen Repräsentationen und Operationen manifestierten Leistungen ermöglichen und erfordern auch die Verwendung unserer Menschensprache; andererseits ist unser Denken, auch ohne jegliche kommunikative Absicht, von Sprachlichem durchtränkt. – Im gegebenen Rahmen soll diese theoretische Position kursorisch abgehandelt werden.

Wie allgemein bekannt, wird dem Sprechen und dem Sprachverstehen im evolutionstheoretischen Kontext eine kontrovers diskutierte Rolle zugewiesen (vgl. u.a. Klix, 1992; 1997; Lucy, 1996; Markl, 1996; Pinker, 1994). Viele wissenschaftliche Puzzle-Stücke scheinen nicht so recht zusammenzupassen. Wenn man beispielsweise die Grundposition vertritt, dass die Natur ‚keine Sprünge macht', so bleibt es bis heute ziemlich rätselhaft, wie schnell die rezente, so überaus komplizierte und facettenreiche Sprachfähigkeit im Tier-Mensch-Übergangsfeld erworben wurde (vgl. dazu Renninger, 1997). In evolutionär extrem kurzen Zeiträumen entstanden die spezifischen anatomisch-physiologischen Voraussetzungen der menschlichen Lautbildung, die Fähigkeit, diskrete Phonem-Klassen zu bilden, die Fähigkeiten zur Referenz und Prädikation mit Hilfe eines großen Vokabulars und einer beträchtlichen Anzahl von Flexions-, Derivations- und Kombinationsregeln, also die Verfügbarkeit über ein Lexikon und über eine Grammatik, sowie besondere, die ‚gebundene Rede' betreffende prosodische Fähigkeiten. Und alle diese evolutionären Teilleistungen mussten untereinander koordiniert und in ältere, schon lange vorhandene Funktionskreise (z.B. Mimik, emotionsanaloge Vokalisation) eingebunden werden. Urmutter Lucy und ihre Verwandten (Australopithecus afarensis, in der Zeit bis vor etwa 2,5 Millionen Jahren) hatten diese Fähigkeiten nach allem, was wir vermuten dürfen, nicht. Homo erectus (vor mehr als etwa 1,5 Millionen Jahren und später) hatte sie, falls überhaupt, nur sehr rudimentär. Beim Neanderthaler (etwa 0,15 bis 0,03 Millionen Jahre vor unserer Zeit) war indes die Entwicklung der Sprachfähigkeit mutmaßlich schon weit fortgeschritten. Und seit größenordnungsmäßig 120.000 Jahren findet man unsere eigene Art, den Homo sapiens sapiens, dem die Leistung, Sprache im gegenwärtigen Sinne zu verwenden, in schnell wachsendem Maße zugeschrieben werden darf (Jürgens, im Druck). Wie hat man sich diese unter evolutionären Maßstäben erstaunliche Entwicklungsgeschwindigkeit vorzustellen? Warum bestand für den so schwierigen phylogenetischen Erwerb unserer Sprachfähigkeit überhaupt ein hinreichender Selektionsdruck? Die Bonobos (*Pan paniscus*), unsere nächsten rezenten genetischen Verwandten, erbringen glänzende geistige und soziale Leistungen. Sie arbeiten zusammen, lösen einzeln oder gemeinsam Probleme ihres täglichen Lebens, helfen einander und rechnen dies auf, sie drücken sich aus, stellen sich dar, geben Signale, verschaffen sich auch mit aller Schläue Vorteile, täuschen einander und tricksen sich aus. Die Schimpansen verhalten sich ähnlich (vgl. z.B. Burling, 1993; Kummer, 1975). Und alle diese und andere eindrucksvolle kognitiv-soziale Leistungen erfolgen, ohne dass diese Primaten irgendwelche Anstalten machen, im hominiden Sinne zu sprechen. Vielleicht aber zwingt uns unsere Welt, die in Hinsicht auf ihre Komplexität und Dynamik sowohl über die Welten der Schimpansen und Bonobos als auch zum Beispiel über die Welt von Homo erectus so außerordentlich weit hinausreicht, aber doch, mit unseren Partnern in besonderer Weise sprachlich zu kommunizieren, uns gegenüber unseren Partnern in immer anspruchsvollerer Weise auch sprachlich durchzusetzen, aber auch beispielsweise abwägende Selbstgespräche zu führen, und anderes mehr. Sind es solche Erfordernisse, die zum Entstehen rezenter Sprachfähigkeit führten?

Diese und eine Reihe gleich fundamentaler Fragen mögen nicht einmal richtig gestellt sein. Soweit sie richtig gestellt sind, sollten sie eines Tages so beantwortet werden können, dass ein einheitliches und widerspruchsfreies Bild von der Sprachevolution entsteht, das mit den spärlichen harten Fakten, die wir hierzu besitzen, übereinstimmt (Klix, 1992). Von dieser wissenschaftlichen Situation sind wir weit entfernt. Dies aber bedeutet wiederum nicht, man dürfe zur Sprachevolution gänzlich arbiträre Positionen entwickeln. Wir wissen immerhin bereits einiges, das bestimmte Positionen ausschließt und andere zulässt. Zu den zulässigen Positionen gehört, dass die Natur unseres Geistes, unsere kognitiven Ressourcen, eine notwendige, wenn auch nicht hinreichende Bedingung für unsere Sprachfähigkeit sind. Weder eine bloße unter dem Zwang zum Nahrungserwerb oder zur Verteidigung der Horde entwickelte Kommunikationsfähigkeit noch der wie auch immer entstandene zerebrale und periphere Lauterzeugungsapparat und seine kommunikative Verwendung reichen hingegen aus, die Evolution rezenter Sprache allein oder auch nur wesentlich zu begründen (Klix, 1997).

2 Werkzeuge der Komplexitätsbewältigung: Begriffe und Symbole

Homo sapiens sapiens überlebte dramatische Klimakatastrophen und fand auf seinen weiten, zum Teil auch durch Klimaänderungen erzwungenen Wanderungen immer wieder andere Lebensbedingungen vor, die es zu bewältigen galt. So erfand er denn auch immer raffiniertere Werkzeuge und Waffen, denen immer anspruchsvollere logisch-physikalische Prinzipien zugrunde lagen. Er organisierte in steigendem Ausmaß das arbeitsteilige Handeln und den Tauschverkehr. Er entwickelte immer tiefere Deutungen seiner selbst und seiner Umgebung und verwendete immer ausgefeiltere magische Praktiken, um die ihm widerfahrenden Geschehnisse durch eigenes Tun zu beeinflussen. Seine Innenwelt wurde also immer facettenreicher, und sein Handeln in einer zumeist extrem schwierigen Umgebung wurde immer flexibler. Dies alles bedeutet aber, dass Homo sapiens sapiens immer weniger ohne eine hinreichende kognitive Bewältigung der Weltkomplexität überleben konnte.

Ein potentes Hilfsmittel zur Komplexitätsbewältigung ist, wie leicht einsichtig, die partiell von anderen Primaten übernommene, aber entscheidend verfeinerte Fähigkeit des Menschen zur Begriffsbildung und Begriffsverwendung. Begriffsbildung bedeutet zunächst, besondere mentale Repräsentate zu entwickeln, sie zu elaborieren und strukturell zusammenzuschließen. Mit diesen Repräsentaten können (a) die Resultate von individuellen Handlungen sowie (b) die Mittel, die das jeweilige Handlungsziel erreichen lassen, und außerdem (c) diejenigen Bedingungen im Gedächtnis gespeichert werden, unter denen die Handlungen mit den jeweiligen Resultaten und Mitteln verknüpft sind (vgl. Hoffmann, 1986; 1993; 1996). Wer eine Schleife binden will, muss sich diese als Ziel seiner Tätigkeit antizipativ vorstellen können. Wer etwas, das er ohne spezifische Hilfsmittel nicht in seinen Greifbereich holen kann, zu sich heran ziehen will, muss etwas suchen, das ganz verschieden aussehen mag, aber als ‚Heranziehwerkzeug' geeignet ist. „In der Manipulation mit Gegenständen bei dem Versuch, ein aktuelles Verhaltensziel zu erreichen, werden diejenigen Eigenschaften der Gegenstände hervorgehoben und im Gedächtnis fixiert, die das Erreichen des Zieles möglich machen" (Hoffmann, 1996: 99). Und die Erreichbarkeit von Zielen und die Wirksamkeit von Mitteln hängen wiederum von spezifischen Situationsmerkmalen ab. Ist der Öltank leer, so nützt kein Höherstellen der Zentralheizung, um das kalte Zimmer zu erwärmen.

Begriffe sind ‚types'. Sie sind sehr oft durch invariante Muster von klassenkonstitutiven Merkmalen gekennzeichnet. Sie werden dann durch singuläre Gegebenheiten (‚tokens') entweder realisiert oder nicht (vgl. schon Hull, 1920; Eckes, 1991). Etwas ist ein Achteck oder ist mein Finger oder eben nicht. Oder wir haben zumindest prototypische Exemplare eines Begriffs erlernt, die für die Zuordnung von ‚tokens' zu solchen ‚types' relevante Handhaben bieten (Rosch, 1975). So möge ein singuläres Verhalten in prototypischer Weise den Begriff der Freundlichkeit abdecken; bei einem anderen Verhaltensereignis mag man jedoch im Zweifel sein, ob beziehungsweise wieweit man es als freundlich verstehen darf; denn die Freundlichkeit ist nicht strikt durch ein klassenkonstitutives Merkmalsmuster gekennzeichnet. Wie auch immer: Begriffe als ‚types' helfen uns, die Welt zu gliedern und damit zu vereinfachen. Singuläre Gegebenheiten werden auf diese Weise ‚Fälle von ...' und damit kognitiv beherrschbar. Man kann Informationsstrukturen verdichten, den Operationsaufwand reduzieren; die Begriffsbildung lässt es zu, mentale Transformationen durchzuführen und sie zu invertieren und anderes mehr (Klix, 1997: 20). Generell bringen die strenge Diskretheit von Begriffen und auch nur die Auszeichnung prototypischer Begriffsexemplare Ordnung ‚in der Erscheinungen Flucht' und helfen uns somit, die Komplexität unserer Welt zu reduzieren.

Die Verfügbarkeit über Begriffe hat unter anderem eine bemerkenswerte Konsequenz: Wir handeln nicht nur, indem wir auf augenblickliche Reize reagieren. Wir können auch handeln, indem wir unter erkannten Bedingungen mit antizipierten Mitteln antizipierte Verhaltensresultate erreichen wollen. Einer solchen mit der Begriffsbildung einhergehenden Befreiung unseres Verhaltens von der bloßen Reizbindung beziehungsweise von der bloßen Reaktivität kommt eine entscheidende evolutionäre Bedeutung zu (Klix, 1992). Sie hebt in unterschiedlichem Ausmaß den Primaten, aber besonders Homo sapiens sapiens aus der übrigen Natur hervor (vgl. auch Savage-Rumbaugh, Rumbaugh, Smith & Lawson, 1980).

Die hier in Anlehnung an Hoffmann (1996) beschriebene Begriffsfähigkeit ist per se zunächst von der Sprachfähigkeit unabhängig. Die Etablierung von Sprache erfolgt indes, aufs Ganze betrachtet, ebenso wie alle Begriffsbildung im nichtsprachlichen Bereich (vgl. auch Klix, 1997: 21). Das Handeln mittels Sprache geschieht im wesentlichen ebenso wie alles menschliche Handeln: nicht in erster Linie reizgebunden, sondern durch antizipierte Handlungsresultate, vorhandene Mittel und erkannte Bedingungen gesteuert. Das Sprechen dient, soweit es kommunikativ eingesetzt wird, dazu, im Partner erwünschte mentale Repräsentate entstehen zu lassen und damit die sprecherseitigen Ziele zu erreichen (Herrmann & Grabowski, 1994). Und dass sprachlich auf etwas referiert oder dass sprachlich prädiziert wird, wirkt wiederum auf die Bildung und Verwendung von Begriffen und Begriffsstrukturen zurück. Bezeichnungen schränken zum Beispiel das jeweilige kognitive Suchfeld ein: Ein als Nomen erkennbares Wort verweist uns ganz überwiegend auf ein Ding, ein Ereignis oder einen

Sachverhalt (und beispielsweise nur selten auf variable Dingmerkmale). Auch mit dem Erlernen seiner Erstsprache oder einer Fremdsprache erwirbt man, gleichsam automatisch, bestimmte Strukturierungen der nichtsprachlichen Welt. Koreanische Kinder zum Beispiel erlernen mit ihrem Spracherwerb eine etwas andere Strukturierung der Beziehungen von Objekten im Raum als englische Kinder (Bowerman, 1996). So und in anderer Weise wirken also das Sprechen und Sprachverstehen, die selbst Handlungsoptionen unter anderen sind, auf unsere außersprachliche Weltstrukturierung und damit auch auf unser zielgerichtetes Tun zurück.

Ein weiteres, mit der Begriffsbildung eng verschwistertes ‚tool' bei der kognitiven Bewältigung der Komplexität unserer Welt ist unsere besondere Fähigkeit, symbolisieren zu können. Als Symbolisieren soll hier lediglich verstanden werden, dass für bestimmte Systeme (etwa für ein menschliches Individuum) etwas für etwas Anderes steht, dass also irgendwelche Zeichen in konventional geregelter Weise Dinge, Ereignisse und Sachverhalte darstellen. Diese bereits von Bühler (1934) hervorgehobene „Zeichenfunktion" hat vor allem vier Eigenschaften:

(1) Zeichen und Bezeichnetes bilden Klassen; sie haben Begriffscharakter. Überwiegend sind Zeichen und Bezeichnetes diskret repräsentiert: Etwas heißt – zumindest in bestimmten situativen Zusammenhängen – entweder „Ei" oder nicht, und etwas ist entweder ein Ei oder nicht.

(2) Zeichen können für das Bezeichnete stehen, nicht umgekehrt; die Zeichenrelation ist asymmetrisch. So stehen die Wörter „Ei" oder „egg" für ein Ei; das Ei steht nicht für die Wörter „Ei" oder „egg". Es gibt Hierarchien solcher asymmetrischer Relationen: Die singuläre Graphemfolge e g g steht für das geschriebene Wort „egg", das geschriebene Wort „egg" steht (ebenso übrigens wie ein entsprechendes gesprochenes Wort) für das englische Lexem „EGG", das wiederum für das Ei steht, welches in bestimmten kognitiven Zusammenhängen für die Fruchtbarkeit steht – und so fort. Und alles dies nicht umgekehrt. Das ‚stare-pro' findet man in der Sprache und in der außersprachlichen Welt der mental repräsentierten Dinge, Ereignisse und Sachverhalte.

(3) Zeichen und Bezeichnetes bilden Systeme. Diese Systematizität gilt für die Sprache (zum System der deutschen Phoneme etwa vgl. Hörmann, 1977: 21) ebenso wie für die begrifflich repräsentierten außersprachlichen Dinge, Ereignisse und Sachverhalte (vgl. Collins & Quillian, 1969; Hoffmann, 1996; Opwis & Lüer, 1996). Das Wort „Apfel" beispielsweise gehört zu den Nomina, es ist ein Masku-

linum, es kann den Nominalteil einer Präpositionalphrase bilden („an dem Apfel"), aber nicht ein Satzprädikat. Äpfel wie Birnen sind Früchte; sie sind ungiftig und enthalten Kerne: Äpfel und Birnen sind begrifflich nebengeordnet. – Nichtsprachliche Begriffssysteme sind beispielsweise die kulturabhängigen Verwandtschaftssysteme und die noch stärker kultur- und sozialgruppenspezifischen Systeme von Baumarten oder Schneearten, aber auch universelle physikalische oder chemische Systeme (Herrmann, Grabowski, Schweizer & Graf, 1996).

(4) Es gibt (abgesehen von spezifischen artifiziellen Zeichensystemen) keine Eins-zu-eins-Zuordnung von Zeichen und Bezeichnetem. Der Apfel kann in einer Dialektvariante des Deutschen auch „Appel" heißen, im Englischen heißt er „apple". Und durch das Wort „Apfel" kann beispielsweise romantisch-metaphorisch auch die weibliche Brust bezeichnet werden. – Generell sind die sprachlichen und die nichtsprachlich-begrifflichen Systeme nicht aufeinander abbildbar (vgl. u.a. Akmajian, 1984; Tracy, 2000). So hat das Genussystem der deutschen Sprache mit der natürlichen (biologischen, soziologischen, psychologischen) Einteilung von Geschlechtern und entsprechenden ‚Neutra' nichts zu schaffen. Umgekehrt haben die Systeme von Dingen, Ereignissen und Sachverhalten offenkundig kaum etwas mit ihrer sprachlichen Bezeichnung in irgendeiner Einzelsprache zu tun; die Verwandtschaftsbeziehung von Großvater und Enkel ist per se gänzlich unberührt davon, mit welchen sprachlichen Mitteln man über sie spricht.

Auch das Symbolisierenkönnen ist ein mächtiges Werkzeug der Komplexitätsbewältigung. Wir arbeiten beim elaborierten Denken mit Symbolen, bilden ständig etwas in etwas ab, übersetzen es derart auch von einer Repräsentationsform in eine andere, und gewinnen auch auf diese Weise rationale Ressourcen, mit deren Hilfe wir uns der Komplexität erwehren (vgl. auch Klix, 1997: 21). Selbstverständlich ermöglicht auch erst das Symbolisierenkönnen unser rezentes Sprachvermögen.

3 Weitere Werkzeuge der Komplexitätsbewältigung

Die außersprachliche Begriffsverwendung ebenso wie unsere Sprachverwendung sind so beschaffen, dass wir bei der denkenden und sprechenden Bewältigung unserer so informationsreichen Welt mit einer erstaunlich kleinen Anzahl von immer wiederkehrenden Repräsentaten auskommen, denen ‚von Fall zu Fall' eines von vielen, jedoch relativ selten verwendeten Repräsentaten beigefügt wird, die ebenfalls unser Gedächtnis bevölkern. Wir verwenden nicht alle uns verfügbaren mentalen Repräsentate gleich häufig. Warum das so ist, verdeutlicht eine auf Zipf (1949) zurückgehende Betrachtung fiktiver Extreme: Hätten wir für alle Zustände der Welt nur ein einziges Repräsentat zur Verfügung, so gingen Denken und Sprechen zwar extrem leicht vonstatten – alles wäre in gleicher Weise repräsentiert – , doch wären wir hilflos, weil wir keine Repräsentanda unterscheiden und auch als Sprachrezipienten keine vom Sprachproduzenten intendierte Referenz verstehen könnten. Wäre unser kognitiver Haushalt hingegen so beschaffen, dass wir für jede singuläre Nuance unserer Welt in maximal präziser Weise genau einen Begriff und genau ein Wort besäßen, so könnten wir zwar die präzisesten Unterscheidungen treffen und das Gemeinte in präzisester Weise sprachlich abbilden, doch würde unser Gedächtnis hoffnungslos überfordert. Zipf konnte zeigen, dass der Königsweg zwischen völliger Unterscheidungslosigkeit (‚unification') und völliger Gedächtnisüberlastung (‚diversification') darin besteht, dass wir die Begriffe und Wörter, über die wir verfügen, nicht mit gleicher Häufigkeit verwenden, sondern dass wir – stark vereinfacht formuliert – einen kleinen Kernbestand von Begriffen und Wörtern sehr häufig und immer wieder, den großen zusätzlichen Bestand an ebenfalls verfügbaren Begriffen und Wörtern dagegen nur selten aktivieren. Die 30 häufigsten deutschen Wörter machen fast ein Drittel aller sprachstatistisch untersuchten Texte aus; die Hälfte der Texte besteht aus den 200 häufigsten Wörtern unserer Sprache (Hörmann, 1977: 88). Entsprechende Regelmäßigkeiten gelten für die Aktivierung nichtsprachlicher Begriffe ebenso wie zum Beispiel für die Verwendung von Werkzeugen am Arbeitsplatz. Alles dies entlastet unseren kognitiven Apparat bei unseren Versuchen, der enormen Weltkomplexität gerecht zu werden.

Unser kognitiver Apparat wird auch dadurch entlastet, dass beim Aussuchen begrifflicher wie sprachlicher Sachverhalte auf unterschiedliche Weise das Suchfeld verkleinert wird. So lernen wir, welche Dinge überhaupt aufeinander folgen können: Erst nimmt man den Hörer ab, dann manipuliert man das Tastenfeld des Telefons. Erst dreht man die Heizung höher, dann wird es warm. Erst wird eine Frau schwanger, dann kommt es zur Geburt. Wir erwarten nicht, dass jemand zuerst stirbt und dann krank wird. Und wenn wir innerhalb einer Silbe im Deutschen ein /f/ hören, erwarten wir kein /p/; denn die Phonemfolge /fp/ kommt in keiner deutschen Silbe vor (vgl. auch Studdert-Kennedy, 1975).

Das menschliche Symbolisieren ist weiterhin durch eine Eigenheit gekennzeichnet, die allgemein als Grammatikalität bezeichnet wird. Der Begriff der Grammatikalität ist bis heute insbesondere auf sprachliche Sachverhalte bezogen worden (vgl. Chomsky, 1965; 1972, 1995). Grammatikalität ist allerdings nicht nur eine Eigenschaft der von uns verwendeten Sprachen, sondern ein generelles kognitives ‚tool', mit dem wir und andere Primaten versuchen, mit der enormen Komplexität und dem unüberschaubaren Informationsreichtum der Welt zurecht zu kommen. Im gegenwärtigen Zusammenhang genügt der folgende Grundgedanke: Wir müssen immer wieder in neuen Situationen flexibel und kreativ handeln, Neues denken und neu auftretende Probleme lösen, neue Sätze bilden und so weiter. Unsere genetische Ausstattung reicht für uns ‚Mängelwesen' bei weitem nicht hin, in bestimmten Situationen ‚angeborenermaßen' das Richtige zu denken und zu tun. Und nie und nimmer können wir auch in jedem neu auftretenden Fall ein geeignetes, durch Lernen erworbenes außersprachliches oder sprachliches Handlungsmuster aus unserem Gedächtnis hervorholen (vgl. dazu bereits Bühler, 1927). Wir müssen geeignete Handlungen vielmehr sehr oft situationsgerecht ad hoc konstruieren. Dies erscheint möglich, wenn man unterstellt, dass wir erstens aus einer begrenzten Anzahl von Begriffen oder sprachlichen Einheiten sowie zweitens aus einer ebenso begrenzten Anzahl von – auch rekursiv einsetzbaren – Regeln für die Abwandlung und Zusammensetzung von Begriffen oder sprachlichen Einheiten immer wieder unbegrenzt viele neue und situationsgerechte Gedanken, Lösungsansätze, Sprachäußerungen und dergleichen bilden können.

Schon Paviane scheinen ohne die Verwendung von Grammatikalität nicht auszukommen (vgl. zum Folgenden Colmenares & Rivero, 1986): Für die soziale Interaktion dieser Tiere gibt es nicht weniger als 187 unterschiedliche interaktive Verhaltenseinheiten. Aus diesen Verhaltenseinheiten entstehen während der sozialen Interaktion Sequenzen von Verhaltenseinheiten, die auf die jeweiligen Interaktionspartner verteilt sind. Die Unzahl derart verschiedener Ketten von Reizen und Reaktionen könnte vom einzelnen Tier auch nicht annähernd im Sinne von bloßen Assoziationsketten erlernt und im Gedächtnis gespeichert werden. Offensichtlich kennt ein Tier jedoch – primär angeborenermaßen – (a) eine begrenzte Anzahl von diskreten Verhaltenseinheiten und (b) eine begrenzte Anzahl von Kombinationsprinzipien (Sequenzregeln) für diese Einheiten. Aus der Anwendung der begrenzten Anzahl von Prinzipien auf die begrenzte Anzahl von Einheiten kann das Tier praktisch unbegrenzt viele verschiedene Sequenzen identifizieren, um die eigene Verhaltensweise jeweils regelentsprechend an die bereits vorliegende Sequenz anzukoppeln. Es muss nur das Verhaltensvokabular und eben die Regeln für die Verknüpfung von Verhaltenseinheiten kennen. Und so kann ein Tier mit seiner Regelkenntnis auch den Fortgang einer Sequenz ‚vorhersehen‘, die es zuvor noch nie kogniziert hatte (vgl. zu diesem Beispiel Renninger, 1997). Bei den Pavianen kann man derart von einer ‚Verhaltensgrammatik‘ sprechen, die anschaulich verdeutlicht, wie Grammatikalität generell (nicht nur sprachlich) einen zielführenden Umgang mit einer außerordentlich komplexen Wirklichkeit gestattet.

Dass der rezente Mensch denkt beziehungsweise Probleme löst, indem er eine begrenzte Anzahl von Operationsregeln auf eine begrenzte Anzahl von Repräsentaten (‚Daten‘) gegebenenfalls rekursiv anwendet, muss im wissenschaftlichen Zeitalter der Kognitionswissenschaft nicht gesondert erläutert werden (vgl. z.B. Gardner, 1990; Opwis & Lüer, 1996). Man beachte aber auch die aktuellen internalistischen Theoriebildungen der Wahrnehmungspsychologie. Diesen zufolge ‚triggern‘ die enorm unterschiedlichen externen Reize einen evolutionär entstandenen Mechanismus von perzeptiven ‚primitives‘ sowie von Regeln für deren Parametrisierung, Tranformation und Verknüpfung. Es werden hier also Wahrnehmungsprozesse unterstellt, die im gegenwärtigen Sinne als grammatikalisiert gelten können (vgl. Mausfeld, in prep.). Aber auch konventionalisierte nichtsprachliche Verhaltensrituale können ihre Grammatikalität besitzen. So gibt es im traditionellen Japan (unter anderem bei der Begrüßung) ein streng normiertes Verbeugungsritual. Die dabei beobachtbaren Rumpfbeugungswinkel und andere Parameter können als ‚tokens‘ von diskreten ‚types‘ aufgefasst werden: Die Verbeugung wird nach tradierten Regeln situationsspezifisch (u.a. nach Status und Alter der Beteiligten) in diskreter Stufung abgewandelt. Weiterhin ist die Verbeugungssequenz, die genaue Abfolge der Verbeugungen der am Ritual beteiligten Kommunikationspartner, konventional geregelt. Kinder lernen dieses System der Verbeugungsvarianten und deren geregelte Verwendung schon von ihren Eltern; es gibt auch Schulen, die das regelgeleitete und situationsgerechte Sich-Verbeugen zum expliziten Trainingsgegenstand machen (DeMente, 1995: 32; vgl. auch Fritzsche, 1998). Auch dieses Ritual hat nach allem eine erkennbare Grammatikalität.

Wie jeder weiß, sind auch die Sprachen grammatikalisiert; mancher Linguist setzt dasjenige, was sich bezüglich der Sprache zu erforschen lohnt, mit der Grammatik gleich. Sprachen bilden Systeme von hierarchisierten Einheiten (u.a. von Phonemen und Morphemen), welche nach einer heterogenen, aber überschaubaren und erlernbaren Anzahl von Regeln kombiniert und zum Teil abgewandelt werden. So können wir Menschen in ziel- und situationsgemäßer Weise auch praktisch unendlich viele verschiedene Sätze für die jeweils angemessene Darstellung unserer komplexen Welt generieren, selbst wenn wir einen solchen Satz weder bereits jemals selbst erzeugt noch ihn auch nur bei anderen Sprechern kogniziert haben (vgl. u.a. Chomsky, 1965; Fanselow & Felix, 1987). Dass die linguistische Grundlagenforschung die begrenzte und erlernbare Anzahl von unterschiedlichen einzelsprachlichen Einheiten und unterschiedlichen einzelsprachlichen Regeln theoretisch auf ein sehr reduziertes und formalisiertes Minimalmodell der Grammatik beziehungsweise auf den einfachen Bauplan einer Universalsprache zu reduzieren sucht, ist für die gegenwärtige Diskussion unerheblich (vgl. Chomsky, 1995).

Im Zusammenhang mit linguistischen Bemühungen um die Grammatikalität wird ihre hier interessierende Rolle als eines von vielen kognitiven ‚tools' bei der mentalen Bewältigung unserer komplexen Welt fast nie thematisiert; die Ergebnisse linguistischer Grammatiktheorie geben aber auch keinen Anlass, die sprachliche und außersprachliche Grammatikalität nicht als eine Klasse geistiger Komplexitätsbewältigungswerkzeuge zu verstehen. Die Grammatikalität der Menschensprachen entspricht dem generellen Prinzip der von Homo sapiens sapiens geleisteten Komplexitätsbewältigung, und dieses generelle Prinzip ist, wie gezeigt, viel älter als die rezente sprachliche Grammatikalität (vgl. auch Renninger, 1997). Und dem widerspricht auch nicht, dass die sprachlichen (grammatischen) Regeln gegenüber anderen Denk- und Verhaltensregeln besondere Teileigenschaften haben, und dass sie partiell mittels spezieller Hirnstrukturen realisiert werden (Damasio & Geschwind, 1984; Höhle, 1995); dies gilt übrigens für andere ‚tools' entsprechend. Die so lange vor Beginn der Evolution der Menschensprache den Primaten eigene nichtsprachliche Grammatikalität dürfte Erklärungsansätze begünstigen, die die zu Anfang hervorgehobene, nach evolutionaren Maßstäben so erstaunliche Schnelligkeit der Sprachevolution verständlicher machen könnten: Während der explosiven Sprachevolution musste die Grammatik-Kompetenz überhaupt nicht neu ‚erfunden' werden; vielmehr wurde das schon lange anderweitig genutzte Grammatikalitätsprinzip nunmehr für die Sprache instrumentalisiert (vgl. auch Mithen, 1998).

4 Das Denken als inneres Gespräch des Geistes mit sich selbst

Das Denken ist, wie schon Platon wusste, ein „inneres Gespräch der Seele mit sich selbst" (vgl. Dörner, 1999: 691). Friedrich Nietzsche schreibt in seinen nachgelassenen Notizen aus dem Jahr 1885 (1980): „Der Gedanke ist in der Gestalt, in welcher er kommt, ein vieldeutiges Zeichen, welches ... einer willkürlichen Eingrenzung und Begrenzung bedarf, bis er endlich eindeutig wird. Er taucht in mir auf ... . Er kommt, unabhängig von meinem Willen, gewöhnlich umringt und verdunkelt durch ein Gedränge von Gefühlen, Begehrungen, Abneigungen, auch von anderen Gedanken ... . Man zieht ihn aus diesem Gedränge, reinigt ihn, stellt ihn auf seine Füße, man sieht, wie er dasteht, wie er geht ... . Man sitzt dann über ihn zu Gericht, man fragt: ‚was bedeutet er? was darf er bedeuten? hat er Recht oder Unrecht?' ... . *Denken erweist sich dergestalt beinahe als eine Art Übung und Akt der Gerechtigkeit, bei dem es einen Richter, eine Gegen-Partei, auch sogar ein Zeugenverhör gibt, dem ich ein wenig zuhören darf*" [Hervorhebung und Auslassungen von Th. H.]. Auch bei Nietzsche hat das Denken also viel mit Selbstkommunikation zu tun.

Dörner (1999) betrachtet den interaktiv-diskursiven Charakter des menschlichen Denkens unter anderem im Zusammenhang mit der von ihm so genannten Redetermination: Aus der Sachlage, dass Menschen in bestimmten Situationen fast stets mehr als nur eine Handlungs- oder Verhaltensalternative realisieren können, ergibt sich das Problem der Handlungs- oder Verhaltensselektion. Man darf annehmen, dass die in einer bestimmten Situation für ein kognitives System bei der Selektion vorliegenden Handlungs- oder Verhaltensalternativen variable Impulsstärken und damit auch variable Wahrscheinlichkeiten besitzen, realisiert zu werden. Im Regelfall wird dann die stärkste (und zumeist in der Vergangenheit erfolgreichste) Alternative – diejenige mit der höchsten Realisierungswahrscheinlichkeit – ausgewählt und ausgeführt. In diesem Regelfall existiert kein Entscheidungs- oder Planungsproblem. Ist aber die Differenz der Impulsstärken gering, so kann das System versuchen, die Bedingungen für die Selektion der verfügbaren Handlungs- oder Verhaltensalternativen zu verändern, also neu festzulegen. Diesen Vorgang nennt Dörner (1999: 769) Redetermination. Zum Zweck der Redetermination werden Erinnerungen, Assoziationen oder Antizipationen erwartbarer Handlungskonsequenzen mobilisiert; es werden Umstände gesucht, die die subjektive Erfolgswahrscheinlichkeit einer Alternative erhöhen. Entsprechend werden Informationen aktiviert, die die subjektive Erfolgswahrscheinlichkeit anderer Alternativen senken. Die über die diversen Alternativen erreichten Sollwerte werden neu evaluiert, und so fort (Dörner, 1999: 771). Wichtig ist bei alledem, dass sich das System während des Redeterminationsvorgangs sozusagen abwechselnd einmal auf die Seite der einen Alternative und dann wieder auf die Seite einer anderen Alternative schlägt. Der Redeterminationsprozess kann, Dörner (1999: 766) zufolge, als interner „antagonistischer Dialog" verstanden und formal dargestellt werden.

Wenn sich jemand seine eigenen Gedanken zur Beurteilung vorlegt, wenn er oder sie zu ihnen mittels interner Rede und Gegenrede Stellung bezieht, dann kann es sich nicht um einen bloßen Fluss von Vorstellungen, sozusagen von inneren Bildern handeln. Das Denken dialogisch zu betrachten, legt vielmehr die Folgerung nahe, dass der Stoff, aus dem das Denken besteht, partiell sprachartig ist. Diese Folgerung durch eine theoretisch hinreichend elaborierte Argumentation zu belegen, ist hier nicht möglich (vgl. dazu auch Herrmann, Grabowski, Schweizer & Graf, 1996). Vielmehr muss es genügen, darauf hinzuweisen, dass die von Dörner apostrophierte kognitive Fähigkeit des „Sich-auf-die-Seite-eines-Arguments-Schlagens" nur theoretisch rekonstruierbar erscheint, wenn man eine sehr komplexe, quasi-grammatisch geregelte Operationsstruktur unterstellt, die über Daten arbeitet, die quasi-grammatische Rollen einnehmen (zur Grammatikalität von Propositionsstrukturen, die als Input für die nachfolgende Sprachproduktion dienen, s. etwa Levelt, 1989). Die Daten, als deren Manipulation das Denken gedacht werden kann, haben zumindest partiell den Modus quasi-verbaler Repräsentationen. Dies abgesehen davon, dass ‚stumme', nicht durch explizite Lautbildung realisierte einzelsprachliche Wörter und Syntagmen, auch außerhalb der Vorbereitung des Sprechens, als Denkinhalte einen bei weitem größeren Raum einnehmen als in der Denkpsychologie angenommen zu werden pflegt (und dies nicht nur, wenn man über Sprache nachdenkt). Auch Robinson hat, bevor er Freitag traf, bei seinen Versuchen zu überleben mutmaßlich ‚stumme' und vielleicht auch halblaute Gespräche geführt – mit sich selbst. Und die ‚stummen' und die halblauten Gespräche waren unter dem Aspekt der Repräsentationsform und der durchgeführten kognitiven Operationen wohl gar nicht sehr unterschiedlich.

Soweit das Denken (zumindest partiell) als innerer Dialog betrachtet werden darf, ergeben sich im hier interessierenden Zusammenhang einige Konsequenzen: So ist es zu einfach, die Welt der mental repräsentierten Dinge, Ereignisse und Sachverhalte als den Gegenstand des Denkens zu begreifen, die durch Sprachzeichen dargestellt oder symbolisiert werden. Dabei mag man die Sprache, wie Bühler (1934) es tat, als ein Zeichensystem verstehen, das lediglich in konventionalisierter Weise dazu dient, die Dinge, Ereignisse und Sachverhalte darzustellen oder zu symbolisieren (und daneben dem Empfänger Signale zu geben und dem Sender als Ausdrucksmittel zu dienen). Oder es mag angenommen werden, dass die Sprache auch ihrerseits auf die mentale Repräsentation der Dinge, Ereignisse und Sachverhalte ein- oder zurückwirkt (vgl. „linguistischer Relativismus"; u.a. Lucy, 1996). In beiden Fällen wird jedenfalls eine

Ding-Wort-Dualität unterstellt, bei der die Sprache als ‚Welt der Zeichen' einer nichtsprachlichen ‚Welt der Dinge' konfrontiert ist. Gegen diesen Dualismus hat sich vor allem Wygotski (1964) gewendet. Hat aber das Denken (auch) den Charakter des inneren Gesprächs, so wie etwa Dörner dies ausführt, so sind die denkenden beziehungsweise problemlösenden von den sprachverwendenden Tätigkeiten des Menschen kaum noch strikt trennbar. Dann ist das Denken als ‚inneres Gespräch' mutmaßlich nicht nur von der Art einer oft ‚antagonistischen' Konversation, die nicht mit Partnern, sondern ‚intern' stattfindet, sondern es hat dann auch partiell den Charakter einer spezifischen, nicht kommunikativen Sprachverwendung (vgl. Herrmann & Grabowski, 1994: 314 u.a.O.: „obere Passung").

Soweit die soeben skizzierte, das Denken betreffende wissenschaftliche Position haltbar ist, liegt es außerdem nahe zu vermuten, dass die Evolution des Denkens ohne die Koevolution der Sprachverwendung nicht in der tatsächlich vorliegenden Form hätte stattfinden können. Es zeigt sich wiederum, dass das Denken und Problemlösen und das Sprechen und Sprachverstehen gemeinsame Wurzeln haben. Das Denken von der Art des inneren Gesprächs kommt mit unserer Fähigkeit zum mentalen Abwägen überein, zum abwechselnden Stellungnehmen für und gegen sich ausschließende Standpunkte mit dem Ergebnis, einem Standpunkt zwecks Planung und Entscheidung zum Siege zu verhelfen. Auch diese Eigenart unseres Denkens kann als ein ‚tool' aufgefasst werden, mit dem wir eine Welt zu bewältigen suchen, für deren Beherrschung schon gar nicht unsere angeborenen Instinkte, aber auch nicht unsere jeweils erlernten Gedächtnisinhalte ausreichen. Und die Sprache hat dann für den Menschen eine genuin doppelte Funktion: Sie dient der kommunikativen Darstellung einfacher und komplexer Denkergebnisse, und sie ist eine Konstituente unseres Denkens selbst. Und in beiden Funktionen hilft sie uns, neben vielen anderen ‚tools', mit der ungeheuren Komplexität unserer Welt fertig zu werden. Was die vielen ‚tools' der kognitiven Komplexitätsbeherrschung betrifft, so erinnere ich an die obigen Beispiele der Begriffsbildung, des Symbolisierens, der Suchraumreduktion per Erlernen von Ereignissequenzen, der Optimierung der Häufigkeitsverteilung von Repräsentaten (à la Zipf, 1949) und schließlich an die heterogene, auch außersprachliche Grammatikalität. Die Sprache und damit die sprachliche Grammatik reihen sich in dieses Repertoire der Komplexitätsbeherrschung ein.

Literatur

Akmajian, A. (1984). Sentence types and the form-function fit. *Natural Language and Linguistic Theory, 2/1*, 1-23.

Bowerman, M. (1996). The origins of children's spacial semantic categories: Cognitive versus linguistic determinants. In: J.J. Gumperz & S.C. Levinson (Eds.), *Rethinking linguistic relativity* (pp. 145-176). Cambridge: Cambridge University Press.

Bühler, K. (1927). *Die Krise der Psychologie*. Jena: Fischer.

Bühler, K. (1934). *Sprachtheorie. Die Darstellungsfunktion der Sprache*. Jena: Fischer.

Burling, R. (1993). Primate calls, human language, and nonverbal communication. *Current Anthropology, 34*, 25-53.

Chomsky, N. (1965). *Syntactic structures*. Cambridge, MA: MIT Press.

Chomsky, N. (1972). *Language and mind* (enlarged edition). New York: Harcourt Brace Jovanovich.

Chomsky, N. (1995). *The minimalist program*. Cambridge, MA: MIT Press.

Collins, A.M. & Quillian, M.R. (1969). Retrieval time from semantic memory. *Journal of Verbal Learning and Verbal Behavior, 8*, 240-247.

Colmenares, F. & Rivero, H. (1986). A conceptual model for analysing social interactions in Baboons: A preliminary report. In: P. Colgan & R. Zayan (Eds.), *Quantitative models in ethology* (pp. 63-80). Toulouse: Editions Privat.

Damasio, A.R. & Geschwind, N. (1984). The neural basis of language. *Annual Review of Neuroscience, 7*, 127-147.

DeMente, B.L (1995). *Behind the Japanese bow: an in-depth guide to understanding and predicting Japanese behavior*. Lincolnwood: Passport.

Dörner, D. (1999). *Bauplan für eine Seele*. Reinbek: Rowohlt.

Eckes, T. (1991). *Psychologie der Begriffe*. Göttingen: Hogrefe.

Fanselow, W. & Felix, S. (1987). *Sprachtheorie*. Tübingen: Francke.

Fritzsche, Y. (1998). *Wie höflich sind Japaner wirklich? Höflichkeitserwartungen in der japanischen Alltagskommunikation*. München: Iudicium.

Gardner, H. (1990). *Dem Denken auf der Spur*. Stuttgart: Klett-Cotta.

Herrmann, Th. & Grabowski, J. (1994). *Sprechen: Psychologie der Sprachproduktion*. Heidelberg: Spektrum.

Herrmann, Th., Grabowski, J., Schweizer, K. & Graf, R. (1996). Die mentale Repräsentation von Konzepten, Wörtern und Figuren. In: J. Grabowski, G. Harras & Th. Herrmann (Eds.), *Bedeutung, Konzepte, Bedeutungskonzepte* (pp. 120-152). Opladen: Westdeutscher Verlag.

Hoffmann, J. (1986). *Die Welt der Begriffe*. München: Psychologie Verlags Union.

Hoffmann, J. (1993). *Vorhersage und Erkenntnis*. Göttingen: Hogrefe.

Hoffmann, J. (1996). Die Genese von Begriffen, Bedeutungen und Wörtern. In: J. Grabowski, G. Harras & Th. Herrmann (Eds.), *Bedeutung, Konzepte, Bedeutungskonzepte* (pp. 88-119). Opladen: Westdeutscher Verlag.

Höhle, B. (1995). *Aphasie und Sprachproduktion: Sprachstörungen bei Broca- und Wernicke-Aphasikern*. Opladen: Westdeutscher Verlag.

Hörmann, H. (1977). *Psychologie der Sprache* (2. Auflage). Berlin: Springer.

Hull, C.L. (1920). Quantitative aspects of the evolution of concepts. *Psychological Monographs, 28*, 1-86.

Jürgens, U. (im Druck). Phylogenese der sprachlichen Kommunikation. In: G. Rickheit, Th. Herrmann & W. Deutsch (Eds.), *Psycholinguistik. Ein internationales Handbuch*. Berlin: de Gruyter.

Klix, F. (1992). *Erwachendes Denken* (6. Auflage). Heidelberg: Spektrum.

Klix, F. (1997). Gedächtnis und Denken in evolutionspsychologischer Sicht. In: G. Lüer & U. Lass (Eds.), *Erinnern und Behalten* (pp. 4-38). Göttingen: Vandenhoek & Ruprecht.

Kummer, H. (1975). *Sozialverhalten der Primaten.* Berlin: Springer.

Levelt, W.J.M. (1989). *Speaking. From intention to articulation.* Cambridge, MA: MIT Press.

Lucy, J. (1996). The scope of linguistic relativity: An analysis and review of empirical research. In: J.J. Gumperz & S.C. Levinson (Eds.), *Rethinking linguistic relativity* (pp. 37-69). Cambridge: Cambridge University Press.

Markl, H. (1996). *Language and the evolution of human mind.* Erasmus lecture. Barcelona: Academia Europaea.

Mausfeld, R. (in prep.). Conjoint representations and the mental capacity for multiple simultaneous perspectives. Erscheint in: M. Atherton, H. Hecht & R. Schwarz (Eds.), *Reconceiving pictorial space.* Cambridge, MA: MIT Press.

Mithen, S.J. (1998). *The prehistory of mind: a search for the origins of art, religion and science.* London: Phoenix.

Nietzsche, F. (1980). Unveröffentliche Texte Juni/Juli 1885. In: G. Colli & M. Montinari (Eds.), *Nietzsches Sämtliche Werke. Kritische Studienausgabe in 15 Bänden, Band 11* (Mp XVI/a, MP XVI/2a, Mp XV/2b). München: dtv.

Opwis, K. & Lüer, G. (1996). Modelle der Repräsentation von Wissen. In: D. Albert & K.H. Stapf (Eds.), *Gedächtnis* (pp. 337-431). Göttingen: Hogrefe.

Pinker, S. (1994). *The language instinct. How the mind creates language.* New York: Morrow.

Renninger, S.-V. (1997). *Erst am Ende spricht die Sprache: das evolutionstheoretische Paradigma und seine Konsequenzen für den philosophischen Naturalismus und die Linguistik.* Dissertation. München: Ludwig-Maximilians-Universität.

Rosch, E. (1975). Cognitive representations of semantic categories. *Journal of Experimental Psychology, 104,* 192-233.

Savage-Rumbaugh, E.S., Rumbaugh, D.M., Smith, S.T. & Lawson, J. (1980). Reference: The linguistic essential. *Science, 210,* 922-925.

Studdert-Kennedy, M. (1975). Speech perception. In: N.J. Lass (Ed.), *Contemporary issues in experimental phonetics* (pp. 243-293). Springfield: Thomas.

Tracy, R. (2000). Sprache und Sprachentwicklung: Was wird erworben?. In: H. Grimm (Ed.), *Sprachentwicklung* (pp. 3-39). Göttingen: Hogrefe.

Wygotski, L.S. (1964). *Denken und Sprechen.* Frankfurt: Fischer (Original: 1934).

Zipf, G.K. (1949). *Human behavior and the principle of least effort.* Cambridge, Mass: MIT Press.

Stichworte zum (i/i)-Filter

Siegfried Kanngießer

Die von Davidson entwickelte These, dass es diejenigen Entitäten, die üblicherweise als aktuale natürliche Sprachen bezeichnet werden, nicht gibt und nicht geben kann, wird im Lichte eines Elementes des Prinzipien- und Parameter-Modells der Universalgrammatik – des so genannten (i/i)-Filters – überprüft. Die Überprüfung zeigt, dass Davidsons These nicht haltbar ist. Dabei gerät jedoch zugleich der Tatbestand ins Blickfeld, dass die mit der Unterscheidung zwischen Sprachkompetenz und Sprachperformanz einher gehende Idealisierung bei weitem zu stark ist, um den situativen und nichtsituativen Bedingungen des Sprachgebrauchs theoretisch und empirisch Rechnung tragen zu können.

1 Davidsons These, rekapituliert und kommentiert

In einem 1986 erschienenen Aufsatz, der kontrovers diskutiert wurde – und der aus guten Gründen noch immer kontrovers diskutiert wird –, stellt Davidson kurz und bündig fest, dass „there is no such thing as a language". Aus dieser These folgt offenkundig die Unmöglichkeit einer eigenständigen Linguistik (und vermutlich nicht nur die Unmöglichkeit einer eigenständigen Linguistik). Insofern ist Davidsons These einigermaßen spektakulär. Und sie bleibt auch dann spektakulär, wenn man in Rechnung stellt, dass Davidson die These wie folgt spezifiziert: „not if a language is anything like what many philosophers and linguists have supposed. There is therefore no such thing to be learned, mastered, or born with" (Davidson, 1986: 446).

Für eine genauere Erörterung der These ist es sicher von Nutzen, knapp zu rekapitulieren, wie der Sprachbegriff – genauer: der Begriff der aktualen natürlichen Sprache, oder, um abkürzend zu terminologisieren, der Begriff der A-Sprache *L* vom Typ N der natürlichen Sprachen – in Philosophie und Linguistik traditionellerweise gefasst wurde. Diese traditionelle Fassung des Begriffs der A-Sprache *L* vom Typ N liegt beispielsweise den Argumenten zugrunde, die Dummett (1986) in seiner Replik auf Davidsons These anführt. Dummetts Auffassungen sind sicher nicht falsch wiedergegeben, wenn man feststellt, dass eine A-Sprache *L* vom Typ N für Dummett *erstens* eine von einer Sprachgemeinschaft produzierte Sprache ist – *L* ist also eine

Sprachgemeinschaft produzierte Sprache ist – *L* ist also eine Sprachgemeinschaftssprache, oder kürzer, eine S-Sprache. Für diese S-Sprache *L* gilt *zweitens*, dass sie vollkommen unabhängig von den individuellen Sprecher/Hörern existiert, und zwar derart, dass der individuelle Sprecher/Hörer lediglich einen „partial, and partially erroneous, grasp of the language" (Dummett, 1986: 473) hat. *Drittens* gilt für die S-Sprache *L*, dass sie eine soziale Praxis ist; sie „is learned from others and is constituted by rules which it is part of social custom to follow" (Dummett, 1986: 473). – Es erübrigt sich, hier weitere Details der von Dummett (1986) gelieferten Explikation des Begriffs „A-Sprache *L* vom Typ N" anzuführen – es dürfte offenkundig sein, dass diese Explikation in nichts anderem als in einer naiven Adaptation der naiven, im wesentlichen auf de Saussure (1916) einerseits und Bloomfield (1933) andererseits zurückgehenden strukturalistischen Sprachauffassung besteht. Diese Sprachauffassung zeichnet sich sicher dadurch aus, dass sie die unmittelbare Spracherfahrung der Individuen reflektiert, derzufolge *L* eine ihnen vorgegebene, von ihnen unabhängige, ihrem voluntativen Zugriff grundsätzlich entzogene Größe ist. Aber unerachtet dieses Vorzugs ist die strukturalistische Sprachauffassung unhaltbar. Sie ist beispielsweise schon allein deshalb unhaltbar, weil sie ein zwar traditionsreiches, aber nichtsdestoweniger vollkommen unzulängliches, nämlich wesentlich induktivistisches Konzept des Spracherwerbs impliziert, wie insbesondere die in Piattelli-Palmarini (1980) dokumentierte Debatte zwischen Chomsky und Piaget vor Augen führt. Chomsky und Fodor (1980) demonstrieren die Unhaltbarkeit dieses Spracherwerbskonzept mit einiger Rigidität. Aber die strukturalistische Sprachauffassung ist noch in einer anderen Hinsicht unzulänglich. Diese zweite Unzulänglichkeit gerät ins Blickfeld, wenn man den folgenden Kommentar Chomskys zu Dummetts Ausführungen betrachtet: „The concept of language that Dummett takes to be essential involves complex and obscure sociopolitical, historical, cultural, and normative-teleological elements" (Chomsky, 2000: 49). In der Tat: Der strukturalistische Sprachbegriff, auf dem Dummett insistiert, kann nur Anlass zu weitläufigen ideologiekritischen Betrachtungen geben – für eine seriöse linguistische Forschung bietet er keinerlei Perspektive. Diese Perspektive ergibt sich erst im Rahmen spezieller, hier nicht weiter zu erörternder Abstraktionen und Idealisierungen, wie sie in den Wissenschaften – speziell in den Naturwissenschaften – allgemein üblich sind. Im Rahmen dieser Abstraktionen und Idealisierungen ergibt sich dann das, was man im Anschluss an Chomsky (2000) I-Linguistik bezeichnen kann. Charakteristisch für die I-Linguistik ist insbesondere das von Chomsky (1981) inaugurierte und von

Chomsky (1986) weiterentwickelte Prinzipien- und Parameter-Modell der Universalgrammatik, kurz: das (P&P)-Modell der UG. Im Rahmen dieses Modells wird eine A-Sprache vom Typ N nicht als S-Sprache *L*, sondern – wie der folgende Abschnitt verdeutlicht – als *interne, sprecher/hörer-spezifische* Sprache, kurz: als I-Sprache L, expliziert. Der Begriff der S-Sprache spielt in diesem Modell keinerlei Rolle. Das heißt allerdings – entgegen den Auffassungen Chomskys – nicht notwendigerweise, dass der Begriff der S-Sprache linguistisch grundsätzlich irrelevant ist. Wird dieser Begriff aus dem strukturalistischen Kontext, in dem er entstanden ist, herausgelöst, so ist er nicht nur von Interesse „for the sociology of identification within various social and political communities and the study of authority structure“, wie Chomsky (2000: 49) meint. Jenseits der strukturalistischen Linguistik und auch jenseits der Chomskyschen I-Linguistik verwendet, reflektiert der Begriff der S-Sprache *L* eine Vielzahl von epistemischen Prozessen, die namentlich die Kollektivierbarkeit und die Kollektivierung des sprachlichen Wissens betreffen. Und im Hinblick auf einen solchen epistemisch gefassten Begriff der S-Sprache wird man mit Chomsky (1975: 318) feststellen dürfen und sogar feststellen müssen: „The notion of ‚language‘ as a common property of a speech community is a construct, perfectly legitimate, but a higher order construct.“ Der strukturalistische Kurzschluss, den Dummett (1986) reproduziert, besteht eben gerade darin, den Begriff der S-Sprache nicht als einen Begriff höherer Ordnung, sondern als einen Elementarbegriff zu betrachten. Dummetts Bezugnahme auf den naiv gefassten und deshalb unhaltbaren Begriff der S-Sprache ermöglicht somit, obschon Dummett diesen Begriff – den strukturalistischen Sprachbegriff – gegen Davidsons These ins Feld führt, durchaus keine Widerlegung dieser These.

Die Gründe dafür werden unmittelbar deutlich, wenn man den Gehalt der These genauer ins Auge fasst. Wenn Davidson die Existenz von A-Sprachen vom Typ N – also auch von I-Sprachen – in Abrede stellt, so tut er dies vor allem deshalb, weil es ihm zufolge das, was zuvor als die primären sprachlichen Erfahrungen der Individuen bezeichnet wurde, gar nicht gibt. Was der unmittelbaren Erfahrung der Individuen zugänglich ist, ist nach Davidson keine wie immer verstandene *Sprache,* sondern dieser Erfahrung zugänglich sind allein die Tatbestände der Kommunikation. Diese Zugänglichkeitsbehauptung impliziert – vielleicht entgegen dem ersten Anschein – *nicht*, dass Davidson implizit von der Annahme ausgeht, die *primäre* Funktion der Sprache sei ihre *kommunikative* Funktion. Diese – nicht unübliche – Auffassung ist nicht so unproblematisch wie es auf den ersten Blick hin scheinen mag. Denn was genau ist gesagt, wenn von der Funktionalität natürlicher Sprachen die Rede ist, und was, wenn die kommunikative Funktion natürlicher Sprachen als ihre grundlegende Funktion ausgezeichnet wird? Warum diese Frage kritisch ist, sei kurz durch eine Analogie verdeutlicht. Jeder Mensch hat im Normalfall zwei Hände, und diese seine Hände kann er zum Verrichten bestimmter Tätigkeit benutzen. So kann er die Hände etwa zum Schreiben benutzen. Aber kann man deshalb ernsthaft sagen, die grundlegende Funktion der Hände des Menschen sei das Schreiben? Sind die Hände für das Schreiben gemacht? Oder ist das Schreiben nicht eher etwas, das man mit den Händen *unter anderem* machen kann? Und ist die Beziehung zwischen Sprache und Kommunikation nicht genau eine solche *Unter-anderem-Relation?* Man kann die Sprache dazu gebrauchen, Selbstgespräche zu führen, Gedichte zu schreiben, Tagebuch zu führen, Fußballmannschaften beim Spiel anzufeuern. Ist dies alles, sind alle diese Sprachfunktionen unter einen und nur einen Begriff – den Begriff von kommunikativer Sprachfunktionalität – zu subsummieren? Oder verliert sich ein derart weit gefasster Funktionalitätsbegriff, unter dem so viele – und vor allem so heterogene – Funktionalitätsaspekte zusammengefasst werden, nicht doch so sehr im Vagen und Ungefähren, dass mit der Feststellung, die primäre Funktion der Sprache sei die Kommunikation, letztlich nichts Substantielles mehr gesagt ist? Für Davidson stellen sich diese Fragen nicht. Seine These lautet nicht, dass die primäre Sprachfunktion die kommunikative Funktion ist. Seine These lautet: „There is no such thing as a language" – folglich gibt es auch keine Sprache, deren primäre Funktion die kommunikative Funktion ist.

Was es gibt, ist – im Sinne der These – der Tatbestand, dass die Individuen die Erfahrung einer fluktuierenden Mannigfaltigkeit von *Kommunikationssituationen* machen. Jedes Individuum, das in Kommunikationsprozesse involviert ist, muss sich auf jede neue Kommunikationssituation immer wieder neu einstellen. Dies gilt deshalb, weil jede neue Kommunikationssituation neue, den vorausgangenen Situationen kaum mehr vergleichbare Anforderungen an das Sprachverstehen – Davidson spricht von Interpretationen – stellt. Insofern kann es keine den Interpretationsprozess generell strukturierende „shared grammar or rules" geben. Das ist gemeint, wenn Davidson seine Position pointiert dahingehend formuliert, dass es keine „portable interpreting machine" – eine sozusagen von Situation zu Situation mitnehmbare und in allen Situationen gleichermaßen verwendbare Interpretationsmaschinerie – geben kann. Interpretationen sind für ihn somit *singuläre*, nicht durch generelle Prinzipien bestimmte Prozesse. Und diese Prozesse sind von einer Vielzahl von Faktoren abhängig – etwa von sozialen Faktoren, von biologischen Faktoren und von psychischen Faktoren. Insofern sind diese Prozesse ganz wesentlich auch und gerade nicht-sprachliche Prozesse.

Es ist vielleicht nicht ganz unangebracht, knapp zu verdeutlichen, wie Davidsons Konzept der fluktuierenden und jeweils speziellen Sprachgebrauchssituationen wissenschaftssystematisch zu verorten ist. Die folgenden Feststellungen dürften einiges zu dieser Verortung beitragen: „Übersehen kann man die Kluft zwischen der Naturwissenschaft und dem Wirklichen nur, wenn man auf dessen Individualität nicht achtet. Wer einmal versucht, naturwissenschaftliche Begriffe auf das Individuelle selbst anzuwenden, muss bald auf eine Grenze stoßen, die unüberwindlich ist. Gewiss stellt der Arzt auf Grund naturwissenschaftlicher Begriffe die Diagnose und dient dadurch eventuell seinem individuellen Patienten. Er kann den besonderen ‚Fall' dem allgemeinen Krankheitsbegriff unterordnen und infolgedessen das tun, wovon er weiß, dass es im Allgemeinen zu helfen pflegt. Er braucht also notwendig die Generalisation. Gerade dem klugen Arzte aber ist es andererseits nur zu wohl bekannt, dass es in Wirklichkeit keine ‚Krankheiten', sondern lediglich kranke Individuen gibt, und dass er bei seiner Tätigkeit daher oft mit dem, was in naturwissenschaftlichen Büchern steht, allein nicht auskommt. Er muss auch zu individualisieren verstehen, und das kann die Naturwissenschaft ihn nie lehren. [...] Kurz, es zeigt sowohl die Möglichkeit einer Anwendung der naturwissenschaftlichen Begriffe auf das wirkliche Leben als auch die Grenze, die ihrer Verwertung gesteckt ist, von neuem die Eigenart der naturwissenschaftlichen Begriffsbildung als eines generalisierenden Verfahrens. Die Naturwissenschaft bringt, um einen glücklichen Vergleich von Bergson zu gebrauchen, nur Konfektionskleider zustande, die Paul ebensogut wie Peter passen, weil sie die Gestalt keines von beiden nachzeichnen. Wollte sie ‚nach Maß' arbeiten, so müsste sie für jeden Gegenstand, den sie studiert, eine neue Arbeit liefern. Das aber widerstreitet ihrem Wesen als Naturwissenschaft. Sie bleibt beim Individuellen nur so lange, bis sie an ihm das Allgemeine gefunden hat, dem es sich unterordnen lässt. Insofern muss man sagen, dass die Wirklichkeit in ihrer Besonderheit und Individualität die Grenze für jede naturwissenschaftliche Begriffsbildung ist" (Rickert, 1926: 64-65). Um es in der Terminologie Rickerts auszudrücken: Die Redeweise von einer transportablen Interpretationsmaschinerie ist – wenn überhaupt – nur im Rahmen einer Abstraktion sinnvoll möglich, wie sie in den Naturwissenschaften üblich ist; durch Abstraktionen dieser Art geht jedoch der Blick auf das verloren, was es ‚wirklich' gibt. Und wirklich gibt es eben nur die fluktuierende Mannigfaltigkeit von miteinander unvergleichbaren und deshalb jeweils singulären Sprachgebrauchssituationen. Diese Situationen sind, wie schon gesagt, von einer Vielzahl heterogenster Faktoren abhängig, und diese Faktorenheterogenität ist sozusagen so dicht, dass es letztlich nicht mehr möglich ist, bestimmte Erfahrungen als *genuin sprachliche* Erfahrungen zu verorten. Deshalb ist es nur konsequent, wenn Davidson schließlich feststellt, dass man in Konsequenz seiner Argumentation nicht nur dazu genötigt ist, „the ordinary notion of language" aufzugeben – seine Argumentation hat zur Folge, dass „we have erased the boundary between knowing a language and knowing our way around the world generally" (Davidson, 1986: 445). Deshalb muss sich, wer sich mit dem befasst, was zuvor A-Sprache vom Typ N genannt wurde, in Wahrheit – in ‚Wirklichkeit' – mit der Welt insgesamt befassen, und zwar mit der Welt insgesamt in jedem ihrer Aspekte: *Das* ist der Gehalt der These, dass es keine transportable Interpretationsmaschinerie gibt und geben kann.

Der Gehalt von Davidsons These ist damit klar. Klar ist damit aber auch die mit dieser These verbundene Problematik. Man betrachte Gott (G) und den Rest der Welt (RdW). Eine Wissenschaft von Gott und dem Rest der Welt – eine G/RdW-Disziplin – kann es, wie wohl unmittelbar einsichtig sein dürfte, nicht geben, trivialerweise nicht. Eine G/RdW-Disziplin ist jedoch erforderlich, um die fluktuierende Mannigfaltigkeit der singulären Sprachgebrauchssituationen beschreiben und erklären zu können. Mit anderen Worten: Davidsons These ist letztlich in einem Raum diesseits oder jenseits jeglicher möglichen Wissenschaft angesiedelt. Die Frage allerdings ist, ob die These zutrifft. Und diese Frage ist, entsprechend dem zuvor Gesagten, natürlich äquivalent mit der Frage, ob es in der Tat der Fall ist, dass es keine von Situation zu Situation transportierbare und in allen Situationen gleichermaßen verwendbare Interpretationsmaschinerie geben kann.

2 (i/i)-Filter

Eine UG im Sinne des zuvor bereits avisierten (P&P)-Modells der UG bezieht sich – wie zuvor bereits festgestellt – nicht auf eine S-Sprache *L*, sondern auf eine I-Sprache L. Entsprechend ist die UG individuenspezifisch, internalistisch und, im technischen Sinn des Begriffs, intensional konzipiert. Das heißt: Die Extension des Prinzipien- und Parameter-Systems sind nicht Satzmengen, sondern – wiederum im technischen Sinn dieses Begriffs – Mengen von Strukturbeschreibungen. Der Komplementärbegriff zum Begriff der I-Sprache ist entsprechend der Begriff der E-Sprache, also der Begriff der externen Sprache. E-Sprachen kommen ins Blickfeld, wenn man – was rein logisch durchaus möglich ist –, die UG *extensionalisiert*. Es ist dabei wesentlich zu sehen, dass die Extensionalisierung der UG–– entgegen diversen, gerade von Chomsky (1981; 2000) nahe gelegten Auffassungen – *nicht* zum Begriff der S-Sprache führt. Die UG-Extensionalisierung erlaubt es zwar, bestimmte Mengen von Sätzen voneinander zu unterscheiden, aber sie erlaubt es nicht, etwa die Menge der englischen Sätze von der Menge der portugiesischen Sätze zu unterscheiden. Denn die Prädikate „s ist ein englischer Satz", „s ist ein Satz des Portugiesischen" sind keine Elemente der UG, und sie können folglich auch in einer extensionalisierten UG keine Rolle spielen. Auch eine extensionalisierte UG besagt somit nichts über S-Sprachen.

Die UG reflektiert ein System grammatischer Kenntnisse, die nicht Bestandteile des bewussten grammatischen Wissens der Individuen sind. Dieses Kenntnissystem ist – im von Fodor (1983) erklärten Sinn des Begriffs – autonom; es ist unabhängig von allen anderen epistemischen Systemen, die Bestandteile der kognitiven Ausstattung der Individuen sind. Die UG ist somit informationell eingekapselt. Dieses autonome, informationell eingekapselte Kenntnissystem ist *modular*, also aus voneinander unabhängigen Einheiten aufgebaut. Dieser interne Aufbau der UG ist nachfolgend in [1] allgemein, also unter Vernachlässigung von Details, charakterisiert:

[1] Eine UG ist ein endliches System Σ grammatischer Module, das über unendliche Kapazität verfügt, mehrere Repräsentationsebenen voneinander unterscheidet, und für das gilt:

- Σ ist sprecher/hörer-intrinsisch.
- Σ ist sprecher/hörer-individuell.
- Σ ist intensional.

Die UG-Kenntnisse der Individuen werden möglich im Rahmen einer Konfiguration, die hier als Chomskys Zustandssequenz bezeichnet werden soll; sie ist in [2] näher spezifiziert:

[2] Es sei $CZS = \langle A < \xi_1 < \xi_2 < \ldots < \xi_n < L \rangle$ eine Chomskysche Zustandssequenz. Dann gilt:

- Der Anfangszustand A ist ein genetisch determinierter Zustand, durch den das System der UG-Prinzipien und der UG-Parameter gegeben ist.
- $\xi_1 < \xi_2 < \ldots < \xi_n$ ist eine Sequenz von intermediären Parametrisierungszuständen im Erwerb der L-Kenntnis.

- Der Endzustand L – die I-Sprache – ist ein parametrisierungsvollständiger Dauerzustand.

Ein Sprecher/Hörer ist relativ zu [1] und [2] korrekt begriffen, wenn er als *grammatischer Organismus* begriffen ist. Das heißt auch, dass die UG resistent gegen die sozialen Prozesse ist, denen S-Sprachen unterliegen. Es gibt also, konvers dazu gesagt, keine sozialen Bedingungen der Formation von I-Sprachen.

Im Rahmen der UG spielt der so genannte i-über-i-Filter, abgekürzt (i/i)-Filter, sicher keine zentrale, aber doch eine gewichtige Rolle. Dieser Filter, der – informell gesprochen – in etwa besagt, dass das Subjekt und das Objekt eines Satzes im Normalfall referenzverschieden voneinander sind, ist nachfolgend in [3] formuliert. Seine Betrachtung soll es ermöglichen, die Frage nach der Existenz (oder Nicht-Existenz) einer transportablen Interpretationsmaschinerie in einer für die verfolgten Ziele hinreichenden Näherung zu beantworten:

[3] Falls $[\alpha_i \ldots \beta_j \ldots]$, dann $i \neq j$

Um die Funktion des Filters erläutern zu können, seien Äußerungen der sicherlich wohlgeformten Sätze in (1) – (3) in aufeinander folgenden Situationen S1, S2 und S3 betrachtet, in denen – was performatorisch sehr wohl möglich ist – gegen den Filter *verstoßen* wird. In Konsequenz dieser Verstöße sind die Sätze in (1) - (3) im Sinne der in (4) - (6) angegebenen Satzstrukturierungen zu interpretieren. Zusätzlich sei angenommen, dass dem Interpreter die durch eine entsprechende Indizierung der Strukturen angedeutete Situiertheit der Filterverstöße wie auch, etwa auf Grund eines vom Interpreter angelegten mentalen Protokolls, die Geschichte dieser Verstöße, also die Situationsabfolge S1 < S2 < S3, bekannt ist.

(1) Alberich verabredete sich mit seinem besten Freund
(2) Alberich verabredete sich mit seiner besten Freundin
(3) Seine beste Freundin trank einen Grappa
(4) ⟨ Alberich$_i$ verabredete sich mit [seinem$_i$ besten Freund]$_i$, S1 ⟩
(5) ⟨ Alberich$_i$ verabredete sich mit [seiner$_i$ besten Freundin]$_i$, S2 ⟩
(6) ⟨ [Seine$_i$ beste Freundin]$_i$ trank einen Grappa, S3 ⟩

Offenkundig kann die S1-Äußerung von (1) auf Grund des Filterverstoßes nur bedeuten, dass Alberich sich mit sich selbst verabredet hat; für die S2-Äußerung von (2) gilt dasselbe: modulo S1 und S2 sind die Sätze in (1) und (2) kommunikativ äquivalent, kurz: k-äquivalent miteinander, denn mit ihrer Äußerung ist in *beiden* Fällen gesagt, dass Alberich sich mit sich selbst verabredete. Und dass die Beziehung (Alberich verabredete sich mit seinem besten Freund) $\equiv_k$ (Alberich verabredete sich mit seiner besten Freundin) gelten kann und unter den hier eingegangenen Voraussetzungen auch gilt, ist sicherlich befremdlich. Hochgradig befremdlich ist jedoch, dass die Auswertung der Äquivalenz zu der Interpretation führt, dass Alberich sich mit sich selbst verabredete. Und der Befremdlichkeiten ist kein Ende, denn die Äußerung von (3) in S3 bedeutet im Rahmen der Situationsabfolge S1 < S2 < S3 schlicht und einfach, dass Alberich einen Grappa trank. Es gilt also: (Seine beste Freundin trank einen Grappa) $\equiv_k$ (Alberich trank einen Grappa). Die performatorische Möglichkeit derartiger kommunikativer Befremdlichkeiten aber scheint ein durchschlagender Beweis dafür zu sein, dass Davidsons These zutrifft. Denn der Interpretationsprozess muss in der Tat in jeder neuen Situation der Folge S1 < S2 < S3 von Grund auf neu strukturiert werden. Auf die Frage nach der Existenz einer transportablen Interpretationsmaschinerie scheint es somit keine positive Antwort geben zu können. Alles scheint dafür zu sprechen, dass es nur die von Davidson (1986) avisierte ‚passing theory' gibt, vermöge derer sich die Individuen immer neu an Situationen adaptieren.

Aber dieser Schluss ist, natürlich, ein *non sequitur*. Aus der auf der Ebene der Sprachperformanz immer (oder nahezu immer) gegebenen Möglichkeit der Ungrammatizität folgt nicht, dass es keine Grammatizität und folglich keine Grammatik gibt. Und aus den performatorisch immer möglichen Befremdlichkeiten der angeführten Art folgt nicht, dass es keine transportable – das heißt: situationsunabhängige – Interpretationsmaschinerie geben kann. Im Gegenteil: Die Möglichkeit der situationsspezifisch variierenden Interpretationen der Sätze in (1) - (3) ist nur unter Voraussetzung des in (2-1) mitgeteilten Filters zu erklären. Denn *erstens* können die zuvor konstatierten k-Äquivalenzen nur im Rekurs auf den Filter überhaupt dingfest gemacht werden, und *zweitens* kann nur im Rekurs auf den Filter erklärt werden, warum diese k-Äquivalenzen befremdlich sind. Und entsprechend wird man wohl nicht umhin können, diesen Filter, der ja Teil der UG ist, und die UG insgesamt als ein integrales Element einer transportablen Interpretationsmaschinerie betrachten zu müssen. Und dies festzustellen heißt festzustellen, dass Davidsons These unhaltbar ist.

3 Spektrum der Sprachperformanz

Der Nachweis für die Unhaltbarkeit der These Davidsons wurde unter Voraussetzung der Chomskyschen Linguistik erbracht. Er bringt jedoch zugleich auch eine der Grenzen ins Blickfeld, die dieser Linguistik gesetzt sind. Konstitutiv für sie ist bekanntlich die Unterscheidung zwischen Sprachkompetenz – der UG, in der zuvor etablierten Terminologie – und Sprachperformanz. Dabei wird (in Konsequenz zahlreicher, hier nicht weiter zu erörternder Idealisierungen) davon ausgegangen, dass zwischen Sprachkompetenz und Sprachperformanz eine 1:1-Beziehung besteht. Entsprechend kann die Sprachkompetenz sozusagen als potenzielle Sprachperformanz beziehungsweise die Sprachperformanz sozusagen als Sprachkompetenz in Aktion betrachtet werden.

Die Idealisierungen, die diese Betrachtung ermöglichen, sind sicherlich bei weitem zu stark. Dies ist leicht einzusehen, denn in Konsequenz der 1:1-Abbildung sind alle Aussagen über die potenzielle Sprachperformanz (nahezu) vollständig in Aussagen über die Sprachkompetenz in Aktion übersetzbar und umgekehrt. Damit aber ist die Unterscheidung zwischen Sprachkompetenz und Sprachperformanz letztlich überflüssig. Und sie ist nicht nur überflüssig; sie geht dann auch am Kern der Sache vorbei. Denn unter Voraussetzung der 1:1-Abbildung gilt, dass der Sprachgebrauch *ausschließlich* grammatischen Bedingungen unterliegt. Das in (1) - (6) erörterte Grappa-Beispiel zeigt aber mit hinreichender Deutlichkeit, dass diese Auszeichnung der grammatischen Bedingungen des Sprachgebrauchs unhaltbar ist: Es gibt nicht-grammatische Bedingungen der Sprachperformanz, also auch des Sprachgebrauchs. Die Kompetenz/Performanz-Unterscheidung – kurz: die K/P-Unterscheidung – ist in genau dem Grade empirisch gehaltvoll, in dem sie es gestattet, diese nicht-grammatischen Bedingungen des Sprachgebrauchs – der Sprachperformanz – ins Blickfeld zu rücken. Empirisch gehaltvoll ist die K/P-Unterscheidung somit erst in Anbetracht der Tatbestände, die jenseits der 1:1-Abbildung liegen. Und zu diesen Tatbeständen gehören eben die zuvor erörterten befremdlichen kommunikativen Äquivalenzen. Zu ihnen gehören aber auch nicht-situative Bedingungen des Sprachgebrauchs – Bedingungen, die zum Beispiel die grammatisch mögliche Einbettungstiefe der in Satzäußerungen vorkommenden Sätze restringieren, und vergleichbare Bedingungen. Es ist die Kenntnis dieser Bedingungen, die die Sprachperformanz der Individuen ermöglicht; die Sprachperformanz ist somit ein epistemisch fundiertes System. Dieses System besteht aus einer Anzahl von epistemischen Subsystemen, so etwa aus dem System der

Kenntnisse, die es den Individuen ermöglichen, in bestimmten Situationen bestimmte Sprechakte zu vollziehen und bestimmte andere Sprechakte nicht zu vollziehen; der Sprachgebrauch beruht insofern auch und gerade auf *voluntativen* Elementen. Die Möglichkeit der Sprachperformanz – des Sprachgebrauchs – ist somit eine Funktion einer Anzahl von epistemischen Systemen, die – wie etwa die UG und die Sprechakt-voluntas – im Typ voneinander verschieden sind. Ein epistemisches System aber, das aus einer Anzahl von im Typ verschiedenen Kenntnissystemen aufgebaut ist, ist ein *hybrides* System, im technischen Sinne dieses Begriffs. Die UG ist ein in dieses Hybridsystem eingebettetes System; es wirkt – dies ist der Gehalt der zuvor bemühten Autonomieannahme – mit den anderen Subsystemen des System zusammen, ohne mit ihnen zu interagieren, also ohne mit ihnen Informationen auszutauschen.

Es ist klar, dass die Untersuchung der Sprachperformanz wesentlich die Untersuchung dieses Hybridsystems ist; das aktuale, beobachtbare Sprachverhalten der Individuen kann nur als ein Epiphänomen des Hybridsystems betrachtet werden.

Zuvor wurde kurz angedeutet, dass es nicht unproblematisch ist, von der kommunikativen Funktion von Sprachen zu reden. Die vorstehenden Betrachtungen – namentlich die Bezugnahme auf das Hybridsystem – gestatten hier einige Präzisierungen. Dass die Sprache eine kommunikative Funktion hat, manifestiert sich in Sprachgebrauchssituationen. Was solche Situationen möglich macht, ist ein komplexes Gebilde **E** epistemischer Systeme von einer überwältigenden Mannigfaltigkeit. Das Hybridsystem **E** umfasst Systeme des Weltwissens, Systeme der Partnermodellierung, Systeme situativen Wissens, und so weiter. Das System **E** – und nicht eine Sprache – ist es, das Kommunikation ermöglicht. Ergibt es dann noch einen Sinn, zu sagen, dass die grundlegende Sprachfunktion die kommunikative Funktion ist? Ist es nicht vielmehr das System **E**, dem Funktionalität zu attestieren ist? Aber vielleicht kann man sinnvoll der Auffassung sein, Kommunikationssituationen seien nur dann möglich, wenn dem System **E** eine I-Sprache L – oder vielleicht auch eine S-Sprache *L* – ‚zugeschaltet' wird? Ist es dann die grundlegende Funktion der I-Sprache L, dem System **E** – vielleicht sogar systematisch zusammen mit der S-Sprache *L* – zugeschaltet werden zu können?

Selbst wenn dem so sein sollte, so ändert dies nichts an dem Tatbestand, dass das System **E**, wenn es linguistisch verortet werden soll, nicht auf der Ebene der I-Sprache – also im Bereich der Sprachkompetenz – verortet werden kann. Das System **E** kann sinnvollerweise nur im Bereich der Sprachperformanz verortet werden. Wenn Funktionalität und Kommunikativität aber Performanzeffekte sind – welchen Sinn kann es dann noch haben, nach der Funktionalität einer I-Sprache, also einer performatorisch unabhängigen Größe, auch nur zu fragen? Ersichtlich ist diese Frage sinnlos; sie beinhaltet einen Kategorienfehler, im technischen Sinn dieses Begriffs, denn mit ihr wird der Sprachkompetenz eine Eigenschaft zugeschrieben, die sinnvollerweise nur der Sprachperformanz attestiert werden kann. Aber auch schon im Vorfeld dieses Kategorienfehlers ist die Redeweise von Sprachfunktionen problematisch: Es ist der (hier nicht weiter zu erörtende) ihr zwangsläufig inhärente teleologische Gehalt, der diese Redeweise grundsätzlich problematisch macht.

Die Bezugnahme auf das System **E** wirft nun aber auch ein neues Licht auf Davidsons These. „There is no such thing as a language" – es wurde gezeigt, dass diese These nicht gelten kann, wenn sie für I-Sprachen, also für den Kompetenzbereich geltend gemacht wird: Aus der fluktuierenden Mannigfaltigkeit der Kommunikationssituationen folgt nicht, dass es keine den speziellen *Sprachgebrauchssituationen* mit zugrundeliegende, in jede solche Sprachgebrauchssituation transportierbare Sprachkompetenz geben kann und gibt. Davidsons These kann mithin – wenn überhaupt – nur im Bereich der Sprachperformanz geltend gemacht werden. Aber im Bereich der Sprachperformanz geht es nicht um die Untersuchung von Sprachen, sondern um die Untersuchung des Hybridsystems **E** und um die modulo **E** möglichen Prozesse der Sprachproduktion (einschließlich der Handlungsbedingungen des Sprachgebrauchs) und der Sprachperzeption (einschließlich der Bedingungen des Sprachverstehens). Insofern scheint die These in keiner nur denkbaren Hinsicht Substanz zu haben.

Andererseits: Ist mit der These nicht gerade dieses ins Blickfeld gerückt worden – das Hybridsystem **E**? Die eliminativen Folgerungen, die Davidson aus dem Verweis auf dieses Hybridsystem zieht, sind sicher nicht haltbar – aber ändert das etwas daran, dass der Verweis auf das System **E** vollkommen legitim ist? Und wurde nicht zuvor – sinngemäß – konstatiert, dass eine Untersuchung des Systems **E** nur im Rahmen einer G/RdW-Disziplin möglich ist? Und wurde diesem Befund nicht der Befund hinzugefügt, dass es eine G/RdW-Disziplin nicht geben kann?

Vielleicht ist mit Davidsons These letztlich dieses zum Ausdruck gebracht: dass es eine Untersuchung des Systems **E** – der Sprachperformanz –, die den üblichen Standards wissenschaftlicher Forschung genügt, nicht geben kann. Vielleicht ist Davidsons These korrekt verstanden, wenn sie als Bestätigung der von Chomsky sozusagen seit Jahr und Tag geübten und von Chomsky (2000) noch einmal nachdrücklich zum Ausdruck gebrachten *Performanzskepsis* verstanden wird. Chomsky unterscheidet bekanntlich zwischen *problems*, die zumindest im Prinzip einer wissenschaftlichen Lösung zugänglich sind, und *mysteries*, für die das nicht gilt. Seine Performanzskepsis besteht darin, dass er der Meinung ist, der Versuch, eine signifikante Theorie des Sprachgebrauchs – der Sprachperformanz insgesamt – zu entwickeln, laufe nahezu zwangsläufig darauf hinaus, sich nicht mit wissenschaftlich lösbaren Problemen, sondern mit *mysteries*, mit unlösbaren Rätseln, zu befassen. Und in der Tat: Wissenschaftliche Forschung setzt die Existenz von – durch Abstraktionen und Idealisierungen erzeugten – restringierten Untersuchungsdomänen, von *closed worlds* voraus. Und eine *closed world* der Sprachperformanz scheint es nicht zu geben. Indem eine Forschungsstrategie verfolgt wird, die darauf hinausläuft, dem (ohnehin schon extrem mächtigen) System **E** weitere Systeme ‚zuzuschalten', wird die *open world* der Sprachperformanz immer offener. Sie wird immer bunter, immer ‚wirklicher' – bis sie sich schließlich vollständig in der Welt der Rickertschen Singularitäten aufgelöst hat und so einer wissenschaftlichen Untersuchung grundsätzlich nicht mehr zugänglich ist.

Die positive Einsicht, die aus Davidsons These zu gewinnen ist, ist vermutlich die: Es kann nicht darum gehen, eine Methodologie des Systemzuschaltens zu praktizieren. Erforderlich ist vielmehr eine dazu konverse Methodologie: das Hybridsystem **E** muss vermöge relevanter Idealisierungen und Abstraktionen in seiner Mächtigkeit restringiert werden; es muss partitioniert, also in seine Einzelbestandteile zerlegt und nach Möglichkeit modular strukturiert werden. Nur im Rahmen einer solchen Methodologie der Abstraktionen und Partitionen bietet sich die Möglichkeit, zur konklusiven Erkenntnis des Systems **E** zu kommen. Nur dann besteht die Möglichkeit, Chomskys Performanzskepsis aus der Welt zu schaffen. Die Untersuchung der Sprachperformanz wird in dem Grade erfolgreich sein, in dem es gelingt, das System **E** in *closed systems* zu zerlegen. Es gibt kein *a priori*-Argument, das gegen einen solchen Partitionierungsversuch geltend gemacht werden kann.

Die Erwartung, dass der linguistischen Erkenntnis durch solche Untersuchungen – Untersuchungen jenseits der Scylla der mit der 1:1-Abbildung verbundenen K/P-Unterscheidung und diesseits der Charybdis der G/RdW-Disziplinen – Neuland erschlossen werden kann, ist angesichts des derzeitigen Entwicklungsstandes der Erforschung der Sprachperformanz sicher nicht allzu hoch gegriffen. Diese Untersuchungen können – und müssen wohl – unter Voraussetzung der Chomskyschen Linguistik durchgeführt werden. Aber sie können nicht im Rahmen der Chomskyschen Linguistik ins Werk gesetzt werden: Sie ins Werk zu setzen heißt vielmehr, linguistische Forschung jenseits der Grenzen der Chomskyschen Linguistik zu betreiben.

Literatur

Bloomfield, L. (1933). *Language*. New York: Henry Holt.

Chomsky, N. (1975). Knowledge of Language. In: K. Gunderson (Ed.), *Language, mind, and knowledge* (pp. 299-320). Minneapolis: University of Minnesota Press.

Chomsky, N. (1981). *Lectures on government and binding. The Pisa lectures.* Dordrecht: Foris

Chomsky, N. (1986). *Barriers.* Cambridge: MIT Press.

Chomsky, N. (2000). *New horizons in the study of language and mind.* Cambridge: Cambridge University Press.

Chomsky, N. & Fodor, J. (1980). Statement of the Paradox. In: M. Piattelli-Palmarini (Ed.), *Language and learning. The debate between Jean Piaget and Noam Chomsky* (pp. 259-261). Cambridge: MIT Press.

Davidson, D. (1986). A nice derangement of epitaphs. In: E. Lepore (Ed.), *Truth and interpretation* (pp. 433-446). Oxford: Blackwell.

de Saussure, F. (1916). *Cours de linguistique générale.* Paris: Payot. Deutsche Ausgabe *Grundfragen der Allgemeinen Sprachwissenschaft*, Berlin (1967): de Gruyter.

Fodor, J. (1983). *The modularity of mind.* Cambridge: MIT Press.

Dummett, M. (1986). A nice derangement of epitaphs: Some comments on Davidson and Hacking. In: E. Lepore (Ed.), *Truth and interpretation* (pp. 459-476). Oxford: Blackwell.

Piattelli-Palmarini, M. (Ed., 1980). *Language and learning. The debate between Jean Piaget and Noam Chomsky.* Cambridge: MIT Press.

Rickert, H. (1926). *Kulturwissenschaft und Naturwissenschaft. Sechste und siebente durchgesehene und ergänzte Auflage.* Tübingen: Mohr (Paul Siebeck). Nachdruck (1986) Stuttgart: Reclam.

Kognitive Prozesse bei der sprach- und bildgestützten Konstruktion mentaler Modelle

Wolfgang Schnotz

Sprach- und Bildverstehen werden als Prozesse der mentalen Konstruktionen interner Repräsentationen anhand von externen Repräsentationen angesehen. Dabei kann sowohl intern als auch extern zwischen deskriptionalen und depiktionalen Repräsentationen unterschieden werden. Vor diesem Hintergrund wird zunächst ein Strukturmodell des Sprach- und Bildverstehens beschrieben, in dem mögliche Interaktionen zwischen externen und internen Repräsentationen von deskriptionaler und depiktionaler Form dargestellt sind. Dieses Strukturmodell wird dann durch ein Prozessmodell des Sprach- und Bildverstehens ergänzt, in welchem zum einen zwischen Topic und Comment als unterschiedlichen sprachlichen Komponenten und zum anderen zwischen Deskriptionen und Depiktionen als unterschiedlichen mentalen Repräsentationsformen differenziert wird. Dabei wird zunächst die sprachgeleitete Konstruktion mentaler Repräsentationen ohne und mit Bildunterstützung anhand eines Beispiels in allgemeiner Form beschrieben. Anschließend wird das Prozessmodell dargestellt und anhand des genannten Beispiels erläutert.

1 Repräsentationen bei der Sprach- und Bildkommunikation

Sprachäußerungen und Bilder sind Kommunikationsinstrumente, mit denen Menschen einander Mitteilungen über Sachverhalte machen. Beide basieren auf der Verwendung von Zeichen. Sprache verwendet Zeichen mit einer arbiträren Struktur, die mit dem bezeichneten Gegenstand durch eine Konvention verknüpft sind und „Symbolzeichen" genannt werden. Bilder dagegen verwenden Zeichen, die mit dem bezeichneten Gegenstand durch gemeinsame Strukturmerkmale verknüpft sind und „ikonische Zeichen" genannt werden (vgl. Peirce, 1906). Bei realistischen Bildern werden räumliche Merkmale des Gegenstandsbereichs durch räumliche Merkmale des Bildes repräsentiert; repräsentierte und repräsentierende Merkmale sind hier also gleichartig. Es besteht eine konkrete Form der strukturellen Übereinstimmung, die man als Ähnlichkeit bezeichnet. Bei logischen Bildern beziehungsweise Diagrammen werden beliebige Merkmale des Gegenstandsbereichs (zum Beispiel Geburtenzahlen oder Einfuhrquoten) durch räumliche Merkmale des Bildes repräsentiert; repräsentierte und repräsentierende Merkmale sind hier verschiedenartig. Es besteht eine abstrakte Form der strukturellen Übereinstimmung, die man als Analogie bezeichnet (Gentner, 1983).

Symbolzeichen führen zu deskriptionalen, ikonische Zeichen zu depiktionalen Repräsentationen. Deskriptionale Repräsentationen beschreiben ihren Gegenstand. Beispielsweise werden in einem Text als einer deskriptionalen Repräsentation Teile eines Sachverhalts durch Nomen (Objektsymbole) genannt, durch Adjektive (Attributsymbole) charakterisiert und durch Verben oder Propositionen (Relationssymbole) zueinander in Beziehung gesetzt werden. Depiktionale Repräsentationen hingegen zeigen ihren Gegenstand, indem sie aufgrund gemeinsamer Struktureigenschaften von Repräsentation und Repräsentiertem eine Stellvertreterfunktion für den Gegenstand wahrnehmen.

Sprachäußerungen und Bilder sind externe Repräsentationen. Werden sie verstanden, so konstruiert das verstehende Individuum intern mentale Repräsentationen des beschriebenen beziehungsweise gezeigten Sachverhalts. Beim Verstehen von Sprachäußerungen konstruiert das Individuum eine mentale Repräsentation der sprachlichen Oberflächenstruktur, generiert auf dieser Grundlage eine propositionale Repräsentation des semantischen Gehalts und konstruiert schließlich ein mentales Modell des in der Äußerung dargestellten Sachverhalts (Graesser, Millis & Zwaan, 1997; Rickheit & Habel, 1999; Schnotz, 1994). Beim Verstehen von Bildern nimmt das Individuum zunächst das Bild wahr und konstruiert auf dieser Grundlage ein mentales Modell des abgebildeten Sachverhalts, an dem wiederum Propositionen abgelesen werden können (Schnotz & Bannert, 1999).

Auch bei den internen, mentalen Repräsentationen kann man zwischen deskriptionalen und depiktionalen mentalen Repräsentationen unterscheiden. Eine mentale Repräsentation der sprachlichen Oberflächenstruktur beispielsweise ist ebenso wie die sprachliche Äußerung selbst eine deskriptionale Repräsentation. Auch eine propositionale Repräsentation gehört zu den deskriptionalen Repräsentationen: Propositionen bestehen aus einem Relationssymbol (dem Prädikat) und aus einem oder mehreren Symbolen für Entitäten (den so genannten Argumenten), die durch das Prädikat zu einer Einheit verknüpft werden, und beschreiben so den dargestellten Sachverhalt. Demgegenüber sind visuelle Vorstellungen und mentale Modelle depiktionale Repräsentationen. Eine visuelle Vorstellung repräsentiert eine visuell wahrnehmbare räumliche Struktur durch eine entsprechende Struktur im visuellen System (vgl. Kosslyn,

1994). Ein mentales Modell hingegen ist eine interne Struktur, die in einer Analogiebeziehung zu dem dargestellten Gegenstand steht. Ein mentales Modell repräsentiert einen Sachverhalt also aufgrund seiner inhärenten Struktureigenschaften und ist damit ebenso den depiktionalen Repräsentationen zuzurechnen (Johnson-Laird, 1983).

2 Strukturmodell des Sprach- und Bildverstehens

Sprach- und Bildverstehen sind spezifische Funktionen des kognitiven Systems, die meist im engen Verbund miteinander realisiert werden. Dabei tragen Sprache und Bilder gemeinsam zum Aufbau multipler mentaler Repräsentationen bei. Zur Analyse des integrierten Sprach- und Bildverstehens wurden verschiedene theoretische Ansätze entwickelt.

In seiner Theorie der dualen Kodierung geht Paivio (1986) davon aus, dass verbale und piktoriale Informationen in unterschiedlichen, jedoch miteinander interagierenden kognitiven Subsystemen – einem verbalen System und einem imaginalen System – verarbeitet werden. Wörter, Sätze und Texte werden normalerweise nur im verbalen System enkodiert, während Bilder grundsätzlich imaginal und verbal enkodiert werden. Das meist gute Behalten von Bildern wird damit auf die Vorzüge einer doppelten gegenüber einer einfachen Kodierung zurückgeführt.

Ausgehend von der Theorie der dualen Kodierung hat Mayer (1997) im Kontext des Lernens mit Multimedia ebenfalls eine Theorie des kombinierten Sprach- und Bildverstehens entwickelt. Seinem Ansatz zufolge führen verbale Selektionsprozesse zu einer propositionalen Textbasis und Organisationsprozesse zur Konstruktion eines textbasierten mentalen Modells im verbalen Arbeitsgedächtnis. Ähnlich führen piktoriale Selektionsprozesse zu einer imaginalen Bildbasis und piktoriale Organisationsprozesse zur Konstruktion eines bildbasierten mentalen Modells im imaginalen Arbeitsgedächtnis (vgl. Baddeley, 1992; Chandler & Sweller, 1991). Das textbasierte und das bildbasierte mentale Modell werden dann durch referenzielle Verknüpfungen miteinander integriert.

Die von Mayer (1997) angenommene Parallelität der Text- und Bildverarbeitung ist allerdings insofern problematisch, als Texte und Bilder, wie bereits erwähnt, auf ganz unterschiedlichen – nämlich deskriptionalen und depiktionalen – Repräsentationsprinzipien beruhen. Um dem Rechnung zu tragen, haben Schnotz und Bannert (1999) ein alternatives Modell des Sprach- und Bildverstehens entwickelt, dessen Grundzüge in Abbildung 1 dargestellt sind.

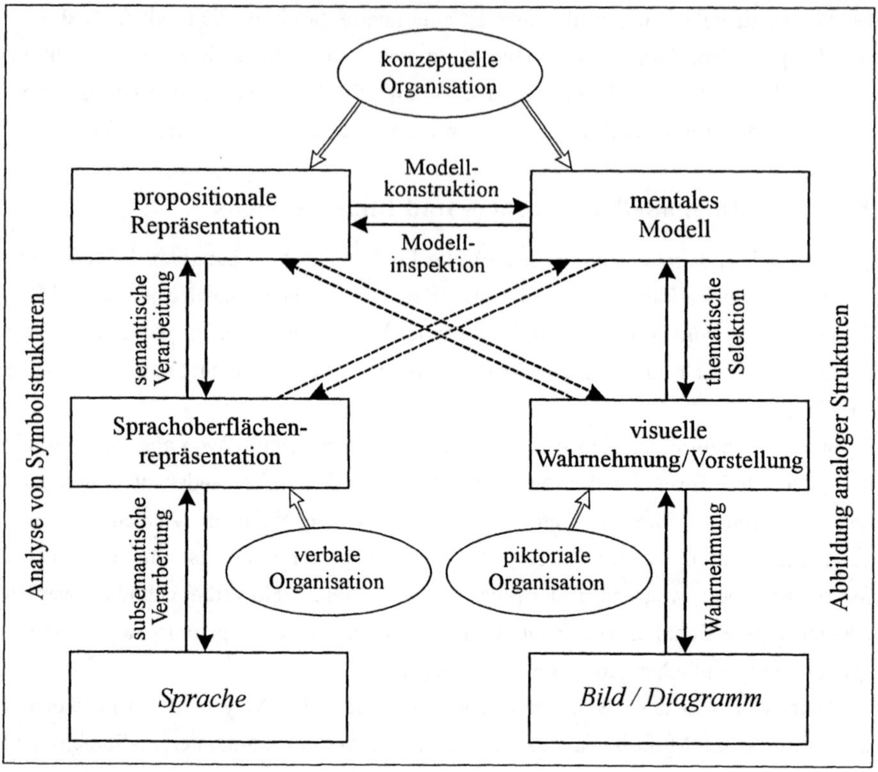

Abbildung 1: Strukturmodell des integrierten Sprach- und Bildverstehens (nach Schnotz & Bannert, 1999)

Die Abbildung zeigt links einen deskriptionalen und rechts einen depiktionalen Repräsentationszweig. Der deskriptionale Zweig besteht aus der externen Repräsentation eines dargestellten Sachverhalts in Form einer sprachlichen Beschreibung, der internen mentalen Repräsentation der Sprachoberflächenstruktur sowie der internen propositionalen Repräsentation des semantischen Gehalts. Der depiktionale Zweig besteht aus der externen Repräsentation des dargestellten Sachverhalts in Form eines realistischen Bildes oder eines Diagramms, der internen mentalen Repräsentation der dargebotenen grafischen Struktur in Form einer visuellen Wahrnehmung oder Vorstellung sowie dem internen mentalen Modell des dargestellten Sachverhalts.

Die kognitive Verarbeitung sprachlicher Äußerungen basiert auf der Analyse von Symbolstrukturen. Dabei kann man zwischen subsemantischen und semantischen Verarbeitungsprozessen unterscheiden. Die subsemantische Verarbeitung beinhaltet Prozesse der Worterkennung und der syntaktischen Analyse und führt zu einer mentalen Repräsentation der Sprachoberfläche. Die semantische Verarbeitung dagegen besteht in der Aktivierung einer bestimmten Konfiguration hierarchisch organisierter kognitiver Schemata und führt zum Aufbau einer propositionalen Repräsentation des dargestellten Inhalts. Diese propositionale Repräsentation ist Ausgangspunkt für einen schemageleiteten Prozess der mentalen Modellkonstruktion. An dem so konstruierten mentalen Modell können dann durch Modellinspektionsprozesse neue Informationen abgelesen werden, die der propositionalen Repräsentation hinzugefügt werden.

Die kognitive Verarbeitung von Bildern basiert auf Prozessen der analogen Strukturabbildung. Dabei kann man ebenfalls zwischen subsemantischen und semantischen Verarbeitungsprozessen unterscheiden. Die subsemantische Verarbeitung besteht in der Wahrnehmung des Bildes beziehungsweise dessen perzeptueller Enkodierung mittels präattentiver Prozesse. Diese verlaufen parallel, beinhalten automatisierte visuelle Routinen, sind primär datengeleitet und vom Vorwissen sowie den Zielsetzungen des Individuums relativ unabhängig. Die semantische Verarbeitung besteht in der Konstruktion eines mentalen Modells auf der Grundlage der Bildwahrnehmung mit Hilfe kognitiver Schemata. Das mentale Modell wird so konstruiert, dass bestimmte räumliche Strukturen innerhalb der perzeptuellen visuellen Repräsentation bestimmten semantisch interpretierbaren Strukturen des mentalen Modells entsprechen und umgekehrt. Bei realistischen Bildern kann das Individuum auf Schemata der alltäglichen Wahrnehmung zurückgreifen. Bei logischen Bildern beziehungsweise Diagrammen ist dies nicht möglich. Hier sind vielmehr spezielle Schemata erforderlich, mit deren Hilfe der grafischen Konfiguration eines Diagramms bestimmte Informationen entnommen werden (Pinker, 1990). An dem mentalen Modell können durch Modellinspektionsprozesse neue Informationen abgelesen und der propositionalen Repräsentation hinzugefügt werden. Die semantischen Verarbeitungsprozesse laufen seriell ab, sind sowohl daten- als auch konzeptgeleitet und werden sowohl vom Vorwissen als auch von den Zielsetzungen des Individuums beeinflusst. Insgesamt gesehen besteht zwischen externen und internen Zeichensystemen demnach keine Eins-zu-eins-Zuordnung. Vielmehr führt eine sprachliche Beschreibung als externe deskriptionale Repräsentation intern sowohl zu einer deskriptionalen als auch zu einer depiktionalen Repräsentation. Umgekehrt führt ein Bild als externe depiktionale Repräsentation intern sowohl zu einer depiktionalen als auch zu einer deskriptionalen Repräsentation.

Das in Abbildung 1 gezeigte Modell zeigt nur das Gesamtgefüge von externen und internen Repräsentationen, die beim Sprach- und Bildverstehen eine Rolle spielen. Es veranschaulicht, wie diese Repräsentationen miteinander zusammenhängen und nach welchen Gesichtspunkten sie geordnet werden können. Kurz: Das Modell zeigt eine Struktur, in der beim Sprach- und Bildverstehen externe und interne Repräsentationen miteinander interagieren. Wie die Interaktion tatsächlich verläuft, bleibt dabei offen. Um auch diese Frage zu beantworten, gilt es, das obige Strukturmodell durch ein Prozessmodell des Sprach- und Bildverstehens zu ergänzen.

3 Mentale Modellkonstruktion, Sprache und Bild

Sprache hat in Kombination mit Bildern meist die Funktion eines Leitmediums. Dafür dürften folgende Gründe verantwortlich sein: Zum einen besitzt Sprache eine höhere Ausdrucksmächtigkeit als Bilder, denn verschiedene Wissensinhalte lassen sich zwar sprachlich, jedoch nicht durch Bilder darstellen. Zum anderen wird Sprache sequentiell produziert und rezipiert, so dass die kognitive Verarbeitung von Sprachäußerungen in weit höherem Maße eingeschränkt ist als die Verarbeitung von Bildern. Die Sprache ist insofern ein präziseres Instrument zur Steuerung des Bewusstseins eines anderen Individuums als ein Bild. Im Folgenden wird deshalb zunächst der Prozess der sprachlich angeleiteten mentalen Modellkonstruktion analysiert. Anschließend wird untersucht, welche Änderungen im Prozessablauf sich durch eine zusätzliche Bildunterstützung ergeben.

In jedem Satz und jedem größeren Textsegment kann man zwei Komponenten unterscheiden: die Topic-Information und die Comment-Information. Die Topic-Information gibt an, worüber etwas ausgesagt wird; die Comment-Information gibt an, was über den betreffenden Topic ausgesagt wird (Halliday, 1970). Die Topic-Information dient zur Steuerung des Bewusstseins beim Sprachverstehen: Da aufgrund der begrenzten kognitiven Verarbeitungskapazität jeweils nur eine begrenzte Informationsmenge im Fokus der Aufmerksamkeit sein kann, muss das Individuum wissen, wovon gerade die Rede ist, und im Falle eines Themenwechsels den Fokus entsprechend verschieben (Chafe, 1994; Gernsbacher, 1990). Der Leser identifiziert jeweils die Topic-Angabe, vergleicht sie mit dem bisher fokussierten Referenten und behält – je nach Übereinstimmung oder Nichtübereinstimmung – den Fokus bei oder sucht innerhalb der mentalen Repräsentation nach einem neuen Referenten (Givón, 1983). Dieser Prozess soll im Folgenden anhand eines einfachen Textbeispiels nachvollzogen werden:

(1) *Unter dem Begriff der Plattentektonik versteht man eine wissenschaftliche Hypothese zur Erklärung geologischer Massenverschiebungen.* (2) *Die Erde gliedert sich demnach in mehrere Schichten.* (3) *Dabei sind die Lithosphäre und die Asthenoshäre von besonderer Bedeutung.* (4) *Die Lithosphäre ist die äußere Hülle des Planeten.* (5) *Sie besteht aus festen Gesteinen.* (6) *Sie reicht bis 100 km tief in die Erde.*

Wenn kein Bild zur Verfügung steht, dann könnte der Verarbeitungsprozess bei einem fiktiven Leser wie folgt ablaufen: Im Satz (1) wird der Begriff der Plattentektonik als Topic identifiziert, über den im Comment ausgesagt wird, dass es sich um eine Hypothese zur Erklärung von Massenverschiebungen handelt. Da ein abstrakter Begriff und der Hypothesenstatus einer Aussage schwer depiktional zu repräsentieren sind, wird der semantische Gehalt nur propositional repräsentiert und an dieser Stelle auf die Konstruktion eines mentalen Modells verzichtet. Im Satz (2) wird die Erde als Topic identifiziert, über die im Comment ausgesagt wird, dass sie sich in mehrere Schichten gliedert. Aufgrund von Vorwissen kann zwar ein mentales Modell der Erde konstruiert werden. Jedoch ist „mehrere Schichten" zu unspezifisch, so dass der Leser selbständig eine Konkretisierung vornehmen muss. Beispielsweise könnte der fiktive Leser annehmen, dass sich drei Erdschichten unterscheiden lassen, und ein mentales Modell mit drei annähernd gleich dicken Schichten konstruieren. Im Satz (3) wird eine Objektgruppe – bestehend aus Lithosphäre und Asthenosphäre – als Topic identifiziert; im Comment wird allerdings lediglich ausgesagt, dass diese beim Schichtenaufbau der Erde von besonderer Bedeutung sind. Da keine Information darüber vermittelt wird, welche Erdschicht welchen Namen trägt, ist eine depiktionale Repräsentation nicht möglich. Deshalb wird der semantische Gehalt zunächst nur propositional repräsentiert, und es wird auf eine weitere Konstruktion am mentalen Modell verzichtet.

Im Satz (4) wird die Lithosphäre als Topic identifiziert, über die im Comment ausgesagt wird, dass es sich um die äußere Hülle des Planeten (der Erde) handelt. Das zuvor konstruierte mentale Modell enthält eine solche äußere Hülle; dementsprechend wird diese mit der Lithosphäre gleichgesetzt. Im Satz (5) ist die Lithosphäre weiterhin Topic. Im Comment wird ausgesagt, dass diese aus festen Gesteinen besteht. Eine depiktionale Repräsentation erscheint möglich; dementsprechend wird im mentalen Modell dieses Attribut der äußersten Schicht hinzugefügt. Im Satz (6) ist weiterhin die Lithosphäre Topic. Im Comment wird ausgesagt, dass diese etwa 100 km dick ist. Sofern der fiktive Leser ein ungefähres Wissen über den Durchmesser der Erde besitzt (ca. 13000 km), so kann er an seinem mentalen Modell ablesen, dass die von ihm als

Lithosphäre angesehene äußere Erdschicht eine Dicke von über 2000 km hat. Die in Satz (6) getroffene Aussage ist also mit dem bisher konstruierten mentalen Modell nicht kompatibel, und der Leser muss eine Korrektur vornehmen, indem seinem Modell eine weitere Schicht, die einer Dicke von nur 100 km entspricht, als Lithosphäre hinzugefügt wird.

Bei der textgeleiteten mentalen Modellkonstruktion ohne Bildunterstützung sind also folgende Probleme aufgetaucht: Erstens war die Beschreibung zum Teil zu unspezifisch. Um dennoch eine mentale Modellkonstruktion vornehmen zu können, musste der Leser die Antwort auf bestimmte Fragen selbständig inferieren. Zweitens wurden die Namen von Entitäten eingeführt ohne Angaben darüber, welche Entität welchen Namen trägt, so dass die mentale Modellkonstruktion zunächst aufgeschoben werden musste. Drittens wurde aufgrund der zu unspezifischen Beschreibung ein Begriff einer Entität falsch zugeordnet, was dann im mentalen Modell korrigiert werden musste.

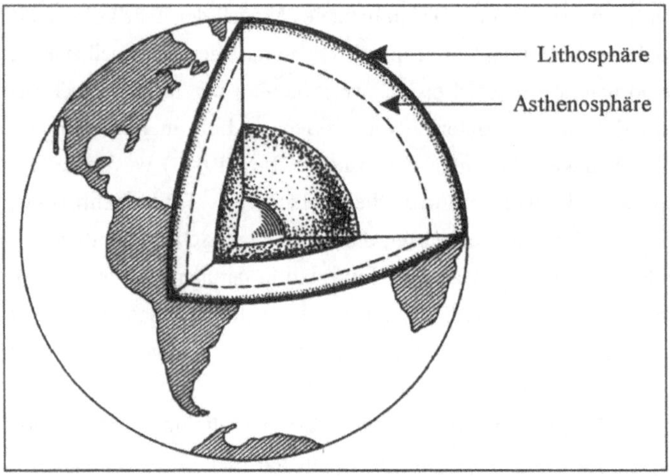

Abbildung 2: Schemazeichnung zum Schichtenaufbau der Erde

Solche Konstruktionsfehler, die dann eine Modellrevision notwendig machen, lassen sich durch Hinzufügen eines entsprechenden Bildes deutlich reduzieren. Ist dem oben genannten Text beispielsweise die Abbildung 2 beigegeben, so sind die Konfiguration und die Proportionen der Erdschichten zueinander von vornherein hinreichend spezifiziert: An der Abbildung kann abgelesen werden, wie viele Erdschichten unterschieden werden und welche Dicke diese besitzen. Die Beschriftung macht deutlich, welche grafischen Entitäten welchen Konzepten (Lithosphäre und Asthenosphäre) entsprechen.

Der Leser kann so bereits der Abbildung entnehmen, dass die Lithosphäre die äußerste Erdschicht ist, so dass zum Beispiel der Satz (4) keine neue Information mehr vermittelt und nicht mehr der Modellkonstruktion, sondern nur noch der Modellevaluation dient.

4 Prozessmodell des Sprach- und Bildverstehens

Der bisher relativ grobkörnig beschriebene Prozess der sprachgestützten mentalen Modellkonstruktion ohne und mit Bildunterstützung soll im Folgenden anhand eines theoretischen Modells genauer beschrieben werden. Das Modell ist in Abbildung 3 in Form eines Flussdiagramms dargestellt. Es beinhaltet zum einen Prozesse, die auf der Ebene der Textoberflächenstruktur stattfinden, und zum anderen Prozesse, die auf unterschiedlichen Ebenen der mentalen Repräsentation stattfinden. Die Prozesse auf den mentalen Repräsentationsebenen bestehen je nach sprachlicher Komponente aus einem topic-basierten und aus einem comment-basierten Teil. Beide bestehen wiederum je nach Art der mentalen Repräsentation aus einem deskriptionalen und aus einem depiktionalen Teil. Mit anderen Worten: Es lassen sich vier Arten von mentalen Prozessen unterscheiden, die sich aus der Kombination von Sprachkomponente (Topic/Comment) und mentaler Repräsentationsform (deskriptional/depiktional) ergeben.

Die auf der Ebene der Textoberflächenstruktur stattfindenden (und in Abbildung 3 durch Nummerierung gekennzeichneten) Prozesse sind: Lesen des nächsten Textsegments (1), Identifikation der Topic-Information des Textsegments (2), Prüfung auf Übereinstimmung mit dem bisherigen Topic (3), Identifikation der Comment-Information des Textsegments (16) und Prüfung, ob ein weiteres Textsegment vorhanden ist (30). Die auf der deskriptionalen Repräsentation stattfindenden topic-geleiteten Prozesse bestehen in der Suche beziehungsweise der Konstruktion einer entsprechenden propositionalen Struktur (4-7). Die auf der depiktionalen Repräsentation stattfindenden topic-geleiteten Prozesse bestehen in der Suche beziehungsweise der Konstruktion von dem Topic entsprechenden depiktionalen Entitäten (8-15). Die auf der deskriptionalen Repräsentation stattfindenden comment-geleiteten Prozesse bestehen in der Suche oder Konstruktion sowie der Evaluation einer dem Comment entsprechenden propositionalen Struktur (17-21). Die auf der depiktionalen Repräsentation stattfindenden comment-geleiteten Prozesse bestehen in der Suche beziehungsweise der Konstruktion von dem Comment entsprechenden depiktionalen Entitäten (22-29).

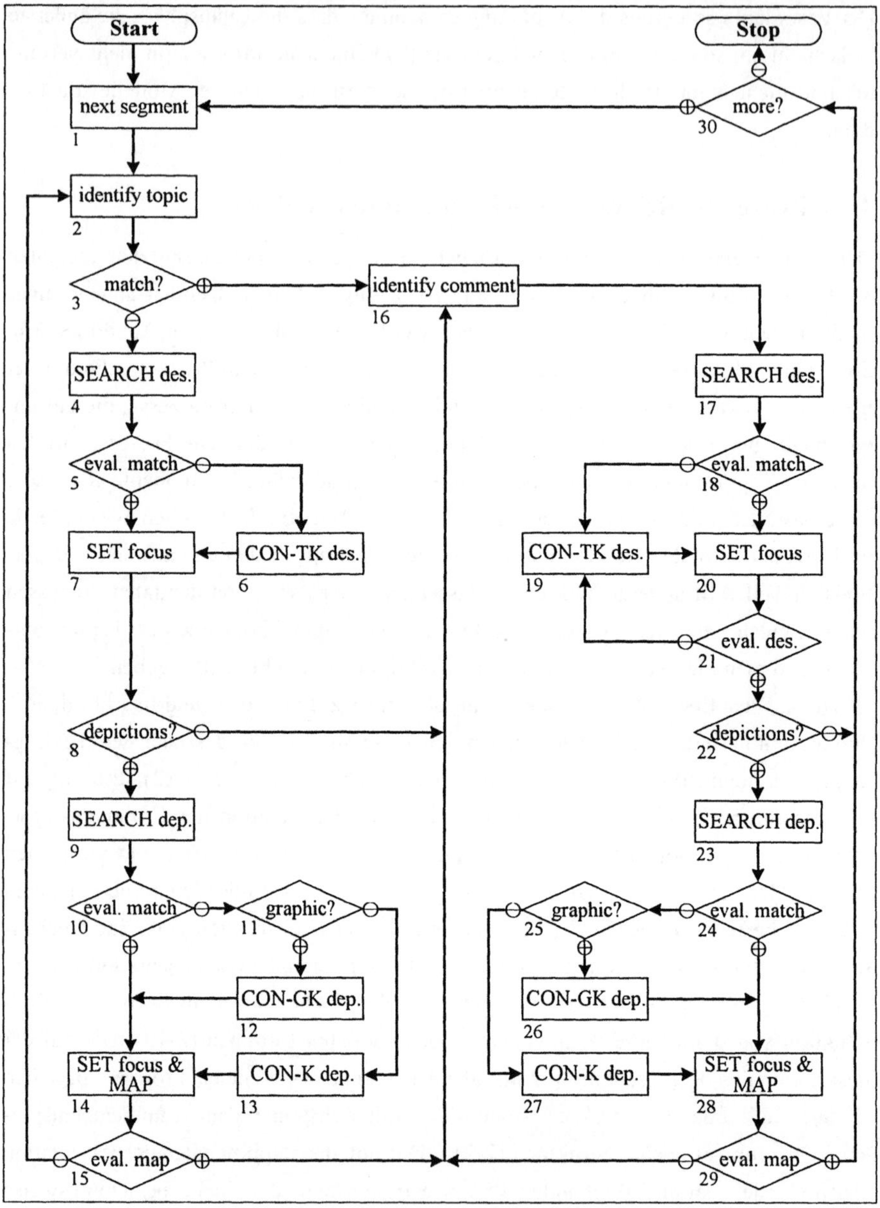

Abbildung 3: Prozessmodell der sprachgestützten Konstruktion mentaler Modelle ohne und mit Bildunterstützung

Das Zusammenspiel dieser Prozesse soll nun anhand des obigen Beispiels zum einen ohne und zum anderen mit Bildunterstützung genauer beschrieben werden. Der erste Satz (1: next segment) wird gelesen und die Phrase „Begriff der Plattentektonik" als Topic-Information identifiziert (2: identify topic). Es wird geprüft, ob die Topic-Information mit dem bisherigen Topic übereinstimmt (3: match?), was am Textanfang nicht der Fall ist, da bislang kein Topic fokussiert worden ist. Aus dem gleichen Grund findet sich bei der Suche in der deskriptionalen Repräsentation (4: SEARCH des) noch keine propositionale Struktur, die mit der Topic-Information hinreichend übereinstimmen könnte (5: eval. match), so dass eine entsprechende Struktur anhand von Text (T) und Vorwissen (K) konstruiert (6: CON-TK des) und der Fokus auf diese gesetzt wird (7: SET focus). Die Prüfung, ob – im Rahmen der Möglichkeiten des Lesers – eine depiktionale Repräsentation möglich ist (8: depictions?) kommt zu einem negativen Ergebnis (abstrakte Begriffe sind schwer zu veranschaulichen), weshalb gleich die Comment-Information („wissenschaftliche Hypothese zur Erklärung geologischer Massenverschiebungen") identifiziert wird (16: identify comment). Bei der Suche in der deskriptionalen Repräsentation (17: SEARCH des) findet sich keine propositionale Struktur, die mit der Comment-Information in hinreichendem Maße übereinstimmt (18: eval. match), weshalb eine entsprechende Struktur konstruiert (19: CON-TK des) und der Fokus auf diese gesetzt wird (20: SET focus).

Während die Topic-Information die Beschreibung (sozusagen der ‚Steckbrief') eines Referenten ist, der nur existent oder nicht existent sein kann, wird mit der Comment-Information eine Aussage über den Topic gemacht, die richtig oder falsch sein kann. Deshalb findet eine Evaluation der zuvor konstruierten deskriptionalen Struktur (21: eval. des) im Hinblick auf das bereits vorhandene Wissen statt – in diesem Fall mit positivem Ergebnis. Die Prüfung, ob eine depiktionale Repräsentation möglich ist (22: depictions?) verläuft negativ (dass etwas eine Hypothese ist und eine Erklärungsfunktion hat, ist schwer zu veranschaulichen). Da der Text weitergeht (30: more?), wird der zweite Satz gelesen (1: next segment).

Die Verarbeitung des zweiten Satzes geschieht zunächst in der gleichen Weise wie die des ersten Satzes. Anders als im ersten Satz ist hier jedoch eine depiktionale Repräsentation des Topic (Erde) möglich (8: depictions?). Bei der Suche auf der mentalen Modellebene (9: SEARCH dep) findet sich aber noch keine entsprechende Entität (10: eval. match). Sofern ein geeignetes Bild vorhanden ist (11: graphic?), wird mit Bild- (G) und Vorwissensunterstützung (K) eine entsprechende mentale Entität konstruiert (12: CON-GK dep); andernfalls erfolgt die Konstruktion nur vorwissensgestützt (13: CON-K dep). Der Fokus wird auf diese Entität gesetzt, die dann mit der propositionalen Struktur verknüpft wird (14: SET focus & MAP). Die Überprüfung dieses Mappings an dem verfügbaren Vorwissen verläuft positiv (15: eval. map), und es wird zur Comment-Information übergegangen, wonach sich die Erde in mehrere Schichten untergliedert. Die deskriptionale Verarbeitung dieser Information verläuft wie beim vorangegangenen Satz. Anders als im ersten Satz ist hier jedoch auch eine depiktionale Repräsentation (22: depictions?) möglich. Da sich bei der Suche auf der mentalen Modellebene (23: SEARCH dep) noch keine passenden Entitäten finden (24: eval. match), findet ein Konstruktionsprozess statt. Sofern ein geeignetes Bild vorhanden ist (25: graphic?), wird mit Bild- und Vorwissensunterstützung eine entsprechende mentale Entität konstruiert (26: CON-GK dep), wobei Informationen über Form, Anzahl und Dicke der Erdschichten dem Bild entnommen werden. Andernfalls erfolgt die Konstruktion nur vorwissensgestützt (27: CON-K dep). In diesem Fall muss der Leser bei mangelhaftem Vorwissen spekulative Annahmen treffen – zum Beispiel, dass es sich um drei Schichten von annähernd gleicher Dicke handelt. Der Fokus wird auf diese Entität gesetzt, die mit der propositionalen Struktur verknüpft wird (28: SET focus & MAP). Die Überprüfung des Mappings am verfügbaren Vorwissen verläuft positiv (29: eval. map) und es wird (30: more?) zum dritten Satz übergegangen, der wiederum nach dem bereits beschriebenen Muster verarbeitet wird.

Gleiches geschieht mit dem vierten Satz, in dem mitgeteilt wird, dass die Lithosphäre die äußere Hülle der Erde ist. Allerdings führt bei der Verarbeitung der Comment-Information die Suche im mentalen Modell nach einer depiktionalen Entität (23: SEARCH dep) zu einem positiven Ergebnis (24: eval. match): Im Modell existiert bereits eine äußere Erdschicht, so dass der Fokus auf die vorhandene Entität gelegt und diese mit der propositionalen Struktur verknüpft wird (28: SET focus & MAP). Erfolgte die vorangegangene Modellkonstruktion mit Bildunterstützung, so ist dieses Mapping korrekt. Erfolgte sie ohne Bildunterstützung, so wird der Fokus fälschlich auf die äußere, als zu dick angenommene Schicht gesetzt. Jedoch verläuft die Evaluation dieses Mappings (29: eval. map) zunächst in beiden Fällen positiv, da keine Widersprüche mit dem vorhandenen Wissen entdeckt werden. Der fünfte Satz, wonach die Lithosphäre aus festen Gesteinen besteht, wird wiederum in der bereits beschriebenen Weise verarbeitet.

Beim sechsten Satz hingegen können (abhängig von der vorangegangenen Verarbeitung) Probleme auftreten, die eine Rekonstruktion des mentalen Modells erfordern. Die Topic-Information – „sie" (2: identify topic) – ist hier mit dem bisherigen Topic – der Lithosphäre – kompatibel (3: match?), so dass gleich die Comment-Information identifiziert wird (16: identify comment): Sie besagt, dass die Lithosphäre bis 100 km in die Erde reicht. Da sich bei der Suche (17: SEARCH des) keine entsprechende propositionale Struktur findet (18: eval. match), wird eine solche konstruiert (19: CON-TK des) und der Fokus auf diese gesetzt (20: SET focus). Sofern das Vorwissen keine gegenteilige Information enthält, verläuft die Evaluation der propositionalen Struktur (21: eval. des) positiv. Auch die Prüfung, ob eine depiktionale Repräsentation möglich ist (22: depictions?), verläuft positiv, und bei der Suche im mentalen Modell (23: SEARCH dep) findet sich auch eine depiktionale Entität, die als Kandidat für die Lithosphäre in Frage kommt. Die weitere Verarbeitung ist nun davon abhängig, ob der Text zuvor mit Bild oder ohne Bild gelesen wurde.

Wurde der Text mit Bild gelesen, so wurde der Begriff der Lithosphäre von vornherein der richtigen depiktionalen Entität zugeordnet, und die Passung dieser Entität gegenüber der Comment-Information wird als ausreichend gewertet (24: eval. match). Damit wird der Fokus auf die Entität gesetzt und diese mit der propositionalen Struktur verknüpft (28: SET focus & MAP). Die Überprüfung des Mappings an dem verfügbaren Vorwissen ist positiv (29: eval. map), und die Verarbeitung wird – da es sich um den letzten Satz handelt (30: more?) – abgeschlossen. Wurde der Text aber ohne Bild gelesen, so wurde der Begriff der Lithosphäre zunächst der falschen Erdschicht zugeordnet. Da die im mentalen Modell als Lithosphäre angenommene Erdschicht eine Dicke von über 2000 km hätte, wird die Passung gegenüber der Comment-Information als unzureichend gewertet (24: eval. match). Das mentale Modell muss deshalb revidiert werden. Da keine grafische Unterstützung vorhanden ist (25: graphic?), geschieht die Revision anhand des verfügbaren Vorwissens inklusive der Comment-Information, indem dem Modell eine Entität mit entsprechenden Abmessungen hinzugefügt wird (27: CON-K dep), Der weitere Prozess gleicht der zuvor beschriebenen Verarbeitung mit Bild: Der Fokus wird auf die konstruierte Entität gesetzt und diese mit der propositionalen Struktur verknüpft (28: SET focus & MAP). Das Mapping wird mit positivem Ergebnis (29: eval. map) überprüft, und (30: more?) die Verarbeitung wird ebenfalls abgeschlossen.

5 Diskussion und Ausblick

Das hier dargestellte theoretische Modell ist ein Versuch, die beim sprach- und bildgestützten Aufbau mentaler Modelle stattfindenden kognitiven Prozesse genauer zu beschreiben. Dennoch ist dieses Modell in mehrerer Hinsicht stark vereinfachend. Erstens ist davon auszugehen, dass die einzelnen Prozesse nicht – wie es durch ein Flussdiagramm nahegelegt wird – schrittweise aufeinanderfolgen, sondern dass sich diese vielmehr teilweise überlagern beziehungsweise auch parallel stattfinden. Das in Abbildung 3 gezeigte Diagramm ist deshalb nur so zu verstehen, dass im Gesamtablauf die Einzelprozesse in der genannten Abfolge dominieren. Zweitens finden diese Prozesse nicht nur im Rahmen der Satzverarbeitung statt, sondern können sich auf Textsegmente unterschiedlicher Größe beziehen. Dementsprechend bestehen verschiedene Verarbeitungsebenen, die miteinander interagieren. Drittens bestehen nicht nur zwischen verschiedenen Verarbeitungsebenen, sondern auch innerhalb eines Verarbeitungszyklus Interdependenzen, die in der obigen Darstellung ausgeblendet wurden. Beispielsweise erfolgt die Suche nach einem eventuell bereits eingeführten Topic nicht nur auf den Ebenen der propositionalen Repräsentation und des mentalen Modells, sondern auch auf der Ebene der Textoberfläche. So ist ein bereits eingeführter Topic (etwa die Erde) mit Hilfe einer Rekurrenz oder der gleichen Formulierung („die Erde") leichter zu finden als mit Hilfe einer lexikalischen Generalisierung oder einer Paraphrase („der Planet"). Auch besteht – wenn die Suche nach dem Topic zunächst erfolglos bleibt – die Möglichkeit, zurückzugehen und die Topic-Information neu zu interpretieren, um nicht vorschnell einen neuen Topic zu konstruieren, wo tatsächlich nur ein bereits zuvor eingeführter Gegenstand erneut aufgegriffen wird. Viertens sind Sprach- und Bildverarbeitung intentionale Prozesse, die vom Individuum durch Einsatz unterschiedlicher Strategien an die jeweiligen Zielsetzungen und Verarbeitungsbedingungen angepasst werden können. Auch dieser Aspekt bleibt in dem oben dargestellten Modell ausgeklammert.

Die Verarbeitung von Sprach- und Bildinformation ist ein Forschungsthema, das an der Schnittstelle von Linguistik, Semiotik, Kognitionswissenschaft und Instruktionsforschung liegt. Insofern bietet sich für die Untersuchung dieses Forschungsgegenstandes ein multidisziplinäres Herangehen an mit dem Ziel, eine integrierte Theorie des Sprach- und Bildverstehens zu entwickeln. Diese Theorie sollte zum einen einer empirischen, insbesondere experimentellen Überprüfung unterzogen werden. Zum anderen sollte diese Theorie in eine allgemeinere Rahmentheorie der menschlichen Kognition integriert werden, die dem aktiven, konstruktiven Charakter des Verstehens und des Wissenserwerbs Rechnung trägt. Das oben dargestellte Prozessmodell ist ein Schritt in die genannte Richtung, der einer empirischen und konzeptuellen Überprüfung zu unterziehen sein wird.

Dank

Ich danke Maria Bannert, Markus Molz, Thorsten Rasch und Tina Seufert für wichtige Hinweise bei der Diskussion des hier dargestellten Prozessmodells.

Literatur

Baddeley, A. (1992). Working memory. *Science, 255, 556-559.*

Chafe, W.L. (1994). *Discourse, consciousness, and time.* Chicago: University of Chicago Press.

Chandler, P. & Sweller, J. (1991). Cognitive load theory and the format of instruction. *Cognition and Instruction, 8*, 293-332.

Gentner, D. (1983). Structure-mapping: A theoretical framework for analogy. *Cognitive Science, 7*, 155-170.

Gernsbacher, M.A. (1990). *Language comprehension as structure building.* Hillsdale: Erlbaum.

Givón, T. (Ed., 1983). *Topic continuity in discourse: A quantitative cross-language study.* Amsterdam: Benjamins.

Graesser, A.C., Millis, K.K. & Zwaan, R.A. (1997). Discourse comprehension. *Annual Review of Psychology, 48*, 163-189.

Halliday, M.A.K. (1970). Language structure and language function. In: J. Lyons (Ed.), *New horizons in linguistics* (pp. 140-165). Baltimore: Penguin.

Johnson-Laird, P.N. (1983). *Mental models. Towards a cognitive science of language, interference, and consciousness.* Cambridge: Cambridge University Press.

Kosslyn, S.M. (1994). *Image and brain. The resolution of the imagery debate.* Cambridge, MA: MIT Press.

Mayer, R.E. (1997). Multimedia learning: Are we asking the right questions? *Educational Psychologist, 32,* 1-19.

Paivio, A. (1986). *Mental representations: A dual coding approach.* Oxford: Oxford University Press.

Peirce, C.S. (1906). Prolegmena to an apology for pragmaticism. *The Monist,* 492-546.

Pinker, S. (1990). A theory of graph comprehension. In: R. Freedle (Ed.), *Artificial intelligence and the future of testing* (pp. 73-126), Hillsdale: Erlbaum.

Rickheit, G. & Habel, C. (Eds., 1999), *Mental models in discourse processing and reasoning.* Amsterdam: Elsevier.

Schnotz, W. (1994). *Aufbau von Wissenstrukturen. Untersuchungen zur Kohärenzbildung beim Wissenserwerb mit Texten.* Weinheim: Psychologie Verlags Union.

Schnotz, W. & Bannert, M. (1999). Einflüsse der Visualisierungsform auf die Konstruktion mentaler Modelle beim Bild- und Textverstehen. *Zeitschrift für experimentelle Psychologie, 46*, 216-235.

Objektattribute: Bezugssysteme in Wahrnehmung und Sprache

Constanze Vorwerg

Die sprachliche Spezifikation eines perzeptiven Objektattributs erfordert die Verwendung eines Bezugssystems zur Kategorisierung der jeweiligen Ausprägung der Attributdimension. In diesem Beitrag werden empirische Ergebnisse zur Zuordnung von Größen- und Formattributen vorgestellt. Beide gehören zu verschiedenen Arten von Attributdimensionen, welche sich beispielsweise hinsichtlich der Variabilität ihrer Werte und Kategorien (qualitativ vs. quantitativ), der Ordnungsrelation (Rang- vs. Nachbarschaftsordnung), der Art von Bezugswerten (empirische Verteilung vs. Idealtypen), der Attributbenennung sowie der Rolle von Kontext und Gedächtnis unterscheiden.

1 Einleitung

Objektbenennungen enthalten neben Objektklassenbezeichnungen (z.B. *Schreibtisch*; *Hügel*; *Wasser*) oft Angaben zu Objektattributen (z.B. *groß*; *fern*; *kalt*). Eine solche Attributspezifikation ist sprachlicher Ausdruck einer entsprechenden Beurteilung der benannten Objekteigenschaft. Ein Brief kann als *schwer*, ein Bleistift als *lang* und ein Fluss als *breit* beurteilt werden. Solche Urteile werden als ‚absolut' bezeichnet, da ein unmittelbarer Vergleich – anders als bei *schwerer*, *länger* und *breiter* – nicht gegeben ist. Absolut sind solche Urteile sowohl ihrer grammatischen Form (Positiv) als auch ihrer anschaulichen Erscheinung (Absoluteindruck) nach. Dabei lassen Relationsurteile nicht ohne weiteres Rückschlüsse auf Absoluturteile zu. So kann ein Koffer *schwerer als* ein anderer, aber dennoch *leicht* sein.

Welche Verarbeitungsprozesse und Einflussfaktoren liegen Absolutbeurteilungen zugrunde? Was befähigt uns, Objekten Attribute wie *lang* oder *schwer* zuzuordnen? Offensichtlich und experimentell nachweisbar werden Objekteigenschaften *in Relation zum Kontext* beurteilt und wahrgenommen (vgl. z.B. Sarris & Lauterbach, 1980). So erscheint Wasser als *warm* oder *kalt*, je nach vorhergehendem Greifen in kälteres oder wärmeres Wasser. Ein Beispiel für die Abhängigkeit der Größenwahrnehmung vom

Kontext ist die klassische Kreistäuschung (Abbildung 1): Die wahrgenommene Größe eines Kreises wird von der Größe umgebender Kreise beeinflusst.

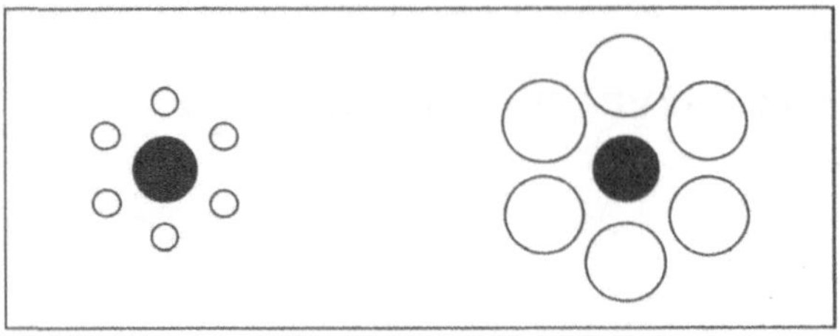

Abbildung 1: DieKreistäuschung nach Ebbinghaus und Titchener. Die Flächen der schwarzen Innenkreise erscheinen trotz objektiv gleicher Größe unterschiedlich, je nach Größe der Kontextkreise.

Das *Relationsprinzip* (Sarris & Lauterbach, 1980) ist von grundlegender Bedeutung für perzeptive wie auch für soziale, moralische, ästhetische und andere Urteilsprozesse. Die Wahrnehmung und die Beurteilung einer einzelnen Dimensionsausprägung (zum Dimensionsbegriff vgl. Vorwerg & Rickheit, 1999a) erfolgt stets in Relation zu Vergleichswerten. Der in der Wahrnehmungs- beziehungsweise Urteilssituation funktional wirksame Reizkontext wird *Bezugssystem* genannt (Metzger, 1954). Die Beurteilung und Benennung der Ausprägung einer perzeptiven Dimension wie Schwere, Lautheit, Länge, Breite, Dicke, Helligkeit oder Entfernung erfordert daher immer die Verortung dieses Dimensionswerts in einem perzeptiven Bezugssystem. So stellt Haubensak (1985: 15) fest: „Die Urteile sind aber nur scheinbar absolut. In Wirklichkeit sind sie relativ." Erst die Möglichkeit, einen Wert in Relation zu anderen Werten zu setzen, befähigt uns, ein ‚absolutes' Urteil zu treffen. Fehlt die Kenntnis über Variationsbreite und Häufigkeitsverteilung oder andere Kennwerte als Grundlage eines Bezugssystems, helfen zur Beurteilung einer Größenausprägung oft auch genaue Maßangaben nicht weiter, so dass Rückfragen wie *Ist das viel?* oder *Ist das teuer für ein Kickboard?* gestellt werden. Umgekehrt erlaubt beispielsweise die Aussage, dass der fast zwei Meter lange Hypsilophodon ein ‚ganz kleiner' Dinosaurier war, selbst ohne jegliches Vorwissen Rückschlüsse über die Größenverhältnisse bei Dinosauriern (zu Inferenzprozessen bei der Sprachverarbeitung vgl. Rickheit & Strohner, 1993; 1999).

2 Perzeptive Bezugssysteme

Der Bezugssystembegriff wurde - in Anlehnung an seine Verwendung in der Physik - durch die Gestalttheorie in die Psychologie eingeführt. Er verweist auf den grundsätzlichen Sachverhalt, dass wahrgenommene Dimensionsausprägungen stets in Relation zu Vergleichswerten beurteilt werden. Die Wahrnehmung oder Beurteilung etwa eines Objektattributs wird durch seine Stellung innerhalb eines Bezugssystems bestimmt; sie beinhaltet eine Verortung innerhalb dieses Bezugssystems.

Als Bezugssystem können sowohl vorausgegangene als auch gleichzeitige Reizeinwirkungen wirksam sein, aber auch künftig zu erwartende oder im Hinblick auf bestimmte Ziele idealtypische Werte. Wesentliche Vergleichswerte können Merkmale empirischer Verteilungen sein, insbesondere Kennwerte der zentralen Tendenz (z.B. Helson, 1948), also Mittelwerte, sowie Randwerte (z.B. Parducci, 1965; 1995), also Minimum und Maximum beziehungsweise die Endpunkte (Pole) einer Verteilung. Bei anderen Dimensionen wie beispielsweise Farbton oder Richtung dienen idealtypische oder perzeptiv saliente kognitive Bezugswerte als Vergleichsmaßstab (Vorwerg & Rickheit, 1999b). Weiterhin können auch auf andere Weise ausgezeichnete Werte eine besondere Rolle spielen, etwa individuell oder situativ bedeutsame Werte, Erwartungswerte, Anfangswerte und unmittelbar vorausgehende oder gleichzeitige Werte. Letztere erzeugen häufig Kontrasteffekte; vorhergehende Urteile können aber auch Assimilationseffekte hervorrufen (z.B. Sherif, Taub & Hovland, 1958).

Situativ-kontextuelle und mnemische (langfristig gespeicherte) Werte wirken bei der Bezugssystembildung zusammen und können sich wechselseitig beeinflussen. Der Grad der Kontextabhängigkeit beziehungsweise der Stabilisierung des Bezugssystems ist dabei variabel. Eine Stabilisierung wird insbesondere durch die Kenntnis der Pole einer Werteserie erreicht (z.B. Heller, 1980). Ein Beispiel für Randwerte als relativ überdauernde Bezugswerte stellen die Groß- und Klein-Pole für Bleistifte dar. Sie ergeben sich aus der handelsüblichen Länge einerseits und der bis zum Stumpf abgeschriebenen Länge andererseits (Witte, 1960). Kontexteffekte treten je nach Stabilität des durch längere Wahrnehmungserfahrung ausgebildeten Bezugsrahmens auf; längere Wahrnehmungserfahrung hat einen stabilisierenden Effekt und verringert den Kontexteinfluss (vgl. Lauterbach & Sarris, 1980). Gedächtnisrepräsentationen vermitteln folglich bei der perzeptiven Bewertung und damit auch bei der sprachlichen Enkodierung wahrgenommener dimensionaler Objektattribute (zur neuronalen Enkodierung dimensionaler Attribute vgl. Constantinidis, Franowicz & Goldman-Rakič, 2001).

Sowohl die Stabilisierung eines Bezugssystems als auch Kontexteinflüsse hängen von der Häufigkeit aufgetretener Reize ab (z.B. Helson, 1948; Lauterbach & Sarris, 1980; Tresselt, 1947). Ein weiterer wesentlicher Faktor der Wirksamkeit wahrgenommener Vergleichswerte ist ihre Ähnlichkeit zu den jeweils beurteilten Werten. Experimente zu den Attributdimensionen Länge, Größe (von Kreisflächen), Menge (von Punkten), Schwere, Tonhöhe und Lautstärke haben gezeigt, dass Kontrasteffekte bei relativ extremen Vergleichswerten mit wachsender Unähnlichkeit graduell abnehmen (Sarris, 1971).

Bezugssystembildungen und -verwendungen erfolgen dynamisch, also flexibel und adaptiv (vgl. Vorwerg, 2001). Kontextuell auftretende Werte können mnemische Bezugssysteme verschieben. Andererseits können im Gedächtnis repräsentierte Standardwerte aktuelle Wahrnehmungen beeinflussen. Bei Bedarf können zusätzliche Kategorien gebildet werden (z.B. durch Teilung des Variationsbereichs in anschaulich gleich große Abstände; vgl. Witte, 1960). Sprachlich können dafür Zusammensetzungen mit *mittel-*, *halb-* oder *über-* sowie Modal- und Graduierungsattribute (z.B. *sehr*, *ziemlich*, *fast*, *etwas*) verwendet werden (zu diesen so genannten Heckenausdrücken siehe allgemein Lakoff, 1973; zur Graduierung von Raumangaben vgl. Franklin, Henkel & Zangas, 1995; Vorwerg & Rickheit, 1999a). Extremwerte außerhalb der gewohnten Bandbreite (d.h. jenseits des oberen oder des unteren Pols eines Bezugssystems) werden mitunter durch spezielle Ausdrücke (wie z.B. *riesig* und *winzig*, *ohrenbetäubend* und *beinahe lautlos*) benannt.

Eine Übersicht über Eigenschaften und Verwendungsprinzipien kategorialer Bezugssysteme gibt Haubensak (1985). Bezugssysteme sind häufig *objektklassenspezifisch*. So kann etwa ein kleiner Topf physikalisch gesehen größere Abmessungen haben als eine große Tasse. Bei der Kategorisierung dimensionaler Attribute ist ein Konsistenzprinzip wirksam: das Bestreben, alle Werte anhand desselben Bezugssystems zu beurteilen. Aus diesem übergeordneten Prinzip ergeben sich möglicherweise sowohl der so genannte ‚Primacy'-Effekt (Verankerung an Anfangswerten) als auch die Änderungsresistenz kognitiver Bezugssysteme. Stehen mehrere Bezugssysteme in Konkurrenz zueinander, so können sie auf unterschiedliche Weise zusammenwirken (siehe Vorwerg, 2001). Sie können ineinander verschachtelt beziehungsweise hierarchisch organisiert sein, so dass die Bezugnahme jeweils nur zum engeren Bezugssystem erfolgt. Bei einer Kompromissbildung dagegen wird die Bewertung einer Dimensionsausprägung von wenigstens zwei Bezugssystemen beeinflusst.

Die Verankerung wahrgenommener Dimensionswerte an Bezugssystemen ist ein fundamentales Prinzip perzeptiver Strukturbildung, welches auf verschiedenen Ebenen kognitiver Verarbeitung wirksam wird.

3 Quantitativ und qualitativ variable Attributdimensionen

Es lassen sich zwei Arten perzeptiver Attributdimensionen unterscheiden: solche, bei denen sich die Werte einer Dimension in der Wahrnehmung ausschließlich quantitativ voneinander unterscheiden, und solche, bei denen sich die Werte einer Dimension qualitativ voneinander unterscheiden (Vorwerg & Rickheit, 2000).

Quantitativ variierende Dimensionen sind beispielsweise Schwere, Helligkeit und verschiedene Größendimensionen (Länge, Dicke, Breite, Höhe, Größe). Sie zeichnen sich durch eine vollständige Rangordnung ihrer Werte hinsichtlich der Stärke der Ausprägung aus. Dasselbe gilt für die Kategorien der Beurteilungs- beziehungsweise Benennungsskala (z.B. *kurz - mittellang - lang*; *kalt - kühl - lau - warm - heiß*).

Qualitativ variierende Dimensionen sind beispielsweise Geschmack, Form und Farbe. Die Urteils- und Benennungskategorien weisen hier keine Rangordnung, jedoch in vielen Fällen eine zumindest partielle Nachbarschaftsordnung (vgl. Freksa, 1992) auf (z.B. *rot - orange - gelb - ocker - braun*; *oval - rund - quadratisch - rechteckig*). Die Werte der Dimension sind im Bereich der Überlappung zweier Kategorien nach Stärke der Zugehörigkeit zu diesen geordnet.

Sprachlich werden Attribute quantitativer Dimensionen im Allgemeinen mit polaren Adjektiven bezeichnet (z.B. *groß - klein*; *schwer - leicht; lang - kurz*). Diese antonymen Wortpaare kennzeichnen die Pole einer Skala (vgl. Kaiser, 1977). Attribute qualitativer Dimensionen dagegen werden mit heteronymen Wortreihen benannt (z.B. *süß - sauer - bitter - salzig*; *C - D - E - F - G - A - H*). Zur neutralen sprachlichen Bezugnahme auf die Dimension, also zur Bezeichnung der Dimension als ganzer oder bei der Frage nach einer bestimmten Ausprägung, wird bei quantitativen Dimensionen in der Regel das Pluspol-Adjektiv (z.B. *Wie lang?*) oder dessen Nominalisierung (z.B. *Länge*), bei qualitativen Dimensionen dagegen meist ein gemeinsames Hyperonym (z.B. *Welcher Ton?*) verwendet.

Ein sehr wesentlicher Unterschied zwischen qualitativ und quantitativ variablen Attributdimensionen besteht hinsichtlich der Abbildung der wahrgenommenen Attributausprägungen auf eine kategoriale Skala.

Anders als bei qualitativen Dimensionen stimmt bei quantitativen Dimensionen die Kurve der *Wahrnehmungsstärke* für eine Menge von Ausprägungen auf einem physikalischen Kontinuum nicht mit der Kurve der *Kategorienskalierung* überein (Stevens & Galanter, 1957). Die Kategorienkurve liegt vielmehr zwischen der (proportionalen)

Werteskala und der Kurve der Unterschiedsschwellen (Stevens, 1975). Die Werteskala nach Stevens ergibt sich nach dem psychophysikalischen Potenzgesetz daraus, dass Werte auf dem physikalischen Kontinuum, die im gleichen proportionalen Verhältnis zueinander stehen, auch in der Wahrnehmung zu im gleichen Verhältnis zueinander stehenden Werten führen (das ist abhängig vom Exponenten der Potenzfunktion, die physikalische und perzeptive Ausprägungen in Beziehung zueinander setzt; bei einem Exponenten von 0.5 etwa führt eine Vervierfachung des physikalischen Werts jeweils zu einer Verdopplung des perzeptiven Werts). Dieser Zusammenhang beruht grundlegend auf der Fähigkeit, verschiedene Ausprägungen einer perzeptiven Dimension ins Verhältnis zueinander zu setzen, also als Vielfache voneinander zu bestimmen. So kann etwa ein Ton als doppelt so laut wie ein anderer empfunden werden. Auch die Unterschiedsschwelle zwischen zwei Ausprägungen, also der Wert, um den sich zwei Ausprägungen unterscheiden müssen, um als verschieden wahrgenommen zu werden, wächst proportional mit der Reizstärke an. Werden die Steigerungsstufen dennoch als äquivalent betrachtet, erhält man eine logarithmische Funktion – das so genannte Fechnersche Gesetz. Einer geometrischen Steigerung auf Seiten der Stimuli steht bei dieser Betrachtung eine arithmetische Steigerung der Empfindung gegenüber. Die kategoriale Skalierung, wie sie etwa auch durch Zuweisung von Adjektiven vorgenommen wird, liegt zwischen beiden Kurven. Der Exponent liegt hier also niedriger als bei der Potenzfunktion der perzeptiven Größenskala (Stevens, 1975). Dies lässt sich damit erklären, dass bei der angestrebten Zerlegung des Wertebereichs einer Dimension in anschaulich gleiche Abschnitte (vgl. Stevens, 1975; Witte, 1960) relative oder absolute Unterschiede verglichen und unter Umständen als ‚gleich' betrachtet werden können. So wird der Unterschied zwischen 1 cm und 2 cm als größer empfunden als der - absolut gesehen gleiche - Unterschied zwischen 30 cm und 31 cm, ebenso wie eine Steigerung von 10 € auf 20 € als größer betrachtet wird als eine Steigerung von 1000 € auf 1010 €. Dieser beim Vergleich von Unterschieden auf quantitativen Dimensionen stets bestehende Konflikt wird offenbar in der Wahrnehmung durch einen Kompromiss zwischen beiden Prinzipien gelöst.

Bei qualitativen Attributdimensionen dagegen stimmen perzeptive Größenskala und kategoriale Skala gut überein. Im Unterschied zu quantitativen Dimensionen ist das grundlegende Prinzip der Wertezuordnung sowohl in der Wahrnehmung als auch in der kategorialen Bereichseinteilung hier offenbar die Differenzbildung beziehungsweise die Distanzähnlichkeit zu Vergleichswerten (vgl. Vorwerg, 2001). Vergleichswerte sind hier – anders als bei quantitativen Dimensionen – in der Regel keine Wahrnehmungsschwellen (wie z.B. die untere Absolut-Schwelle oder die obere Schmerzgrenze) oder Kennwerte empirischer Verteilungen (wie Maximal-, Minimal- oder Mittelwerte), sondern perzeptiv saliente und in der kognitiven Verarbeitung *ausgezeichnete kognitive Bezugswerte* (Vorwerg & Rickheit, 1998; 1999b; allgemein zu idealtypischen kognitiven Bezugspunkten vgl. auch Wertheimer, 1912). Diese Werte einer Dimension weisen eine Reihe von Verarbeitungsvorteilen auf, welche vor allem für den Farbraum umfassend untersucht worden sind (für einen Überblick siehe Bornstein, 1987). Andere Dimensionsausprägungen werden relativ zu salienten kognitiven Bezugswerten betrachtet (Rosch, 1975) und diesen in der Kategorisierung umso näher zugeordnet, je ähnlicher sie ihnen sind (Vorwerg, 2001). Die Nutzung idealtypischer kognitiver Bezugswerte (z.B. fokale Farben, vertikale Orientierung, Grundtöne in Tonarten, runde Form) ermöglicht es, Abstände zu bestimmen und diese zur Zuordnung perzeptiver und kategorialer Werte zu verwenden.

Während die Werte quantitativer Dimensionen übereinstimmend mit dem physikalischen Kontinuum als monoton wachsend wahrgenommen und kategorisiert werden, sind die Werte qualitativer Dimensionen in Wahrnehmung und Kategorisierung häufig zirkulär organisiert (Vorwerg & Rickheit, 2000). Das heißt: Bei fortwährender Veränderung der Dimensionsausprägung in einer Richtung von Nachbarschaftsrelationen wird schließlich der jeweilige Ausgangswert wieder erreicht (z.B. Farbenkreis; Veränderung der Orientierung von vertikal über horizontal zu vertikal; Töne einer Tonart; Quintenzirkel der Tonarten).

Neben monoton und zirkulär aufgebauten Dimensionen gibt es auch Dimensionen, die zugleich monotonen und zirkulären Charakter haben – etwa die Tonhöhe, welche sich als Funktion der zwei Dimensionen ‚Höhe der Oktave‘ (aufsteigend) und ‚Chroma‘ (zirkulär) und damit als eine Art Spirale darstellen lässt (Shepard, 1982). Auch andere kognitive Dimensionen können sowohl monoton als auch zirkulär konzeptualisiert werden, so etwa die Zeit (neben der gerichteten Zeitachse zirkuläre Organisation in Wochentagen, Monaten etc.) oder die Zahlen im Dezimalzahlensystem (mit immer wiederkehrender Ziffernfolge von 1 bis 0).

Wie lässt sich aber die für zirkuläre qualitative Attributdimensionen beschriebene Wertezuordnung über Differenzbildung beziehungsweise Distanzähnlichkeit zu Vergleichswerten in Einklang bringen mit dem weiter oben besonders betonten Relationsprinzip? Auch Stevens (1975) stellt fest, dass die Proportionen, die *Verhältnisse zwi-*

schen den Werten (aufgrund ihrer Konstanz bei veränderten Wahrnehmungsbedingungen und ihrer Unabhängigkeit von der Skaleneinheit) für die Erreichung von Stabilität in der Wahrnehmung von grundlegender Bedeutung sind. Andererseits beschreibt Stevens aber die Partitionierung, also die Intervall- beziehungsweise Differenzbildung, als erfolgreiche Methode für qualitative Attributdimensionen. Er nimmt an, dass bei diesen Dimensionen verschiedene Werte quasi ‚räumlich versetzt' voneinander sind - nach dem Modell der Zuordnung von Einzeltönen zu bestimmten Orten der Basilarmembran.

Sollte das grundlegende Prinzip der Verhältnisbildung bei qualitativen Attributdimensionen tatsächlich keine Rolle spielen? Eine mögliche Erklärung ist, dass jeder einzelne Wert einer qualitativen Dimension für sich genommen bereits auf der *Verhältnisbildung zwischen mehreren Teilkomponenten* beruht (Vorwerg, 2001). Dimensionen können, wie bereits erwähnt, aus verschiedenen Teildimensionen bestehen oder eine Funktion mehrerer Teildimensionen sein. Das Verhältnis solcher Subdimensionen bestimmt die Erscheinung eines Dimensionswertes, so dass ein relativer Größenvergleich mit anderen Dimensionswerten nicht erforderlich ist. So lässt sich etwa die wahrgenommene Farbe nach dem Anteil der drei Primärfarben bestimmen; die Geschmackswahrnehmung hängt vom Verhältnis der vier Grundqualitäten ab, die Richtung eines Punktes ergibt sich aus der Relation dreier (in der Ebene zweier) Raumdimensionen (zur Richtungskategorisierung vgl. Vorwerg & Rickheit, 1998). Auch die wahrgenommene Tonhöhe entsteht, wie neuere Ergebnisse zeigen, aus der zentralen Verarbeitung aller hörbaren Teiltöne (Bruhn, 1993).

Aus diesen Überlegungen lässt sich der Schluss ziehen, dass das Grundprinzip der Bezugssystembildung sowohl bei quantitativen als auch bei qualitativen Attributdimensionen in der – perzeptive Stabilität stiftenden – Relations- beziehungsweise Verhältnisbildung besteht: bei ersteren zwischen den Ausprägungen einer Dimension, bei zweiteren zwischen Subdimensionen.

Daher besitzen Attributdimensionen wie Farbton oder Tonhöhe besonders kontextunabhängige Ähnlichkeitsstrukturen (vgl. Shepard, 1980). Bei der Wahrnehmung und Kategorisierung qualitativer Dimensionen sind deshalb generell geringere *Kontexteinflüsse* zu erwarten als bei quantitativen Dimensionen. Insbesondere dürfte die Stärke von Kontexteinflüssen mit wachsender Nähe zu prototypischen kognitiven Bezugswerten abnehmen.

4 Methodik der empirischen Untersuchung

Experimentelle Daten zur Kategorisierung von Größen- und Formattributen visuell wahrgenommener Objekte in verschiedenen Kontexten haben wir in einer im World Wide Web durchgeführten Untersuchung mit 264 Teilnehmern erhoben (Vorwerg & Socher, in Vorb.). Es wurden insgesamt 20 Objekte und 18 Adjektive zur Benennung von Größen- und Formattributen dargeboten. Die Aufgabe bestand darin, aus der vorgegebenen Attributliste per Mausklick alle jene auszuwählen, die jeweils auf ein bestimmtes Objekt zutreffen. Bei den Objekten handelt es sich um Bauteile aus einem Spielzeugmaterial („Baufix“), welches bei der Untersuchung kognitiver und linguistischer Grundlagen situierter künstlicher Kommunikatoren im Rahmen des Bielefelder Sonderforschungsbereichs 360 verwendet wird (siehe Rickheit & Strohner, 1994; Rickheit & Wachsmuth, 1996). Unter den „Baufix“-Objekten finden sich mit Montagelöchern versehene Holzleisten dreier Längen, Schrauben fünf verschiedener Längen mit rundem oder sechseckigem Kopf, Würfel, Muttern und fünf verschiedene runde Objekte (siehe auch Meyer-Fujara & Rieser, 2001).

Die Darbietung erfolgte jeweils nach Präsentation einer Überblicksseite mit „Baufix“-Objekten. In einer ‚kontextfreien‘ Version wurde jedes Objekt einzeln dargeboten. In einer anderen Version wurden die Objekte im Kontext anderer Objekte dargeboten, wobei es insgesamt 8 Kontextbilder gab. Jede Versuchsperson bearbeitete jedes Item einmal, in der Kontextbedingung unter einem von drei Kontexten. Insgesamt wurden so 5199 Items bearbeitet.

Im Folgenden werden einige ausgewählte Ergebnisse vorgestellt (zu Einzelheiten vgl. Vorwerg & Socher, in Vorb.; zur Nutzung der Daten für ein Computersystem zur Integration von Bild- und Sprachverarbeitung siehe auch Socher, Sagerer & Perona, 2000).

5 Größenattribute

Insgesamt zeigt sich eine hohe Übereinstimmung zwischen kontextfrei und im Kontext dargebotenen Objekten hinsichtlich der Zuordnung sowohl bei Form- als auch bei Größenattributen (siehe Abbildung 2 für die Längendimension; vgl. Socher, Sagerer & Perona, 2000). Dies zeigt, dass im Gedächtnis repräsentierte Vergleichswerte ebenso wirksam sein können wie simultan präsente Ausprägungen von Kontextobjekten.

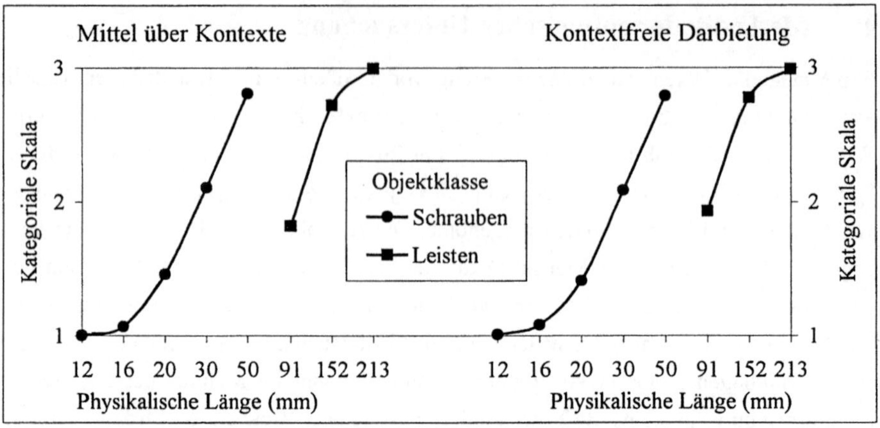

Abbildung 2: Mittlere Kategorisierung der Längenausprägung anhand der Attribute ‚kurz' = 1, ‚mittellang' = 2, ‚lang' = 3. In diese Auswertung gingen nur die Fälle ein, in denen einem Item mindestens ein Längenattribut zugeordnet wurde.

Längenattribute werden, wie ein Vergleich der mittleren Kategorisierung von Schrauben und Leisten zeigt, objektklassenspezifisch zugewiesen. Dabei fällt auf, dass die Leisten wesentlich höher eingestuft werden als bei Aufteilung des Spektrums anhand der Pole zu erwarten wäre. Dies könnte auf eine Kompromissbildung mit dem Bezugssystem der Schrauben zurückzuführen sein (auch die kürzeste Leiste ist länger als die längste Schraube). Es wäre auch möglich, dass der für die Schrauben ermittelte Exponent der Potenzfunktion von 0.75 auch für die Leisten angewendet wird, so dass deren Variationsbreite nicht ausreicht, um alle Kategorien abzudecken.

Die mittlere Verteilung der einzelnen Längen- sowie auch Dickeattribute über die verwendeten Schrauben unterschiedlicher physikalischer Länge zeigt Abbildung 3. Diese Kurven geben den über die Kontextbedingungen gemittelten Anteil der Versuchspersonen an, die das jeweilige Attribut für eine bestimmte Schraubenlänge als zutreffend auswählen. Entsprechend der Werteverteilung der verwendeten Schrauben im physikalischen Kontinuum kommen ‚kurz'-Bewertungen wesentlich häufiger vor; die Verteilungskurve von ‚mittellang' hat ihren Gipfel bei der Schraubenlänge, die in etwa dem Mittelpunkt zwischen beiden Randwerten entspricht (nicht jedoch dem Median oder einem anderen Mittelwert der vorkommenden Schraubenlängen). Dies belegt eine Tendenz zur Aufteilung des Wertebereichs in anschaulich gleich große Abschnitte und spricht gegen eine Gleichverteilung der Kategoriezuordnungen.

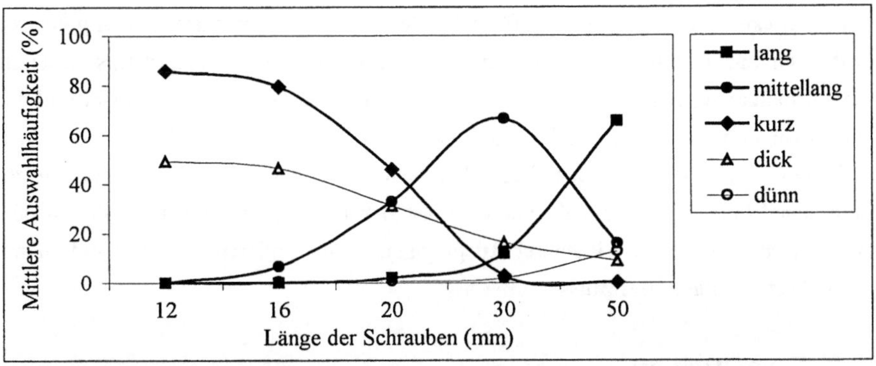

Abbildung 3: Relative Häufigkeit der Selektion von Größenattributen für Schrauben unterschiedlicher Länge und konstanten Durchmessers.

Dickenattribute (‚dick', ‚dünn') bei Schrauben mit konstantem physikalischem Durchmesser variieren in ihrer relativen Häufigkeit in Abhängigkeit von der Längenausprägung (siehe Abbildung 3). Dies zeigt, dass Ausprägungen dieser Dimension in Relation zur Länge eines Objekts wahrgenommen und benannt werden. Ähnliches gilt für das Attribut ‚schmal' bei Leisten. Bei den runden Objekten treten je nach Objektkonstellation unterschiedliche Kontexteffekte für ‚dick' auf. Eine mögliche Erklärung wäre, dass sich die Dickeattribute je nach Kontext auf unterschiedliche Aspekte beziehen, wie etwa Dickwandigkeit, Querschnitt oder die am wenigsten prominente Abmessung eines dreidimensionalen Objekts (vgl. Lang, 1987).

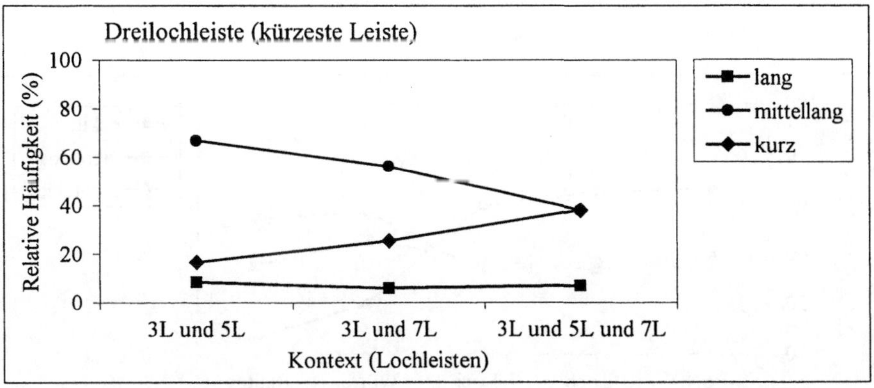

Abbildung 4: Relative Häufigkeit der Zuweisung von Längenattributen für die Dreilochleiste in Abhängigkeit vom Kontext. Die Abkürzungen 3L, 5L und 7L stehen für die im jeweiligen Kontextbild vorhandenen Leisten-Objekte (Drei-, Fünf- und Siebenlochleisten).

Kontexteffekte sind ausgeprägter für Objekte, deren Dimensionsausprägung in der Wahrnehmung im mittleren Bereich liegt. Aufgrund des Konsistenzprinzips variieren die Attributzuweisungen nur innerhalb gewisser Grenzen. So werden zum Beispiel die beiden längeren Lochleisten in keinem Kontext als ‚kurz' gekennzeichnet. Und bei der kürzesten Leiste, der Dreilochleiste, überwiegt insgesamt die Charakterisierung als ‚mittellang' (siehe Abbildung 4). Die Kontrastwirkung wird zum einen von der Anzahl größerer beziehungsweise kleinerer Ausprägungen, zum anderen vom Abstand zu anderen Ausprägungen beeinflusst.

6 Formattribute

Die Ergebnisse zu ‚eckig', ‚viereckig' und ‚rechteckig' zeigen, dass diese nicht hyperonym zugeordnet werden. So werden beispielsweise die Leisten viel häufiger als ‚rechteckig' denn als ‚eckig' oder ‚viereckig' kategorisiert (siehe Abbildung 5). Die Häufigkeitsverteilung von ‚rechteckig' ist konsistent mit der Annahme, dass es ein idealtypisches Seitenverhältnis gibt, welches als kognitiver Bezugspunkt zur Kategorisierung einer Form als rechteckig dient (vgl. bereits Wertheimer, 1912). Dafür spricht auch die relativierende Verwendung von Heckenausdrücken (*ziemlich, ungefähr*) zusammen mit Formattributen – wie zum Beispiel im folgenden Auszug aus einer authentischen Wohnraumbeschreibung (Ullmer-Ehrich, 1982: 227): *„Also, das Zimmer zu Hause, das auch, wenn man, s ist auch nicht schlauchförmig aber auch ziemlich rechteckig...“*. Andere Teilnehmer derselben Studie bezeichneten ihr Zimmer als *„relativ quadratisch“* oder *„in etwa quadratisch“*.

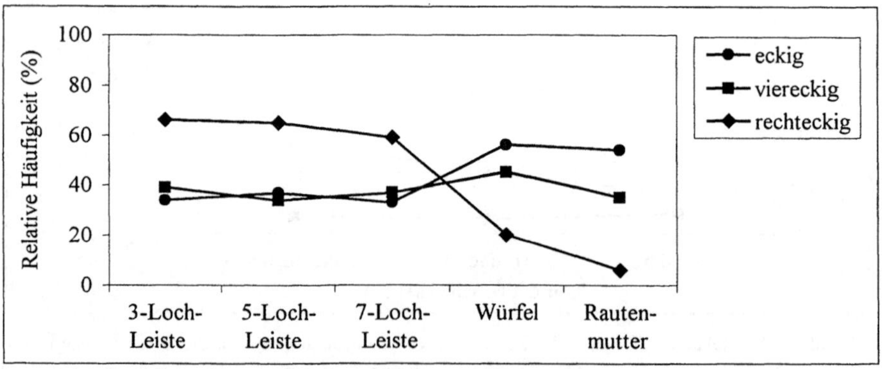

Abbildung 5: Gemittelte relative Häufigkeit von Formattributen für verschiedene „Baufix“-Objekte

Die Kategorisierung als ‚rund' ist bei den zylindrischen Objekten mit idealtypischer ‚rund'-Ausprägung kontextunabhängig und erfolgt zu fast 100 % bei allen fünf ‚runden „Baufix"-Objekten' (Felge, Reifen, Buchse, zwei Scheiben). In geringerem Ausmaß kann auch der Würfel als ‚rund' bezeichnet werden, da seine Ecken stark abgerundet sind. In diesem Fall zeigt sich, dass die Zuweisung des Attributs ‚rund' und auch anderer Formattribute von der simultanen Anwesenheit des salientesten der ‚runden Objekte', der Felge, im Sinne eines Kontrasteffekts beeinflusst wird (siehe Tabelle 1).

Tabelle 1: Relative Häufigkeit der Zuordnung einiger Formattribute zum Würfel

		rund	eckig	viereckig	rechteckig
Kontextbedingung	mit Felge	9 %	60 %	55 %	29 %
	ohne Felge	24 %	53 %	47 %	7 %

Zwischen der Kategorisierung als ‚länglich' und der Zuordnung eines Längenattributs besteht bei den verschiedenen Objektklassen ein starker positiver Zusammenhang mit dem Größenattribut ‚mittellang'. Zu ‚lang' besteht bei Leisten ein negativer Zusammenhang,bei Schrauben hingegen ein positiver Zusammenhang. Es scheint sich um ein Formattribut zu handeln, welches vom Seitenverhältnis zwischen Längsausdehnung und dazu orthogonaler Ausdehnung abhängt (siehe Abbildung 6). Die Annahme, eine Charakterisierung als ‚länglich' sei eine von der Längenausprägung unabhängige Voraussetzung für die Zuweisung von Längenattributen wie ‚kurz', ‚mittellang' und ‚lang', ist damit zurückzuweisen.

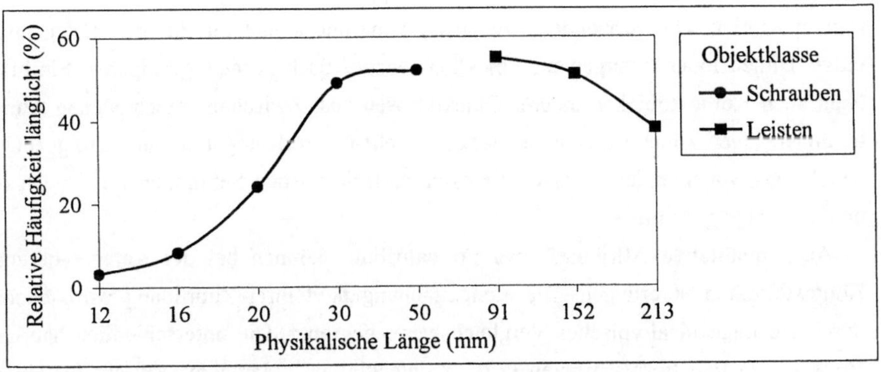

Abbildung 6: Relative Häufigkeit der Zuordnung von ‚länglich' in Abhängigkeit von der physikalischen Länge von Schrauben (12 bis 50 mm) und Leisten (91 bis 213 mm)

7 Schlussbemerkungen

Wahrnehmung und Kategorisierung stehen ständig im Spannungsfeld von Flexibilität und Stabilität. Das den Bezugssystemen zugrunde liegende Prinzip der Relations- beziehungsweise Verhältnisbildung erlaubt es, zugleich über stabile Konzepte zu verfügen und kontextsensitiv zu klassifizieren, da das stabile Moment der Wahrnehmung gerade in invarianten Relationen besteht. Das Relationsprinzip kommt in einer Reihe von Wahrnehmungsphänomenen zum Tragen – etwa bei Größenkonstanz, Helligkeitskonstanz, simultanen Farbkontrasten, Korrekturmechanismen und struktureller Ähnlichkeit. Es ist die Grundlage von Melodie- und Formerkennung, Raumorientierung und Bewegungswahrnehmung. Bei qualitativen Dimensionen beruhen die wahrgenommenen Werte selbst auf Relationen zwischen Ausprägungen von Subdimensionen (Vorwerg, 2001). Hierin kann der Grund für die wesentlich geringere Kontextabhängigkeit wie auch für die zirkuläre Konzeptualisierung gesehen werden.

Insgesamt zeigen die Ergebnisse zur Kategorisierung von Größenattributen und Formattributen, dass aufgrund des jeweils zugrunde gelegten Bezugssystems auch einzeln wahrgenommene Objekte hinsichtlich quantitativer Dimensionsausprägungen beurteilt und benannt werden können. Ein simultaner Kontext ist nicht erforderlich. Die in weiten Bereichen erstaunlich hohe Übereinstimmung der kontextfreien mit der mittleren kontextgebundenen Attributauswahl belegt, dass objektklassenspezifische Bezugssysteme sehr schnell gebildet werden können.

Alle Attribute mit Ausnahme prototypischer Ausprägungen (z.B. idealtypisches rund) erwiesen sich als partiell kontextabhängig; darüber hinaus wird ein Konsistenzprinzip sichtbar. Die verwendeten Bezugssysteme und Kontexteffekte sind für quantitative Dimensionen weitgehend objektklassenspezifisch. Einen geringeren Einfluss üben auch Kontextobjekte anderer Objektklassen aus. Zwischen verschiedenen Attributdimensionen können Zusammenhänge bestehen; ihre Kategorisierung erfolgt nicht unabhängig voneinander. Dies wurde exemplarisch bei den Schrauben für die Dicke und die Länge gezeigt.

Auch qualitative Attribute, etwa Formattribute, können bei der Kategorisierung Kontexteffekten unterliegen. Die Kontextabhängigkeit ihrer Zuordnung wird jedoch durch die Lage idealtypischer Vergleichswerte begrenzt. Die unterschiedlich häufige Verwendung von Formattributen (z.B. ‚rechteckig' vs. ‚viereckig') spricht für einen internen Vergleich mit kognitiven Prototypen – idealtypischen Ausprägungen.

Literatur

Bornstein, M.H. (1987). Perceptual categories in vision and audition. In: S. Harnad (Ed.), *Categorical perception. The groundwork of cognition* (pp. 287-300). Cambridge: Cambridge University Press.

Bruhn, H. (1993). Wahrnehmung und Repräsentation musikalischer Strukturen. In: H. Bruhn, R. Oerter & H. Rösing (Eds.), *Musikpsychologie. Ein Handbuch* (pp. 452-459). Reinbek: Rowohlt.

Constantinidis, C., Franowicz, M.N. & Goldman-Rakič, P.S. (2001). The sensory nature of mnemonic representation in the primate prefrontal cortex. *Nature Neuroscience*, *4*, 311-316.

Franklin, N., Henkel, L.A. & Zangas, T. (1995). Parsing surrounding space into regions. *Memory and Cognition*, *23*, 397-407.

Freksa, C. (1992). Temporal reasoning based on semi-intervals. *Artificial Intelligence*, *54*, 199-227.

Haubensak, G. (1985). *Absolutes und vergleichendes Urteil. Eine Einführung in die Theorie psychischer Bezugssysteme*. Berlin: Springer.

Heller, O. (1980). Orientierung innerhalb von phänomenalen Steigerungsreihen. In W. Lauterbach & V. Sarris (Eds.), *Beiträge zur psychologischen Bezugssystemforschung* (pp. 107-136). Bern: Huber.

Helson, H. (1948). Adaptation-level as a basis for a quantitative theory of frames of reference. *Psychological Review*, *55*, 297-313.

Kaiser, G. (1979). Hoch und gut – Überlegungen zur Semantik polarer Adjektive. *Linguistische Berichte*, *59*, 2-21.

Lakoff, G. (1973). Hedges: A study in meaning criteria and the logic of fuzzy concepts. *Journal of Philosophical Logic*, *2*, 458-508.

Lang, E. (1987). Semantik der Dimensionsauszeichnung räumlicher Objekte. In: M. Bierwisch & E. Lang (Eds.), *Grammatische und konzeptuelle Aspekte von Dimensionsadjektiven* (pp. 287-458). Berlin: Akademie-Verlag.

Lauterbach, W. & Sarris, V. (1980). Lerntheoretisch orientierte Ansätze der Bezugssystemforschung. In: W. Lauterbach & V. Sarris (Eds.), *Beiträge zur psychologischen Bezugssystemforschung* (pp. 56-103). Bern: Huber.

Meyer-Fujara, J. & Rieser, H. (2001). Depiktionsmetonymien und ihre Auflösung im Diskurs. In: L. Sichlschmidt & H. Strohner (Eds.), *Sprache, Sinn und Situation. Festschrift für Gert Rickheit zum 60. Geburtstag* (pp. 91-108). Wiesbaden: Deutscher Universitäts Verlag.

Metzger, W. (1954). *Psychologie*. Darmstadt: Steinkopff.

Parducci, A. (1965). Category judgement: A range-frequency model. *Psychological Review*, *72*, 407-418.

Parducci, A. (1995). *Happiness, pleasure, and judgment: The contextual theory and its applications*. Hillsdale: Erlbaum.

Rickheit, G. & Strohner, H. (1993). Zu einer kognitiven Theorie konzeptueller Inferenzen. In: F. Beckmann & G. Heyer (Eds.), *Theorie und Praxis des Lexikons* (pp. 141-163). Berlin: de Gruyter.

Rickheit, G. & Strohner, H. (1994). Kognitive Grundlagen situierter künstlicher Kommunikatoren. In: H.-J. Kornadt, J. Grabowski & R. Mangold-Allwinn (Eds.), *Sprache und Kognition. Perspektiven moderner Sprachpsychologie* (pp. 73-92). Heidelberg: Spektrum.

Rickheit, G. & Strohner, H. (1999). Textverarbeitung: Von der Proposition zur Situation. In: A.D. Friederici (Ed.), *Sprachrezeption* (pp. 271-306). Göttingen: Hogrefe.

Rickheit, G. & Wachsmuth, I. (1996). Collaborative research centre 'Situated Artificial Communicators' at the University of Bielefeld, Germany. *Artifical Intelligence Review*, *10*, 165-170.

Rosch, E. (1975). Cognitive reference points. *Cognitive Psychology*, *7*, 532-547.

Sarris, V. (1971). *Wahrnehmung und Urteil. Bezugssystemeffekte in der Psychophysik*. Göttingen: Hogrefe.

Sarris, V. & Lauterbach, W. (1980). Zur konzeptuellen Bedeutung von psychologischen Bezugssystemen: Wahrnehmungspsychologische Grundlagen. In: W. Lauterbach & V. Sarris (Eds.), *Beiträge zur psychologischen Bezugssystemforschung* (pp. 15-54). Bern: Huber.

Shepard, R.N. (1980). Multidimensional scaling, tree-fitting, and clustering. *Science*, *210*, 290-398.

Shepard, R.N. (1982). Structural representations of musical pitch. In: D. Deutsch (Ed.), *The psychology of music* (pp. 344-390). New York: Academic Press.

Sherif, M., Taub, D. & Hovland, C.I. (1958). Assimilation and contrast effects of anchoring stimuli on judgments. *Journal of Experimental Psychology*, *55*, 150-155.

Socher, G., Sagerer, G. & Perona, P. (2000). Bayesian reasoning on qualitative descriptions from images and speech. *Image and Vision Computing*, *18*, 155-172.

Stevens, S.S. (1975). *Psychophysics. Introduction to its perceptual, neural, and social prospects*. New York: Wiley.

Stevens, S.S. & Galanter, E.H. (1957). Ratio scales and category scales for dozen perceptual continua. *Journal of Experimental Psychology*, *54*, 377-411.

Tresselt, M.E. (1947). The influence of amount of practice upon the formation of a scale of judgment. *Journal of Experimental Psychology*, *37*, 251-260.

Ullmer-Ehrich, V. (1982). The structure of living space descriptions. In: R.J. Jarvella & W. Klein (Eds.), *Speech, place, and action* (pp. 219-249). Chichester: Wiley.

Vorwerg, C. (2001). *Die sprachliche Enkodierung wahrgenommener Richtungsrelationen als Kategorisierungsprozess*. Wiesbaden: Deutscher Universitäts-Verlag (im Druck).

Vorwerg, C. & Rickheit, G. (1998). Typicality effects in the categorization of spatial relations. In: C. Freksa, C. Habel & K.F. Wender (Eds.), *Spatial cognition. An interdisciplinary approach to representing and processing spatial knowledge* (pp. 203-222). Berlin: Springer.

Vorwerg, C. & Rickheit, G. (1999a). Richtungsausdrücke und Heckenbildung beim sprachlichen Lokalisieren von Objekten im visuellen Raum. *Linguistische Berichte*, *178*, 152-204.

Vorwerg, C. & Rickheit, G. (1999b). Kognitive Bezugspunkte bei der Kategorisierung von Richtungsrelationen. In: G. Rickheit (Ed.), *Richtungen im Raum* (pp. 129-165). Wiesbaden: Westdeutscher Verlag.

Vorwerg, C. & Rickheit, G. (2000). Repräsentation und sprachliche Enkodierung räumlicher Relationen. In: C. Habel & C. von Stutterheim (Eds.), *Räumliche Konzepte und sprachliche Strukturen* (pp. 9-44). Tübingen: Niemeyer.

Vorwerg, C. & Socher, G. (in Vorb.). Sprachliche Spezifikation von Größen- und Formattributen. Bezugssysteme, Kontexteffekte und Interaktionen.

Wertheimer, M. (1912). Über das Denken der Naturvölker. Zahlen und Zahlgebilde. *Zeitschrift für Psychologie*, *60*, 321-378.

Witte, W. (1960). Experimentelle Untersuchungen von Bezugssystemen. I. Struktur, Dynamik und Genese von Bezugssystemen. *Psychologische Beiträge*, *4*, 218-252.

„Schraub' in" oder „schraub' an" – Präpositionen bei der Verarbeitung von Handlungsanweisungen

Petra Weiß

Handlungsanweisungen bestehen aus mehreren verarbeitungsrelevanten Komponenten, in erster Linie dem jeweiligen Handlungsverb sowie den Objektbezeichnungen. Es werden zunächst experimentelle Befunde zum Einfluss der Verb- und Objektinformation auf die Rezeption von Anweisungen in einer spezifischen Kommunikationssituation berichtet. Darauf aufbauend wurde in einem weiteren Experiment der mit der Präpositionalphrase ausgedrückte Zielzustand der auszuführenden Handlung beziehungsweise die Eindeutigkeit der präpositional vermittelten Argumentzuordnung variiert. Die Verarbeitungszeiten waren bei eindeutiger Argument- beziehungsweise Objektzuordnung länger als bei beliebiger, da in diesem Fall nur eine korrekte Satzverarbeitung möglich ist. Insgesamt ergibt sich aus den dargestellten Experimenten, dass für die Rezeption von Anweisungen jede zur Verfügung stehende und geeignete Information inkrementell-integrativ herangezogen wird.

1 Einführung

Das Basisszenario des Sonderforschungsbereichs 360 „Situierte Künstliche Kommunikatoren" (SFB 360) ist eine Kommunikationssituation, in der ein Instrukteur einem Konstrukteur mündliche Anweisungen zum Zusammenbau eines „Daufix"-Spielzeugflugzeuges erteilt. In dieser Situation spielen vor allem Instruktionen zum Ausführen einer Konstruktionshandlung eine wichtige Rolle, wie zum Beispiel „Schraube die rote Schraube in den blauen Würfel."

Anweisungen der genannten Art enthalten im Wesentlichen folgende verarbeitungsrelevante Komponenten: das Verb, mit dem die Art der in der Anweisung geforderten Konstruktionshandlung vermittelt wird („schrauben"), sowie die Objektbezeichnungen, durch die ausgedrückt wird, mit welchen Objekten die geforderte Handlung durchzuführen ist („Schraube" und „Würfel"). Außerdem enthalten sie Präpositionen („in"), durch die in Kombination mit entsprechenden Nomina in der Präpositionalphrase der Zielzustand der auszuführenden Handlung angegeben wird: Die Schraube soll *in den Würfel* geschraubt werden, nicht etwa der Würfel *in die Schraube*. Damit verbunden ist die Rollenverteilung der Handlungsobjekte in ein Objekt, das an einem anderen angebracht werden soll (Zielobjekt ZO: rote Schraube), sowie ein Bezugsobjekt, an dem dies erfolgen soll (Relatum R: blauer Würfel).

Dieser Aspekt des präpositional vermittelten Zielzustandes bei der Verarbeitung von Handlungsanweisungen wurde in einem Experiment untersucht, das Gegenstand des vorliegenden Beitrages ist (Abschnitt 3). Als Ausgangspunkt wird jedoch zunächst auf einige experimentelle Befunde zum Einfluss der Verb- und Objektinformation auf die Rezeption von Anweisungen im SFB-Szenario eingegangen.

2 Experimente zur Rezeption von Handlungsanweisungen

Bei der Verarbeitung von Handlungsanweisungen im Rahmen des SFB-Szenarios müssen zum einen die passenden Handlungen identifiziert werden, und zwar primär über das jeweilige (Konstruktions-)*Verb*. Zum anderen müssen den *Objektbezeichnungen* in den Anweisungen geeignete Referenten zugeordnet werden: Die passenden Objekte, mit denen die geforderte Handlung ausgeführt werden kann, müssen aus der Menge der potenziellen Handlungsobjekte isoliert werden. Bei allem spielt der situative Objekt*kontext* eine Rolle.

In mehreren Experimenten wurde der Einfluss der sprachlich-semantischen Faktoren Verbspezifität und Spezifität der Objektbezeichnung in Interaktion mit dem situativ-visuellen Objektkontext sowie die Position der Verben in den Anweisungen untersucht. Basierend auf Befunden zur inkrementellen und integrativen Satzverarbeitung (z.B. Altmann & Kamide, 1999; Tanenhaus, Spivey-Knowlton, Eberhard & Sedivy, 1995) wurde angenommen, dass vor allem bei unspezifischer sprachlicher Information der visuelle Kontext bei der Verarbeitung der Anweisungen herangezogen wird.

2.1 Methode

Den Versuchspersonen wurden Bilder mit Objektanordnungen auf einem Computerbildschirm präsentiert. Zunächst sahen sie im oberen Bildschirmbereich das potenzielle Zielobjekt (ZO) in Kombination mit Kontextobjekten (KO). Dann wurde akustisch eine Handlungsanweisung dargeboten. Zeitgleich erschien ein weiteres Objekt (das Basisobjekt BO) in der unteren Hälfte des Monitors, an dem das ZO in der je nach Verb geforderten Art und Weise zu montieren war. Die Versuchspersonen hatten die Aufgabe, aus den im oberen Bildschirmbereich dargebotenen Objekten das passende

ZO auszuwählen; die Reaktionszeiten hierfür wurden gemessen. Bei dieser handlungsbezogenen Entscheidungsaufgabe dienen die Objektauswahl sowie die dafür benötigte Zeit als Indikatoren für die Rezeption der Anweisung. Bedingt durch den Ablauf der Experimente wurde zuerst das BO und dann das auszuwählende ZO jeweils mit Farbangabe genannt, zum Beispiel „Verschraube mit dem blauen Teil (BO: blauer Lochwürfel) das rote Teil (ZO: rote Schraube)."

2.2 Variablen und Ergebnisse der Untersuchungen

In einem ersten Experiment wurden die *Verbspezifität* sowie die *Spezifität der Objektbezeichnung* bei eindeutigem und ambigem *Objektkontext* untersucht (Weiß, Hildebrandt & Rickheit, 1999b; s. auch Weiß, Hildebrandt, Eikmeyer & Rickheit, 1999a). Die Unterteilung von Verben nach ihrem Spezifitätsgrad beruht auf einer Übertragung der semantischen Relation der Hyponymie bei Nomina auf Verben (Fellbaum, 1998). Da bei unspezifischen Verben („verbinden") die Menge der möglichen Handlungen größer ist als bei spezifischen („verschrauben"), haben spezifische Verben einen höheren Informationsgehalt und schränken die Handlungsmöglichkeiten eines Rezipienten stärker ein als unspezifische. Die Variation der Benennungsspezifität des ZO erfolgte durch die Bezeichnung „Teil" für den allgemeinen und eine Bezeichnung auf Basisebene (z.B. „Schraube") für den spezifischen Fall. Außerdem wurden die Farbe und die Funktion des ZO als referentiell eindeutig versus referentiell ambig in Bezug auf zwei KO variiert: Bei eindeutiger Farbe hatte nur das ZO, bei ambiger Farbe hatten auch die beiden KO die genannte Farbe; bei eindeutiger Funktion war nur das ZO zur Handlungsausführung geeignet, bei ambiger Funktion alle drei zur Auswahl stehenden Objekte (z.B. drei Schrauben). In der Bedingung mit ambiger Farbe und ambiger Funktion wurde das ZO (z.B. rote Schraube) mit einem weiteren roten KO sowie einer Schraube mit einer anderen Farbe kombiniert. Die Verben wurden in den Anweisungen am Satzende positioniert, um zu erreichen, dass zunächst die Information über die Objekte sowie deren Farbe und Funktion und erst dann die – wie angenommen wurde – vor allem in ambigen Situationen relevante Verbinformation verarbeitet wird.

Es zeigte sich, dass Anweisungen mit spezifischen Verben schneller verarbeitet wurden als solche mit unspezifischen, und zwar sowohl bei eindeutigem als auch bei ambigem Objektkontext. Bei der Spezifität der Bezeichnung des ZO ergab sich jedoch ein umgekehrtes Ergebnismuster: Anweisungen mit einer unspezifischen Benennung des ZO wurden schneller verarbeitet als solche mit einer spezifischen, und zwar ebenfalls unabhängig vom Objektkontext. Die Variation der Kontextfaktoren führte zu einem uneinheitlichen Resultat. Bei eindeutiger Farbe des ZO wurden die Anweisungen schneller verarbeitet als bei ambiger; bei eindeutiger Funktion dagegen langsamer als bei ambiger.

In einem weiteren Experiment wurde geprüft, ob eine spezifische Benennung des ZO bei mehr als drei zur Auswahl stehenden Objekten größere Relevanz hat als bei den bisherigen Objektanordnungen. Die Versuchspersonen hatten wiederum die Aufgabe, das ZO aus einer vorgegebenen Objektmenge auszuwählen, wobei die Anzahl der KO diesmal entweder 2 oder 7 betrug. Tendenziell wurde zwar bei spezifischen Benennungen schneller reagiert als bei unspezifischen, und es zeigte sich ein – als Design-Effekt zu interpretierender – Haupteffekt der Anzahl der KO (längere Zeiten bei vielen KO). Es lag jedoch keine statistisch bedeutsame Interaktion dieser beiden Faktoren vor.

Eine genauere Analyse der Relevanz der Verb- und Kontextinformation wurde in einem Experiment mit einer systematischen Variation der Position der Verben (am Anfang, in der Mitte oder am Ende der Anweisung) unternommen (Weiß et al., 1999a; 1999b). Die Ergebnisse zum Einfluss der Verbspezifität sowie zum Einfluss der Farbe konnten hier repliziert werden. In allen bisher durchgeführten Experimenten wurden Anweisungen mit spezifischen Verben schneller verarbeitet als solche mit unspezifischen. Für den Faktor Funktion ließ sich der Effekt der schnelleren Verarbeitung bei ambiger Funktion nur bei Verb-Endstellung replizieren (im ersten Experiment hatten alle Anweisungen Verb-Endstellung); bei Verb-Erst- und -Mittelstellung wurden Anweisungen mit eindeutiger Funktion schneller verarbeitet als solche mit ambiger.

2.3 Diskussion

Die Ergebnisse liefern Hinweise zur Relevanz und Integration der bei der Rezeption der Anweisungen verfügbaren sprachlichen und visuellen Informationen. Sowohl die sprachlich-semantische (Verb-)Information als auch die (visuelle) Kontextinformation (vor allem die Farbe) scheinen hierzu einen wichtigen und eigenständigen, zu unterschiedlichen Zeitpunkten im Verarbeitungsverlauf bedeutsamen Beitrag zu leisten. Das eher unerwartete Ergebnis zum Einfluss der Funktion ist möglicherweise darin begründet, dass diese Information relativ schwer zugänglich ist, da sie weder sprachlich noch visuell explizit vermittelt wird, sondern über die Form der Objekte erschlossen werden muss (z.B. eine Schraube mit Gewinde ist schraubbar).

Das Ergebnis zur Benennungsspezifität wurde zunächst damit erklärt, dass in der vorliegenden Konstellation von drei Objekten die spezifische Benennung des ZO möglicherweise redundant ist und sich somit eher erschwerend auf die für die Rezeption der Anweisungen erforderliche Referenzauflösung auswirken kann. Da der erwartete Effekt auch bei einer Erhöhung der KO-Anzahl nicht auftrat, scheint sich zu bestätigen, dass die bisher gewählten Objektanordnungen zu einfach und überschaubar sind, um Effekte der Benennungsspezifität zu erzielen.

Die durch die unterschiedlichen Verbpositionen bedingte Variation in der zeitlichen Verfügbarkeit der Verb- und Kontextinformation lässt vermuten, dass die sprachliche und die visuell-kontextuelle Information erst nach einer Phase der separaten Verarbeitung integriert werden. Dabei wird nach möglichst eindeutiger und leicht verfügbarer Information gesucht, die unmittelbar verarbeitet wird, und zwar unabhängig von der Informationsart (vgl. Britt, 1994). Hildebrandt und Rickheit (1997; s. auch Hildebrandt & Eikmeyer, 1999; Hildebrandt, Eikmeyer, Rickheit & Weiß, 1999; Weiß, Kessler, Hildebrandt & Eikmeyer, 1999) haben in diesem Zusammenhang erste Überlegungen zu den für die Satzverarbeitung kognitiv relevanten Entitäten (Inkrementen) angestellt, die entweder sprachlich vermittelt oder visuell verfügbar sein können. Dabei werden die bisherigen Ergebnisse als Indiz für eine konstituentenbasierte inkrementelle Verarbeitung gewertet.

3 Zum Einfluss der Präposition

In den bisherigen Experimenten lag das Hauptaugenmerk bezüglich der notwendigen Referenzauflösung auf der Zuweisung des ZO zu einem der potenziellen Handlungsobjekte. Die Rolle des ZO ist dadurch definiert, dass das Objekt in irgendeiner – vor allem durch das Verb geforderten – Art und Weise an dem später isoliert dargebotenen Objekt (BO) montiert werden sollte. Für dieses Objekt war seine Funktion als BO, primär durch den Experimentalablauf bedingt, festgelegt. In einem weiteren Experiment wurde nun die Verarbeitung solcher Handlungsanweisungen untersucht, bei denen es darum geht, den potenziellen Handlungsobjekten diese Rollen beziehungsweise Funktionen zuzuweisen.

Die Frage dieser Rollenzuweisung an Objekte wird meist im Forschungskontext der Raumkognition behandelt, und hier in erster Linie im Zusammenhang mit dem (sprachlichen) Lokalisieren (Herrmann & Schweizer, 1998). Nach Grabowski (2000) ist der typischste und häufigste Fall des Lokalisierens der, dass die räumliche Lage eines Objektes (des ZO) durch die Angabe seiner Relation zu einem anderen Objekt (dem Relatum R) gekennzeichnet wird. Diese Art des Lokalisierens liegt, wie in Abschnitt 1 ausgeführt, auch den hier untersuchten Handlungsanweisungen zugrunde: „Schraube die rote Schraube (ZO) in den blauen Würfel (R)."

In vielen kommunikativen Zusammenhängen besteht nach Herrmann und Grabowski (1994) ein Teilziel des Sprechers darin, gegenüber dem Hörer einen bestimmten Ort hervorzuheben, an dem sich ein Objekt befunden hat, gerade befindet, befinden wird, befinden soll – oder noch nie befunden hat. Im vorliegenden Beispiel soll das ZO rote Schraube *in* den blauen Würfel geschraubt werden. Das heißt: Am Ende soll sich die rote Schraube in dem blauen Würfel befinden, und sie soll auf eine bestimmte, durch das Verb spezifizierte Weise in diese Raumposition gelangen. Dabei ist der blaue Würfel das Relatum dieser aufgrund der Anweisung herzustellenden räumlichen Beziehung zwischen den beiden Objekten. Dieses Objekt wurde bisher als Basisobjekt (BO) bezeichnet, da es in den Experimenten die Basis für das daran anzubringende ZO und für die somit erzeugte räumliche Relation zwischen den Objekten bildet.

Aus psychologischer Sicht stellen sich nach Grabowski (1999; 2000) unter anderem auch folgende Fragen: Wie kommt es zur ‚Auswahl' der relatierten Objekte, wie wird die räumliche Beziehung der Objekte in der kognitiven Auffassung des Menschen spezifiziert, und wie wird diese sprachlich ausgedrückt? Vorgeordnet sind dabei die Aspekte, welche Objekte überhaupt in einen räumlichen Zusammenhang gebracht werden und welches Objekt, bei gegebenem Objektpaar, als ZO an das andere Objekt (R) räumlich angebunden wird. Betrachtet man die Produktionsseite des sprachlichen Lokalisierens, geht es häufig um die Frage, mit welchem Relatum ein durch den situativen beziehungsweise diskursiven Kontext vorgegebenes ZO räumlich in Beziehung gesetzt wird (wenn etwa mehrere potenzielle Relata zur Auswahl stehen). Hierzu stellt Grabowski fest, dass Sprecher solche Relata verwenden, die sie in einem räumlichen Zusammenhang mit dem ZO auffassen, wobei er als psychologisches Kriterium für die Auffassung einer räumlichen Beziehung zwischen Objekten die Überlappung von (Objekt-) Regionen heranzieht (vgl. Miller & Johnson-Laird, 1976; zum Konzept der Objektregion s. auch Weiß, 2001).

Die Rolle als BO beziehungsweise Relatum war in den bisherigen Experimenten für das zuletzt isoliert auf dem Bildschirm präsentierte Objekt vorgegeben. Man kann sich aber auch Objektanordnungen vorstellen, bei denen dies nicht der Fall ist. Werden die Handlungsobjekte dann unspezifisch mit „Teil" benannt, kann man die Frage untersuchen, wovon die erläuterte Rollenzuweisung an die Objekte abhängt. Sie ist in erster Linie durch die Präposition bedingt, mit der das jeweilige Handlungsverb in den Anweisungen kombiniert wird.

Auf der Ebene der Verb-Argument-Struktur handelt es sich hierbei um die Frage der eindeutigen versus beliebigen Argumentzuordnung, wobei nach Britt (1994) auch eine Präpositionalphrase als Verbargument aufgefasst werden kann. Für *schrauben in* ist sie in Kombination mit Lochwürfel und Schraube eindeutig, denn nur „in den Würfel" ist als Präpositionalphrase möglich: Man kann eine Schraube in einen Lochwürfel schrauben, aber nicht einen Lochwürfel in eine Schraube. Für *schrauben an* ist sie in diesem Fall beliebig, denn beide Präpositionalphrasen sind möglich („an den Würfel", „an die Schraube"): Man kann sowohl eine Schraube an einen Lochwürfel als auch einen Lochwürfel an eine Schraube schrauben. Olsen (1996) bezeichnet diese vom Verb ausgehende Satzgliedfunktion als „Richtungsangabe der verbalen Bewegung", die durch eine Präpositionalphrase erfüllt sein kann.

Grabowski (2000) führt im Zuge eines psychologisch-onomasiologischen Ansatzes zur Auffassung der räumlichen Objektrelationen der Inklusion und des Kontaktes die Unterscheidung in asymmetrische und symmetrische Relationen ein. Er stellt seine Taxonomie der menschlichen kognitiven Auffassung topologischer Objektrelationen der in der Linguistik bevorzugten semasiologischen Bedeutungsanalyse gegenüber, wo raumrelationale Präpositionen in der Regel als hochgradig polysem betrachtet werden (z.B. Herskovits, 1985; Herweg, 1989; Li, 1994; für eine kritische Diskussion der Polysemie-Problematik lokaler Präpositionen vgl. Harras & Grabowski, 2000). Die typische Präposition für den sprachlichen Ausdruck der Inklusionsrelation zwischen Objekten ist „in". Die Inklusion ist meist asymmetrisch; ein Objekt ist vollständig oder partiell in einem anderen Objekt enthalten, und es ergibt sich in der Regel eine klare Rollenverteilung der Objekte in ZO und Relatum. Die Kontaktrelation ist dagegen per definitionem symmetrisch und wird typischerweise mit „an" ausgedrückt. Es existiert keine klare Rollenverteilung in ZO und Relatum.

Die Zuordnung der Objekte zu ZO und Relatum hängt dabei jedoch nicht nur von der Präposition oder der Kombination von Verb und Präposition ab, sondern auch von konzeptuellem Wissen über die Handlungsobjekte, das bei der Satzverarbeitung herangezogen werden muss. So führt Grabowski (2000) auch den Fall einer symmetrischen Inklusionsrelation auf, wenn zwei (gleichartige) Objekte wechselseitig partiell ineinander enthalten sind (z.B. zwei ineinander steckende kammartige Gebilde). In diesem Fall liegt keine Rollenverteilung in ZO und Relatum vor. Weiterhin existieren nach seiner Ansicht auch asymmetrische Kontaktrelationen mit nicht-umkehrbarer Objektzuordnung ‚in der Welt' (z.B. die Uhr an der Wand).

Diese Problematik wurde auch bei der Erstellung der Experimentiermaterialien für das nachfolgend dargestellte Experiment deutlich. Die Variation der Eindeutigkeit in der Argumentzuordnung wäre bei dem Verb „klemmen" nur durch die Verwendung unterschiedlicher Objektkombinationen möglich gewesen (bei gleicher Präposition „an"; beliebig bzw. symmetrisch: Klammer an Klammer; eindeutig bzw. asymmetrisch: Klammer an Becher). Dieses Verb wurde daher nicht verwendet. Andererseits konnte je nach Verb und Objektkombination die gleiche Präposition „auf" einmal für den eindeutigen („drehen") und einmal für den beliebigen Fall („legen") eingesetzt werden (s. Tabelle 2).

In einer auf diesen Überlegungen aufbauenden experimentellen Untersuchung wurde der Frage nachgegangen, ob Handlungsanweisungen mit eindeutiger Argumentzuordnung anders verarbeitet werden als solche mit beliebiger. Es wurde erwartet, dass im eindeutigen Fall die Verarbeitungszeiten länger sind, da die Handlung nur mit einer bestimmten Kombination von ZO und BO korrekt ausgeführt werden kann, sich die Versuchspersonen also für genau ein ZO entscheiden müssen.

3.1 Methode

In allen bisherigen Experimenten wurde in den Anweisungen zuerst das so genannte Basisobjekt benannt und dann das ZO – beispielsweise „Verschraube mit dem blauen Teil (BO: blauer Lochwürfel = Argument 2) das rote Teil (ZO: rote Schraube = Argument 1)." Dies deshalb, weil das BO isoliert zuletzt auf dem Computermonitor dargeboten und zeitgleich akustisch die entsprechende Handlungsanweisung präsentiert wurde (s. Abschnitt 2.1). Eine solche durch den Experimentalablauf vorgegebene Reihenfolge der Nennung und Rollenverteilung der Objekte sollte in diesem Experiment nicht vorgenommen werden. Vielmehr wurden neben der *Eindeutigkeit der Argumentzuordnung* (mit den Ausprägungen eindeutig vs. beliebig) auch die *Reihenfolge der Argumente* (A1/A2 vs. A2/A1) beziehungsweise Objektrollen (ZO/BO vs. BO/ZO) sowie die *Verbposition* (vorne, mitte, hinten) vollständig abhängig variiert. Es ergab sich somit ein 2×2×3-Design gemäß Tabelle 1, bei dessen Realisierung die in Tabelle 2 aufgeführten Verben und Objekte verwendet wurden.

Tabelle 1: Design und Beispielsätze für „schrauben“

	Argumentzuordnung *eindeutig*			Argumentzuordnung *beliebig*		
	Verb *vorne*	Verb *mitte*	Verb *hinten*	Verb *vorne*	Verb *mitte*	Verb *hinten*
A1 / A2	Schraube ein rotes Teil in ein blaues Teil	Ein rotes Teil schraube in ein blaues Teil	Ein rotes Teil in ein blaues Teil schrauben	Schraube ein rotes Teil an ein blaues Teil	Ein rotes Teil schraube an ein blaues Teil	Ein rotes Teil an ein blaues Teil schrauben
A2 / A1	Schraube in ein blaues Teil ein rotes Teil	In ein blaues Teil schraube ein rotes Teil	In ein blaues Teil ein rotes Teil schrauben	Schraube an ein blaues Teil ein rotes Teil	An ein blaues Teil schraube ein rotes Teil	An ein blaues Teil ein rotes Teil schrauben

Tabelle 2: Verben, Präpositionen und Objektkombinationen für das Experiment.

Verb	Präposition für *eindeutige* Zuordnung	Präposition für *beliebige* Zuordnung	*Objektkombination*
drehen	auf	an	*Deckel* – Flasche*
fügen	in	an	*Haken* – Lochleiste
hängen	in	an	*Schnur* – Lochleiste
legen	in	auf	*Lochleiste* – Flasche*
montieren	in	an	*Schraube* – Lochwürfel
schrauben	in	an	*Schraube* – Lochwürfel
stecken	in	an	*Schraube* – Lochleiste

Kursiv gedruckt sind die im gerichteten Fall auszuwählenden ZO; im ungerichteten Fall können beide Objekte als ZO gewählt werden.

* Bei der Flasche handelt es sich um ein eckiges Plastikfläschchen, das auch an den Deckel gedreht oder auf die Leiste gelegt werden kann.

Zur Rolle der Argumentreihenfolge bei der Verarbeitung von Instruktionen für die Bildung räumlicher Objektrelationen liegt eine Arbeit von Harris (1975; s. auch Huttenlocher & Strauss, 1968) vor, in der neben der durch die Präposition ausgedrückten räumlichen Relation auch die grammatische Form der Instruktionen variiert wurde. In einer Bedingung war das ZO das logische Subjekt und wurde zuerst genannt (z.B. „circle above square“; entsprechend A1/A2), in einer anderen das logische Objekt (z.B. „square below circle“; entsprechend A2/A1), wobei immer der Kreis als ZO platziert werden sollte. Die Leistung der Versuchspersonen war genauer und richtiger, wenn das ZO logisches Subjekt der Anweisungen war. Gernsbacher (1991) betrachtet diesen

Vorteil der ersten Erwähnung („advantage of first mention") in einer übergeordneten Theoriekonzeption zur Satzverarbeitung, dem so genannten ‚structure building framework'; sie kommt zu dem Ergebnis, dass es sich dabei nicht um ein genuin sprachlich-strukturelles Phänomen, sondern um einen allgemeinen kognitiven Prozess bezüglich Verstehensleistungen jeglicher Art handelt.

Daher wurde für die Argumentreihenfolge erwartet, dass Anweisungen, in denen zuerst das potenzielle ZO und dann das BO genannt wird (A1/A2), schneller verarbeitet werden als solche, in denen zuerst das BO und dann das ZO genannt wird (A2/A1). Für den Faktor der Verbposition wurde nach den bisher vorliegenden Ergebnissen (s. Abschnitte 2.2 und 2.3; Weiß et al., 1999a; 1999b) aufgrund der damit verbundenen unterschiedlichen zeitlichen Verfügbarkeit der handlungsrelevanten Verbinformation ein modifizierender Einfluss erwartet.

Die Objekte wurden unspezifisch als „Teil" mit Farbangabe benannt. Den Versuchspersonen wurde auf dem Monitor ein Bild mit vier Objekten (z.B. rote Schraube, blaue Schraube, roter Lochwürfel, blauer Lochwürfel) präsentiert; zeitgleich wurde ihnen akustisch eine Handlungsanweisung dargeboten. Sie mussten sich dann per Tastendruck für eines der vier Objekte als ZO entscheiden. Als abhängige Variablen wurden die Reaktionszeiten für diese Objektauswahl sowie die Anzahl der richtigen und falschen Reaktionen erhoben. An dem Experiment nahmen 22 Studierende der Universität Bielefeld teil, die für ihre Teilnahme entlohnt wurden.

3.2 Ergebnisse

Insgesamt machten die Versuchspersonen sehr wenige Fehler (3.4 %), so dass keine gesonderte Fehleranalyse durchgeführt wurde. Eine Varianzanalyse mit den drei Messwiederholungsfaktoren *Eindeutigkeit der Argumentzuordnung*, *Argumentreihenfolge* sowie *Verbposition* ergab für die richtigen Reaktionen folgende Ergebnisse.

Argumentzuordnung: Bei eindeutiger Argumentzuordnung erfolgten die Reaktionen wie erwartet signifikant langsamer als bei beliebiger Argumentzuordnung ($F_{1,21} = 11.291$; $p = .003$). Dieser Haupteffekt ist aus Abbildung 1 ersichtlich.

Argumentreihenfolge: Der Unterschied in der Argumentreihenfolge hat für sich genommen keinen signifikanten Effekt. Die durchschnittlichen Reaktionszeiten sind jedoch entgegen der erwarteten Richtung bei A1/A2 insgesamt länger als bei A2/A1 (s. Abbildung 2). Das bedeutet: Es wird unwesentlich langsamer reagiert, wenn zuerst das potenzielle ZO und dann das BO genannt wird als im umgekehrten Fall.

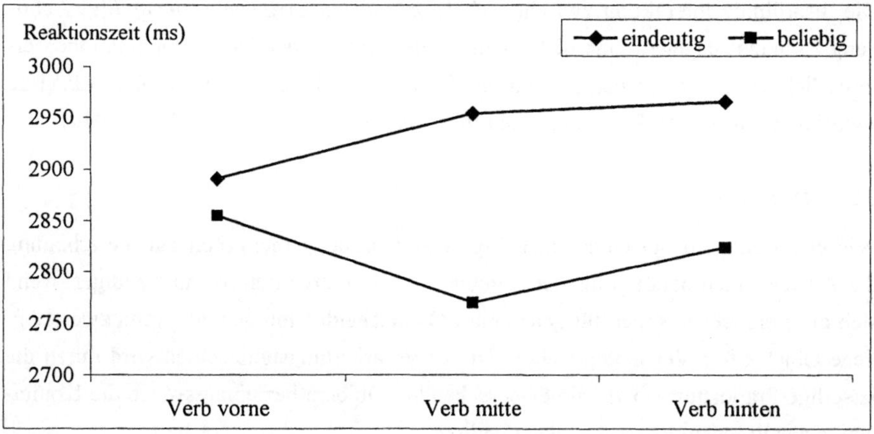

Abbildung 1: Durchschnittliche Reaktionszeiten für die Wahl des Zielobjekts in ms – Interaktion von Verbposition und Eindeutigkeit der Argumentzuordnung

Verbposition: Auch der Faktor Verbposition weist für sich genommen keine signifikanten Effekte auf. Er interagiert jedoch sowohl mit der Argumentzuordnung ($F_{2,20}$ = 5.970; p = .009) als auch mit der Argumentreihenfolge ($F_{2,20}$ = 16.371; p = .000) statistisch bedeutsam. Aufgrund der hybriden Interaktion zwischen *Verbposition und Argumentzuordnung* (Abbildung 1) kann der Haupteffekt für den Faktor Argumentzuordnung global interpretiert werden, der besonders bei mittlerer Verbposition deutlich ist.

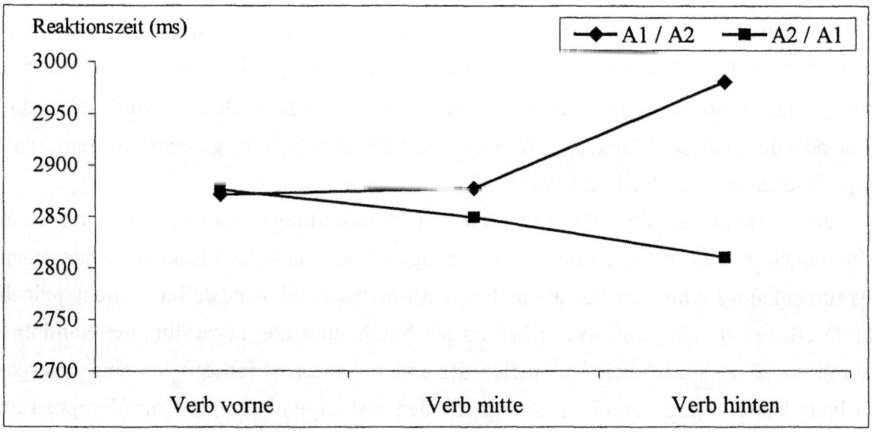

Abbildung 2: Durchschnittliche Reaktionszeiten für die Wahl des Zielobjekts in ms – Interaktion von Verbposition und Argumentreihenfolge

Die disordinale Interaktion zwischen *Verbposition und Argumentreihenfolge* (Abbildung 2) macht dagegen eine differenzierte Betrachtung der Faktorkombinationen erforderlich. Hierbei zeigt sich,dass nur bei Verb-Endstellung die Reihenfolge A2/A1 zu signifikant schnelleren Reaktionszeiten führt als A1/A2 ($F_{1,1231} = 4{,}223$; $p = .040$).

3.3 Diskussion

Wie erwartet, wird bei eindeutiger Argumentzuordnung mehr Zeit zur Verarbeitung der Anweisungen benötigt als bei beliebiger. Die Verarbeitung ist aufwendiger, wenn sich die Versuchspersonen für genau ein ZO entscheiden müssen, als wenn zwei mögliche Objekte zur Verfügung stehen. Dieser Verarbeitungsunterschied wird durch die jeweilige Präposition sowie die entsprechenden Objekte beziehungsweise die Kombination aus Präposition und Objekten bedingt.

Ein derartiger Einfluss der Präposition auf die Verarbeitung von Instruktionen wurde auch von Chambers, Tanenhaus, Eberhard, Carlson und Filip (1998) in einem Blickbewegungsexperiment zur Verarbeitung von Präpositionalphrasen in Instruktionen gezeigt. Bereits bei der Präposition erfolgen Blickbewegungen in Richtung eines zur Präposition passenden Bezugsobjektes, sofern mit der Präposition zwischen den zur Auswahl stehenden Objekten differenziert werden kann (z.B. mit „inside" zwischen Behälter- und Nicht-Behälter-Objekten). Demnach kann die Information, die durch eine Präposition vermittelt wird, bereits prospektiv die Interpretationsmöglichkeiten für die nachfolgende referentielle Nominalphrase einschränken.

Die Tatsache, dass die untersuchten Verbpaare sich auch dahingehend unterscheiden, ob es sich um Partikelverben mit abtrennbarem Verbpartikel handelt („schrauben an" – „anschrauben") oder nicht („schrauben in" – *„inschrauben"), würde eine eingehende linguistische Analyse erfordern, die hier jedoch nicht geleistet werden kann (vgl. Stiebels & Wunderlich, 1994).

Die Reihenfolge der Verfügbarkeit der verarbeitungsrelevanten Informationen spielt auch in diesem Experiment eine wichtige Rolle. Denn der Effekt der eindeutigen Argumentzuordnung tritt vor allem bei Verb-Mittel- und -Endstellung, nicht jedoch bei Verb-Erststellung auf. Wenn bereits bei Satzbeginn die auszuführende Handlung durch das Verb spezifiziert ist, spielen die anderen Informationsquellen eine untergeordnete Rolle. Dieses Ergebnis stimmt mit den bisherigen Befunden zur Verbposition überein.

Bezüglich der Argumentreihenfolge zeigt sich, dass entgegen der Erwartung die Reaktionszeiten nicht kürzer sind, wenn zuerst das ZO und dann das BO beziehungsweise Relatum genannt wird (A1/A2), wobei jedoch auch hier die Verbposition einen modifizierenden Einfluss hat. Denn nur bei Verb-Endstellung sind die Zeiten für A1/A2 signifikant länger als die für A2/A1. Es wird erneut deutlich, dass, je früher die handlungsrelevante Verbinformation vorliegt, der Einfluss der anderen Faktoren abnimmt. Bei A2/A1 verlaufen die Werte für die unterschiedlichen Verbpositionen jedoch in entgegengesetzter Richtung. Dies könnte daran liegen, dass es bei dieser Reihenfolge der Argumente zu eher ungewöhnlichen Formulierungen der Anweisungen kommt.

Insgesamt betrachtet könnte der Effekt der Argumentreihenfolge für einen ‚recency'-Effekt sprechen („advantage of clause recency"; Gernsbacher, 1991), da bei A2/A1 das ZO in allen Fällen später in den Anweisungen genannt wird als bei A1/A2. Außerdem ist das ZO bei A2/A1 immer das jeweils zuletzt genannte Objekt, auf das dann direkt reagiert werden kann. Dieser Effekt kommt vor allem bei den elliptischen – und daher vermutlich schwieriger zu verarbeitenden – Anweisungen mit Verb-Endstellung zum Tragen.

4 Resümee

Im Einklang mit Überlegungen zur inkrementellen und integrativen Verarbeitung sprachlicher und nicht-sprachlicher Informationen bei der Satzverarbeitung (vgl. Ferstl & Flores d'Arcais, 1999) ergibt sich aus den dargestellten Experimenten, dass die Rezeption von Handlungsanweisungen nicht nur durch die sprachliche, sondern auch durch die kontextuelle Information determiniert wird. Zur Referenzauflösung wird jede zur Verfügung stehende und geeignete Information unmittelbar herangezogen. Und dabei spielt auch der vor allem durch die Präposition beziehungsweise Präpositionalphrase vermittelte Zielzustand der auszuführenden Handlung sowie die damit einhergehende Eindeutigkeit der Argument- beziehungsweise Objektzuordnung eine wichtige Rolle. Experimentelle Untersuchungen des zeitlichen Verlaufs der Rezeption sowie die Betrachtung komplexerer Anweisungen sollen weiteren Aufschluss über die für die Rezeption von Anweisungen kognitiv bedeutsamen Verarbeitungseinheiten geben.

Es zeigt sich außerdem, dass Raumpräpositionen nur unter Berücksichtigung verschiedener Faktoren situationsadäquat interpretiert werden können (vgl. Grabowski &

Weiß, 1996). Hierzu gehören auch die Objekte und Verben, mit denen eine Präposition im Satz kombiniert ist. Der linguistisch-semantischen Bedeutungsanalyse lokaler Präpositionen sollte daher eine psychologische Betrachtung der menschlichen Raumauffassung gegenübergestellt werden.

Danksagung

Das Projekt C3 „Handlungsanweisungen" wird von der Deutschen Forschungsgemeinschaft im Rahmen des SFB 360 „Situierte Künstliche Kommunikatoren" an der Universität Bielefeld gefördert. Für Unterstützung bei der Erstellung, Durchführung und Auswertung der Experimente danke ich Kristin Allmaier, Helmut Flitter und Susanne Geister, für wichtige Hinweise zu diesem Beitrag außerdem Joachim Grabowski und Tilman Vierhuff. Gisela Harras danke ich für fruchtbare Diskussionen zum Thema Verbspezifität.

Literatur

Altmann, G.T.M. & Kamide, Y. (1999). Incremental interpretation at verbs: Restricting the domain of subsequent reference. *Cognition*, *73*, 247-264.

Britt, M.A. (1994). The interaction of referential ambiguity and argument structure in the parsing of prepositional phrases. *Journal of Memory and Language*, *33*, 251-283.

Chambers, C.G., Tanenhaus, M.K., Eberhard, K.M., Carlson, G.N. & Filip, H. (1998). Words and worlds: The construction of context for definite reference. In: *Proceedings of the 20th Annual Conference of the Cognitive Science Society* (pp. 220-225). Mahwah: Erlbaum.

Fellbaum, C. (1998). A semantic network of English verbs. In: C. Fellbaum (Ed.), *WordNet: An electronic lexical database* (pp. 69-104). Cambridge, MA: MIT Press.

Ferstl, E. & Flores d'Arcais, G. (1999). Das Lesen von Wörtern und Sätzen. In: A.D. Friederici (Ed.), *Sprachrezeption* (pp. 204-242). Göttingen: Hogrefe.

Gernsbacher, M.A. (1991). Cognitive processes and mechanisms in language comprehension: The structure building framework. In: G.H. Bower (Ed.), *The psychology of learning and motivation, Vol. 27* (pp. 217-263). San Diego: Academic Press.

Grabowski, J. (1999). *Raumrelationen: Kognitive Auffassung und sprachlicher Ausdruck*. Opladen: Westdeutscher Verlag.

Grabowski, J. (2000). Ein psychologisch-onomasiologischer Ansatz zur Auffassung räumlicher Objektrelationen und ihrem sprachlichen Ausdruck: Inklusion und Kontakt. *Kognitionswissenschaft*, *9*, 63-76.

Grabowski, J. & Weiß, P. (1996). Determinanten der Interpretation dimensionaler Lokalisationsäußerungen: Experimente in fünf Sprachen. *Sprache & Kognition*, *15*, 234-250.

Harras, G. & Grabowski, J. (2000). Zur Polysemie lokaler Präpositionen: Die Fragwürdigkeit von kategorialen Akzeptanzurteilen als Grundlage für bedeutungsbeschreibende Prototypenstrukturen. In: M. Mangasser-Wahl (Ed.), *Prototypentheorie in der Linguistik. Anwendungsbeispiele – Methodenreflexion – Perspektiven* (pp. 73-91). Tübingen: Stauffenburg.

Harris, L.J. (1975). Spatial direction and grammatical form of instructions affect the solution of spatial problems. *Memory and Cognition*, *3*, 329-334.

Herrmann, Th. & Grabowski, J. (1994). *Sprechen: Psychologie der Sprachproduktion*. Heidelberg: Spektrum.

Herrmann, Th. & Schweizer, K. (1998). *Sprechen über Raum: Sprachliches Lokalisieren und seine kognitiven Grundlagen*. Bern: Huber.

Herskovits, A. (1985). Semantics and pragmatics of locative expressions. *Cognitive Science, 9*, 341-378.

Herweg, M. (1989). Ansätze zu einer semantischen Beschreibung topologischer Präpositionen. In: C. Habel, M. Herweg & K. Rehkämper (Eds.), *Raumkonzepte in Verstehensprozessen: Interdisziplinäre Beiträge zu Sprache und Raum* (pp. 99-127). Tübingen: Niemeyer.

Hildebrandt, B. & Eikmeyer, H.-J. (1999). *Sprachverarbeitung mit Combinatory Categorial Grammar: Inkrementalität und Effizienz.* Report 99/05, SFB 360 „Situierte Künstliche Kommunikatoren". Bielefeld: Universität Bielefeld.

Hildebrandt, B., Eikmeyer, H.-J., Rickheit, G. & Weiß, P. (1999). Inkrementelle Sprachrezeption. In: I. Wachsmuth & B. Jung (Eds.), *KogWis99: Proceedings der 4. Fachtagung der Gesellschaft für Kognitionswissenschaft* (pp. 19-24). Sankt Augustin: infix.

Hildebrandt, B. & Rickheit, G. (1997). *Verarbeitung von Präpositionalphrasen in der Combinatory Categorial Grammar.* Report 97/06, SFB 360 „Situierte Künstliche Kommunikatoren". Bielefeld: Universität Bielefeld.

Huttenlocher, J. & Strauss, S. (1968). Comprehension and a statement's relation to the situation it describes. *Journal of Verbal Learning and Verbal Behavior, 7*, 300-307.

Li, J. (1994). *Räumliche Relationen und Objektwissen am Beispiel „an" und „bei"*. Tübingen: Narr.

Miller, G.A. & Johnson-Laird, P.N. (1976). *Language and perception*. Cambridge: Cambridge University Press.

Olsen, S. (1996). Pleonastische Direktionale. In G. Harras & M. Bierwisch (Eds.), *Wenn die Semantik arbeitet. Klaus Baumgärtner zum 65. Geburtstag* (pp. 303-329). Tübingen: Niemeyer.

Stiebels, B. & Wunderlich, D. (1994). Morphology feeds syntax: The case of particle verbs. *Linguistics, 32*, 913-968.

Tanenhaus, M.K., Spivey-Knowlton, M.J., Eberhard, K.M. & Sedivy, J.C. (1995). Integration of visual and linguistic information in spoken language comprehension. *Science, 268*, 1632-1634.

Weiß, P. (2001). *Objektregionen als Determinante der Bildung räumlicher Relationen*. Unveröffentlichte Dissertation (in Vorbereitung). Mannheim: Universität Mannheim.

Weiß, P., Hildebrandt, B., Eikmeyer, H.-J. & Rickheit, G. (1999a). Verb-, Objekt- und Kontextinformation bei der Rezeption von Handlungsanweisungen. In I. Wachsmuth & B. Jung (Hrsg.), *KogWis99: Proceedings der 4. Fachtagung der Gesellschaft für Kognitionswissenschaft* (pp. 238-243). Sankt Augustin: infix.

Weiß, P., Hildebrandt, B. & Rickheit, G. (1999b). Empirische Untersuchungen zur Rezeption von Handlungsanweisungen: der Einfluß semantischer und kontextueller Faktoren. *Sprache & Kognition, 18*, 39-52.

Weiß, P., Kessler, K., Hildebrandt, B. & Eikmeyer, H.-J. (1999). Konzeptualisierung in inkrementell-integrativer Sprachverarbeitung. *Kognitionswissenschaft, 8*, 108-114.

Depiktionsmetonymien und ihre Auflösung im Diskurs

Josef Meyer-Fujara und *Hannes Rieser*

Gegenstand dieses Beitrags sind Formen der nicht-wörtlichen Interpretation. Es geht dabei um Depiktionsmetonymien, also um Ausdrücke wie *Flugzeug, Rumpf* oder *Fahrgestell*, die verwandt werden, um bestimmte Spielzeug-Aggregate zu benennen. Dazu diskutieren wir zunächst die Depiktionsleistung derartiger Aggregate im Rahmen einer dazu entwickelten semiotischen Theorie depiktionierender Objekte. Im Anschluss skizzieren wir den pragmatischen Hintergrund für die Auflösung von Depiktionsmetonymien. Im Vordergrund stehen dabei die Funktion von Kontext und Dialoggeschichte sowie die Rolle verschiedener Wissensquellen. Anschließend erörtern wir die Rolle der Depiktionsleistung bei der Auflösung von Depiktionsmetonymien, wobei wir zwei unterschiedliche Beschreibungsansätze von Metonymien einander gegenüberstellen. Die Schlussdiskussion enthält neben weiterführenden Perspektiven Überlegungen dazu, wie sich die hier behandelten Lösungen zu denen in psychologisch motivierten Theorien verhalten.

1 Einleitung

In der vorliegenden Arbeit berichten wir über den Stand der Erforschung depiktionierender Aggregate und ihrer Benennungen, wie sie am SFB 360 „Situierte Künstliche Kommunikatoren" durchgeführt wird. Unsere Arbeiten zu Aggregierung und Metonymie basieren auf dem SFB-Korpus ([s.a.], 1997). Die aufgabenorientierten Dialoge dieses Korpus wurden aufgrund eines ‚settings' erhoben, in dem ein Konstruktor ein „Baufix"-Flugzeug (Abb. 1) nach den Angaben eines Instruktors nachbauen musste. Obwohl die Agenten primär mit „Baufix"-Teilen und -Aggregaten zu tun hatten, verwendeten sie viele Flugzeug-Ausdrücke, und zwar sowohl in referierender als auch in prädikativer Funktion. Wir nennen Vorkommen von Flugzeug-Ausdrücken dieser Art „Depiktionsmetonymien". Aufgrund der empirischen Daten ist klar, dass man keine Theorien referierender oder prädizierender Ausdrücke für das SFB-Korpus entwickeln kann, wenn man nicht weiß, wie diese Metonymien in morphologisch-syntaktischer, semantischer und pragmatischer Hinsicht funktionieren. Die (konstruierten) Beispiele in (1) (prädikativ) und (2) (referentiell) sollen dies verdeutlichen:

(1) Instruktor: *Wir bauen jetzt ein Flugzeug.*
Konstruktor: *O.K.*

(2) Instruktor: *Der Flügel kommt auf den Fünfer.*
Konstruktor: *Der Siebener, den wir eben hatten?*

Viele Korpora, die wir kennen, enthalten ähnliche Metonymien, etwa das Edinburgher ‚Map Task Corpus'. Auch psycholinguistische Experimente, die mit Bildern arbeiten, zeigen diese Art von Metonymien, ohne dass dies von den Experimentatoren berücksichtigt würde. Wir erwarten, dass die Untersuchung des SFB-Korpus Resultate liefern wird, die zum Verständnis des Funktionierens anderer depiktionierender Objekte wie Landkarten, Fotos, Icons, Modelle, CAD-Zeichnungen oder Software-Avatare beiträgt.

Abbildung 1: „Baufix"-Flugzeug

Bei der Auflösung metonymischer Ausdrücke gehen wir von der Intuition aus, dass Depiktionsmetonymien sich analog zu bekannten Metonymien verhalten. Ein Beispiel:

(3) *Wir haben in der Schule Cäsar gelesen.*

Gemeint ist mit (3), dass in der Schule eine Schrift gelesen wurde, die mit dem Autor Cäsar in Zusammenhang gebracht werden kann. Offensichtlich kann man den Eigennamen *Cäsar* in (3) verwenden, weil eine Relation Autor (Cäsar, Schrift) besteht. Ist eine Relation dieser Art gegeben, dann darf man – so ist die Sprachregel – den Autornamen anstelle einer Bezeichnung der Schrift verwenden. Analoges gilt für andere Artefakte, etwa solche im Zusammenhang mit *einen Picasso kaufen*. Das populäre Beispiel *einen (auf) Effenberg machen* zeigt, dass andere Relationen als Autor (-, -) im Spiel sein können. Dies trifft auch auf (1) und (2) zu. Hier ist eine Depiktionsrelation wirksam: Immer wenn ein Artefakt ein Objekt in der Welt abbildet, können wir für das Artefakt den Namen des abgebildeten Objekts verwenden. Das bedeutet, dass man drei Fragen zu klären hat, wenn man Depiktionsmetonymien untersucht, nämlich:

- Worin besteht die Depiktionsleistung der involvierten Objekte (hier des „Baufix“-Flugzeugs)?
- Welche Rolle spielt diese Depiktionsleistung im Zusammenhang mit der eigentlichen Auflösung von Metonymien in Ausdrücken wie in (1) und (2)?
- Welche Rolle spielen Kontext und Diskurs für die Auflösung von Depiktionsmetonymien?

Die beiden ersten Punkte sind strikt auseinander zu halten. Aus ihnen ergibt sich, dass man es mit einer zweistufigen Semantik zu tun hat, weil die Depiktion ‚eo ipso‘ eine semantische Relation darstellt – in Opposition zur Autor- oder Produzentenrelation in (3). Diese beiden Stufen müssen bei der Interpretation der Semantik der natürlichsprachlichen Ausdrücke unter Zuhilfenahme von Kontext- und Diskursinformation verzahnt werden.

Zur Erfassung der Semantik natürlichsprachlicher Metonymien in den Beispielen (1) und (2) gibt es mehrere Möglichkeiten, wobei das Hauptproblem immer darin besteht, wörtliche und nicht-wörtliche Interpretationen zu bekommen und Parameter zu bestimmen, welche die Art der Interpretation fixieren. Wenn man als Beschreibungssprache eine Logik verwendet, kann man die Hauptlast der Erklärung entweder auf die logische Syntax oder auf das gewählte Modell verlagern. Im Abschnitt 4 diskutieren wir zwei Beschreibungstechniken, einen Unterspezifikationsansatz (Egg, 2000; Egg, Koller & Niehren, 2001; Pinkal, 1996) und einen modellbasierten Ansatz (Meyer-Fujara & Rieser, 1998; 1999; 2000). Beides sind Ansätze einer statischen Semantik. Eine dynamische Variante des modellbasierten Ansatzes (Vogel, 2000) kann hier nicht weiter diskutiert werden.

Der modellbasierte Ansatz verwendet eine sehr einfache logische Sprache (eine Version der PL1), deren Prädikate eine wörtliche oder eine nicht-wörtliche, metonymische Interpretation bekommen können. Ausdrücke dieser Sprache werden mit Hilfe eines Modells bewertet, in dessen Domäne sowohl depiktionierende als auch nicht-depiktionierende Gegenstände enthalten sind. Einigen Objekten der Domäne des Modells kommt die Eigenschaft des Depiktionierens zu. Die Wahrheitsbedingung für Metonymien nimmt dann auf solche depiktionierenden Objekte Bezug.

Für depiktionierende Gegenstände, insbesondere Flugzeugdepiktionen, haben wir im Rahmen des modellbasierten Ansatzes eine spezielle Semiotiktheorie entwickelt, deren Grundidee in Folgendem besteht: Depiktionierende Objekte verhalten sich insofern analog zu Ausdrücken einer natürlichen Sprache, als sie mit Struktur und Bedeutung versehen sind. Ihre Bedeutung besteht in den Objekten, die sie depiktionieren. Man beachte, dass sich eine Reihe von Zeichen in unserer Umgebung genauso verhalten, zum Beispiel einige Straßenschilder oder Ikonogramme in Flughäfen. Für die Struktur des „Baufix“-Flugzeugs haben wir eine einfache, generalisierbare Syntax im GPSG-Format entwickelt, deren Ausdrücke eine semantische Deutung erhalten.

2 Aggregate als semiotische Objekte

Wie in der Einleitung dargestellt, beruht die Möglichkeit, auf „Baufix“-Flugzeugmodelle mit dem Ausdruck *Flugzeug* zu referieren, auf der Tatsache, dass die Flugzeugmodelle depiktionieren, also Gegenstände in der Welt abbilden. In diesem Abschnitt beschäftigen wir uns mit der detaillierteren Untersuchung dieser Depiktionsleistung. Dabei stellen wir speziell auf die Depiktionsleistung von Aggregaten ab, also von Gebilden, die durch Zusammensetzen einfacherer Teile entstehen. Es ist offensichtlich, dass solche Aggregate nicht allein aufgrund der atomaren Teile, aus denen sie zusammengesetzt sind, depiktionieren, sondern dass es entscheidend auf die Konfiguration dieser Teile ankommt. Dies wird durch die Abbildungen 1, 2 und 3 illustriert.

Abbildung 2: „Baufix“-Motorrad

Abbildung 3: „Picasso“-Flugzeug

Abbildung 1 zeigt ein Aggregat, das bestimmte Flugzeuge (etwa einmotorige Hochdecker) depiktioniert. Abbildung 2 zeigt ein anderes Aggregat, das aus denselben atomaren Teilen zusammengesetzt ist, aber ein Motorrad depiktioniert. Abbildung 3 schließlich zeigt ein Aggregat, das aus wiederum denselben Teilen zusammengesetzt ist, aber gar nicht depiktioniert. Wir haben es also bei den „Baufix“-Aggregaten (und, wie wir im Weiteren darstellen werden, bei vielen depiktionierenden Objekten) mit strukturierten semiotischen Objekten zu tun. Im Folgenden beschäftigen wir uns mit ihrer Syntax, Semantik und Pragmatik.

2.1 Syntax

„Baufix"-Aggregate bestehen letztlich aus „Baufix"-Teilen: Lochleisten, Bolzen, Muttern und Lochwürfeln. Aus diesen werden Aggregate aufgebaut und komplexere Aggregate wiederum aus weniger komplexen. Die Art und Weise des Verbundenseins von Atomen spielt eine entscheidende Rolle; das heißt es liegen Wohlgeformtheitseigenschaften vor.

Beim Aufbau der zugehörigen Syntax lassen wir uns von den folgenden Beobachtungen leiten:

1. Es gibt elementare Teile (Atome), aus denen die Figur letzlich besteht.
2. Aggregate sind aus Atomen und Aggregaten geringerer Komplexität aufgebaut.
3. Aggregate sind auf bestimmte Art und Weise verbunden. Es ist klar, welche wohlgeformt sind und welche nicht.
4. Kein Atom und kein Aggregat kann mehrfach verbaut werden. Wir haben somit im Gegensatz zur Situation bei der Bildung von Sätzen aus Wörtern nicht unbeschränkt viele Objekte eines Typs zur Verfügung.
5. Es gibt sehr viele Weisen, das Flugzeug aufzubauen, ohne dass dadurch alternative Flugzeuge entstünden (*spurious ambiguities*).

Zur Beschreibung unserer Syntax haben wir eine parametrisierte GPSG mit ‚constraints' gewählt; andere Formalismen (GB, HPSG, CCG) wären ebenso gut möglich. Nachstehend geben wir beispielhaft die Syntaxregeln an, die die Struktur des Flugzeughecks festlegen (vgl. Abb. 4 und Abb. 5). Sie sind mit intuitiven, natürlichsprachlichen Paraphrasen in Form von Direktiven kommentiert und insoweit vereinfacht, als die zur Berücksichtigung von Beobachtung 4 benötigten ‚constraints' vernachlässigt sind.

(Stecke)-durch-ein-Endloch (= f_1) einer Dreilochleiste (3LL) eine rote Sechskantschraube (SKR).

R_1: $X_1 \leftarrow f_1$, 3LL, SKR

(Stecke)-auf (= f_2) eine X_1- Struktur einen roten Lochwürfel (LWR).

R_2: $X_2 \leftarrow f_2, X_1$, LWR

(Stecke)-durch-das-mittlere-Loch (= f_3) einer Fünflochleiste (5LL) einen roten runden Bolzen (SSR).

R_3: $X_3 \leftarrow f_3$, 5LL, SSR

(Aggregiere) (= f_4) X_2 und X_3.

R_4: $X_4 \leftarrow f_4, X_2, X_3$

Abbildung 4: Flugzeugheck

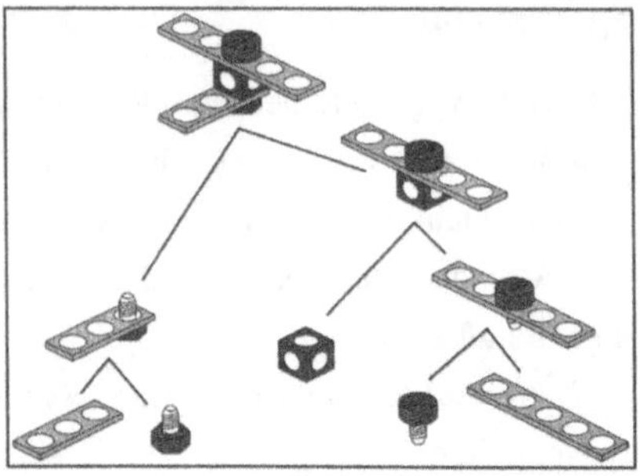

Abbildung 5: Syntaxbaum des Flugzeughecks

X_4 ist das in Abbildung 4 dargestellte Flugzeugheck. Als Zeichen für wohlgeformte Verbindungen werden dabei ‚synkategorematisch' eingeführte Objekte (z.B. f_1) verwendet. Sie bilden ab, dass komplexere Aggregate als Resultat bestimmter ‚Fügehandlungen' aufgefasst werden können, sind aber als Beschreibung lediglich der so entstehenden Struktur zu verstehen. Die Nichtterminalsymbole X_i entsprechen den Kategorien der Aggregate, die den zugehörigen Bildungsregeln R_i genügen. Der Übergang zu den weiteren Terminalsymbolen, die konkrete „Baufix"-Teile bezeichnen, wird durch Regeln wie beispielsweise

R_5: $3LL \leftarrow 3ll_1 \mid 3ll_2 \mid 3ll_3 \mid 3ll_4$

beschrieben, wobei $3ll_1$, ..., $3ll_4$ die vier zur Verfügung stehenden Dreilochleisten sind.

2.2 Semantik

Unsere Semantikkonstruktion geht von den folgenden Hypothesen aus:

1. Die Semantik folgt der Syntax; das heißt sie ist kompositional.
2. „Baufix"-Atome und -Aggregate denotieren sich selbst; das heißt es ist stets eine autosemantische Bedeutung gegeben.
3. „Baufix"-Atome und -Aggregate depiktionieren teilweise außerdem tatsächliche Flugzeuge oder Teile davon.

Wir verwenden eine modellbasierte Semantik; in dem zugehörigen Universum liegen entsprechend diesen Hypothesen zum einen „Baufix"-Atome und -Aggregate, zum anderen tatsächliche Flugzeuge und Teile davon. Die Interpretationsfunktion besteht aus einem Paar $\langle V_{auto}, V_{depict} \rangle$, das respektive Autosemantik und Depiktion erfasst:

V_{auto} = Identität: „Baufix"-Welt → „Baufix"-Welt

V_{depict}: „Baufix"-Welt → Flugzeug-Welt, partiell definiert.

Die Interpretation ⟦ X_4 ⟧ der Konstituenten X_4 ist dann $\langle V_{auto}, V_{depict}\rangle(X_4) = \langle B, F\rangle$, wobei B ein „Baufix"-Aggregat der Struktur X_4 und F die Menge der Hecks von tatsächlichen einmotorigen Hochdeckern ist. Die Konstituente SKR hingegen depiktioniert nicht, ⟦ SKR ⟧ ist eine Sechskantschraube gemäß V_{auto}. Die zwei Komponenten V_{auto} und V_{depict} der Interpretationsfunktion tragen also der Tatsache Rechnung, dass nur bestimmte Aggregate tatsächlich depiktionieren.

Natürlich gibt es außer dem „Baufix"-Flugzeug zahlreiche andere Spielzeugmodelle, die Flugzeuge verschiedenster Art depiktionieren. Darunter sind auch solche, die nicht aus atomaren Bausteinen zusammengesetzt sind. Die Depiktionsleistung derartiger Modelle lässt sich in unserem Ansatz über eine natürliche Segmentierung, etwa in so genannte Geons (Marr & Nishihara, 1978; Biederman, 1987), erklären. Die prinzipielle Gleichartigkeit der Depiktion wird unserer Meinung nach dadurch gewährleistet, dass Teilaggregate bzw. Segmente in analoger Weise depiktionieren. Die Möglichkeit, unterschiedliche Grammatiken aufeinander zu beziehen, erlaubt auch zu verstehen, wieso Sprecher einheitlich den Ausdruck *Flugzeug* für ein von ihnen syntaktisch unterschiedlich strukturiertes Modell – und sogar für unterschiedliche Modelle – verwenden (vgl. Rieser & Meyer-Fujara, 1999). Unterstützt wird die Verständigung durch die Ähnlichkeit der Domänen und der Repräsentationsrelation. Ebenso kann nachvollzogen werden, dass im ‚setting' des SFB-Korpus der Instruktor über eine stabile Grammatik für das Modellflugzeug auf seiner Seite verfügt und der Konstruktor unter der Anleitung des Instruktors schrittweise eine eigene Grammatik entwickelt.

2.3 Pragmatik

Fragen der Pragmatik müssen im Rahmen des vorgestellten Ansatzes auch aus Sicht der Zweistufentheorie, Aggregatsemantik und Metonymiesemantik, betrachtet werden. Sowohl die Aggregatsemantik als auch die Semantik der sprachlichen Ausdrücke unterliegen pragmatischen Bedingungen. Im gegenwärtigen Zusammenhang interessiert das erste Problem. Ein Referenzdialog des SFB-Korpus und Videodaten zeigen, dass unmittelbar vor den untenstehenden Äußerungen (4) und (5) des Instruktors ein pragmatisches Problem entstanden ist, das die beiden Agenten nicht sofort lösen können.

(4) *Pass auf, das Ganze wird ein Flugzeug.*

(5) *Dieser Fünfträger, den du da eben drangebastelt Pause hast, das ist das, das ist das Leitwerk, das Höhenleitwerk des Flugzeugs, also der hintere Teil.*

Der Konstruktor kann das von ihm zu bauende Aggregat weder kategorial noch funktional einordnen; er weiß also weder, welche Art von Gegenstand sein Aggregat ist, noch in welchem größeren funktionalen Zusammenhang es stehen soll. Beides ist aber für das Vorankommen der Aufgabenlösung von zentraler Bedeutung. Dies erkennt der Instruktor; deshalb setzt er die Metonymien *Leitwerk*, *Höhenleitwerk* und *hinterer Teil* ein, um eine Lösung anzusteuern. Die Metonymien beuten die intrinsische Orientierung von Flugzeugen aus: Hinten ist beim Flugzeug dort, wo das Leitwerk ist. Damit die metonymischen Benennungen zutreffen können – und das ist der Punkt, um den es hier geht – muss zunächst aber ein Aggregat vorhanden sein, das Flugzeughecks und damit auch die intrinsische Orientierung von Flugzeugen depiktionieren kann: Metonymiesemantik präsupponiert Aggregatsemantik. Aufgrund der eingeführten Depiktionen kann der Instruktor einen Klärungsdialog führen, der schließlich zur Lösung des Kategorisierungs- und des Orientierungsproblems führt und der den Weg ebnet für die Anbindung weiterer Aggregate.

3 Die Rolle von Kontext und Diskurs

3.1 Situierte Information

Die Annahme, dass Depiktionsmetonymien eine Depiktionsrelation ausbeuten, ist nicht unplausibel, wie die Analogie zu anderen Typen von Metonymien zeigt. Nun sind Situationen denkbar, in denen nur Flugzeuge vorkommen, und andere, in denen es nur um Spielzeugflugzeuge geht, sowie relativ spezielle, in denen beide Sorten von Gegenständen vorhanden sind. Wir wollen nun der Annahme nachgehen, dass Hörer zumindest in klaren Fällen wissen, worauf referiert wird, wenn der Ausdruck *Flugzeug* fällt: entweder auf Transportmittel oder Spielsachen. Dieses Wissen muss sich aus der Situation ergeben. Die hauptsächliche Basis für eine solche Erzeugung situierten Wissens ist die Versuchsanordnung, die dem SFB-Korpus zugrunde liegt. Eine zusätzliche Informationsquelle sind die Konstruktionsdialoge selbst, vor allem die Redebeiträge des Instruktors. Darin wird soviel Wissen vermittelt, dass der Schluss naheliegt, hier sei ein Gegenstand gemeint, der Flugzeuge abbildet. Um dies plausibel zu machen, verwenden wir den bereits erwähnten Konstruktionsdialog aus dem SFB-Korpus. Im ‚setting‘ für diesen Konstruktionsdialog war die Sicht durch eine Sichtblende blockiert. Der Instruktor hatte ein Flugzeugmodell vor sich stehen, das er als erstes nachbauen musste. Nach der Fertigstellung dieses Nachbaus sollte er den Konstruktor anleiten.

Die Information aus der Versuchsanordnung wird im Folgenden durch Großbuchstaben gekennzeichnet. Auf Sätze aus dem Konstruktionsdialog referieren wir mit Ziffern. Zunächst die Information aus der Versuchsanleitung:

> Wir wollen [...] wissen, wie man sich verständigt, um eine gemeinsame Konstruktionsaufgabe zu lösen.
>
> (A) Sie werden deshalb gleich ein einfaches Gebilde aus Spielzeug-Bauteilen zusammenbauen.
>
> (B) Auf Ihrem Arbeitsplatz finden Sie dazu eine Reihe von Bauteilen.
>
> (C) Ihre Versuchspartnerin oder Ihr Versuchspartner verfügt über den gleichen Bauteil-Vorrat.
>
> (D) Aus diesen Bauteilen sollen Sie beide das gleiche Gebilde bauen.
>
> (E) *[Für Konstrukteur:]* Was genau das ist, erfahren Sie durch Ihre Partnerin oder Ihren Partner.
>
> (F) Im Gegensatz zu Ihnen verfügt Ihr Gegenüber nämlich über eine Bauvorlage, aus der hervorgeht, wie das fertige Gebilde aussehen soll.
>
> (G) Um das gleiche Gebilde wie Sie bauen zu können, ist Ihre Versuchspartnerin oder Ihr Versuchspartner auf Ihre Hilfe angewiesen.
>
> (H) Sie müssen sich also mit Ihrer Gesprächspartnerin oder Ihrem Gesprächspartner verständigen, damit die Gebilde, die Sie beide bauen, am Ende miteinander und mit der Bauvorlage übereinstimmen.
>
> (I) *[Für Konstrukteur:]* Sie ordnen zunächst die Bauteile auf Ihrem Arbeitsplatz so an, wie Sie es für sinnvoll halten.
>
> (J) Dann bauen Sie Ihrerseits das betreffende Gebilde anhand der Erklärungen Ihres Gegenübers aus den verfügbaren Bauteilen zusammen.

Aus der Versuchsanleitung wird deutlich: Auf beiden Seiten geht es um den gleichen Gegenstand. Instruktor und Konstruktor haben die gleichen Bauteile. Nur der Instruktor hat eine Bauvorlage. – Nun zwei weit auseinanderliegende Stellen im Dialog:

Instruktor:	(6)	*Soso, der Mann* [gemeint ist der Konstruktor], *der muss jetzt also dieses <pause.> Flugzeug hier bauen.*
	(7)	*Und er hat jetzt genau die Teile, die ich vorher auch hatte?*
Versuchsleiter:	(8)	*Mhmmhm.*
...	...	...
Instruktor:	(9)	*Pass auf, das Ganze wird ein Flugzeug.*
	(10)	*Dieser Fünfträger, den du da eben drangebastelt <pause.> hast, das ist das, das ist das Leitwerk, das Höhenleitwerk des Flugzeugs, also der hintere Teil.*

Der Ausschnitt macht klar, dass eine diskursbezogene Metonymieanalyse zwei Dinge zu klären hat: das Verständnis von *Flugzeug* auf der Instruktorseite und dasjenige auf der Konstruktorseite. Vor dem Hintergrund psycholinguistischer Theoriebildung betrachtet, haben wir es also mit der Produktion einer Metonymie auf der Instruktorseite und dem Verstehen einer Metonymie auf der Konstruktorseite zu tun.

3.2 Produktion

Wir wenden uns zunächst der Produktion zu: Man kann aufgrund von (6) davon ausgehen, dass der Instruktor weiß, dass er kein Flugzeug vorliegen hat. Trotzdem verwendet er *Flugzeug* und nicht etwa *Flugzeugmodell* oder dergleichen. Zu beachten ist weiter, dass der Instruktor nicht nur eine Depiktionsmetonymie verwendet, sondern unter anderem auch die Technik der ‚deferred reference'; er benutzt also einen Index (Bezug) in seiner Situation, um auf ein mögliches Objekt auf der Konstruktorseite zu referieren: Die Referenz erfolgt indirekt. Somit ist die (6) zugrunde liegende Kommunikationsintention des Instruktors zu paraphrasieren als:

(6a) *Der Konstruktor muss ein* token *dieses Flugzeugtyps hier bauen.*

(6a) wiederum zeigt, dass bei (6) nicht nur ‚deferred reference', sondern auch eine ‚token-für-type'-Metonymie zugrunde liegt. Außerdem spielen Fragen der Indexikalität, der Zeitreferenz (Resultat einer zukünftigen Handlung) und der Existenz möglicher Objekte eine Rolle. Wir wollen derlei Komplikationen hier vernachlässigen und annehmen, dass der Instruktor durch (6) den Gehalt (6b) ausdrückt (Konst = Konstruktor):

(6b) $\exists x \exists y$ (flugzeug(x) $\wedge$ depiktioniert (dies-hier, x) $\wedge$ muss-bauen(Konst, y) $\wedge$ depiktioniert (y, x) $\wedge$ $x \neq y$)

Für unsere Zwecke reicht eine stark vereinfachte Version (6c):

(6c) $\exists x$(flugzeug(x) $\wedge$ depiktioniert (dies-hier, x) $\wedge$ muss-bauen(Konst, dies-hier).

Mit anderen Worten: Wir lösen die ‚deferred reference' bewusst nicht auf. Die wörtliche Bedeutung der Äußerung (6) ist jedoch modulo Vereinfachung:

(6d) flugzeug(dies-hier) $\wedge$ muss-bauen(Konst, dies-hier).

Man sieht daraus, dass der Instruktor für seine Äußerungsproduktion eine Regel verwendet, die (6c) auf (6d) reduziert. Die Produktion von Metonymien ist so vorstellbar, dass ein reicherer Gehalt (6c) aus Gründen der Ökonomie im Bereich der Zeichenproduktion verknappt wird (6d).

3.3 Verstehen

Nun zum Verstehen auf der Konstruktorseite. Der Konstruktor ist mit (6d) in seiner wörtlichen Interpretation konfrontiert. Das Problem bezüglich Verstehen ist, dass er von (6d) zu (6c) übergehen muss. Gelänge es ihm nicht, eine mit seinem Wissen kompatible Interpretation zu finden, dann müsste er idealiter nach der Äußerung des Instruktors intervenieren und einen Klärungsdialog beginnen, weil er sieht, dass er aus den Bauteilen, die er hat, kein Flugzeug bauen kann. Etwas anders ausgedrückt: Für alle Aggregate, die er aus der Gesamtheit der Bauteile konstruieren kann, gilt, dass sie keine Flugzeuge sind. Dies gehört zum perzeptuell basierten Wissen des Konstruktors.

(6e) $\forall y((\text{aggregat}(y) \rightarrow$
$(\forall x(\text{vorhandenes-bauteil}(x) \rightarrow \text{teil-von}(x,y)) \rightarrow \neg\exists z(\text{flugzeug}(z) \wedge (z = y))))$

Man beachte, dass (6e) nicht aus (A) bis (K) folgt und auch nicht aus (A) bis (K) plus der Äußerung (6) des Instruktors. Man benötigt für (6e) das Wissen des Konstruktors, dass sich aus dem vorhandenen Material kein Flugzeug bauen lässt. Aus (6d) und (A) bis (K) folgt dagegen (6f):

(6f) $\forall y((\text{aggregat}(y) \rightarrow$
$(\forall x(\text{vorhandenes-bauteil}(x) \rightarrow \text{teil-von}(x,y)) \rightarrow \exists z(\text{flugzeug}(z) \wedge (z = y))))$

Für jedes Aggregat (deiktisch benannt durch *dies-hier*), das der Konstruktor baut, ergibt sich aufgrund der insgesamt vorliegenden Information ein Widerspruch:

(6g) $\neg\exists z(\text{flugzeug}(z) \wedge (z = \text{dies-hier})) \wedge \exists z(\text{flugzeug}(z) \wedge (z = \text{dies-hier}))$

Wir erheben hier nicht den Anspruch, dass durch (6e) bis (6g) das tatsächliche Inferenzverhalten eines Konstruktors abgebildet wird. Es handelt sich vielmehr um eine Rekonstruktion. Ebenso wollen wir gerne zugestehen, dass ein Widerspruch auch auf andere Art ableitbar ist, etwa durch eine Prämisse des Konstruktors „Alle Objekte, die im Raum vorhanden sein können, sind Nicht-Flugzeuge". Für die Zwecke eines durchsichtigen Arguments halten wir jedoch an (6g) fest.

Angenommen, der Konstruktor ist mit einem Widerspruch konfrontiert. Er kann davon ausgehen, dass der Instruktor kooperativ und rational ist und infolgedessen keine Widersprüche produziert. Man kann dies als Ansatzpunkt dafür ansehen, dass der Konstruktor der Äußerung (6) des Instruktors nicht (6d) zugrunde legt, sondern (6c), so dass (A) bis (K), (6) und (6e) konsistent werden. Dazu muss aber das bereits angesprochene Problem der Ableitung von (6c) aus (6d) gelöst werden. Dazu bestehen die im Folgenden erläuterten Optionen.

4 Optionen zur Beschreibung der Semantik von Metonymien

4.1 Der modellbasierte Ansatz

Ein Unterschied zwischen einem normalen PL1-Modell und dem modellbasierten Ansatz (Meyer-Fujara & Rieser, 2000) besteht darin, dass anstelle einer Interpretationsfunktion für Konstanten eine Menge von Interpretationsfunktionen verwendet wird. Die verschiedenen Interpretationsfunktionen erfassen die wörtliche sowie mögliche metonymische Interpretationen. Der Grund für mehrere Interpretationsfunktionen liegt darin, dass zum Beispiel eine Äußerung wie

(11) *Geh bis zur Polizei hoch!*

sich auf das Gebäude, die Institution Polizei oder eine Gruppe von Polizisten beziehen kann. Das Problem, welche Interpretationsfunktion zu wählen ist, wird folgendermaßen gelöst: Wir nehmen an, dass der Kontext bestimmt, welche Interpretation salient ist. Intuitiv erfasst dies das Wissen eines Sprechers, der entscheiden kann, ob ein Spielzeugflugzeug oder ein tatsächliches Flugzeug thematisiert wird. Zur Modellierung dieser Rolle des Kontexts verwenden wir eine spezielle Auswahlfunktion Φ, die über der Menge $\Im$ der Interpretationsfunktionen definiert ist. Diese Menge enthält eine ausgezeichnete Funktion V_{Lit}, deren Werte in einer Teilmenge U_{Lit} des Universums U liegen. Der Ausdruck *Flugzeug* in einer Äußerung wie *Dies ist ein Flugzeug* kann einerseits wörtlich verstanden, das heißt unter V_{Lit} interpretiert werden, andererseits metonymisch, also zum Beispiel unter einer Funktion V_{depict}. Die Wahl zwischen V_{Lit} und V_{depict} wird von Kontextparametern bestimmt; dazu gehören beispielsweise die in einer Situation perzeptuell zugänglichen Objekte, die für andere Konstituenten bereits gewählte Interpretation, Adjektive wie *echt*, *tatsächlich*, *nachgebaut*. Technisch wird diese Wahl durch die Interpretations-Auswahlfunktion Φ realisiert, die als Argumente die logische Form der Äußerung, die Konstituente und den Kontext der Konstituenten aufweist und als Wert ein Element von $\Im$ liefert.

Wie sieht nun die Wahrheitsbedingung für (6d) im angesprochenen formalen Apparat aus? Für den Fall, dass das „Baufix"-Flugzeug thematisiert wird, ist (6d) genau dann wahr im relevanten Modell, wenn das Gezeigte $[\![$ *dies-hier* $]\!]$, also die Referenz von *dies-hier*, in der Menge derjenigen Objekte liegt, die Flugzeuge depiktionieren, und falsch sonst, wobei „depiktionieren" über eine interpretierte Syntax definiert ist, so wie dies oben im Zusammenhang mit dem Heck des „Baufix"-Flugzeugs erläutert wurde.

4.2 Der Unterspezifikationsansatz

Eine Alternative zum modellbasierten Ansatz ist die Unterspezifikationssprache CLLS (Egg, 2000). Der Unterspezifikationsansatz basiert auf einer Typenlogik in der Tradition von Frege, Church und Montague. Sein Hauptinteresse ist es, eine Repräsentationssprache zu entwickeln, die Ambiguität im Bereich von Quantoren oder bei der Ellipsenauflösung als „Alternativenpaket" behandeln und deren Auflösung steuern kann. Ausdrücke wie in (1) können in diesem Sinne kontextabhängig entweder eine metonymische oder eine wörtliche Interpretation erhalten. Diese Ambiguität wird in der Syntax kodiert.

Der Einfachheit halber vernachlässigen wir im Folgenden den Teilausdruck „muss-bauen(Konst, dies-hier)" von (6c) und (6d). Vor dem Hintergrund von CLLS lässt sich das Problem der Herleitung von (6c) aus (6d) so verstehen: (6d) ist eine fragmentarische oder unterspezifizierte Version, die aufgrund von Kontextinformation nach (6c) verändert werden muss. Die relevante Kontextinformation ist das Auftreten des Widerspruchs in (6g). Man geht von einer unterspezifizierten Information bezüglich *dies-hier* aus und lässt zu, dass die fehlende Depiktionsinformation hinzugefügt wird. Erreicht wird dies insgesamt durch folgende Übersetzungsregeln in CLLS für die Konstanten der natürlichen Sprache in (6):

(12)	*dies-hier*	$\exists x(\Box_1(x) \wedge (x = \text{dies-hier}))$
	flugzeug	$\lambda y(\text{flugzeug}(y))_2$
	Metonymieauflösungsoperator	$\lambda x \exists z(\text{depikt}(x,z) \wedge \Box_2(z))_1$

Dies-hier benennt eine Individuenkonstante und $\Box_1$ eine Lücke, in die Information insertiert werden kann. Der Metonymieauflösungsoperator, eingeführt an der Stelle $\Box_1$ von *dies-hier*, führt zu

(13) $\exists x \exists z(\text{depict}(x,z) \wedge \Box_2(z) \wedge (x = \text{dies-hier}))$.

Der Eintrag $\lambda y(\text{flugzeug}(y))_2$ für *flugzeug*, eingefügt an der Stelle $\Box_2$, führt zu

(14) $\exists x \exists z(\text{depict}(x,z) \wedge \text{flugzeug}(z) \wedge (x = \text{dies-hier}))$.

Wie man sieht, hat man es bei (14) mit einem Ausdruck der PL1 zu tun, der eine zusätzliche Relation depict(-, -) enthält. Gegeben ein Modell mit geeignetem Individuenbereich und einen Referenten für *dies-hier* ist (14) erfüllbar.

4.3 Vergleich der Ansätze

Die Abbildung 6 stellt dar, dass sich aus dem Wissen W_K des Konstruktors (zu dem jedenfalls die Formel (6e) gehört) zusammen mit der wörtlichen Interpretation (6d) der Instruktor-Äußerung ein Widerspruch ergibt. Zu seiner Auflösung stehen die beiden vorstehend diskutierten Optionen zur Verfügung, die zur nicht-wörtlichen Interpretation führen, entweder auf der syntaktischen Ebene (durch Transformation von (6d) in (6c) durch den Metonymie-Auflösungsoperator bei CLLS) oder auf der semantischen Ebene (durch Wahl der Interpretationsfunktion V_{depict} anstelle von V_{Lit} beim modellbasierten Ansatz). Bei beiden Optionen bleibt als Explikandum, wie der Konstruktor zu gerade diesem Operator bzw. zu gerade dieser Interpretationsfunktion gelangt.

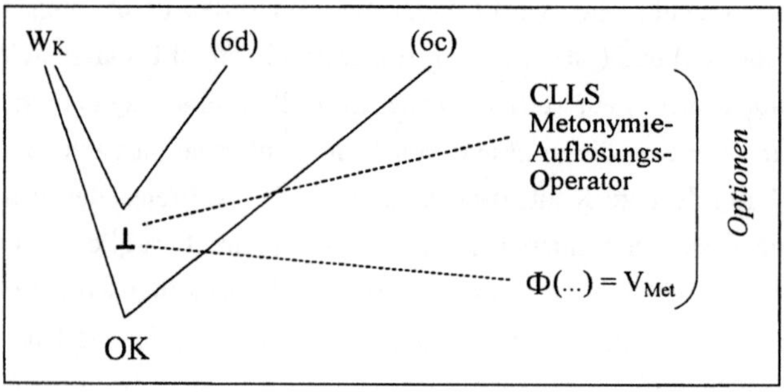

Abbildung 6: Zwei Optionen zur Auflösung des Widerspruchs (6g) = ⊥

Nun noch zur Rolle von (9) und (10): (9) stabilisiert die Metonymieauflösung des Konstruktors. Wir können annehmen, dass der Konstruktor (9) interpretiert als *Das Ganze wird etwas, das ein Flugzeug depiktioniert* oder, in Alltagssprache übersetzt, *Das Ganze wird ein Flugzeugmodell.*

5 Depiktion und Metonymie aus psychologischer Sicht

Eine zentrale Hypothese der vorliegenden Arbeit ist, dass repräsentierende Objekte eine semiotische Struktur haben müssen. Beispielhaft zeigt sich dies am Gegensatz zwischen dem „Baufix"-Flugzeug (Abb. 1) und dem „Picasso"-Flugzeug (Abb. 3): Das „Baufix"-Flugzeug hat eine semiotische Struktur, die Flugzeuge darstellt, das „Picasso"-Flugzeug dagegen nicht. Linguistische und sprachphilosophische Beschreibungsansätze erklären nicht, warum dies so ist. Dazu könnte die ‚structure mapping theory' (Gentner, 1983; Markman, 1996; Gentner & Medina, 1998) herangezogen werden. Sie versucht, Prinzipien für die Interpretation von Analogie und Ähnlichkeit experimentell zu ermitteln: Die pragmatische Angemessenheit einer Analogie hängt von der Existenz strukturbewahrender Abbildungen ab. Dies trifft auf das „Baufix"-Flugzeug zu, weil es die Topologie von einmotorigen Hochdeckern erhält, auf das „Picasso"-Flugzeug jedoch nicht. Das Prinzip der strukturbewahrenden Abbildung wird in der semiotischen Theorie (flugzeug-)depiktionierender Objekte über Prinzipien der syntaktischen Wohlgeformtheit und der Interpretation realisiert (vgl. Abschnitt 2). Aus Sicht der ‚structure mapping theory' bestünde die Aufgabe des Instruktors darin, geeignete Abbildungen einzuführen. Dies wird in (9) und (10) deutlich. Die ‚structure mapping theory' sollte auch den Unterschied zwischen konventionsbasierter Abbildung und Stipulation erfassen. Man kann durchaus stipulieren, dass das Aggregat in Abbildung 3 Flugzeuge depiktioniert, obwohl es dies konventionellerweise nicht tut. Die klassische Moderne in den darstellenden Künsten beutete diesen Spielraum zwischen konventionsbasierter und ‚verschiebender' Abbildung geradezu exemplarisch aus.

Als Theorie von Ähnlichkeit und Analogie kann die ‚structure mapping theory'den Kern einer Theorie des Verarbeitens von Metaphern bilden (Wolff & Gentner, 2000). Dabei interessiert unter anderem die Richtung der Informationsprojektion von *vehicle/ base* zu *topic/target*. Übertragen auf die Repräsentationsverhältnisse im SFB-Szenario sind die „Baufix"-Aggregate *target* und die jeweiligen Flugzeug-Ausdrücke *vehicle*. Kategorisierungsinformation und relationale Information werden vom *vehicle* auf das *target* transferiert. Die ‚structure mapping theory' beschreibt diesen Transfer als gerichteten Prozess der Inferenzprojektion. Die diskutierten Optionen zur Metonymieauflösung, modellbasierter Ansatz und Unterspezifikationsansatz, streben keine kausalen Erklärungen an und modellieren den Transfer nicht als Inferenz- sondern als Interpretationsprozess. Nach den herkömmlichen sprachphilosophischen und logischen Methodologien könnte sich daran eine semantische Inferenz anschließen, etwa der Form: *Dies depiktioniert ein Flugzeug* trifft zu, also gilt auch *Dies depiktioniert ein Flugobjekt mit Flügeln und Höhenruder.*

In der psycholinguistischen Forschung zum Verstehen wörtlicher und figurativer Ausdrücke existiert eine Reihe weitreichender Konsenspositionen folgender Art (vgl. Wolff & Gentner, 2000): (a) Metaphern sind in der Verarbeitung nicht aufwändiger als wörtlich zu interpretierende Ausdrücke. Als Konsequenz davon nimmt man (b) einen einzigen zugrunde liegenden Interpretationsprozess an. (c) Falls die Möglichkeit zu metaphorischer oder polysemer Interpretation besteht, kann man diese nicht ausblenden. (d) Ob die wörtliche oder die metaphorische Lesart letztlich gewählt werden muss, hängt von pragmatischer und kontextueller Angemessenheit und dem Informationsgehalt des Ausdrucks ab.

Wie verhalten sich (a) bis (d) zu der hier vorgestellten Beschreibung von Depiktionsmetonymien? Die im Abschnitt 4 erläuterten Optionen sind keine Theorien des Verstehens metonymischer Ausdrücke. Dennoch ist es bemerkenswert, dass sie eine Reihe vergleichbarer Entscheidungen treffen wie die ‚structure mapping theory': Beide Optionen sehen eine einheitliche Theorie für direkte und indirekte Interpretation vor. Insbesondere (c) wird im Unterspezifikationsansatz als Auflösbarkeit im Sinne einer wörtlichen oder einer indirekten Interpretation modelliert. Grundlage beider Optionen ist, wie in Abschnitt 3 ausführlich beschrieben, (d). Von zentralem Interesse sollte des Weiteren die Haltung der vorgestellten Optionen zu (a) sein, denn aus (a) folgt, dass zumindest für kurze Zeit, also solange keine zusätzliche Information im Spiel ist, keine Präferenz für eine wörtliche oder eine indirekte Interpretation besteht, somit also das Fehlschlagen der wörtlichen keine notwendige Bedingung für eine indirekte Interpretation darstellt. Problem (a) berühren die beiden Optionen als Nicht-Prozesstheorien jedoch nicht. Sie setzen erst beim Berechnen eines semantischen Wertes ein. Der modellbasierte Ansatz geht davon aus, dass der Kontext wenigstens eine Interpretation bestimmt, der Unterspezifikationsansatz dagegen wählt die indirekte Interpretation bei Fehlschlagen der direkten Interpretation (siehe Abb. 6).

Indem sie Konstruktorverhalten als Prozess beschreibbar macht, eröffnet die ‚structure mapping theory' Erklärungsmöglichkeiten für die Tatsache, dass im Rahmen des SFB-Korpus Konstruktoren metonymische Redeweisen gebrauchen lernen sowie ‚depiktionskonforme' Metonymien erfinden und in den Konstruktionsdialog einführen. Im Rahmen der ‚structure mapping theory' werden Abgleichs- und Abbildungsprozesse als grundlegend für den Informationstransfer angenommen. Sie können in mehrerer Hinsicht zum Lernen aufgrund von Analogien beitragen: durch Salientmachen gemeinsamer relationaler Systeme, Inferenzprojektion von *base* zu *target*, Re-Repräsentation zur Verbesserung der Abbildung und durch Re-Strukturierung einer Domäne in Begriffen einer anderen. Man sieht leicht, dass dies alles auf Flugzeugdomäne und „Baufix"-Flugzeug zutrifft.

6 Schluss

Depiktionsmetonymien erweisen sich aus mehreren Gründen als fruchtbarer Forschungsgegenstand, weil sie mit essentiellen Problemen von Beschreibung und Theorie sprachlicher Einheiten verbunden sind: der Natur beschreibender Objekte, der Erweiterung formaler Systeme, um Depiktion zu erfassen, sowie der Interaktion mehrerer Formen der indirekten Interpretation über ein- und demselben referentiellen oder prädizierenden Ausdruck.

Die Untersuchung des SFB-Flugzeugs vermittelt einen Eindruck davon, wie eine Theorie repräsentierender Objekte im einfachsten Fall aussehen kann: Die Objekte müssen mit einer syntaktischen Struktur versehen werden können, die es erlaubt, sie systematisch auf einen Ausschnitt der Wirklichkeit zu beziehen. Dies ist der Weg zu ihrer Betrachtung als semiotische Objekte. Der nicht-einfache Fall zeigt sich zum Beispiel bei Avataren, denen ein solcher Bezug auf konkrete Gegenstände fehlt, ohne dass sie deswegen als im intuitiven Sinne nicht-depiktionierend anzusprechen wären. Die Erklärung von Depiktions- – oder allgemeiner – Repräsentationsmetonymien hängt, wie die beiden Optionen (Abschnitt 4) zeigen, von einer Theorie repräsentierender Gegenstände ab. Hier würde der Bezug auf intensionale Logiken durch die Einführung möglicher Welten neue Erklärungsansätze eröffnen.

Die Optionen selbst machen deutlich, dass der Bereich der gewählten formalen Sprachen, ihre Syntax, die Menge der intendierten Modelle oder beides erweitert werden muss, wenn nicht-wörtliche Interpretationen in ihnen ausgedrückt werden sollen.

Wie unser Transkriptbeispiel klar macht, treten Depiktionsmetonymien im Kontext anderer semantischer und pragmatischer Relationen auf, deren Interaktion bislang unverstanden ist. Das gilt insbesondere für die Interaktion der Depiktionsmetonymie mit anderen Metonymien und mit ‚deferred reference', wo eine Hierarchie der Auflösung der indirekten Interpretationen zu bestehen scheint: zuerst Depiktionsmetonymie, dann ‚token-für-type'-Metonymie und schließlich ‚deferred reference'.

Danksagung

Wir bedanken uns bei den Teilnehmern von BI-Metonymy (siehe Meyer-Fujara & Rieser, Eds., 2000) für zahlreiche Kommentare und Anregungen. Für die freundliche Erlaubnis zur Verwendung von Bildmaterial danken wir der Arbeitsgruppe Wissensbasierte Systeme (KI) der Technischen Fakultät der Universität Bielefeld.

Literatur

Egg, M. (2000). *Flexible semantic construction: the case of reinterpretation*. Unveröffentliche Habilitationsschrift. Saarbrücken: Universität des Saarlandes.

Egg, M., Koller, A. & Niehren, J. (2001). The constraint language over lambda-structures. Erscheint in *Journal of Logic, Language, and Information, 10*.

Gentner, D. (1983). Structure-mapping: a theoretical framework for analogy. *Cognitive Science*, 7, 155-170.

Gentner, D., Brem, S., Ferguson, R.W., Markman, A.B., Levidow, B.B., Wolff, P. & Forbus, K.D. (1997). Analogical reasoning and conceptual change: a case study of Johannes Kepler. *Journal of the Learning Sciences, 6*, 3-40.

Gentner, D. & Medina, J. (1998). Similarity and the development of rules. *Cognition, 65*, 263-297.

Jung, B. (1997). *Wissensverarbeitung für Montageaufgaben in virtuellen und realen Umgebungen*. St. Augustin: infix.

Markman, A.B. (1996). Commonalities and differences in similarity comparisons. *Memory and Cognition*, 24, 235-249.

Meyer-Fujara, J. & Rieser, H. (1998). Zur Semiotik von Repräsentationsrelationen. Eine Fallstudie. In: K. Sachs-Hombach & K. Rehkämper (Eds.), *Bild – Bildwahrnehmung – Bildverarbeitung* (pp. 131-143). Wiesbaden: Deutscher Universitäts-Verlag.

Meyer-Fujara, J. & Rieser, H. (1999). Non-literal language use and coordination in dialogue. In: I. Wachsmuth & B. Jung (Eds.), *KogWis99. Proceedings der 4. Fachtagung der Gesellschaft für Kognitionswissenschaft* (pp. 256-261). St. Augustin: infix.

Meyer-Fujara, J. & Rieser, H. (2000). Aggregates and depictional metonymy. In: J. Meyer-Fujara & H. Rieser (Eds.): *BI-Metonymy. Proceedings*. Technical Report 2000/01. SFB 360 „Situierte Künstliche Kommunikatoren". Bielefeld: Universität Bielefeld.

Meyer-Fujara, J. & Rieser, H. (Eds., 2000). *BI-Metonymy. Proceedings*. Technical Report 2000/01. SFB 360 „Situierte Künstliche Kommunikatoren". Bielefeld: Universität Bielefeld.

Pinkal, M. (1996). Radical underspecification. In: P. Dekker & M. Stokhof (Eds.), *Proceedings of the 10th Amsterdam Colloquium* (pp. 587-606). Amsterdam: ILLC.

Rieser, H. (1997): Repräsentationsmetonymie, Perspektive und Koordination in aufgabenorientierten Dialogen. In: C. Umbach, M. Grabski & R. Hörnig (Eds.), *Perspektive in Sprache und Raum* (pp. 1-26). Wiesbaden: Deutscher Universitäts-Verlag.

Rieser, H. & Meyer-Fujara, J. (1999). *Zur Semantik von Repräsentationsrelationen. Fallstudie zwei zum SFB-„Fugzeug"*. Technical Report 1999/01. SFB 360 „Situierte Künstliche Kommunikatoren". Bielefeld: Universität Bielefeld.

[s.a.] (1997). *«Wir bauen jetzt also ein Flugzeug». Konstruieren im Dialog. Arbeitsmaterialien*. Technical Report. SFB 360 „Situierte Künstliche Kommunikatoren". Bielefeld: Universität Bielefeld.

Vogel, C. (2000). Dynamics for Literal and Non-literal Language. In: J. Meyer-Fujara & H. Rieser (Eds.): *BI-Metonymy. Proceedings*. Technical Report 2000/01, SFB 360 „Situierte Künstliche Kommunikatoren". Bielefeld: Universität Bielefeld.

Wolff, P. & Gentner, D. (2000). Evidence for role-neutral initial processing of metaphors. *Journal of Experimental Psychology: Learning, Memory, and Cognition, 26*, 529-541.

Neue Wege der Inferenzforschung

Walther Kindt

In diesem Beitrag wird gezeigt, dass die Inferenzforschung eines Brückenschlags zu verschiedenen, bisher nicht einbezogenen Theorien bedarf. Dies betrifft vor allem die gesprächsanalytische Verständigungstheorie, die Gestalttheorie und die Topostheorie. Zugleich führt ein entsprechend integrierter Forschungsansatz zu zahlreichen neuen Fragestellungen, deren empirische Untersuchung von unmittelbarer Relevanz für die Entwicklung einer erklärungsstarken Verstehenstheorie ist.

1 Einleitung

Es ist schon merkwürdig. Einerseits beschäftigt das Thema ‚Inferenzen' schon seit langem die Bielefelder Psycholinguistik. Andererseits ist die Arbeitsgruppe von Gert Rickheit trotz vieler interessanter Untersuchungen noch nicht bei einer systematischen Behandlung der Frage angelangt, welche Inferenzen Rezipienten aus welchem Grund in welchen Kontexten ziehen. Allerdings ist dieses Problem kein Bielefelder Spezifikum. Zu Recht konstatieren Sichelschmidt und Weiß (1997: 105) allgemein für die Psycholinguistik: „Bisher ist es noch nicht gelungen, aus dem Puzzle der Einzelerkenntnisse eine einheitliche Vorstellung über die Rolle von Kohärenz- und Inferenzprozessen beim Verstehen zu entwickeln."

Einer der Gründe für die noch unzureichende Theorieentwicklung liegt offensichtlich in der fehlenden Berücksichtigung gesprächsanalytischer Erkenntnisse über kommunikative Verfahren der Inferenzbildung. Stellen wir uns als Beispielsituation vor, dass an einer Universität ein Lehrstuhl mit psycholinguistischer Ausrichtung besetzt werden soll. Vor der endgültigen Entscheidung über die Berufungsliste werden dann vielfältige Inferenzprozesse in der verbalen Interaktion zu beobachten sein. Zum Beispiel könnte dabei die Frage behandelt werden, ob der linguistischen oder der psychologischen Qualifikation der Bewerber ein größeres Gewicht zukomme. Oder es werden möglicherweise Prognosen darüber aufgestellt, welcher Kandidat am ehesten eine an den Interessen des Fachbereichs orientierte Forschung garantieren würde. Vielleicht spielen auch Aspekte der künftigen Lehrtätigkeiten eine Rolle. Tatsächlich kommen die zugehörigen Inferenzen oft erst durch interaktive Aushandlungsprozesse zustande. Dieser Sachverhalt ist in der Inferenzforschung aber bisher unberücksichtigt geblieben. Außerdem wird bei genauerer Analyse entsprechender Inferenzen deutlich, dass sie häufig auf Inferenzmustern der Alltagsargumentation basieren, die zwar aus der antiken Rhetorik bekannt sind, aber bislang nicht in einen systematischen Zusammenhang mit Inferenztheorien gebracht wurden. Beispielsweise machen Inferenzen bei Entscheidungen über Stellenbesetzungen maßgeblich vom aristotelischen Konsequenztopos Gebrauch, weil man dabei – nicht immer erfolgreich – versucht, positive und negative Konsequenzen der verschiedenen Besetzungsmöglichkeiten zu prognostizieren. Auf die Aspekte von Interaktivität und Musterhaftigkeit der Inferenzbildung gehen wir später im Detail ein. Zuvor soll aber die bisherige Entwicklung der Inferenzforschung etwas genauer resümiert werden.

2 Zum Stand der psycholinguistischen Inferenzforschung

Es ist ein Verdienst der konstruktivistischen Verstehenstheorie in der Psycholinguistik, die Relevanz von Inferenzen für Verstehensprozesse relativ früh erkannt und durch empirische Untersuchungen nachgewiesen zu haben (vgl. etwa Bransford, Barclay & Franks, 1972). Seit dieser Zeit sind Inferenzen in zahlreichen Experimenten psycholinguistisch untersucht worden. Im Unterschied dazu hat sich in der linguistischen Semantik bislang keine eigenständige Inferenzforschung entwickelt. Eine Ausnahme bildet nur die auf Grice (1975) zurückgehende Implikaturentheorie, die sich jedoch auf eine introspektiv gestützte Betrachtung isolierter Beispielsätze beschränkt.

Als Bezugspunkt für eine kritische Sichtung von Grundlagen und Ergebnissen der psycholinguistischen Inferenzforschung soll der Handbuchartikel über Inferenzen von Rickheit und Strohner (2002) dienen. Als erstes fällt auf, dass die beiden Autoren den Inferenzbegriff nicht einheitlich verwenden. Wenn Inferenzen als „Ergänzungen der Textinformationen durch die Rezipienten“ definiert werden, sollte die selektive Aktivierung bestimmter Komponenten eines Wortkonzepts nicht unter die Kategorie „Inferenz“ subsumiert werden. Außerdem müssen im Bereich der Semantik, um den es den Autoren geht, zwei Arten von Inferenzen unterschieden werden: Bei interpretationserweiternden Inferenzen kommen zum Beispiel aufgrund von Weltwissen im strikten Sinne neue Informationen zu der Bedeutung von Äußerungen hinzu. Demgegenüber werden interpretationskonstitutive Inferenzen benötigt, um überhaupt eine erwartungsangemessene Interpretation für eine Äußerung zu erreichen, also etwa durch Auswahl einer Bedeutung eines ambigen Wortes. Diese Unterscheidung zu machen ist deshalb erforderlich, weil den beiden Inferenzarten unterschiedliche Typen von Kontextwissen zugrunde liegen. Leider beschränkt sich die von den beiden Autoren dargestellte Inferenzforschung auch auf die Behandlung inhaltlich relativ trivialer Inferenzen, während linguistisch interessantere Fälle semantischer Inferenzen, wie sie etwa bei indirekten Sprechakten zu beobachten sind, ausgeklammert bleiben.

Ein noch grundsätzlicheres Problem betrifft die von Rickheit und Strohner (2002) geäußerte Einschätzung, Inferenzen dürften „auf keinen Fall mit logischen Schlüssen gleichgesetzt werden." Will man das Verhältnis zwischen Inferenzen und Folgerungen in der Logik angemessen beschreiben, so müssen zwei Aussagenebenen voneinander getrennt werden. Wenn Aussagen darüber gemacht werden sollen, mithilfe welcher mentaler Mechanismen Kommunikationsteilnehmer Inferenzen ziehen, dann gilt offensichtlich: Inferenzen basieren nur teilweise auf einem der Ableitung von Schlussfolgerungen in einem Logik-Kalkül analogen Verfahren. Wenn man allerdings fragt, ob sich Inferenzresultate mit Schlussfolgerungen modellieren lassen, dann fällt die Antwort ganz anders aus. So ist schon für die meisten der von Rickheit und Strohner behandelten Inferenzbeispiele ihre Modellierbarkeit als Schlussfolgerung unmittelbar ersichtlich, und auch die häufig als Prototypen nicht logischer Folgerungen zitierten Beispiele sind durchaus differenzierter zu beurteilen (vgl. Kindt, 1997). Bei einer angemessenen Diskussion über die logische Modellierung von Inferenzen müssen allerdings drei Sachverhalte berücksichtigt werden. Erstens geht es im Allgemeinen um theorieabhängige Folgerungen; das heißt, dass die zumeist impliziten Wissensvoraussetzungen genau ermittelt werden müssen. Zweitens handelt es sich bei Inferenzen häufig um nicht-monotone Schlüsse; man muss also einen für solche Schlüsse geeigneten logischen Apparat verwenden. Drittens basieren Inferenzen häufig auf impliziten Inferenzmustern, deren Kenntnis für eine genaue logische Analyse unabdingbar ist.

Ziel einer systematischen Erforschung von Inferenzen muss die Beantwortung der Frage sein, warum in Texten welche Inferenzen gezogen werden. Ein erster Schritt zur Beantwortung dieser Frage besteht darin, dass man bei den beiden oben genannten generellen Inferenzarten jeweils mögliche speziellere Inferenztypen unterscheidet und diese getrennt untersucht. In Rickheit und Strohner (2002) werden verschiedene solcher nach Äußerungseinheiten aufgeschlüsselten Typen diskutiert. Es fehlt aber eine systematische Zusammenstellung relevanter Inferenztypen.

Um den Erklärungsaspekt der genannten Frage anzugehen, kann man in einem zweiten Schritt untersuchen, was Anlass und Ursache dafür ist, dass bestimmte mögliche Inferenzen gezogen oder nicht gezogen werden. Zu diesem Untersuchungsaspekt hat die psycholinguistische Inferenzforschung einerseits einen wichtigen Beitrag geleistet, indem nachgewiesen wurde, dass Rezipienten insbesondere Inferenzen ziehen, die der Herstellung lokaler Textkohärenz dienen. Andererseits zeigt die Kontroverse zwischen minimalistischer und maximalistischer Inferenztheorie, dass für die anderen Typen von Inferenzen die Kontextfaktoren, die eine Inferenzbildung auslösen oder auch verhindern, weder theoretisch noch empirisch im Detail erfasst sind. Insbesondere hat man nicht die theoretisch nahe liegende und kommunikationsanalytisch nachgewiesene Möglichkeit in Betracht gezogen, dass es eigenständige inferenzsteuernde kommunikative Verfahren gibt (vgl. Kindt, 1995; 1997).

Ein dritter und letzter Schritt bei der Beantwortung der Zielfrage hat sich mit dem Problem zu beschäftigen, welche Verarbeitungsmechanismen das Zustandekommen von Inferenzresultaten erklärbar machen. Bezogen auf diesen Untersuchungsaspekt sprechen Rickheit und Strohner (2002) verschiedene Modellierungsansätze an; man erfährt aber wenig Konkretes über Geltungsanspruch, Anwendungsbedingungen und vorgesehene Verarbeitungsschritte. Allerdings basieren diese Ansätze ohnehin auf unterschiedlichen, nicht näher begründeten Vorentscheidungen über die Repräsentation von Bedeutungen. Insofern sind sie in unterschiedlichem Grade für die verschiedenen Inferenztypen einschlägig.

Insgesamt gesehen ergibt eine Lektüre des Artikels von Rickheit und Strohner (2002) also, dass das Niveau der theoretischen Ausarbeitung der psycholinguistischen Inferenzforschung noch relativ gering ist. Deshalb wird es Zeit, eine systematischere Grundlage für diese Forschung zu entwickeln. Diesem Ziel sollen die Überlegungen im folgenden Abschnitt dienen.

3 Sieben Schritte zu einer adäquaten Inferenztheorie

Die Mitte des vorigen Jahrhunderts entstehende moderne Linguistik war seinerzeit in den Bereichen Semantik und Pragmatik vor allem durch ihr Empiriedefizit negativ geprägt. Dieses Defizit ist heute aufgrund von Methodenrepertoire und Forschungsergebnissen in Psycholinguistik und Kommunikationsanalyse weitgehend ausgeglichen. Dafür tritt wieder stärker der Sachverhalt in den Vordergrund, dass auch die Theoriebildung nicht immer einschlägigen wissenschaftslogischen Standards entspricht. Vielfach fehlt nämlich ein konsequenter und präziser Theorieaufbau, und insbesondere wird einem Sachverhalt nicht genügend Rechnung getragen, der sich ‚per analogiam' aus Ergebnissen der Inferenzforschung ergibt: Für die Entwicklung einer kohärenten Theorie müssen geeignete Verknüpfungen zwischen den erforderlichen Theoriekomponenten hergestellt werden. Eine selbstreferenzielle Anwendung dieser Erkenntnis könnte für die Inferenzforschung unter dem Motto stehen „Über sieben Brücken musst du gehen". In diesem Sinne möchte ich im Folgenden verdeutlichen, wie wichtig ein bereichsübergreifender theoretischer Rahmen für die Modellierung von Inferenzbildung ist.

3.1 Bedeutungstheorie

Eine systematisch aufgebaute Inferenztheorie bedarf einer geeigneten semantiktheoretischen Grundlage. Für die nachfolgende Diskussion genügt es, von der Modellvorstellung auszugehen, dass bei der Zuordnung einer Bedeutung zu einer Äußerung durch Rezipienten jeweils als mentaler Teilzustand eine semantische Struktur entsteht, die fortlaufend erweitert oder modifiziert wird. Für die Beschreibung und Erklärung von semantischen Sachverhalten muss man vier Typen von Aussagen voneinander unterscheiden: erstens Aussagen über Äußerungseigenschaften, zweitens Aussagen über die Zuordnung zwischen Äußerungsteilen und Teilen der Bedeutungsstruktur, drittens Aussagen über Eigenschaften der Bedeutungsstruktur und viertens schließlich Aussagen über das Verhältnis von Bedeutungsstrukturen zu anderen mentalen Teilzuständen. Bedeutungen werden nach ihrer Funktion für die Beschreibung von Situationen typisiert. Diesbezüglich ist für die Inferenztheorie besonders wichtig, dass satzwertigen Äußerungen Bedeutungen zugeordnet sind, die Sachverhalte repräsentieren; nach der Semantikkonzeption von Kindt (2001b) gilt dies auch für nichtassertive Sätze. Partiell unabhängig von Bedeutungen sind bei Rezipienten auch mentale Teilzustände anzusetzen, die Situationen repräsentieren und zum Beispiel als Resultat der Wahrnehmung einer externen Situation zustande kommen können; eine entsprechende Unabhängigkeit liegt insbesondere dann vor, wenn es sich um imaginale Situations- und um propositionale Äußerungsrepräsentationen handelt. Wie man aus der logischen Semantik weiß, ist in diesem Zusammenhang die Geltungsbeziehung eine besonders wichtige semantiktheoretische Relation. Sie ist durch die Fähigkeit von Rezipienten gegeben, darüber zu entscheiden, ob der einem Satz zugeordnete Sachverhalt für eine gerade wahrgenommene oder vorgestellte Situation zutrifft oder nicht.

3.2 Zur Klärung des Inferenzbegriffs

Der prototypische Fall interpretationserweiternder Inferenzen wie im berühmten Schildkröten-Beispiel von Bransford, Barclay & Franks (1972) entspricht im Wesentlichen dem Begriff der theorie- bzw. kontextabhängigen Folgerung der Logik (vgl. Kindt, 1997): Ein Satz B folgt im Kontext K aus dem Satz A genau dann, wenn für jede zu K gehörige Situation, bei der A gilt, auch die Geltung von B resultiert. Der gleiche Typ von Inferenz liegt auch bei vielen anderen in Rickheit und Strohner (2002) behandelten Beispielen vor. Wenn ein Mann ein Klavier hochhebt, dann folgt daraus, dass er einen schweren Gegenstand hochhebt; wenn sich eine Rechtsanwältin zum Frühstück Saft aus einer Frucht auspresst, dann folgern Rezipienten hieraus, dass es sich bei der Frucht mit großer Wahrscheinlichkeit um eine Apfelsine handelt; wenn Bobby zwei Bretter mit Nägeln aneinander befestigt hat, dann liegt die Folgerung nahe, dass er dabei einen Hammer benutzt hat; wenn eine Schauspielerin aus dem 14. Stock eines Hochhauses gefallen ist, dann wird derjenige, der sich Gedanken über die Folgen dieses Ereignisses macht, den Tod der Schauspielerin für wahrscheinlich halten.

Aus den genannten Beispielen ergibt sich, dass der Folgerungsbegriff der Logik unmittelbar einschlägig für die Inferenztheorie ist. Insofern stellt sich die Frage, ob man alle Inferenztypen auf Folgerungen zurückführen kann. Diesbezüglich ist sofort erkennbar, dass interpretationskonstitutive Inferenzen auf einer anderen Grundlage beruhen als die eben diskutierten Beispiele. Bei ihnen geht es nämlich nicht darum, dass ein bestimmter, durch eine Äußerung beschriebener Sachverhalt aufgrund einer für alle Situationen des betreffenden Kontextes geltenden Sachverhaltsregularität selbst als gültig erkannt wird; vielmehr trifft man mithilfe einer solchen Inferenz eine Entscheidung für eine bestimmte Bedeutungszuordnung. Aber auch solche Entscheidungen kann man als Folgerungen rekonstruieren. Sie sind allerdings nicht objekt-, sondern metasprachlich zu formulieren, und zu ihrer Rechtfertigung benötigt man geeignete Interepretationsregularitäten. So lässt sich beispielsweise in dem Kurztext *Der Warenhausdetektiv ertappte einen Dieb auf frischer Tat. Der Mann wurde zur Polizei gebracht* die Bedeutungsentscheidung für *der Mann* als koreferent mit *Dieb* als Resultat einer Folgerung auffassen, die sich auf die Regularität stützt, dass bei referenziell mehrdeutigen Nominalphrasen die Lesart gewählt wird, für die sich als Textbedeutung der wahrscheinlichere Sachverhalt ergibt.

Genereller kann man zeigen, dass Inferenzen grundsätzlich als Folgerungen beschreibbar sind; wesentliche Unterschiede zwischen ihnen können aber darin bestehen, auf welche Typen von Aussagen sie sich beziehen und welche Regularitäten ihnen zugrunde liegen. Insofern sieht man, dass ein expliziter Brückenschlag zwischen Logik und Inferenztheorie zweckmäßig ist.

3.3 Inferenzauslösung: eine verständigungstheoretische Begründung

Die Kontroverse zwischen minimalistischer und maximalistischer Position lässt sich leicht auflösen, wenn man Inferenzbildung in einem größeren verständigungstheoretischen Zusammenhang diskutiert. Dann wird nämlich deutlich, dass nicht nur die Forderung nach Kohärenz, sondern auch andere Verständigungserwartungen Anlass für Inferenzen sein können. Immerhin ist der Einfluss sehr verschiedener semantischer Erwartungen aufgrund der Arbeit von Grice (1975) seit langem bekannt. Mittlerweile konnte durch die Analyse von Verständigungsproblemen gezeigt werden, dass es vier semantische Basiserwartungen gibt. Diese entsprechen zwar weitgehend den Maximen von Grice, gelten aber auch ohne die bei Grice für Implikaturen unterstellten Kooperativitätsannahmen (Kindt, 1998; 2001b). Wenn beim Versuch der Interpretation einer Äußerung mindestens eine dieser Erwartungen vorerst nicht erfüllbar ist, dann kann dies Anlass für die Suche nach einer Problemlösung mithilfe einer Inferenz sein.

Es gibt nun einen bemerkenswerten Zusammenhang zwischen dem Typ der nicht erfüllten Erwartung und der Inferenzart: Wenn das Resultat des Interpretationsversuchs nicht der Angemessenheits- oder der Korrektheitserwartung entspricht, dann werden interpretationskonstitutive Inferenzen gezogen. Dagegen sind nicht erfüllte Relevanz- oder Vollständigungskeitserwartungen Anlass für interpretationserweiternde Inferenzen. Der genannte Zusammenhang soll exemplarisch belegt werden. Einen prototypischen Fall für nicht erfüllte Angemessenheitserwartungen bilden Ambiguitäten. Dass sie mithilfe interpretationskonstitutiver Inferenzen aufgelöst werden müssen, ist (wie im Beispiel vom Dieb) unmittelbar klar. Nicht erfüllte Korrektheitserwartungen geben zum Beispiel häufig Anlass für die Wahl metaphorischer Bedeutungen (*Karl, diese Schnecke, kam mal wieder als letzter an*). Einen Verstoß gegen die Relevanzerwartung findet man häuftig bei indirekten Sprechakten. Dies verdeutlicht folgender, auf Searle (1982) zurückgehender Beispieldialog zwischen zwei Studenten.

X: *Gehst du heute abend mit ins Kino?*
Y: *Ich muss für mein Examen lernen.*

Die Antwort von Y entspricht zunächst nicht der Relevanzerwartung, dass die Frage von X positiv oder negativ beantwortet wird. Allerdings kann man aus der Äußerung von Y eine ablehnende Reaktion folgern. Wie diese Folgerung zustande kommt, wird in 3.7 genauer diskutiert. Ein Beispiel für eine Inferenz aufgrund einer verletzten Vollständigkeitserwartung liefert folgender Dialog.

X: *Wann warst du gestern in der Universität?*
Y: *Zwischen zehn und zwölf Uhr.*

Beurteilt man die Antwort von Y nach ihrer wörtlichen Bedeutung, dann ist nicht ausgeschlossen, dass Y auch noch zu einem anderen Zeitpunkt in der Universität war; im Allgemeinen wird diese Antwort aber so verstanden, als habe Y gesagt: *Nur zwischen zehn und zwölf Uhr.* Die entsprechende interpretationserweiternde Inferenz ergibt sich folgendermaßen. Eine vollständige Information über den Aufenthalt von Y in der Universität muss eine Angabe aller Anwesenheitszeiten umfassen. Allerdings nimmt man in derartigen Fällen als Frager an, dass der Gefragte im Normalfall eine vollständige Antwort gibt und keine relevanten Informationen unterschlägt. Unter dieser Voraussetzung kann man also inferieren, dass Y zu keinem anderen als dem angegebenen Zeitpunkt in der Universität war. Bei dieser Inferenz handelt es sich nicht um eine Folgerung aus der Antwort von Y, sondern aus der pragmatischen Annahme, Y habe sich erwartungsgerecht verhalten. Somit liegt im Sinne von Grice eine Implikatur vor.

Welche konkreten Anforderungen mit einer Erwartung verbunden sind, ist teilweise kontextabhängig. Beispielsweise gibt es hinsichtlich der Erwartung sachlicher Korrektheit unterschiedliche Genauigkeitsstandards; so kann ein Sachverhalt ‚ohne Abstriche' oder nur ‚im Großen und Ganzen' gelten, und man kann seine Geltung mit Sicherheit oder nur mit einer gewissen Wahrscheinlichkeit behaupten. Analog dazu können auch die Anforderungen an die anderen Erwartungen unterschiedlich ausfallen. So ist etwa in Szenarien aufgabenorientierter Kommunikation wie im „baufix"-Korpus des Bielefelder Sonderforschungsbereichs „Situierte künstliche Kommunikatoren" die Vollständigkeitserwartung für die Formulierung und Interpretation von Instruktionen mit dem Anspruch verbunden, dass eine nachvollziehbare Umsetzung in konkrete Handlungsschritte ermöglicht wird.

Verständigungstheoretisch besonders interessant ist, dass Kommunikationsteilnehmer bis zu einem gewissen Grad die Möglichkeit haben, Inhalt und Geltungsanspruch von Erwartungen selbst lokal oder global festzulegen. Wenn ein Äußerungsproduzent bemerkt, dass der Rezipient nicht in der Lage ist, bestimmte ursprünglich intendierte Inferenzen zu ziehen, dann kann er dieses Verständigungsproblem auch dadurch lösen, dass er die betreffenden Erwartungen reduziert (vgl. Kindt & Weingarten, 1984). Eine von vornherein beabsichtigte lokale Erwartungsreduktion wird zum Beispiel für Korrektheit durch Formeln wie *grob gesagt* und für Vollständigkeit durch die Markierung *und so weiter* angezeigt. Ein bemerkenswertes Beispiel für eine lokale Erhöhung der Vollständigkeitserwartung wird in Kindt, Strohner und Jang (2001) diskutiert: Obwohl für eine Instruktion wie *Dann nimmst du dir einen von diesen Würfeln mit den vielen Löchern drin* konventionell kein Eindeutigkeitsanspruch für die referenzielle Interpretation der indefiniten Nominalphrase besteht, ist in den Interaktionen des entsprechenden „baufix"-Korpus zu beobachten, dass ein derartiger Anspruch durch wiederholte Rückfragen zu unterspezifizierten indefiniten Nominalphrasen aufgebaut werden kann.

3.4 Inferenzkoordination

Wenn das vorläufige Interpretationsresultat einer Äußerung nicht erwartungsgemäß ausfällt, dann versuchen Rezipienten mithilfe von Inferenzen zu einer erwartungsgemäßen Bedeutung zu kommen. Damit ist noch nichts zu der Frage gesagt, nach welchen Prinzipien solche Inferenzen gezogen werden (vgl. 3.6 und 3.7). Zuvor ist allerdings der Fall zu diskutieren, dass ein Rezipient selber keine Problemlösung findet oder sich der Angemessenheit der gefundenen Lösung nicht sicher ist und deshalb zum Beispiel in einer dialogischen Kommunikation eine Nebensequenz zwecks Problemlösung initiiert. Komplementär dazu gibt es den Fall, dass der Produzent den Vollzug einer bestimmten Inferenz beim Rezipienten garantiert wissen will und deshalb selbst prophylaktisch eine derartige Nebensequenz einleitet. Speziell für interpretationserweiternde Inferenzen besteht ein einfaches, bereits in Kindt (1985) beschriebenes Verfahren der Inferenzüberprüfung darin, dass der Produzent in einer Nebensequenz eine erwünschte Inferenz explizit formuliert und den Rezipienten daran ein korrektes Äußerungsverständnis abtesten lässt, oder dass der Rezipient dem Produzenten eine vermutete Inferenz zur Bestätigung anbietet. Genereller ergibt sich hieraus ein interaktionstheoretischer Ansatz für Inferenzbildung, der auch einen Beitrag zur Vermittlung zwischen minimalistischer und maximalistischer Theorie leistet: Man braucht sich nicht darüber zu streiten, ob Kommunikationsteilnehmer mehr oder weniger Inferenzen ziehen; stattdessen kann man untersuchen, mit welchen kommunikativen Aktivitäten die Beteiligten dafür sorgen, dass die aus ihrer Sicht relevanten Inferenzresultate erreicht werden (vgl. Kindt, 1995; 1997).

Speziell in solchen Kommunikationen, bei denen die Beteiligten auf ein hohes Maß an Übereinstimmung in der Bedeutungszuordnung angewiesen sind, lassen sich häufig

Sequenzen der interaktiven Inferenzkoordination finden. Dies gilt auch für das bereits erwähnte „baufix"-Korpus (vgl. Kindt, 1997). Eine besonders interessante Inferenzkoordination zeigt folgende Dialogsequenz.

A: *Waagerecht, das heißt also sie bilden einen*
B: *einen Flügel*
A: *90-Grad-Winkel genau zu der Schiene unter*
B: *ja*

Einerseits bietet A eine aus der Positionierung *waagerecht* für das gerade zu montierende Bauteil resultierende Inferenz zur Überprüfung an, die B abschließend auch ratifiziert. Andererseits formuliert B in kooperativer Fortsetzung der Äußerung von A noch vor A selbst eine Inferenz, die A etwas verzögert mit *genau* ratifiziert. So werden beide Inferenzen, die keineswegs synonym sind, sondern unterschiedlichen Beschreibungsebenen angehören, als kollektive Bedeutungsbestandteile etabliert.

3.5 Inferenzregulierung

Eine explizite Inferenzkoordination ist ein relativ aufwendiges Verfahren, und in monologischen Kommunikationen ist es ohnehin nicht anwendbar. Insofern stellt sich die Frage, ob es nicht auch Verfahren einer Beeinflussung der Inferenztätigkeit von Rezipienten gibt, die Produzenten ohne Partnerbeteiligung realisieren können. Das einfachste solcher Verfahren besteht korrespondierend zur Inferenzüberprüfung darin, dass der Produzent eine intendierte Inferenz explizit formuliert. Genereller kann man für eine Beantwortung der Frage davon ausgehen, dass es für mitzuteilende Sachverhalte zumeist unterschiedliche Formulierungen gibt, die mehr oder weniger Gewähr dafür bieten, dass der Rezipient eine gewünschte Inferenz zieht. Von daher hat der Produzent durch die Auswahl seiner Formulierungen einen erheblichen strategischen Spielraum hinsichtlich der Inferenztätigkeit seines Partners.

Eine erste Regulierungsstrategie besteht darin, dass man für seine Äußerung bestimmte lexikalische oder phraseologische Realisierungen wählt, zu denen qua Konventionalisierung besonders stabile Inferenzen gehören. Dies gilt zum Beispiel für eine Äußerung wie *Er ist eben ein (typischer) Schwabe* aufgrund des allgemein bekannten sozialen Stereotyps. Genauso stabil ist zum Beispiel die Inferenz, die bei Verwendung des Sprichworts *Wo gehobelt wird, fallen Späne* gezogen werden dürfte, nämlich die, dass die negativen Konsequenzen der diskutierten Handlung zu vernachlässigen seien. Die Stabilität dieser Inferenz hängt allerdings auch damit zusammen, dass das Sprichwort auf das Inferenzmuster des Konsequenztopos verweist. Eine zweite Regulierungsstrategie besteht also darin, dass man eine Formulierung wählt, die bestimmte Informationen über die Anwendung eines Inferenzverfahrens angibt. Eine Untersuchung derartiger Strategien eröffnet in besonderem Maße neue Perspektiven für die Inferenzforschung. Denn es gibt sehr viele Wörter und formelhafte Wendungen, die eine solche inferenzregulierende Funktion haben und einen empirischen Zugang zu den impliziten Inferenzmustern in der Kommunikation ermöglichen. Um das Erkenntnispotenzial inferenzregulierender Formeln auszuschöpfen, bedarf es allerdings eines Brückenschlags zur Argumentationsanalyse (vgl. 3.7).

Die Relevanz derartiger Formeln soll an einem Beispiel veranschaulicht werden. Wir nehmen an, dass eine erste Studentin eine zweite fragt, ob sie ihr empfehlen würde, mit dem Kommilitonen Peter eine Hausarbeit zu schreiben, und dass diese ihr entweder *Peter ist zwar intelligent, aber faul* oder *Peter ist zwar faul, aber intelligent* antwortet. Offensichtlich bedeutet die erste Antwort ein Abraten und die zweite ein Zuraten. Aber warum ist das so? Das Beispiel macht deutlich, dass *zwar-aber* sehr spezifische Inferenzprozesse induziert (vgl. Kindt, 1994). Dabei ist besonders interessant, dass *zwar-aber* neben einer inferenzinduzierenden auch eine inferenzblockierende Wirkung hat; denn die für den *zwar*-Teil mögliche Inferenz des Zu- beziehungsweise Abratens wird jeweils unterdrückt.

Eine dritte inferenzregulierende Strategie betrifft die Ausnutzung des Einflusses grammatischer Strukturen auf die Inferenzbildung. Aus politischen Interviews ist die spezielle Taktik bekannt, brisante Sachverhalte als Präsuppositionen zu unterstellen. Genereller entscheiden die durch prosodische Markierungen, Wortstellung oder bestimmte syntaktische Konstruktionen definierten Informationsstrukturen darüber mit, welche Art von Inferenzen bevorzugt zu ziehen sind (vgl. Kindt, 1995). Dies gilt zum Beispiel, wenn in einem Satz wie *Der Minister eröffnet die Ausstellung, nicht der Staatssekretär* das Subjekt zum Rhema des Satzes gemacht wird: Offensichtlich legt der Umstand, dass es der Minister ist, der die Ausstellung eröffnet, bestimmte Vorkehrungen und Verhaltensweisen nahe.

Es kann hier kein vollständiger Überblick über Regulierungsstrategien gegeben werden. Anzumerken ist jedoch, dass in jedem Fall auch unterschiedliche lokale und globale Kontextualisierungsstrategien wie die von Kallmeyer (1977) beschriebene vorgreifende Verdeutlichung eine wichtige Rolle spielen (vgl. Kindt, 2001b).

3.6 Inferenzen und Gestalttheorie

Die Bedingung, dass Bedeutungszuordnungen die vier semantischen Basiserwartungen erfüllen sollen, reicht nicht aus, um interpretationskonstitutive und -erweiternde Inferenzen vollständig zu erklären. Für kohärenzerzeugende Inferenzen kann dies an folgendem Kurztext belegt werden: *Der Bürgermeister führte die Besucher vom Rathaus über den Marktplatz zur Kirche. Sie bewunderten den schönen Turm.* Warum wird beim Verstehen dieses Textes überhaupt eine lokal kohärente Interpretation bevorzugt? Warum wird dabei eine Verbindung zwischen *Turm* und *Kirche* hergestellt, obwohl auch das Rathaus einen Turm besitzen könnte?

Eine einfache und zugleich überraschende Antwort auf solche Fragen ergibt sich, wenn man vergleichbare syntaktische Inferenzen bei diskontinuierlichen Verknüpfungen untersucht. Solche Verknüpfungen lassen sich unter anderem an Nachfeldkonstruktionen wie Ausklammerungen und Nachträgen oder an den häufig untersuchten Ellipsenkonstruktionen studieren. Schon die Analyse weniger Beispiele zeigt, dass man das Zustandekommen diskontinuierlicher Verknüpfungen mit den bekannten Gestaltprinzipien der Wahrnehmungspsychologie erklären kann (vgl. Kindt, 2001a).

Dementsprechend liegt es nahe, die Gestaltprinzipien auch zur Erklärung semantischer Phänomene (vgl. Kindt, 2001b) und speziell kohärenzerzeugender Inferenzen heranzuziehen. Tatsächlich ist die Anwendbarkeit dieser Prinzipien auch in diesem Fall evident.

Dass im obigen Textbeispiel eine Verknüpfung beider Sätze vorgenommen wird, lässt sich auf das Prinzip des Aufgehens ohne Rest (vgl. etwa Städtler, 1998) zurückführen. Das Prinzip der Nähe erklärt, warum *der schöne Turm* mit *die Kirche* als dem zuletzt fokussierten Objekt verknüpft wird. Bei dieser Verknüpfung werden auch die Prinzipien der Gestaltschließung und der guten Fortsetzung angewendet, weil die eine Standardfortsetzung erlaubende Teil-Ganzes-Beziehung zwischen den beiden Referenzobjekten ergänzt werden muss. Schließlich basiert die Herstellung einer Koreferenzbeziehung zwischen *die Besucher* und *sie* auf dem Prinzip der Ähnlichkeit hinsichtlich des grammatischen Merkmals ‚Person'.

Nach der bedeutungstheoretischen Konzeption von 3.1 geht es bei der Interpretation von Äußerungen generell um Aufbau und Verknüpfung semantischer Strukturen. Insofern zeigt sich, dass die Gestaltprinzipien für sehr viele semantische Phänomene eine zentrale Rolle spielen (vgl. auch Legrenzi, 1994). Bei Inferenzen gilt dies auch für objektsprachlich darstellbare Folgerungen, weil beim Ziehen solcher Folgerungen fast durchweg ein geeignetes Inferenzmuster mit zusätzlichen Prämissen durch einen Gestaltschließungsprozess ergänzt werden muss (vgl. auch Revlin & Hegarty, 1999).

3.7 Inferenzen und Argumentationstheorie

Als letzter Schritt soll die Frage nach den verschiedenen Inferenzmechanismen diskutiert werden. Zunächst lässt sich am Beispiel kohärenzerzeugender Inferenzen noch einmal konkretisieren, dass es einen Unterschied macht, ob man Behauptungen über die tatsächlichen Inferenzmechanismen von Rezipienten aufstellen oder nur Aussagen über deren Modellierbarkeit formulieren möchte. Einerseits dürfte nämlich nach den bisherigen Ergebnissen plausibel sein, dass sich die Resultate kohärenzerzeugender Inferenzen mithilfe der Gestaltprinzipien und der Bedingung erwartungsangemessener Interpretationen präzise logisch ableiten lassen. Dabei muss bei der Ausformulierung solcher Ableitungen aber beispielsweise noch genauer angegeben werden, wie im Fall konfligierender Aussagen der Gestaltprinzipien zu verfahren ist. Andererseits wird man nicht davon ausgehen, dass die Inferenzmechanismen der Rezipienten nach einem solchen Ableitungsverfahren arbeiten. Dagegen spricht schon die Tatsache, dass Rezipienten, wenn man sie nach einer Begründung für entsprechende Bedeutungsentscheidungen fragt, im Allgemeinen keine genaue Erklärung für ihr Interpretationsverhalten geben können; insbesondere ist ihnen auch nicht bewusst, dass sie ein durch Gestaltprinzipien charakterisierbares Verhalten zeigen. Von daher kann man vermuten, dass eine Modellierung kohärenzerzeugender Inferenzen mithilfe künstlicher neuronaler Netze der Rezeptionsrealität näherkommt als ein Ableitungsverfahren. Dies bedeutet aber nicht, dass eine neuronale Modellierung in jedem Fall zweckmäßiger ist.

Ähnliche, aber anders zu begründende Verhältnisse gelten auch für interpretationserweiternde Inferenzen wie etwa in dem berühmten Schildkröten-Beispiel. Wenn drei Schildkröten auf einem im Wasser treibenden Baumstamm sitzen und unterhalb von diesem ein Fisch schwimmt, dann kann man aufgrund der Transitivitätseigenschaft bestimmter räumlicher Beziehungen ableiten, dass sich der Fisch unterhalb der Schildkröten befindet. Zu diesem gegebenenfalls kontextuell induzierten Inferenzresultat gelangen Rezipienten aber vermutlich überwiegend nicht durch eine Ableitung, sondern dadurch, dass sie eine imaginale Repräsentation der dargestellten Situation erzeugen und die betreffende lokale Beziehung zwischen Schildkröten und Fisch unmittelbar am imaginalen Modell ablesen. Die Methode des Ablesens am Modell (vgl. auch Kindt, 1997) kann aber nur dann erfolgreich sein, wenn die erforderliche Konstruktion eines imaginalen Modells im Einklang mit den einschlägigen Regularitäten von Sprache und Welt vor sich geht. Hieraus resultiert wiederum, dass dann auch eine korrespondierende Rekonstruktion mit einem Ableitungsverfahren möglich ist.

Mit welchem Inferenzverfahren Rezipienten jeweils arbeiten, muss im konkreten Einzelfall genauer untersucht werden. Dabei kann man zum einen davon ausgehen, dass teilweise auch unterschiedliche Verfahren miteinander kombiniert werden; zum anderen ist schon seit längerem bekannt, dass die Verfahrenswahl kontextuell beeinflussbar ist und dass Rezipienten partiell unterschiedliche Präferenzen für sie haben (vgl. Eysenck, 1984). Insofern ist auch nicht zu erwarten, dass man generell eindeutig bestimmen kann, bei welchen Inferenztypen der Einsatz eines ableitungsähnlichen Verfahrens als der Verarbeitungsrealität am ehesten entsprechend unterstellt werden kann. Wichtiger als eine Entscheidung dieser Frage ist die Erkenntnis, dass man mithilfe der Ergebnisse über gängige Ableitungsverfahren in der Alltagsargumentation für sehr viele, bisher nicht durchschaute Bereiche der Inferenzbildung aufklären kann, wie entsprechende Inferenzresultate zustande kommen. Damit bestätigt sich in jedem Fall die empirische Relevanz dieser Ableitungsverfahren und der ihnen zugrunde liegenden Argumentationsmuster. Zur Veranschaulichung sollen abschließend einige bereits andiskutierte Beispiele wieder aufgegriffen werden.

Die *zwar-aber*-Konstruktion kann auf einer Anwendung des Relevanztopos (vgl. Kindt, 1994) basieren und hat dann die Funktion, von zwei in einer Situation geltenden Prämissen die eine als unwichtig oder vernachlässigbar und die andere als wichtig auszuzeichnen. Diese Auszeichnung kann selber nur im Zusammenhang mit einem noch zu ergänzenden Schlussmuster von Bedeutung sein. Bei dem in 3.5 diskutierten Beispiel ist dies das Muster des Konsequenztopos. Mit Faulheit sind negative und mit Intelligenz positive Konsequenzen für das kooperative Verfassen einer Hausarbeit verbunden. Je nach Einschätzung der Relevanz dieser Eigenschaften beziehungsweise ihrer Auswirkungen lässt sich dann eine Empfehlung zur Kooperation ableiten oder gerade nicht.

Auch das in 3.3 behandelte, auf Searle (1982) zurückgehende Beispiel kann jetzt genauer erklärt werden. Generell gilt: Wenn die Antwort auf eine Frage nicht unmittelbar der Relevanzerwartung entspricht, dann versucht man, sie durch eine Gestaltschließung so zu vervollständigen, dass die Erwartung erfüllt wird. Eine Möglichkeit zu einer solchen Vervollständigung besteht darin, dass man aus der Antwort eine Reaktion der erwarteten Art inferiert. Im Beispiel wird eine Reaktion des Studenten Y dazu erwartet, ob er eine bestimmte Handlung, nämlich ins Kino mitzugehen, durchführt oder nicht. Eine solche Reaktion lässt sich insbesondere aus einer Aussage folgern, mit der die Angemessenheit oder Nichtangemessenheit der betreffenden Handlung begründet wird. Tatsächlich liefert die Antwort von Y eine solche Begründung; allerdings gibt es dabei zwei Interpretationsmöglichkeiten. Entweder wird die Antwort von Y *Ich muss für mein Examen lernen* so verstanden, dass Y schon für diesen Abend fest eingeplant hatte zu lernen und dass mit einem Kinogang die negative Konsequenz einer Planänderung beziehungsweise weiterer negativer Auswirkungen eines Ausfalls der vorgesehenen Lernzeit verbunden wäre. Oder Y bezieht sein Argument nicht vorrangig auf die Abendzeit, sondern befürchtet, dass er bei einem Kinogang (und einem eventuell anschließenden Gaststättenbesuch) erst spät schlafen gehen würde und deshalb am nächsten Morgen nicht rechtzeitig aufstehen oder nicht genügend konzentriert arbeiten könnte. In jedem Fall ist also zur Erklärung der interpretationserweiternden Inferenz eine argumentative Vervollständigung erforderlich, die mit dem Konsequenztopos arbeitet.

4 Schlussfolgerung

Aus den Überlegungen dieses Beitrags lassen sich viele Inferenzen ziehen. Eine davon ist für einen Rückbezug auf die Einleitung besonders wichtig. Es wurde gezeigt, dass es verschiedene neue Ansatzpunkte für die Theoriebildung und die empirische Untersuchung von Inferenzen gibt. Diese Ansatzpunkte betreffen insbesondere folgende vier Fragen:

- Welche Faktoren lösen Inferenzen aus?
- Was bewirken einschlägige Regulierungsstrategien?
- Welche Prinzipien werden bei der Inferenzbildung angewendet?
- Auf welchen Schlussmustern basieren Inferenzen?

Aus dieser Befundlage kann man mit dem Gelegenheitstopos die Schlussfolgerung ziehen, dass die Bielefelder Linguistik jetzt die Chance hätte, ein von Sichelschmidt und Weiß (1997) gegebenes Versprechen einzulösen, nämlich mit besonderem Nachdruck an der Entwicklung einer umfassenden, einheitlichen und erklärungsstarken Inferenztheorie zu arbeiten.

Literatur

Bransford, J.D., Barclay, J.R. & Franks, J.J. (1972): Sentence memory: A constructive versus interpretive approach. *Cognitive Psychology, 3*, 193-209.

Eysenck, M.W. (Ed., 1984). *Handbook of cognitive psychology*. London: Erlbaum.

Grice, H.P. (1975). Logic and conversation. In: P. Cole & J.L. Morgan (Eds.), *Syntax and semantics: Speech acts* (pp. 41-58). New York: Academic Press.

Kallmeyer, W. (1977). Verständigungsprobleme in Alltagsgesprächen. *Der Deutschunterricht, 29*, 52-69.

Kindt, W. (1985). Dynamische Semantik. In: B. Rieger (Ed.), *Dynamik in der Bedeutungskonstitution* (pp. 95-142). Hamburg: Buske.

Kindt, W. (1994). Nichtmonotonie und Relevanz – zwei zentrale inferenztheoretische Aspekte der Dynamischen Semantik. *Sprachwissenschaft, 19*, 455-482.

Kindt, W. (1995). Informationsstruktur und Inferenzbildung. In: I. Pohl (Ed.), *Semantik von Wort, Satz und Text* (pp. 261-284). Frankfurt: Lang.

Kindt, W. (1997). Zu Theorie und Empirie der Inferenzforschung. In: I. Pohl (Ed.), *Methodologische Aspekte der Semantikforschung* (pp. 35-55). Frankfurt: Lang.

Kindt, W. (1998). Konzeptuelle Grundlagen einer Theorie der Verständigungsprobleme. In R. Fiehler (Ed.), *Verständigungsprobleme und gestörte Kommunikation* (pp. 17-43). Opladen: Westdeutscher Verlag.

Kindt, W. (2001a). Syntax und Pragmatik: Eine zu entdeckende Verwandtschaft. In: F. Hundsnurscher & F. Liedtke (Eds.), *Pragmatische Syntax*. Tübingen: Niemeyer.

Kindt, W. (2001b). Koordinations-, Konstruktions- und Regulierungsprozesse bei der Bedeutungskonstitution. Erscheint in: A. Deppermann & T. Spranz-Fogasy (Eds.), *Be-deuten: Wie Bedeutung im Gespräch entsteht*. Tübingen: Stauffenburg.

Kindt, W., Strohner, H. & Jang, K.-W. (2001): Rückfragestrategien bei referentieller Ambiguität: Ein Beispiel von Bedeutungskoordination im Diskurs. Erscheint in: I. Pohl (Ed.), *Prozesse der Bedeutungskonstruktion*. Frankfurt: Lang.

Kindt, W. & Weingarten, R. (1984). Verständigungsprobleme. *Deutsche Sprache, 3*, 193-218.

Legrenzi, P. (1994). Kanizsa's analysis of „prägnanz" as an obstacle to problem solving and the theory of mental models. *Japanese Psychological Research, 36*, 121-125.

Revlin, R. & Hegarty, M. (1999). Resolving signals to cohesion: Two models of bridging inference. *Discourse Processes, 27*, 77-102.

Rickheit, G. & Strohner, H. (2002). Inferenzen. Erscheint in: G. Rickheit, Th. Herrmann & W. Deutsch (Eds.), *Psycholinguistik – ein internationales Handbuch*. Berlin: de Gruyter.

Searle, J.R. (1982). *Ausdruck und Bedeutung*. Frankfurt: Suhrkamp.

Sichelschmidt, L. & Weiß, P. (1997). Sprache verstehen – mehr als Sprache verstehen. In: Bielefelder Linguistik (Ed.), *Linguistik: Die Bielefelder Sicht* (pp. 103-106). Bielefeld: Aisthesis.

Städtler, T. (1998). *Lexikon der Psychologie*. Stuttgart: Kröner.

Die kommunikative Verfertigung von Altersidentität

Reinhard Fiehler

Dieser Beitrag thematisiert Besonderheiten der sprachlichen Kommunikation im Alter. Zunächst werden allgemeine Charakteristika der Altersidentität skizziert, in der Komponenten wie Sozialität und Partner- bzw. Personenorientierung eine besondere Rolle spielen. Anschließend werden Merkmale des Diskurses erörtert, in dem Altersidentität ausgebildet und fortentwickelt wird. Vor allem die Ambivalenz zwischen dem Festhalten an der Erwachsenenidentität und dem Akzeptieren von Abweichungen davon ist für diesen Diskurs konstitutiv. Anhand exemplarischer Gesprächsausschnitte wird sodann aufgezeigt, in welcher Weise sich die für das Alter typischen Identitätskomponenten sowie die Orientierung an den Normalitätsstandards der mittleren Generation im kommunikativen Geschehen manifestieren.

1 Abhängige Generationen

Betrachtet man die individuelle Lebensspanne, so ist es eine geläufige Gliederung, sie in Jugend, Erwachsenenzeit und Alter zu unterteilen, und auch im gesellschaftlichen Maßstab ist es üblich, zwischen Jugend, Erwachsenen und Alten als koexistierenden Generationen zu unterscheiden. Ungeachtet feinerer Differenzierungen ist diese Dreiteilung alltagsweltlich fest im Bewusstsein verankert und besitzt eine starke orientierende Kraft. Trotz der kanonischen Reihenbildung, die von jedem Individuum – individuell wie gesellschaftlich – zu durchlaufen ist, sind diese drei Lebensalter bzw. Generationen hinsichtlich ihrer sozialen Bedeutung aber nicht gleichrangig. Beschränkt man die Betrachtung auf die drei koexistierenden Generationen, so besteht kein Zweifel, dass die mittlere, die Erwachsenengeneration, die zentrale und dominante ist. Sie ist Träger des gesellschaftlichen Reproduktionsprozesses, sowohl im ökonomischen wie auch im biologischen Sinne. Die beiden anderen Generationen sind in vielfältiger Hinsicht von ihr abhängig und werden von ihr dominiert: Sie sind ihr gegenüber in einer marginalen Position. Das Verhältnis der Randgenerationen zur mittleren lässt sich am prägnantesten wohl durch ein ‚noch nicht' bzw. ‚nicht mehr' charakterisieren.

Diese Situation kann nicht ohne Auswirkungen auf die Identitätsbildung der Individuen in den Randgenerationen bleiben: Sie erfolgt zu einem erheblichen Stück in der Auseinandersetzung mit den Normen, Werten und Leitbildern der Erwachsenengeneration, die zugleich die gesellschaftlich zentralen und präferierten sind. Unterschiedlich sind allerdings Strategien und Stoßrichtung der Auseinandersetzung: Die Jugendlichen verhalten sich in der äußeren Erscheinungsform vielfach oppositionell-distanzierend zur Erwachsenenidentität. Der Wunsch, anders zu sein oder zu werden, zielt auf eine alternative Identität und drückt Abgrenzung zur Erwachsenenwelt aus (vgl. Schwitalla, 1994). Die Alten hingegen verhalten sich eher partizipatorisch-affirmativ. In dem Wunsch, immer noch so zu sein wie die Erwachsenen, scheint ihr positiver Bezug zur Erwachsenenidentität auf. Eine Abgrenzung erfolgt hier gegen die alten Alten, die nicht mehr in der Lage sind, das Ideal der voll entwickelten erwachsenen Persönlichkeit für sich zu verwirklichen.

Versucht man zunächst die Erwachsenenidentität prototypisch zu charakterisieren, so sind als wesentliche Aspekte u.a. folgende Merkmale zu benennen, die zugleich normativ wirken:

- Eigenständigkeit und Individualität,
- Selbständigkeit und Selbstbestimmung,
- Kompetenz und Leistungsfähigkeit sowie
- Aufgaben- und Sachorientierung.

Sowohl die Jungen wie auch die Alten weichen von diesem Leitbild der entwickelten erwachsenen Persönlichkeit ab. Beide Gruppen sind der Tendenz nach weniger individualistisch orientiert, sondern präferieren einen höheren Grad an Gemeinschaftlichkeit bzw. Sozialität. Einher geht damit ein höherer Grad an Partner- und Personenorientierung, der mit der Aufgaben- und Sachorientierung der Erwachsenengeneration kontrastiert. Dabei kann man die Präferenz für Gemeinschaftlichkeit als Folge der marginalen Position verstehen: Sie bedingt ein Zusammenrücken und eine wechselseitige Unterstützung in der gemeinsamen inferioren Position, eine größere generationsinterne Solidarisierung (z.B. in Form von ‚peer groups'), die nach außen hin zugleich als Abgrenzung gegenüber den anderen Gruppen erscheint. Die marginale Lage erfordert identitätsstrukturell darüber hinaus die Produktion eigener Bedeutsamkeit, sowohl individuell wie auch als Gruppe.

Betrachtet man den Übergang von der Erwachsenen- zur Altersidentität, so bringt er demnach auf der einen Seite eine Abschwächung der Identitätskomponente ‚Eigenständigkeit und Individualität‘ zugunsten von ‚Gemeinschaftlichkeit und Sozialität‘ mit sich und auf der anderen Seite die Stärkung der Komponente ‚Partner- und Personenorientierung‘ anstelle von ‚Aufgaben- und Sachorientierung‘. Empirische Analysen in Abschnitt 4 werden versuchen, dies zu belegen.

Diese Überlegungen, die stark verallgemeinernd verfahren, um Grundstrukturen sichtbar werden zu lassen, machen deutlich, dass die Generationen nicht isoliert betrachtet werden dürfen, weil sie sich in nicht unerheblichem Ausmaß durch die wechselseitige Bezugnahme aufeinander konstituieren. So müssen auch die Alten in der Abfolge der Generationen als zwar erkennbar separierte, zugleich aber auch unauflöslich an die anderen Generationen gebundene und auf sie bezogene Gruppe gesehen werden, wobei eine isolierte Betrachtung wesentliche Konstitutionsmomente verfehlen würde. Für die Identitätsbildung der beiden Randgenerationen bedeutet dies, dass sie ganz wesentlich mit Bezug auf und in Abgrenzung zur mittleren Generation erfolgt.

2 Alterskommunikation

Grundlegend für die folgenden Ausführungen ist die Auffassung, dass die *Erscheinungsform von Alterskommunikation* nicht in erster Linie biologisch bestimmt ist, sondern vielmehr aus der Verarbeitung lebensgeschichtlicher *Veränderungen und Erfahrungen* und der Bearbeitung spezifischer sozialer *Anforderungen und Aufgaben* resultiert (vgl. Fiehler, 2002). Solche Veränderungen und Erfahrungen sind beispielsweise das Ende der Berufstätigkeit, der Dominanzverlust im Zuge der Generationsablösung, die zunehmenden körperlichen und mentalen Beeinträchtigungen oder die altersstereotype Behandlung durch Jüngere.

Diese und andere Veränderungen der Lebenssituation, die typischerweise mit wachsendem Alter eintreten, und die Erfahrungen, die beim Durchleben dieser Veränderungen gemacht werden, wirken sich in spezifischer Weise auf das *sprachlich-kommunikative Verhalten* der betreffenden Personen aus. Das folgende Beispiel kann diese These verdeutlichen: Wird - z.B. als Folge zunehmender Immobilität oder eines wachsenden Desinteresses – die aktuelle Welterfahrung geringer, so bedeutet dies kommunikativ, dass vermehrt auf vergangene Erfahrungen zurückgegriffen werden muss, weil neue nicht zur Verfügung stehen. Der Anteil autobiographischer Erzählungen wird daher zunehmen. Sind aktuelle Fragen und Themen Gegenstand des Gesprächs, so kann darauf – je nach Verarbeitungsstrategie – unterschiedlich reagiert werden: Bei Interesse z.B. mit intensivem Nachfragen, um diese Erfahrungen ‚nachzuholen', wobei das Gespräch Züge der Wissensvermittlung oder des Belehrens annehmen kann. Besteht hingegen kein Interesse, so kann dies bedeuten, dass der alte Mensch sich aus dem Gespräch ausblendet, oder aber, dass er versucht, das Thema in seinem Sinne zu beeinflussen (wie das z.B. ‚zu seiner Zeit' war). Die zentrale Kompensationsstrategie für den Verlust aktueller Welterfahrung besteht in der Medienrezeption, so dass Berichte und Erzählungen über die gesehenen Sendungen zu einem wichtigen Bestandteil des Kommunikationsaufkommens werden.

Alterstypische Veränderungen und Erfahrungen strukturieren auf diese Weise den kommunikativen Haushalt (Luckmann, 1988) in quantitativer wie in qualitativer Hinsicht um. Quantitative Veränderungen können in der Zunahme (Verbosität, vgl. Ryan & Kwong See, 1998: 59-61), aber auch in der Abnahme des Kommunikationsaufkommens bestehen. Die qualitativen Veränderungen liegen zum einen auf der thematischen Ebene in dem Sinn, dass die typischen sozialen Veränderungen und Erfahrungen häufig Gegenstand von Gesprächen sind. Sie betreffen aber auch Vorkommen und Quantität bestimmter Gesprächsformen (z.B. Erzählen, Klatsch), bestimmter kommunikativer Muster (z.B. empathische Realisierungen des Musters der Bewertungsteilung) und kommunikativer Strategien (z.B. Stilisierung als ‚alt', Einbringen einer Vergangenheitsperspektive). Sie berühren ferner äußerungsstrukturelle und gesprächsorganisatorische Aspekte wie den Partnerzuschnitt von Äußerungen, die Bezugnahme auf Vorgängeräußerungen oder die Gestaltung thematischer Kohärenz (z.B. assoziative Anschlüsse). Die Umstrukturierung des kommunikativen Haushalts bleibt dabei auch nicht ohne Auswirkungen auf die Ebene der sprachlichen Mittel. Veränderungen und Erfahrungen konturieren so ein Kommunikationsverhalten, das man als Stil des Alters bezeichnen kann. Er ist Resultat der kommunikativen Auseinandersetzung mit den Lebensbedingungen im Alter (vgl. Fiehler, 1997; 2001).

Dabei ist klar, dass alterstypische Sprache und Kommunikation nicht Folge der Veränderung *eines* Faktors ist. Alle erlebten Veränderungen und Erfahrungen wirken, wenn sie eintreten, zusammen, und ihre jeweiligen kommunikativen Folgen interferieren. Auf der Ursachenseite sind also in der Regel *Bündel* von Faktoren anzusetzen, wobei diese Faktoren bei der einzelnen Person bzw. bei Personengruppen in je individuellen Konstellationen auftreten und zusammenwirken und zudem jeweils unterschiedliches Gewicht besitzen können. Die beschriebenen kommunikativen Auswirkungen sind natürlich nicht auf das Alter beschränkt. In dem Maße, wie entsprechende Veränderungen und Erfahrungen auch bei jüngeren Menschen vorliegen, finden sich auch dort z.B. autobiographische Erzählungen, Klatsch und das Hinzufügen einer Vergangenheitsperspektive, aber in anderer Frequenz und z.T. auch anderer Qualität. Das Alter zeichnet sich dadurch aus, dass diese kommunikativen Folgen aufgrund der Massierung der Veränderungen und Erfahrungen kumulieren und zu dem Eindruck einer spezifischen, konturierbaren Kommunikationsform führen.

3 Altersidentität

3.1 Die Ausbildung von Altersidentität

Indem ältere Menschen diese Veränderungen, die gegenüber ihrer Situation als Erwachsene eintreten und die sie von dieser Phase entfernen, kommunikativ be- und verarbeiten, sind sie – nicht unbedingt intentional – zugleich noch mit einer weiter reichenden und umfassenderen Aufgabe befasst, der *Ausbildung von Altersidentität.* Weite Strecken der Gespräche, die alte Menschen untereinander oder mit jüngeren führen, lassen sich als – häufig impliziter – Identitätsdiskurs interpretieren, in dem es um die Ausarbeitung von Aspekten der Altersidentität geht. Dies geschieht in verschiedenen Gesprächsformen, wobei Erzählungen einen zentralen Platz einnehmen (Schiffrin, 1996), und mittels eines spezifischen Repertoires von kommunikativen Verfahren der Identitätskonstitution.

Die Ausbildung von Identität ist ein *kontinuierlicher* Prozess (Keupp et al., 1999: 190): „Der Identitätsprozeß ist, so sehen es die meisten neueren Ansätze der Identitätsforschung, nicht nur ein Mittel, um am Ende der Adoleszenz ein bestimmtes Plateau einer gesicherten Identität zu erreichen, sondern der Motor lebenslanger Entwicklung."

Die Ausbildung von Identität ist darüber hinaus ganz wesentlich ein *interaktiver* Prozess (Androutsopoulos, 2001: 62): „Identität ist nicht etwas Vorgegebenes, Fixes und Unveränderliches, sondern eine ‚emergent construction', das Ergebnis eines rhetorischen Produktions- und Interpretationsprozesses [...], und wird im Gespräch durch die Beteiligten gemeinsam konstituiert."

Die gemeinschaftliche Konstitution und Prozessierung von Identität ist Bestandteil jedweder Interaktion, sie kann dabei allerdings unterschiedlich stark im Vordergrund stehen bzw. thematisch sein.

Die wechselseitige Ausbildung von Identität in der Interaktion umfasst für jeden der Beteiligten drei systematisch aufeinander bezogene Teilaufgaben: erstens Selbstpräsentation, zweitens Stellungnahme zur Selbstpräsentation der anderen Person, und drittens Reaktion auf die Stellungnahme der anderen Person zur eigenen Selbstpräsentation. Jeder Beitrag zur Interaktion enthält Aspekte der Selbstpräsentation. Zugleich nimmt man mit jedem Beitrag – wie indirekt auch immer – bewertend Stellung zur Selbstpräsentation der anderen Interaktionspartner. In Reaktion auf die Art der Stellungnahme der anderen Person zur eigenen Selbstpräsentation erfolgt dann eine Bekräftigung oder eine Modifikation dieser Präsentation. Da alle Beteiligten diese drei Teilaufgaben bearbeiten und da sie vielfältig miteinander verflochten sind, wird deutlich, dass die Ausbildung von Identität in wechselseitiger Abhängigkeit voneinander erfolgt.

Die Konstitution und Prozessierung von Identität ist dabei sowohl ein interaktiver wie auch ein kommunikativer Prozess, der sich aller Kommunikationskanäle bedienen kann (verbal, prosodisch, nonverbal). Alle drei Teilaufgaben implizieren kommunikative Akte, wobei jede Teilaufgabe in der Interaktion durch verbale Äußerungen thematisch explizit bearbeitet werden kann. Identitätsbildung erfolgt so in und durch Kommunikation und kommt zugleich in ihr zum Ausdruck (Holstein & Gubrium, 2000; Kraus, 1996).

3.2 Manifestationen im Kommunikationsverhalten

Kommt man zurück auf die eingangs getroffene Feststellung, dass Altersidentität zu wesentlichen Teilen in der Auseinandersetzung mit der Erwachsenenidentität ausgebildet wird, so ist zu erwarten, dass in der Kommunikation älterer Menschen drei Komplexe eine wichtige Rolle spielen:

- erstens vielfältige *Formen des Nachweises*, dass man dem Leitbild der erwachsenen Persönlichkeit (noch) entspricht,
- zweitens der *Umgang mit eigenen Abweichungen* von diesem Bild, und
- drittens die *Konturierung eigenständiger Merkmale* von Altersidentität.

Zum ersten Punkt: In dem Maße, wie die Erwachsenenidentität keine Selbstverständlichkeit mehr ist, wird es bedeutsam, im Gespräch mit Gleichaltrigen oder Jüngeren nachzuweisen, dass und welche Aspekte von Erwachsenenidentität unverändert vorliegen. Der Altersdiskurs ist so zu einem nicht unwesentlichen Teil ein *Nachweisführen* hinsichtlich der persönlichen Eigenständigkeit, Vollwertigkeit, Bedeutsamkeit, Kompetenz, Mobilität, Normalität etc. Die Darstellung dieser Eigenschaften geschieht aber nicht unmarkiert und selbstverständlich, sondern sie bekommt einen demonstrativen Charakter. Die Darstellung erfolgt z.B. mit einer gewissen Ausführlichkeit und Nachdrücklichkeit.

Ein wichtiges kommunikatives Verfahren in diesem Nachweisdiskurs ist die *Kontrastierung* eigener Möglichkeiten mit denen anderer Alter, die über entsprechende Eigenschaften nicht mehr verfügen. Während der Nachweis, über relevante Merkmale der Erwachsenenidentität zu verfügen, in der Generation der Alten vorwiegend *diskursiv* geführt wird, geschieht dies in der Jugendgeneration auf vielfältige Weise auch *symbolisch*, indem Attribute der Erwachsenenwelt übernommen werden (Rauchen, Alkohol trinken, Kleidung).

Zum zweiten Punkt: Die Feststellung, dass man in verschiedener Hinsicht dem Bild des Erwachsenen nicht mehr entspricht, erfolgt kommunikativ in Form der Thematisierung und des Beklagens dieser Abweichungen. Hierhin gehören alle Formen des ‚painful self disclosure', wie sie von Coupland, Coupland und Giles (1991) beschrieben worden sind. Insbesondere geschieht dies in Gestalt des Krankheitsdiskurses oder des Konstatierens von nachlassenden Fähigkeiten.

Zum dritten Punkt: Einen wichtigen Raum nimmt aber auch die Darstellung von spezifisch neuen Identitätsaspekten ein, mit denen sich die ältere Generation von der mittleren absetzt. Hierzu gehört vor allem die stärkere *Partner- und Personenorientierung*, die u.a. möglich wird, weil zentrale Aufgaben (Beruf, Kindererziehung) entfallen. Der Tendenz nach wird die dort vorherrschende Aufgaben- und Sachorientierung durch eine stärkere Personenorientierung ersetzt, die darin besteht, sich mehr für andere Personen zu interessieren, an ihnen Anteil zu nehmen und intensiver auf sie einzugehen (auch wenn dies häufig nur stereotyp geschieht). Sie findet in vielfältigen Formen *kommunikativer Kooperativität und wechselseitiger Unterstützung* Ausdruck, aber auch im wechselseitigen übereinander Reden (Klatsch). Das hohe Ausmaß an wechselseitiger Unterstützung kontrastiert deutlich mit der in der Erwachsenengeneration vorherrschenden Präferenz zur Selbstvertretung (vgl. Schmitt, 1997). Während ein Unterstützen bei Erwachsenen konkrete Anlässe in der Interaktion erfordert und an sie gebunden ist, kann es bei älteren Menschen einen fast habituellen Charakter haben. Ein weiteres Moment ist das kommunikative Zur-Geltung-Bringen des erworbenen Wissens (Erfahrungsschatz, Altersweisheit) und von Altersgelassenheit. Auch die Fähigkeit, Beeinträchtigungen und Defiziten positive Seiten abgewinnen zu können, kann zu diesen neuen Identitätsmerkmalen gehören.

Die zentrale Schwierigkeit der Entwicklung von Altersidentität besteht darin, nicht einfach nur weiter am Erwachsenenbild festzuhalten, sondern abweichende Identitätsaspekte auszubilden und sie zu integrieren, d.h. ein Selbstbild und Selbstverständnis zu entwickeln, das nicht nur eine Verlängerung der Erwachsenenidentität ist. Identitätsentwicklung im Alter bedeutet also, einerseits an zentralen Aspekten der Erwachsenenidentität (so lange wie möglich) festzuhalten, andererseits aber auch einige Aspekte aufzugeben und darüber hinaus neue Identitätsmerkmale zu entwickeln und zu integrieren. Prägend ist damit eine Ambivalenz zwischen dem *Festhalten* an den Standards und Werten der mittleren Generation und der *Akzeptanz* von Veränderungen und ihrer produktiven identitätsstrukturellen Verarbeitung. Identitätsarbeit im Alter hat, insofern die drei genannten Aspekte zu vermitteln sind, den Charakter einer konfliktbezogenen Aushandlung (Keupp et al., 1999: 216): „Dabei werden unterschiedliche Selbsterfahrungen nicht im Sinne eines auf Widerspruchsfreiheit angelegten Gleichgewichtsmodells aufgelöst, sondern in ein dynamisches Verhältnis gebracht, das treffender als konfliktorientierter Spannungszustand beschrieben werden kann."

4 Beispielanalyse

Die Prozesse der kommunikativen Konstitution und Prozessierung von Altersidentität sollen im Folgenden beispielhaft an Ausschnitten aus einem authentischen Gespräch verdeutlicht werden. Es handelt sich um ein Tischgespräch, das bei einem gemeinsamen Essen in einem griechischen Restaurant geführt wird. Das Ehepaar Kellner (KM und KF) hat Herrn Frahm (F) eingeladen, um mit ihm den 75. Geburtstag von Herrn Kellner nachzufeiern, an dem er nicht hatte teilnehmen können. Die drei – alle über 70 – haben bis vor kurzem gemeinsam in einem Orchester musiziert. An dem Essen nimmt auch die Sprachwissenschaftlerin Frau Seebohm (S) teil, die bereits mehrere längere Gespräche dieser drei befreundeten Personen aufgenommen hat und die auch dieses Tischgespräch aufzeichnet. Gegenstand des ersten Teils des Gesprächs sind detaillierte Schilderungen von Herrn und Frau Kellner über den Ablauf der Geburtstagsfeierlichkeiten, die sich über mehrere Tage erstreckten.

4.1 Nachweis von Erwachsenenidentität

Herr und Frau Kellner bemühen sich, in dem Gespräch zu zeigen, dass sie die Geburtstagsfeier kompetent vorbereitet und durchgeführt haben. Dazu gehört auch, dass sie in dem Hotel, in dem die Feier stattfand, übernachtet haben:

KF:	ja↓
F:	>un dass=ehr au überna"chtet habt↓ net↑ auf dem
KF:	des war si"nnvoll↓ weil →wie gsagt← wir sin um halb sechs au"fgestanden↑
F:	un auf die art/ ja ja↓ klar↓ (jetz bin ich/) ja↓
KF:	dann war/ bis nachts um halb zwei" * sim=mer dann auf unser zi"mmer↓
F:	des isch sehr gu"t↓ klar↓
S:	LACHT
KF:	nein↓ das war von vornherei"n klar↓
F:	e"be↓ un dann noch hei"mfahre↑ (äh isch/) wär u"ngschickt↓ >mhm↑<
KM:	LACHT LEISE
F:	ja ja"↓ ja ja"↓
KM:	das wär nich gu"t gewesen↓

Frau Kellner betont in dieser Sequenz zum einen das Durchhaltevermögen des Ehepaars am Geburtstag. Zum anderen wird dadurch, dass sie die Übernachtung als *sinnvoll* und *von vornherein klar* charakterisiert, die eigene Planungs- und Handlungskompetenz demonstriert.

Die Selbstdarstellung als kompetent handelnde Erwachsene wird dadurch unterstützt, dass unmittelbar im Anschluss diejenigen Gäste thematisiert werden, die im Kontrast dazu nicht im Hotel übernachtet, sondern die Feier verlassen haben:

KF:	wie gsagt messmers↑ * ←äh→ s/
KF:	messmer senior wurde von messmer ju"nior heim gefahren↑
S:	>SCHMUNZELT<
F:	ah so"↓ die" sin heim gfahre↓ noch in de na"cht dann↑
KM:	ja ja↓
KF:	ja ja↓ un da er/ wir ham=s a"ngeboten/ nei:n↓ nein nein↓
F:	also um zwei"↓ nachts↓ (nit↑)
KM:	nee die sind e"her↓
F:	sind sie vo"rzeitig gegange↓ ah ja↓ ah so"
KF:	die sind/ die sind so um mi"tternacht * gfahrn↓
F:	aber au" spät↓ jaha↑
KM:	ja ja↑ (ja sicher↓)

Messmer senior hat nicht nur nicht bis zum Ende der Feier durchgehalten (obwohl Herr Frahm ihm immerhin zugesteht, dass es auch spät war, als er ging), sondern er musste auch die Hilfe der Erwachsenengeneration in Gestalt von Messmer junior in

Anspruch nehmen. Die Messmer-Episode wird von den Kellners zu einer positiven Selbstdarstellung genutzt, indem sie kontrastiv verdeutlichen, dass Messmer senior nicht – wie sie selbst – selbstbestimmt agiert, sondern sich in Abhängigkeit von Messmer junior begibt. Er wird so von den Kellners als kategorial den alten Alten zugehörend behandelt.

Auch der nächste im Gespräch behandelte Gast hat nicht am Ort der Feier übernachtet: *KF: und gu"drun und der bernd ham dann die mutter noch * nach o"ffenburg gebracht↑ weil sie in i"hrem bett schlafen wollte↓.* Die fehlende Flexibilität der Mutter hebt wiederum die Flexibilität der Kellners hervor. Erst im Anschluss daran werden die Personen besprochen, die vor Ort übernachtet haben: *KF: und wie gesagt un marti"na↑ un der ernst mar"schall↑ die ham übernachtet↑ un mein schwager und meine schwägerin↓.* Es ist deutlich, dass Herr und Frau Kellner sich durch diese Polarisierung demonstrativ auf der Seite der kompetenten Erwachsenen positionieren, die es verstehen, situationsangemessen und flexibel zu agieren.

Der betrachtete Abschnitt des Gesprächs kreist nicht explizit thematisch, aber indirekt in seiner Funktion für die Identitätsarbeit der Beteiligten darum, nachzuweisen, dass die Kellners, obwohl der besondere Geburtstag ein nicht unerhebliches Alter signalisiert, nach wie vor über wesentliche Aspekte der Erwachsenenidentität wie Kompetenz und Leistungsvermögen verfügen. Er verweist damit zugleich auf die Notwendigkeit und das Problem, analytisch von der Vielfalt der Oberflächenthematiken zu den grundlegenderen Thematiken identitätsstruktureller Art vorzustoßen.

In einer weiteren Episode des Gesprächs wird Teilhabe an den normalen Routinen des Erwachsenenlebens und Mobilität demonstriert. Frau Thomas (T), die Besitzerin des Restaurants, weist, als sie die Gruppe bedient, darauf hin, dass zu einem bestimmten Termin dort eine Musikgruppe spielen wird. Herr und Frau Kellner stellen bedauernd fest, dass sie an dieser Veranstaltung nicht teilnehmen können, weil sie zu diesem Zeitpunkt verreist sind.

T:	ich muss ihne no was erzähle am einedreißigschte müsse sie ko"mme↓ *
T:	hab ich hier * e gruppe
F:	aha↑
KM:	einundreißichster mä"rz↓
T:	ja↓
KM:	#>au↓<# BEDAUERND

```
KF:   #da sind wir in no"rderney↓# UNGEWÖHNLICH HOHE STIMME
KM:            da sind wir noch nicht

KF:   #(sin wir no nich da↓)# GÄHNEND
KM:            >nee↓<
T:         wenn ich mal/                  aber die komme sicher no"mal↓

KF:    wir kommen am zwei/
KM:                ja↓
T:                     swing↓

KM:   ah:↓ ja gut gut gut sehr schö"n↓
KF:        am zwei"ten↓
F:                      a:h↓
T:                             swing bissele ja"zz↓

KM:   ja ja ja ja"↓
KF:        #a:h↓# HOCH
```

Herr und Frau Kellner stellen fest, dass sie zum fraglichen Zeitpunkt in *no"rderney* bzw. *no nich da* sind. Obwohl dies unter sachlichen Gesichtspunkten ausreichen würde und Frau Thomas sich damit zufrieden zu geben scheint (*aber die komme sicher no"mal↓*), haben die Kellners und Herr Frahm eine solche sachlich-ökonomische Orientierung nicht und thematisieren mit übergroßer Detaillierung Termin und Modalitäten der Reise:

```
F:    was für=n ta"g isch des↑ wochetag↑ freitag↓ *
T:                                 freitag↓

KM:   a:h↓ da komm/ ja da sind/ ja↓
KF:   mir fahrn/ mir fahrn am erschten zurü"ck↑ un machen in wattenscheid statio"n↑

F:    >aha↑ aha↑ aha↑<
KF:         fahrn am sonntag wei"ter↑

F:    >aha↑ mhm↑ aha↓<
KF:         machen * noch ne kaffeepause in hei"delberg↑
```

Allein mit Höflichkeit lässt sich die vorfindliche Breite und ‚Umständlichkeit‘, die hier nur teilweise wiedergegeben ist, nicht erklären. Die Ausführlichkeit der Darstellung signalisiert, dass nicht nur das Terminproblem behandelt wird, sondern dass es genutzt wird, um noch etwas Weiteres zu demonstrieren. Die Funktionalität der Kommunikation liegt nicht allein im Sachlichen, sondern ist identitätsstrukturell begründet: Die Beteiligten verdeutlichen, dass sie ausgefüllt sind und nicht jeden angebotenen Termin wahrnehmen können, dass sie nicht ortsgebunden, sondern mobil sind und dass sie eine ganz ‚normale‘ Reise unternehmen, die sie selbst organisieren (es also keine speziell für Alte vororganisierte Fahrt ist) und gestalten (durch verschiedene Stationen auf der Rückreise). Kurz: Sie demonstrieren Kompetenz und Mobilität als Bestandteile der Erwachsenenidentität. Die Ausführlichkeit, die sich daraus ergibt, dass dies zusätzlich zur Bearbeitung des Sachproblems geschieht, kann aus der Perspektive von Erwachsenen irritierend sein und aufdringlich wirken und so das Stereotyp der Verbosität alter Menschen konstituieren oder stützen.

Auch Herr Frahm versucht, Aspekte der Erwachsenenidentität zu profilieren, indem er sich – aus seiner Perspektive – technisch Neuem gegenüber als aufgeschlossen darstellt: Nachdem Gudrun die Mutter heim in ihr eigenes Bett gebracht hat, hat sie ein Fax geschickt, dessen Inhalt Herr Kellner wiedergibt als: *Wir sind alle gut angekommen.* Herr Frahm nutzt dies, um aus der Darstellung der Ereignisse auszusteigen und das Faxgerät als eigenständiges Thema zu etablieren:

F:	mit dem fax isch des ja=e feine sa"ch (dann)↓
KF:	ach de=sch he"rrlich↓ *
KM:	ja ja↓
F:	denn mer braucht nit warte bis einer de hö"rer abnimmt↑
KF:	nee:↑
F:	es liegt dann da"↓
KM:	da"↓ jaha↑
F:	es liegt dann da schriftlich↓
KF:	es war ne gan/ eine riesenfahne an fa"xen * da↓ wie mir dann
KM:	LACHT
F:	ah so"↓ ah des isch e ro"lle↑ und da kann äh
KM:	>ja ja↑<
KF:	wir ham ja dann
KM:	(was↑)
KF:	ja ja"↓
KM:	>(wieso/)<
F:	auch/ hajo kla"r↓ muss ja me"hreres/
KM:	können me"hrere hinterna"nder↓ ja ja↓

Die formelhafte Äußerung *mit dem fax isch des ja=e feine sa"ch (dann)↓*, der sich Frau Kellner mit einer Bewertungsteilung anschließt und der auch Herr Kellner zustimmt, schafft potenziell Raum für eine längere kommunikative Behandlung dieses Geräts, mit der Herr Frahm sich möglicherweise als technisch aufgeschlossen darstellen will. Die Tatsache aber, dass er zu dem Zeitpunkt, an dem das Gespräch stattfindet (Anfang 2000), ein Faxgerät und seine Leistungen für so detailliert behandelnswert hält, lässt ihn als nicht auf der Höhe der Zeit – und das heißt eben tendenziell als alt – erscheinen. Ein entsprechender Diskurs wird in der Erwachsenengeneration zu diesem Zeitpunkt schon über neuere Kommunikationstechnologien geführt. Auch dass Herr Frahm kein klares Bild von Faxpapierrollen hat (*ah so"↓ ah des isch e ro"lle↑*), trägt zum Scheitern seiner Darstellung von technischer Kompetenz bei. Hier misslingt die Darstellung von Erwachsenenidentität.

Die Versuche, Erwachsenenidentität nachzuweisen, unterliegen insgesamt einem strukturellen Dilemma. Der demonstrative Charakter des Nachweises macht deutlich, dass diese Identität für die Betroffenen nicht (mehr) selbstverständlich ist. Er verdeutlicht aber auch, dass die betreffenden Personen meinen, diesen Nachweis nötig zu haben: Der Versuch zu demonstrieren, nicht alt zu sein, macht gerade als alt kenntlich.

Die zweite der oben benannten Komponenten des Identitätsdiskurses älterer Menschen, der Umgang mit Abweichungen von der Erwachsenenidentität, ist in der Literatur verschiedentlich beschrieben worden, so dass hier gleich zu eigenständigen Aspekten der Altersidentität übergegangen werden soll.

4.2 Partner- und Personenorientierung

Zu den sich entwickelnden Identitätsaspekten, die das Alter von der Erwachsenenidentität unterscheiden, gehört in vielen Fällen eine Steigerung der Partner- und Personenorientierung, die sich u.a. in einem hohen Maß an kommunikativer Kooperativität und wechselseitiger Unterstützung im Gespräch äußert. Im Folgenden sollen zunächst Erscheinungsformen kommunikativer Kooperativität in einem engeren Sinne vorgestellt werden, um anschließend weitere Ausdrucksformen der verstärkten Partner- und Personenorientierung darzustellen.

Kommunikative Kooperativität (vgl. Fiehler, 1999: 54-56) zeigt sich im untersuchten Gespräch in einer Vielzahl von sprachlich-kommunikativen Phänomenen, die nachfolgend zusammengestellt und an einigen wenigen Beispielen illustriert werden sollen. Das Ausmaß der kommunikativen Kooperativität führt dazu, dass das Sprechen an manchen Stellen den Charakter des gemeinsam miteinander Musizierens annimmt. Wie auch schon die bisher vorgestellten Transkriptausschnitte zeigen, ist *simultanes oder überlappendes Sprechen* eine überaus häufige und hervorstechende Erscheinung in diesem Gespräch. Weitere Merkmale kommunikativer Kooperativität sind:

- *Exzessiver Gebrauch von Rezeptions-/Bestätigungssignalen*

KF:	un musst ja au en zi"mmer bstellt werde↑ un für marti"na noch en
F:	ja ja ja ja↓
KF:	zimmer bestellt un schwager un schwä"gerin↓
KF:	also wir ham sechs/ zu sechst dann überna"chtet↑ sin dann wo unsre
F:	mhm↑ mhm↑ mhm↑

Rezeptionssignale treten ungewöhnlich häufig *multipel* (als Batterie) und/oder *gehäuft* (voneinander abgesetzt, aber mehrfach auf engem Raum) auf. Sie gewinnen durch ihre Zahl zunehmend den Charakter von Bestätigungssignalen.

- *Wechselseitige Paraphrasen (simultan bzw. sukzessive gesprochen)*

F:	des kann aber nit/ * dieses freiburg hat nix zu tu"n↓
KM:	das hat damit nix zu tu"n↓
KM:	hat damit nix zu tun↓ nein das hat damit ni"chts zu tun
F:	ebe↓ ebe↓ ah ja↓ ah ja↓

In diesem Beispiel paraphrasiert zunächst Herr Kellner Herrn Frahm simultan, wobei KM die Äußerung von F vervollständigt. Danach wiederholt Herr Kellner seine Äußerung leicht variiert zweimal. Diese Wiederholungen begleitet dann F seinerseits durch eine Batterie von Bestätigungssignalen. Dieses Beispiel kann zugleich als Beleg für die identische oder variierende Wiederholung von Äußerungen durch den gleichen Sprecher dienen.

- *Reformulierungen*

KM:	nee die sind e"her↓
F:	sind sie vo"rzeitig gegange↓

Reformulierungen unterscheiden sich von den Paraphrasen dadurch, dass sie das sprachliche Material der Bezugsäußerung stärker variieren. Dadurch sind sie in der Lage, neue Aspekte ins Spiel zu bringen. In diesem Fall wird das neutrale *eher* zu *vorzeitig* verschärft: Auf diese Weise wird das nicht Normgerechte des Zeitpunkts betont. Auch Reformulierungen können, wie in diesem Fall, simultan zur Bezugsäußerung oder im Anschluss an sie realisiert werden (zu Paraphrasen und Reformulierungen vgl. auch Sachweh, 2001).

- *Gemeinschaftliche Äußerungsproduktion*

F:	die mutter von de gu"drun isch die↑
KF:	von der gu"drun
KF:	frau von meinem verstorbenen ve"tter↓
F:	von deinem ve"tter↓ mhm↑

Herr Frahm beginnt eine Äußerung mit *die mutter von de gu"drun isch die*↑ und Frau Kellner setzt sie mit *frau von meinem verstorbenen vetter* fort, so dass es zu einer gemeinschaftlichen Äußerungsproduktion kommt (vgl. Schwitalla, 1992; Sachweh, 2001). In beiden Äußerungshälften gibt es zudem jeweils Paraphrasen von Äußerungsteilen durch den gerade nicht dominanten Sprecher, die zum Teil simultan formuliert werden – ein ausgesprochen dichtes Beispiel für kommunikative Kooperativität.

- *Entwickelndes Nachfragen*

KF:	die äh mu"tter von der gu"drun isch die frau meines verstorbenen ve"tters
KF:	der ja nach=m tod von d=n eltern war der ja mein vo"rmund↓
F:	un die le"bt aber noch↓ jaha↑

Eine hohe Rate an Nachfragen ist ein weiteres Element kommunikativer Kooperativität. Sie signalisiert und demonstriert das Interesse des Hörers am Thema. Die Nachfragen führen in der Regel zu Detaillierungen, durch die die jeweilige Thematik weiter entwickelt und vertieft wird.

- *Präferenz für Zustimmung*

F:	ja gut↓ aber=ich bin trotzdem e #bobbele↓# KIND FREIBURGS
F:	also↓
KF:	ja ja"↓
KM:	LACHT naja natu"rlich↓
F:	gebürtiger frei"burger↓

Die Gesprächspartner stellen fest, dass das Ehepaar Kellner insgesamt schon länger in Freiburg gelebt hat als Herr Frahm. F reklamiert daraufhin – quasi als rituellen Ausgleich –, dass er im Gegensatz zu den Kellners gebürtiger Freiburger ist. Das wird ihm sowohl von KF wie auch von KM zustimmend eingeräumt. Ähnlich wie in dieser Sequenz zeigt sich auch generell eine Tendenz, lieber zuzustimmen als zu problematisieren, zu relativieren oder zu widersprechen.

- *Bewertungsteilungen*

```
F:    mit dem fax isch des ja=e feine sa"ch (dann)↓
KF:                                   ach de=sch he"rrlich↓ *
KM:                                              ja ja↓
```

Ein Spezialfall von Zustimmungen sind Bewertungsteilungen, bei denen die Beteiligten sich in demonstrativer Weise versichern, dass sie in der Bewertung eines Sachverhalts oder einer Person übereinstimmen (vgl. Fiehler, 1990: 221-225). In diesem Fall wird Herrn Frahms positive Bewertung von Faxgeräten sowohl von Frau wie auch von Herrn Kellner gestützt. Indem Bewertungsteilungen manifest machen, dass die Gesprächspartner in relevanten Bewertungen übereinstimmen, haben sie eine stark gemeinschaftsstiftende und -stabilisierende Funktion.

- *Stichwortgeben*

```
F:    hab ich überlegt du hasch nur von de to"chter gsproche↓
```

Bei der Sichtung, wer an der Geburtstagsfeier teilgenommen hat und wer nicht, gibt Herr Frahm mit dieser Äußerung das Stichwort, um im Folgenden ausführlich die problematische Abwesenheit des Schwiegersohns zu besprechen. Dass dieser sein Nichtkommen angekündigt hatte, ist F dabei durchaus bekannt (*a:h↓ des * isch also dabei geblie"be↓ der christian isch ni"ch komme↓*). Durch das Stichwortgeben wird dem Gesprächspartner in kooperativer Weise Raum gegeben, um eine bestimmte Thematik zu entfalten. Er wird allerdings auch in gewisser Weise dazu verpflichtet.

Auch im folgenden Ausschnitt bemüht sich Herr Frahm kooperativ, Herrn Kellner durch ein konkretisierendes Stichwort auszuhelfen (*über ein geländespiel am feldberg oder so*). Fs Annahme erweist sich allerdings als voreilig, so dass der Versuch misslingt und im Folgenden eine interaktiv aufwändige Richtigstellung erfolgen muss.

```
KF:   mein lieber mann (sitzt da so) war mi"tternacht↓ *
KF:   hatte ne au"fzeichnung gemacht von der hi"tlerjugend↑

KM:   da läuft ne se"rie bei * ar * te * glaub ich↓ ...
F:                                                  über de/

F:    ein geländespiel am fe"ldberg >oder so↓< nit
KM:       (mit)/                    <nee nee nee"> karl↓

KM:   das/ nee das ni"ch↓ ja is da au"ch was noch↓
```

Über die genannten Formen kommunikativer Kooperativität hinaus zeigt sich die verstärkte Partner- und Personenorientierung in dem Gespräch ferner durch die *Demonstration einer intensiven Anteilnahme* an anderen Personen und in einer deutlichen *Präferenz für Gemeinschaftlichkeit und Sozialität* gegenüber einer individuellen Profilierung und Abgrenzung. Die Gemeinschaftlichkeit wird dabei durch verschiedene Verfahren im gemeinsamen miteinander Sprechen erzeugt.

Im untersuchten Gespräch zeigt sich die Anteilnahme von Herrn Frahm in seinem intensiven Interesse am Ablauf der Feierlichkeiten des 75. Geburtstag. Durch Nachfragen und die Demonstration von Interesse initiiert er immer wieder detaillierende Darstellungen und expandiert so die Behandlung dieser Thematik.

Die Bevorzugung von Gemeinschaftlichkeit und Sozialität findet u.a. auch Ausdruck in einer Präferenz für die Demonstration von *Gemeinsamkeit von Wissen*. Man kann vermuten, dass die Demonstration von gemeinsamem Wissen als Demonstration von Gemeinschaftlichkeit für ältere Menschen eine besondere Bedeutung hat. Gemeinsames Wissen hat auch in dem behandelten Tischgespräch einen hohen Stellenwert. Herr Frahm weiß vorab schon viel von dem, was erzählt wird (*des programm (hab ich mitgekriegt); hasch du mir was davoo mal gsa"gt↓*). U.a. dies ermöglicht ihm auch, als Stichwortgeber zu fungieren. Wenn F etwas nicht weiß, führt dies zu Nachfragen, ob er das wissen müsste und zu Bearbeitungen solcher Wissensunterschiede:

KF: meine schwägerin↓ * von/ von damals von der fortu"na↓ haja↓
F: ja also ←äh→

F: müsst ich sie kenne↓ schau ich vergi"ss dann so (gesichter↓)
KF: ah ja:↓ des isch ja au nit so wi"chtig↓

Frau Kellner unterstellt Herrn Frahm, dass er ihre Schwägerin kennt. F gibt aber mit Anzeichen von Verlegenheit zu erkennen, dass dies nicht der Fall ist, woraufhin KF die Bedeutsamkeit dieses Wissens herunterstuft. Ganz analog ist der folgende Fall:

F: aber die muss ich ni"t kenne↓ <LACHT>
KM: nein nein nein nein nein nein nein nein↓
KF: nein die musch du ni"t kenne↓

In diesem und in anderen Gesprächen wird häufig etwas erzählt oder berichtet, was allen Beteiligten bekannt ist. Es geht dabei also nicht um die Mitteilung von Neuem, sondern um die Zelebrierung von etwas gemeinsam Geteiltem. Hier liegt möglicherweise eine Erklärung für das Erwachsenenstereotyp, dass ältere Menschen sich häufig wiederholen. Vor diesem Hintergrund wird auch verständlich, dass kommunikative Verfahren des Wissensausgleichs wie Erzählungen oder Klatsch für ältere Menschen eine besondere Bedeutung haben.

Die hier dargestellten Phänomene sind natürlich nicht auf Gespräche alter Menschen beschränkt. Sie treten – unabhängig vom Alter der Beteiligten – in allen Gesprächen auf, in denen Kooperativität und Gemeinschaftlichkeit eine zentrale Rolle spielen, z.B. in geselligen Runden. Was sie in Gesprächen älterer Menschen auffällig macht, ist die *Häufung* der Verfahren und die *Frequenz*, mit der Realisierungen dieser Verfahren auftreten. Ich möchte auch nicht behaupten, dass diese Phänomene für alle alten Menschen charakteristisch sind. Dafür ist das Alter viel zu heterogen, und es gibt große Gruppen, die zu diesen Formen von Kooperativität und Partnerorientierung nicht in der Lage sind, die dazu keine Gelegenheit haben oder denen daran nicht gelegen ist.

5 Zusammenfassung

Beginnt man rekapitulierend bei den Daten, so waren ein außergewöhnliches Maß an Partner- bzw. Personenorientierung und an kommunikativer Kooperativität sowie zahlreiche Episoden der Demonstration von Kompetenz und Normalität hervorstechende Merkmale des untersuchten Gesprächs. Vor diesem Hintergrund ist die Hypothese zu bedenken, dass viele der alterstypisch wirkenden sprachlich-kommunikativen Phänomene sich einer stärkeren Personen- und Beziehungsorientierung der älteren Menschen verdanken, die im Kontrast zu der vorherrschenden Aufgaben- und Sachorientierung der mittleren Generation steht und die aus dieser Perspektive daher besonders auffällig erscheint. In den Analysen wurde zugleich eine starke Orientierung der älteren Generation an den Normalitätsstandards und der Identität der mittleren Generation deutlich, die sich in einer Vielzahl von Kontrastierungen und Demonstrationen des (noch) Teilhabens an dieser ‚Normalität' manifestierte.

Diese Phänomene fügen sich zusammen, wenn man sie als Elemente eines Diskurses versteht, in dem Altersidentität entwickelt und fortgeschrieben wird. Für diesen Diskurs ist konstitutiv, dass zum einen Nachweise geführt werden, dass Aspekte der Erwachsenenidentität unbeeinträchtigt fortbestehen, dass zum anderen Abweichungen und Beeinträchtigungen der Erwachsenenidentität thematisiert werden und dass letztlich eigenständige Aspekte von Altersidentität präsentiert werden. Die Ausbildung und Bearbeitung von Altersidentität erfolgt dabei also in einer deutlichen Abhängigkeit von der Erwachsenenidentität.

Danksagung

Für eine ausführliche Analyse dieses Gesprächs, in der viele der hier vorgestellten Ideen gemeinsam entwickelt wurden, danke ich Daniela Heidtmann und Reinhold Schmitt. Den Alten von Gréoux (Provence) danken wir für Inspirationen.

Literatur

Androutsopoulos, J. (2001). Von fett zu fabelhaft: Jugendsprache in der Sprachbiografie. Osnabrücker Beiträge zur Sprachtheorie, 62, 55-78.

Coupland, N., Coupland, J. & Giles, H. (1991). *Language, society and the elderly: Discourse, identity and ageing*. Oxford: Blackwell.

Fiehler, R. (1990). *Kommunikation und Emotion. Theoretische und empirische Untersuchungen zur Rolle von Emotionen in der verbalen Interaktion.* Berlin: de Gruyter.

Fiehler, R. (1997). Kommunikation im Alter und ihre sprachwissenschaftliche Analyse. Gibt es einen Kommunikationsstil des Alters? In: M. Selting & B. Sandig (Eds.), *Sprech- und Gesprächsstile* (pp. 345-370). Berlin: de Gruyter.

Fiehler, R. (1999). Was tut man, wenn man ‚kooperativ' ist? Eine gesprächsanalytische Explikation der Konzepte ‚Kooperation' und ‚Kooperativität'. In: A. Mönnich & E.W. Jaskolski (Eds.), *Kooperation in der Kommunikation. Festschrift für Elmar Bartsch* (pp. 52-58). München: Reinhardt.

Fiehler, R. (2001). Der Stil des Alters. In: I. Keim & W. Schütte (Eds.), *Soziale Welten und kommunikative Stile. Festschrift für Werner Kallmeyer zum 60. Geburtstag.* Tübingen: Narr.

Fiehler, R. (2002). Spracherwerb im Erwachsenenalter. In: G. Rickheit, Th. Herrmann & W. Deutsch (Eds.), *Psycholinguistik. Ein internationales Handbuch*. Berlin: de Gruyter (im Druck).

Holstein, J.A. & Gubrium, J.F. (2000). *The self we live by. Narrative identity in a postmodern world.* New York: Oxford University Press.

Keupp, H., Ahbe, T., Gmür, W., Höfer, R., Mitzscherlich, B., Kraus, W. & Straus, F. (1999). *Identitätskonstruktionen. Das Patchwork der Identitäten in der Spätmoderne*. Reinbek: Rowohlt.

Kraus, W. (1996). *Das erzählte Selbst. Die narrative Konstruktion von Identität in der Spätmoderne.* Pfaffenweiler: Centaurus.

Luckmann, Th. (1988). Kommunikative Gattungen im kommunikativen ‚Haushalt' einer Gesellschaft. In: G. Smolka-Koerdt, P.M. Spangenberg & D. Tillmann-Bartylla (Eds.), *Der Ursprung der Literatur* (pp. 279-288). München: Fink.

Ryan, E.B. & Kwong See, S.T. (1998). Sprache, Kommunikation und Altern. In: R. Fiehler & C. Thimm (Eds.), *Sprache und Kommunikation im Alter* (pp. 57-71). Opladen: Westdeutscher Verlag.

Sachweh, S. (2001). „Is doch schön, nech?" Gesprächsstrategien älterer Menschen. *Osnabrücker Beiträge zur Sprachtheorie, 62,* 127-149.

Schiffrin, D. (1996). Narrative as self-portrait: sociolinguistic constructions of identity. *Language in Society, 25,* 167-203.

Schmitt, R. (1997). Unterstützen im Gespräch. Zur Analyse manifester Kooperationsverfahren. *Zeitschrift für Sprachwissenschaft, 16,* 52-82.

Schwitalla, J. (1992). Über einige Weisen des gemeinsamen Sprechens. *Zeitschrift für Sprachwissenschaft, 11,* 51-73.

Schwitalla, J. (1994). Die Vergegenwärtigung einer Gegenwelt. Sprachliche Formen der sozialen Abgrenzung einer Jugendlichengruppe in Vogelstang. In: W. Kallmeyer (Ed.), *Kommunikation in der Stadt 1* (pp. 467-509). Berlin: de Gruyter.

Transkriptionszeichen

Zeichen	Bedeutung
↓	fallende Intonation
↑	steigende Intonation
"	auffällige Betonung
:	Dehnung
=	Verschleifung
<Wort>	lauter gesprochen
>Wort<	leiser gesprochen
←Wort→	langsamer gesprochen
→Wort←	schneller gesprochen

* kurze Pause

(ja) vermuteter Wortlaut
(...) unverständliche Passage
mul/ Abbruch

| aber <u>ja</u> gleichzeitiges Sprechen
| <u>nein</u> nie

LACHEN Kommentar der Transkribendin
\# # Erstreckung des Kommentars

Planung mit Vorsicht: Blickbewegungsparameter in der Sprachproduktion

Stefan Barattelli, Lorenz Sichelschmidt und *Marja van Tuinen*

Die vorliegende Studie geht der Frage nach, inwieweit sich Planungsprozesse bei der Sprachproduktion mit Hilfe von Blickbewegungsparametern rekonstruieren lassen. Nach einem Überblick über theoretische Modelle der Äußerungsplanung und über Ergebnisse psycholinguistischer ‚eye-tracking'-Studien stellen wir ein Experiment vor, in dessen Mittelpunkt der Zusammenhang zwischen dem Blickbewegungsverhalten beim Betrachten räumlicher Objektkonstellationen und dem Sprachverhalten beim Beschreiben dieser Strukturen steht. Die Ergebnisse zeigen, dass Parameter wie die Anzahl der Fixationen und die ‚gaze duration', nicht jedoch die ‚eye voice span', in einem systematischen Zusammenhang zu den kognitiven Prozessen bei der Produktion sprachlicher Äußerungen stehen. Theoretische und methodische Implikationen dieser Befunde werden abschließend diskutiert.

1 Einleitung

Die Untersuchung des Sprechens – die Sprachproduktionsforschung – ist ein zwar junger, inzwischen jedoch etablierter Bereich der empirischen Psycholinguistik. Nachdem in früheren Jahren zunächst Bedingungen der Sprachproduktion theoretisch rekonstruiert und empirisch überprüft wurden, sind in der letzten Dekade zunehmend auch empirische Untersuchungen zur Dynamik von Teilprozessen der Sprachproduktion durchgeführt worden. Ein deutlicher Schwerpunkt liegt dabei auf jenen Teilprozessen, die relativ spät im Verlauf der Produktion einer Außerung ablaufen. Frühe Prozesse der Konzeptualisierung einer sprachlichen Äußerung sind bisher noch kaum mit prozessbegleitenden Mitteln untersucht worden. Die vorliegende Arbeit stellt einen Versuch dar, diese Lücke zu schließen, und zwar mit Hilfe des ‚eye tracking', der Aufzeichnung von Blickbewegungen während der Produktion komplexer sprachlicher Äußerungen. Die dabei gewählte Domäne ist die sprachliche Beschreibung einer zweidimensionalen netzartigen Struktur, wie sie erstmals von Levelt (1981; 1982) verwendet wurde.

2 Sprachproduktion im Überblick

Obwohl die in der Literatur vorgeschlagenen Theorien und Modelle der Sprachproduktion (Dell, 1986; Herrmann & Grabowski, 1994; Levelt, 1989; Levelt, Roelofs & Meyer, 1999; Schade, 1999) in einigen Aspekten voneinander abweichen, liegt doch allen die Annahme zugrunde, dass die Produktion einer sprachlichen Äußerung in drei funktional unterschiedlichen Teilprozessen abläuft: der Konzeptualisierung, der Formulierung und der Artikulation. Im Folgenden werden wir diese Teilprozesse kurz skizzieren.

2.1 Zentrale Prozesse der Sprachproduktion

Am Anfang fast jeder sprachlichen Äußerung steht die *Konzeptualisierung*. Während der Konzeptualisierung werden die noch vorsprachlichen Gedanken, die sprachlich ausgedrückt werden sollen, unter dem Einfluss situativer Randbedingungen aufbereitet. Ist damit einmal entschieden, worüber geredet werden soll, wird während der *Formulierung* festgelegt, mit welchen sprachlichen Mitteln der Gedanke geäußert wird. Darunter fallen im wesentlichen die Wahl geeigneter Einträge aus dem mentalen Lexikon des Sprechers, die Bereitstellung grammatischer Strukturen, denen entsprechend die aktivierten Lexikoneinträge in eine für die jeweilige Sprache normgerechte Reihenfolge gebracht werden, und die morpho-phonologische Spezifikation der zu produzierenden Äußerung. Während der *Artikulation* wird diese Information dann so weiter verarbeitet, dass sie in die Aktivierung von am Sprechen beteiligten Muskelgruppen mündet, so dass letztlich das physikalische Schallereignis resultiert, welches wir als sprachliche Äußerung wahrnehmen.

Es ist eine für einzelne Teilprozesse (insbesondere für den lexikalischen Zugriff) noch offene Frage, ob diese Stufen der Sprachproduktion strikt seriell oder teilweise parallel durchlaufen werden. Als gesichert kann jedoch gelten, dass Sprachproduktion inkrementell verläuft: Bereits während der Produktion einer Äußerung kann die Planung weiterer Äußerungen erfolgen (Pechmann, 1989; 1994). Das betrifft vor allen Dingen deren Konzeptualisierung. Wir werden daher im folgenden Abschnitt einen detaillierteren Blick auf die Prozesse der konzeptuellen Planung einer Äußerung werfen. Den Hintergrund für unsere Überlegungen bildet das Modell von Herrmann und Grabowski (1994), welches die hier interessierenden Zusammenhänge umfassend thematisiert.

2.2 Die Konzeptualisierung sprachlicher Äußerungen

Ein wesentlicher Teil der Aufgaben, die jemand zu lösen hat, der eine sprachliche Äußerung produzieren will, betrifft die Transformation nichtsprachlicher, gedanklicher Inhalte in sprachliche Strukturen. Nach Herrmann und Grabowski (1994) umfasst dies vor allem die Selektion, Aufbereitung und Linearisierung von Informationen.

Mit der *Selektion* werden aus allen Informationen, die einem Sprecher zu einem bestimmten Sachbereich zur Verfügung stehen, diejenigen ausgewählt, die tatsächlich auch versprachlicht werden sollen. Dies geschieht in der Regel unter Gesichtspunkten der Instrumentalität; das heißt, es werden solche Informationen selegiert, die den kommunikativen Intentionen des Sprechers maximal dienlich sind (siehe auch Clark, 1996). So ist zum Beispiel für einen hungrigen Sprecher eine Äußerung wie „Gibst du mir bitte einen Apfel?" wohl Erfolg versprechender als die vermutlich auf denselben Wissensstrukturen basierende Äußerung „Gibst du mir bitte eine Frucht des Apfelbaumes, deren Reifezeit im Herbst liegt, die süßlich bis säuerlich schmeckt, vorwiegend in den Farben grün, gelb und rot vorkommt, zu Mus oder Kompott verarbeitet werden kann und allgemein ‚Apfel' genannt wird?".

Die so selegierte Information muss in einem zweiten Prozess *aufbereitet* werden. Auch dies geschieht in der Regel im Hinblick auf vorliegende Intentionen des Sprechers: Soll beispielsweise der Zusammenbau eines Gegenstandes angeleitet werden, so muss der Sprecher andere Informationen über den Gegenstand thematisieren als wenn dieser lediglich beschrieben werden soll (Mangold-Allwinn, Barattelli, Kiefer & Koelbing, 1995). Will der Sprecher eine räumliche Konstellation beschreiben, so muss er unter Umständen „rechts" in „links" umwandeln, wenn er die Konstellation vom Blickpunkt eines Hörers aus beschreiben will, der sich ihm gegenüber befindet (Buhl, 1996).

Wenn fest steht, über welche Information der Sprecher wie reden will, muss er noch die Reihenfolge festlegen, in der er seine Gedanken äußert (*Linearisierung*), denn Sprache ist ein Medium, das eine zeitliche Dimension aufweist. Dies kann dann relativ einfach sein, wenn die Domäne, über die gesprochen wird, selbst eine inhärente zeitliche Struktur besitzt wie das etwa bei Ereignisfolgen der Fall ist (Wrobel, 1994). Zu einem Problem wird die Linearisierung aber spätestens dann, wenn über verschiedene gleichzeitig vorliegende Informationen gesprochen wird (Habel & Tappe, 1999). Besonders deutlich wird dies bei der Beschreibung von Gegenständen oder räumlichen Konstellationen (Levelt, 1981). In einer mittlerweile ‚klassischen' Studie konnten etwa

Linde und Labov (1975) zeigen, dass Versuchspersonen bei der Beschreibung einer Wohnung dazu neigen, einen imaginären Gang durch die Wohnung vorzunehmen anstatt etwa eine Beschreibung aus der Vogelperspektive zu produzieren. Bei einem solchen imaginären Gang kann man auf bekannte Wissensbestände zurückgreifen und die Linearisierung auf diese Weise erleichtern: Eine Äußerung wie „dann kommt das Wohnzimmer" wird ohne weitere Zusatzinformationen für den Hörer interpretierbar. Der Sprecher kann sich also ersparen, darauf hinzuweisen, der besagte Raum sei der nächste Raum, den man zu Fuß gehend erreichen würde, und nicht etwa derjenige am anderen Ende des Hauses.

Besonders interessant ist in diesem Zusammenhang die von den meisten Versuchspersonen bevorzugte Strategie für das Verhalten an Gabelungspunkten bei einem solchen imaginären Gang: Im Allgemeinen entscheiden sie sich nämlich dafür, die jeweils kürzere Abzweigung zuerst zu beschreiben. Levelt (1982) fand einen ähnlichen Komplexitätseffekt für die Beschreibung von Mustern aus netzartig verbundenen farbigen Punkten. Er interpretiert dies im Sinne kognitiver Ökonomie: Diese Strategie ist insofern wenig gedächtnisbelastend, als der Sprecher den Verzweigungspunkt, von dem aus der imaginäre Gang später weiterzuführen ist, für kürzere Zeit im Gedächtnis behalten muss, wenn er zuerst die kürzere Abzweigung verfolgt. Freilich muss der Sprecher dazu die zu beschreibende Struktur so weit kennen, dass er weiß, welches die kürzere Abzweigung ist.

Vor dem Hintergrund der zuvor skizzierten Annahmen zur Planung von sprachlichen Äußerungen kann angenommen werden, dass an den Punkten, an denen ein imaginärer Gang durch eine Objektkonstellation eine Abzweigung aufweist, ein erhöhter Linearisierungsaufwand nötig ist. Diese Annahme ist jedoch durch global erhobene Maße für die Komplexität eines Reizes, wie etwa die Reaktionszeit oder die Fehlerzahl, nicht zu überprüfen. Denn solche Maße gestatten nur eine globale Aussage über die Komplexität der gesamten Reizkonfiguration, jedoch keine Aussage über die lokale kognitive Beanspruchung zu bestimmten Zeitpunkten während der Bearbeitung der Aufgabe. Um also zu überprüfen, an welchen Stellen bei der Beschreibung einer komplexen Objektkonstellation ein besonderer Planungsaufwand nötig ist, müssen prozessbegleitende Maße herangezogen werden. Derartige Maße liefert etwa die Aufzeichnung von Blickbewegungen. Im folgenden Abschnitt stellen wir die dabei verwendeten Parameter kurz dar, wobei wir ihren spezifischen Nutzen für die Psycholinguistik genauer diskutieren.

3 Blickbewegungen und Sprachverarbeitung

‚Eye tracking', die Aufzeichnung von Blickbewegungen, ermöglicht das Herstellen einer Beziehung zwischen räumlichen und zeitlichen Komponenten der Bearbeitung einer Aufgabe. Durch das Erfassen von Blickbewegungsparametern wie Betrachtungsdauer, Fixationshäufigkeit oder Sakkadenlänge kann ‚on line' verfolgt werden, mit welchem von mehreren räumlich distinkten Reizen sich die Versuchsperson zu einem bestimmten Zeitpunkt befasst. Der Hauptvorteil der Aufzeichnung von Blickbewegungen liegt damit in der raumzeitlichen Dekomponierbarkeit der Verarbeitungsprozesse. Im folgenden Abschnitt wird zunächst die Bedeutung der einzelnen Parameter des Blickbewegungsverhaltens von Menschen bei der rezeptiven Sprachverarbeitung erörtert, da in diesem Bereich entsprechende gesicherte Erkenntnisse vorliegen. Anschließend werden diese Erkenntnisse auf die Sprachproduktionsforschung übertragen.

3.1 Blickbewegungen in der Sprachrezeptionsforschung

Die weitaus detailliertesten Erkenntnisse über den Zusammenhang von Blickbewegungen und Sprachrezeption stammen aus der empirischen Leseforschung (Rayner & Sereno, 1994). Beim Lesen geschriebener Äußerungen gleiten die Blicke der Leser nicht über den Text, sondern sie springen in Sakkaden von einem Fixationspunkt zum nächsten.

Die *Länge der Sakkaden* hängt im wesentlichen von der Komplexität des Texts und der Lesefertigkeit des Rezipienten ab. Bei leichteren Texten bzw. geübten Lesern sind längere Sakkaden zu beobachten als bei komplexen Texten bzw. ungeübten Lesern (Rayner, Sereno, Morris, Schmauder & Clifton, 1989). Demzufolge kann die Sakkadenlänge als Parameter der kognitiven Belastung bei der Bearbeitung einer Aufgabe interpretiert werden.

Die *Fixationsdauer*, also die Dauer des Verweilens auf einem Fixationspunkt, lässt sich auf eine ähnliche Weise interpretieren: Just und Carpenter (1980) fanden erhöhte mittlere Fixationsdauern bei seltenen Wörtern, bei schwierigen syntaktischen Konstruktionen und am Ende von Sätzen, wenn die zuvor aufgenommene Information in eine Interpretation des Gesamttextes integriert wird.

Die so genannte *‚gaze duration'* hängt eng mit der Fixationsdauer zusammen: Hierfür werden die Dauern aller Fixationen auf einem bestimmten Reiz addiert, um so zu einem Maß der gesamten für die Analyse dieses Reizes erforderlichen Zeit zu kommen.

Thibadeau, Just und Carpenter (1982) beispielsweise beobachteten eine erhöhte ,gaze duration' beim Lesen neuer im Vergleich zu bekannten Informationen. Auch hier deutet sich also ein Zusammenhang zwischen dem kognitiven Aufwand bei der Verarbeitung eines Reizes und beobachtbaren Blickbewegungsparametern an.

Bei der *Fixationsanzahl* ist dieser Zusammenhang allerdings nicht so eindeutig. Zum einen korreliert die Zahl der Fixationen natürlich negativ mit der Sakkadenlänge, da um so mehr Fixationen vorgenommen werden müssen, je kürzer die Sakkaden ausfallen. Andererseits konnte in einem Experiment zur Objektwahrnehmung gezeigt werden, dass die Anzahl der Fixationen eher davon abhängt, welche Strategien eine Versuchsperson bei der Wahrnehmung verfolgt (Niemann, Lappe & Hoffmann, 1996). Demzufolge ist die Fixationsanzahl eher als Indikator für globale Planungsprozesse anzusehen; Rückschlüsse auf ,on line' erfolgende lokale Planungsprozesse erlaubt sie dagegen aber kaum.

Ein letzter in der Forschung relativ häufig verwendeter Parameter ist die so genannte *,eye voice span'*. Damit wird die Spanne zwischen dem Betrachten und dem Aussprechen eines Wortes beim lauten Lesen bezeichnet. Sie wird üblicherweise in Wörtern oder Buchstaben oder aber in Zeiteinheiten gemessen und gilt als Parameter für die kognitive Belastung beim Lesen. So zeigten etwa Anderson und Dearborn (1952), dass die ,eye voice span' an unverständlichen oder mehrdeutigen Textstellen deutlich größer ist als an einfachen Textstellen. Der Vorteil der Messung der ,eye voice span' ist, dass sie gegenüber den bisher genannten Parametern stärker von Materialeigenschaften abhängt, weniger dagegen von individuellen Eigenschaften der Versuchsperson wie etwa der Lesefertigkeit. In Klammern sei angemerkt, dass zur Untersuchung des Verstehens gesprochener Sprache ein der ,eye voice span' analoges Maß, die so genannte ,voice eye span', eingesetzt wird.

Blickbewegungsparameter als Indikatoren kognitiver Prozesse haben sich mittlerweile in verschiedenen psycholinguistischen Experimenten zur Sprachrezeption empirisch bewährt (Allopenna, Magnuson & Tanenhaus, 1998; Eberhard, Spivey-Knowlton, Sedivy & Tanenhaus, 1995; Konieczny, Hemforth, Scheepers & Strube, 1996; Sichelschmidt, 1995). Im folgenden Abschnitt werden wir diskutieren, inwieweit die für das Sprachverstehen gefundenen Beziehungen zwischen Blickbewegungsparametern und kognitiven Prozessen auf die Sprachproduktionsforschung übertragen werden können.

3.2 Blickbewegungen in der Sprachproduktionsforschung

Die Untersuchung von Planungsprozessen in der Sprachproduktion ist ein mit einigen Problemen behaftetes Unterfangen. Gängige experimentelle Verfahren der Untersuchung von kognitiven Prozessen, etwa Priming- oder Interferenz-Technik, lassen sich zwar sinnvoll bei der Produktion kleiner sprachlicher Einheiten einsetzen, nicht jedoch bei der Produktion ganzer Sätze oder Texte. Die Aufzeichnung von Blickbewegungen kann an dieser Stelle von großem Nutzen sein, sollten sich in der Sprachproduktion ähnlich enge Beziehungen zwischen einzelnen Parametern des Blickverhaltens und sprachlichem Verhalten ergeben wie in der Sprachrezeption.

Meyer, Sleiderink und Levelt (1998) untersuchten den Zusammenhang zwischen Prozessen des lexikalischen Zugriffs und der ‚gaze duration' (oder, wie die Autoren sie nennen, der ‚viewing time'). In einem Benennungsexperiment fanden die Autoren deutlich erhöhte ‚gaze durations' bei Objekten, deren Bezeichnung ein seltenes Wort und deren Benennung daher verzögert war. In einem Kategorisierungsexperiment zeigte sich dieser Effekt aber nicht, so dass davon auszugehen ist, dass die erhöhten ‚gaze durations' in dem Benennungsexperiment ein Indikator für Probleme beim Zugriff auf die phonologische Form waren (siehe auch Meyer & van der Meulen, 2000).

Griffin und Bock (2000) untersuchten ‚gaze duration' und ‚eye voice span' bei der Produktion von Sätzen. Im Experiment sollten Versuchspersonen einfache Szenen durch Sätze wie „Der Hund jagt den Briefträger" benennen. Dabei zeigte sich, dass gerade die ‚gaze duration' eng mit der Dauer beziehungsweise der Komplexität semantischer und syntaktischer Teilprozesse bei der Sprachproduktion zusammenhängt.

Schließlich erhoben auch Clermont, Meier, Pomplun, Prestin, Rieser, Ritter und Velichkovsky (1995) die ‚eye voice span', um im Rahmen der Produktion eines Instruktionsdialoges den Abgleich referenzieller Äußerungen zwischen Sprecher und Hörer zu untersuchen. In dieser Studie erwies sich dieser Blickbewegungsparameter als sensitives Maß für lokale Prozesse des lexikalischen Zugriffs: Die ‚eye voice span' verringerte sich immer dann, wenn der lexikalische Zugriff erschwert war, etwa durch die Produktion seltener Wörter oder bei morphologischen Problemen.

Clermont et al. (1995: 38) schließen aus ihren Beobachtungen, die ‚eye voice span' sei „sensitiv zu kognitiven und kommunikativen Aspekten." Nach unserer Auffassung ist diese Interpretation jedoch problematisch. Zum einen ist die Zahl der Untersuchungen, in denen Blickbewegungen während der Sprachproduktion gemessen wurden, bisher noch zu gering, um eine solch generelle Aussage treffen zu können.

Zum anderen ist die Beziehung zwischen einzelnen Parametern des Blickverhaltens und spezifischen Teilprozessen der Sprachproduktion noch zu unklar, um abschätzen zu können, wie wertvoll diese Parameter in der experimentellen Untersuchung der Sprachproduktion sind. Mit dem in den folgenden Abschnitten beschriebenen Experiment wollen wir einen Beitrag zur Lösung dieser Probleme leisten.

4 Blickbewegungen als Parameter für Sprechplanungsprozesse

Gegenstand des Experiments war die Linearisierung von Informationen, also ein Teilprozess der Konzeptualisierung von Informationen zu Beginn der Sprachproduktion. Wir haben diesen Gegenstand deshalb gewählt, weil einerseits zu diesem Bereich bisher noch kaum Erkenntnisse vorliegen, die auf ‚on line'-Maßen basieren, andererseits aber mit Levelt (1981; 1982) Arbeiten vorliegen, die eine Evaluierung der verschiedenen Blickbewegungsparameter anhand bereits vorliegender Ergebnisse von ‚off line'-Untersuchungen erlaubt.

Aufgrund des explorativen Charakters des Experiments stand im Vordergrund nicht die Überprüfung konkreter, aus einem Modell der Sprachproduktion abgeleiteter Hypothesen. Es sollte vielmehr die grundlegende Frage geprüft werden, ob verschiedene Parameter des Blickbewegungsverhaltens systematisch und einheitlich mit unterschiedlich komplexen Linearisierungsprozessen im Verlauf einer Sprachproduktionsaufgabe korrelieren.

4.1 Material und Vorgehen

In Anlehnung an Levelt (1981; 1982) haben wir im vorliegenden Experiment komplexe Objektkonstellationen verwendet, in denen Knoten in einer netzartigen Struktur miteinander verbunden waren. Die Aufgabe der Versuchspersonen bestand darin, einen Weg durch diese Struktur unter Nennung aller Knoten zu beschreiben.

Die Objekte bestanden aus Quadraten, in deren Mitte jeweils eine CVC-Kombination, die zur Benennung der Knoten verwendet werden sollte, platziert wurde. Diese CVC-Kombinationen wurden so konstruiert, dass sich keine allgemein bekannten Abkürzungen ergaben. Die Größe der Quadrate (30 Pixel Seitenlänge), ihr Abstand (100 Pixel Translation) und die verwendete Schrift (Courier) wurden so gewählt, dass eine periphere Wahrnehmung der CVC-Kombinationen ausgeschlossen war. Dadurch wurde sichergestellt, dass jedes Quadrat bzw. jede CVC-Kombination tatsächlich fixiert wurde. Jede Objektkonstellation enthielt 15 Knoten, von denen der unterste als Startquadrat gekennzeichnet war. Insgesamt gab es 14 verschiedene Objektkonstellationen. Abbildung 1 zeigt ein Beispiel für das im Experiment verwendete Material.

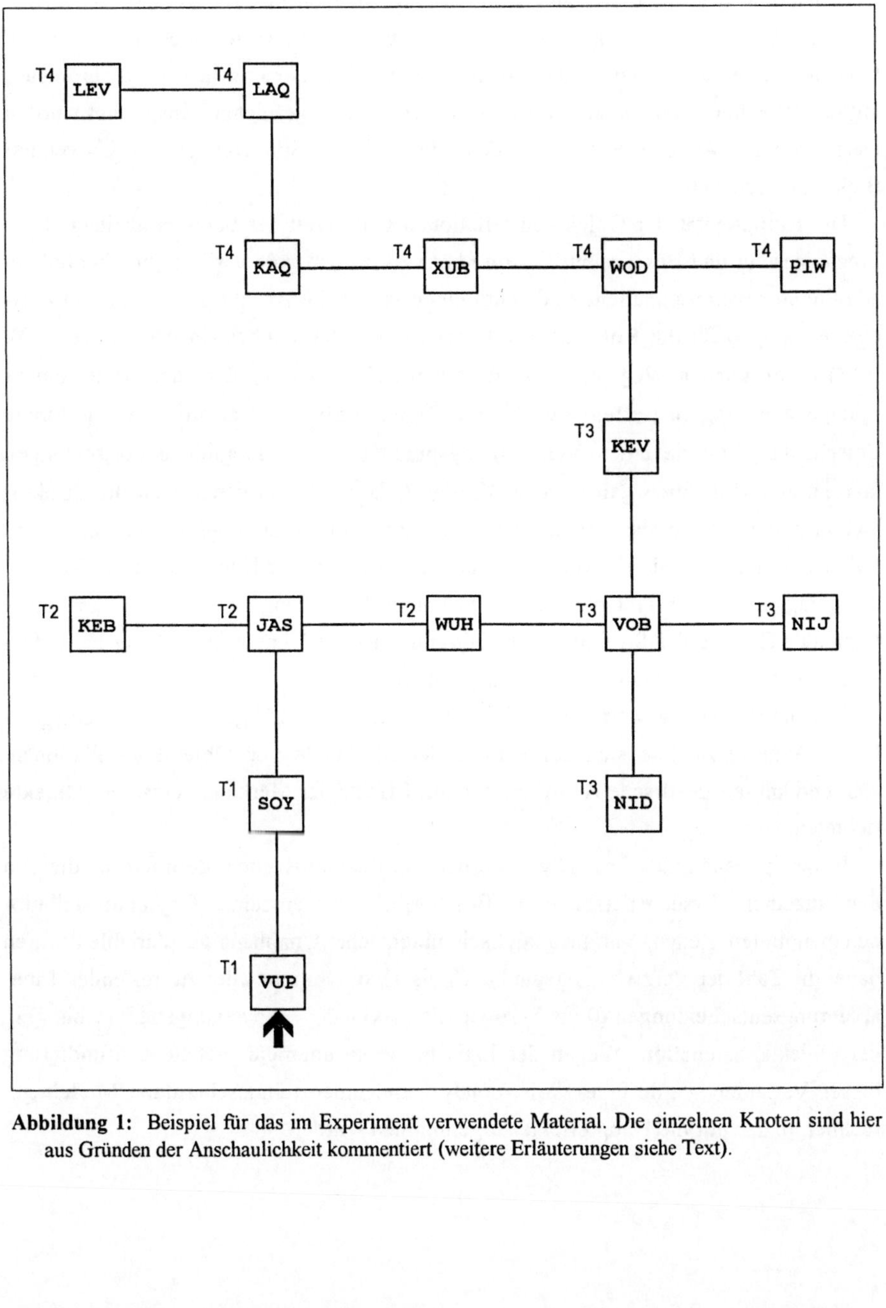

Abbildung 1: Beispiel für das im Experiment verwendete Material. Die einzelnen Knoten sind hier aus Gründen der Anschaulichkeit kommentiert (weitere Erläuterungen siehe Text).

Die so konstruierten Objektkonstellationen wurden den Versuchspersonen auf dem Monitor eines Standard-PCs dargeboten. Durch Tastendruck konnte die Versuchsperson die Darbietung eines Items starten. Gleichzeitig wurde durch den Tastendruck die Aufzeichnung der Blickbewegungen der Versuchsperson in Gang gesetzt. Die Erfassung der Blickbewegungsdaten erfolgte videobasiert mit Hilfe eines SMI EyeLink Präzisions-Eyetrackers. Die Äußerungen der Versuchspersonen wurden, synchronisiert mit den Blickbewegungen, auf einem DAT-Recorder aufgezeichnet. Insgesamt wurden Daten von 25 Versuchspersonen – deutschsprachigen Studierenden der Universität Bielefeld – erhoben.

Die Komplexität der Objektkonstellationen und damit der Schwierigkeitsgrad bei Linearisierung und Beschreibung wurde über zwei Merkmale variiert, die ebenfalls in Abbildung 1 veranschaulicht sind. Zum einen wurde die Anzahl der *Linearisierungsentscheidungen* für die Knoten variiert. Bei den meisten Knoten (in Abbildung 1 z.B. SOY) führte nur ein Weg weiter, so dass keine Entscheidung über den weiter einzuschlagenden Weg zu treffen war. Andere Knoten (z.B. JAS) erforderten eine binäre Entscheidung, da sie einen Verzweigungspunkt mit zwei möglichen Fortsetzungen markierten. Schließlich gab es auch Knoten (z.B. VOB), an denen sich die Struktur zweifach gabelte, so dass dementsprechend zwei Linearisierungsentscheidungen zu fällen waren. Zum anderen wurde die *Verzweigungstiefe* der Knoten variiert. Die Verzweigungstiefe beschreibt die Hierarchie-Ebene der entlang einer Route aufeinander folgenden Zweige der Struktur (in Abbildung 1 ist zur Veranschaulichung bei jedem Knoten dessen Verzweigungstiefe T aufgeführt).

Die statistische Auswertung wurde in zwei Schritten durchgeführt. Eine itemspezifische Analyse richtete sich auf Effekte der Merkmale von Objektkonstellationen, während knotenspezifische Analysen sich auf Effekte der Merkmale einzelner Objekte richteten.

In der itemspezifischen Analyse wurden die Reaktionszeiten, definiert als die von den einzelnen Versuchspersonen zur Beschreibung der einzelnen Objektkonstellationen benötigten Zeiten, varianzanalytisch untersucht. Unabhängige Variablen waren dabei die Zahl der Verzweigungspunkte (0 bis 4), die Summe aller zu treffenden Linearisierungsentscheidungen (0 bis 5) sowie die maximale Verzweigungstiefe (1 bis 4) in der Objektkonstellation. Wegen der logischerweise unumgänglichen Konfundierung dieser Variablen wurde eine Varianzanalyse mit einem eingeschränkten Modell gerechnet, in das nur die Haupteffekte aufgenommen wurden.

In den knotenspezifischen Analysen wurden die Anzahl der Fixationen, die mittlere Fixationsdauer, die ‚gaze duration' und die ‚eye voice span' pro Knoten varianzanalytisch ausgewertet. Die ‚gaze duration' wurde als Summe der Dauern aller Fixationen auf einem Knoten berechnet, die ‚eye voice span' als Zeitspanne zwischen dem Beginn der ersten Fixation eines Knotens und dem Beginn seiner sprachlichen Benennung. Unabhängige Variablen waren die Anzahl der Linearisierungsentscheidungen pro Knoten (0 bis 2) und die Verzweigungstiefe des betreffenden Knotens (1 bis 4). Auch diese Analysen wurden wegen teilweiser Konfundierung der Variablen in eingeschränkten Modellen ohne Einbezug von Interaktionen untersucht. Interaktionen der genannten Variablen wurden in den item- wie knotenspezifischen Analysen über gezielte Kontraste auf Signifikanz überprüft. Die diesbezüglichen Ergebnisse können in der vorliegenden Arbeit aus Platzgründen nicht berichtet werden; eine vollständige Darstellung aller Analysen, auch solcher mit weiteren unabhängigen Variablen, findet sich in van Tuinen (2000).

In die Analysen gingen die Daten von elf Versuchspersonen ein (bei den restlichen Versuchspersonen war es entweder zu technischen Problemen bei der Versuchsdurchführung gekommen oder es lagen zu viele nicht auswertbare Daten vor). Die Ergebnisse werden im folgenden Abschnitt dargestellt.

4.2 Ergebnisse

Anhand der itemspezifischen Analysen sollte überprüft werden, ob die vorgenommene Operationalisierung der Komplexität der Linearisierungsprozesse valide ist. Gemäß dieser Annahme müssten sich die Komplexitätsunterschiede, die sich durch die drei Faktoren *Zahl der Verzweigungspunkte*, *Summe der Linearisierungsentscheidungen* und *maximale Verzweigungstiefe* ergeben, in Unterschieden der mittleren Reaktionszeiten widerspiegeln. Diese Annahme konnte bestätigt werden: Sowohl die Zahl der Verzweigungspunkte in einer Objektkonstellation ($F_{4;163} = 4.84$; $p = .001$) als auch die Summe der Linearisierungsentscheidungen ($F_{5;162} = 4.20$; $p = .001$) wie auch die maximale Verzweigungstiefe ($F_{3;164} = 5.95$; $p = .001$) waren Ausschlag gebend für die zur Beschreibung der Objektkonstellation benötigte Zeit. In Tabelle 1 sind die mittleren Reaktionszeiten für die einzelnen Stufen der drei Faktoren zusammengestellt. Hier wird deutlich: Die sprachliche Beschreibung einer Objektkonstellation erfordert mit einer zunehmenden Anzahl von Verzweigungspunkten, mit mehr Linearisierungsentscheidungen und mit zunehmender mittlerer Verzweigungstiefe mehr Zeit.

Tabelle 1: Reaktionszeiten für die Stufen der itemspezifischen Faktoren

		Zahl der Verzweigungspunkte				
		0	1	2	3	4
Reaktionszeit		35.37 s	40.40 s	43.31 s	45.93 s	46.88 s

	Summe aller Linearisierungsentscheidungen					
	0	1	2	3	4	5
Reaktionszeit	35.37 s	38.69 s	42.10 s	44.54 s	43.98 s	47.48 s

	Mittlere Verzweigungstiefe			
	1	2	3	4
Reaktionszeit	35.37 s	40.40 s	45.60 s	46.07 s

Die knotenspezifischen Analysen fielen demgegenüber nicht so einheitlich aus. Der Faktor *Verzweigungstiefe* erwies sich für die abhängigen Variablen Fixationsanzahl ($F_{3;2380} = 10.57$; $p = .000$), ‚gaze duration' ($F_{3;2380} = 12.76$; $p = .000$) und ‚eye voice span' ($F_{3;2254} = 7.02$; $p = .000$) als hoch signifikant; für die mittlere Fixationsdauer dagegen war die Verzweigungstiefe nicht Ausschlag gebend ($F < 1$). Der vorhergesagte Werteanstieg von den Knoten vor dem ersten Verzweigungspunkt bis zu den Knoten nach dem dritten Verzweigungspunkt war bei den Variablen Fixationsanzahl und ‚gaze duration' zwar zu beobachten, allerdings lagen die Werte für Knoten der Verzweigungstiefe 2 bei beiden Variablen unerwartet hoch (siehe Tabelle 2). Vollständig gegen die Erwartungen verliefen dagegen die Mittelwerte der ‚eye voice span': Zu erwarten war eine stetige Verringerung der ‚eye voice span' von den Knoten der Tiefe 1 bis zu den Knoten der Tiefe 4. Tatsächlich zu beobachten waren jedoch relativ hohe Werte bei Knoten der Tiefe 2 und 4 und signifikant niedrigere bei Knoten der Tiefe 1 und 3 (siehe Tabelle 2).

Tabelle 2: Knotenspezifische Blickbewegungsparameter für verschiedene Verzweigungstiefen

	Verzweigungstiefe			
	1	2	3	4
Fixationsanzahl	4.46	6.45	5.55	5.70
Fixationsdauer	515 ms	495 ms	517 ms	471 ms
‚gaze duration'	1827 ms	2621 ms	2324 ms	2377 ms
‚eye voice span'	1784 ms	1965 ms	1763 ms	2091 ms

Ähnlich heterogen waren die Ergebnisse in Bezug auf die Anzahl der zu treffenden *Linearisierungsentscheidungen.* Lediglich die beiden abhängigen Variablen Fixationsanzahl ($F_{2;2380}$ = 300.77; p = .000) und ‚gaze duration' ($F_{2;2380}$ = 408.65; p = .000) hingen signifikant von diesem Faktor ab, nicht aber die mittlere Fixationsdauer eines Knotens und die ‚eye voice span' (beide F < 1). Tabelle 3 zeigt die Effekte der Anzahl der Linearisierungsentscheidungen.auf die abhängigen Variablen. Überraschend ist auch hier wieder das Ergebnis bezüglich der ‚eye voice span'. Zu erwarten war eine stetige Abnahme der ‚eye voice span' mit der Anzahl der Linearisierungsentscheidungen. Tatsächlich jedoch wiesen die Mittelwerte eine zwar nicht signifikante, aber deutlich davon abweichende Tendenz auf (siehe Tabelle 3): Während zwischen dem Betrachten und Benennen bei den Knoten, an denen keine oder zwei Linearisierungsentscheidungen zu treffen waren, nur ein relativ kurzes Intervall lag, war dieses Intervall bei den Knoten, an denen genau eine solche Entscheidung zu treffen war, größer.

Tabelle 3: Knotenspezifische Parameter für verschiedene Linearisierungsentscheidungen

	Linearisierungsentscheidungen		
	0	1	2
Fixationsanzahl	4.58	8.30	12.10
Fixationsdauer	514 ms	474 ms	446 ms
‚gaze duration'	1899 ms	3666 ms	4874 ms
‚eye voice span'	1827 ms	2064 ms	1934 ms

Dieses sowohl von den Erwartungen als auch von den Ergebnissen der anderen Blickbewegungsparameter abweichende Ergebnismuster könnte möglicherweise auf zwei verschiedenen Strategien der Versuchspersonen beruhen. Zum einen könnten die Versuchspersonen an Knotenpunkten, an denen sie eine Linearisierungsentscheidung treffen mussten, eine stereotype Strategie verfolgt haben, indem sie eine bestimmte Richtung bevorzugten („zuerst den linken Weg verfolgen"), oder, wie bei Levelt (1982), die jeweils kürzere Abzweigung zuerst beschrieben. Zum anderen könnten die Versuchspersonen die entsprechenden Linearisierungsentscheidungen schon vor Erreichen der kritischen Knoten getroffen haben, etwa an den den Verzweigungspunkten unmittelbar vorausgehenden Knoten. Folglich müssten sich Effekte der Linearisierungsentscheidungen an diesen Knoten nachweisen lassen. Für oder gegen diese möglichen Alternativerklärungen für das unerwartete Ergebnismuster bezüglich der ‚eye voice span' finden sich in den Daten jedoch keine eindeutigen Hinweise.

5 Diskussion

Das vorliegende Experiment sollte zur Beantwortung der Frage beitragen, ob sich Teilprozesse der Sprachproduktion durch die während der Produktion erfolgende Aufzeichnung von Blickbewegungen besser untersuchen lassen als durch globale Maße wie die Reaktionszeit. Nachdem die Literatur im Hinblick auf diese Frage zum Teil ein positives Bild zeichnet (Clermont et al., 1995; Meyer et al. 1998; Griffin & Bock, 2000), ergibt sich nach den vorliegenden Daten ein wesentlich heterogeneres Bild: Während sich zwei der vier erhobenen Blickbewegungsparameter (Fixationsanzahl und ‚gaze duration') als gute Indikatoren für den zentralen Planungsprozess Linearisierung erwiesen, scheinen weder die Fixationsdauer noch die ‚eye voice span' als Maße für die Komplexität der Linearisierung geeignet zu sein.

Insgesamt deuten die Ergebnisse des vorliegenden Experiments darauf hin, dass die Beziehung zwischen bestimmten kognitiven Prozessen und verschiedenen Parametern von Blickbewegungen im Bereich der Sprachproduktion nicht so eng ist wie bei der Sprachrezeption. Um die Messung von Blickbewegungen zu einer auch in der Sprachproduktionsforschung sinnvoll einsetzbaren Methode zu machen, bedarf es demnach weiterer Überlegungen insbesondere an zwei Stellen: Zum einen müssen Theorien und Modelle der Sprachproduktion speziell im Bereich der zentralen Konzeptualisierungsprozesse detaillierter ausformuliert werden. Es ist wohl davon auszugehen, dass Konzeptualisierung ein Ensemble verschiedener Subprozesse umfasst. Eine solche Differenzierung ermöglicht bessere Vorhersagen über die Beziehungen dieser Prozesse zu den verschiedenen Blickbewegungsparametern. Am Beispiel des vorliegenden Experiments lässt sich dies an der Definition der ‚eye voice span' illustrieren: Viele Versuchspersonen versuchten sich zunächst mit einigen wenigen Orientierungsfixationen einen Überblick über die jeweils vorliegende Objektkonstellation zu verschaffen. Dies führt aus theoretischer Sicht zu einem Operationalisierungsproblem: Wenn schon während dieser ersten Orientierungsfixationen Linearisierungsprozesse einsetzen, muss die Verarbeitung eines Knotens – und damit auch die ‚eye voice span' – ab der allerersten Fixation des betreffenden Knotens gemessen werden. Wenn aber bei diesen Orientierungsfixationen noch keine Linearisierung der vorliegenden Informationen vorgenommen wird, müssen diese frühen Orientierungsfixationen ausser Acht gelassen werden. Eine ausführliche Erörterung dieser Problematik im Zusammenhang mit der Betrachtung komplexer Szenen findet sich in Pomplun, Sichelschmidt, Wagner, Clermont, Rickheit und Ritter (2001).

Der zweite Punkt, an dem weitere Forschung nötig ist, hängt mit dem ersten zusammen: Die maßgeblichen Blickbewegungsparameter werden in den verschiedenen vorliegenden Untersuchungen unterschiedlich definiert beziehungsweise gemessen. Clermont et al. (1995: 26) etwa geben lediglich „qualitative Beobachtungen" wieder. Griffin und Bock (2000) definieren die ‚eye voice span' als Spanne zwischen dem Ende der ersten Fixation und dem Beginn der Benennung eines Reizes, und Meyer et al. (1998) messen die ‚viewing time' als Summe der Dauern aller aufeinander folgenden Fixationen auf einem Reiz. In der vorliegenden Untersuchung sind beide Parameter unter Bezug auf theoretische Überlegungen anders definiert worden. Erst eine fundierte theoretische Verankerung – in Verbindung mit einer präzisen, validen Operationalisierung der relevanten Variablen – ermöglicht einen Vergleich verschiedener Ansätze (siehe dazu auch Pomplun et al., 2001). Letzten Endes kann nur Präzision sowie der enge Bezug auf theoretische Überlegungen zu Prozessen der Sprachproduktion die wünschenswerte Einigung bei der Parametrisierung von Blickbewegungen erbringen.

Literatur

Allopenna, P.D., Magnuson, J.S. & Tanenhaus, M.K. (1998). Tracking the time course of spoken word recognition using eye movements: Evidence for continuous mapping models. Journal of Memory and Language, 38, 419-439.

Anderson, I.H. & Dearborn, W.F. (1952). *The psychology of teaching reading.* New York: The Ronald Press.

Buhl, H.M. (1996). *Wissenserwerb und Raumreferenz: Ein sprachpsychologischer Zugang zur mentalen Repräsentation.* Tübingen: Niemeyer.

Clark, H.H. (1996) *Using language.* Cambridge: Cambridge University Press.

Clermont, T., Meier, C., Pomplun, M., Prestin, E., Rieser, H., Ritter, H. & Velichkovsky, B. (1995). *Augenbewegung, Fokus und Referenz.* Report 95/8; SFB 360 „Situierte künstliche Kommunikatoren". Bielefeld: Universität Bielefeld.

Dell, G.S. (1986). A spreading activation theory of retrieval in sentence production. *Psychological Review, 93,* 283-321.

Eberhard, K.M., Spivey-Knowlton, M.J., Sedivy, J.C. & Tanenhaus, M.K. (1995). Eye movements as a window into real-time spoken language comprehension in natural contexts. *Journal of Psycholinguistic Research, 24,* 409-436.

Griffin, Z.M. & Bock, J.K. (2000). What the eyes say about speaking. *Psychological Science, 11,* 274-279.

Habel, C. & Tappe, H. (1999). Processes of segmentation and linearization in describing events. In: R. Klabunde & C. von Stutterheim (Eds.), *Representations and processes in language production* (pp 117-152). Wiesbaden: Deutscher Universitäts-Verlag.

Herrmann, T. & Grabowski, J. (1994). *Sprechen: Psychologie der Sprachproduktion.* Heidelberg: Spektrum Akademischer Verlag.

Just, M.A. & Carpenter, P.A. (1980). A theory of reading: from eye fixations to comprehension. *Psychological Review, 87,* 329-354.

Konieczny, L., Hemforth, B., Scheepers, C. & Strube, G. (1996). Reanalysen vs. interne Reparaturen beim Sprachverstehen. In: C. Habel, S. Kanngießer & G. Rickheit (Eds.), *Perspektiven der kognitiven Linguistik. Modelle und Methoden* (pp. 161-183). Opladen: Westdeutscher Verlag.

Levelt, W.J.M. (1981). The speaker's linearization problem. *Philosophical Transactions of the Royal Society of London, B295,* 305-315.

Levelt, W.J.M. (1982). Linearization in describing spatial networks. In: S. Peters & E. Saarinen (Eds.), *Processes, beliefs, and questions. Essays on formal semantics of natural language and natural language processing* (pp. 99-120). Dordrecht: Reidel.

Levelt, W.J.M. (1989). *Speaking: From intention to articulation.* Cambridge, MA: MIT Press.

Levelt, W.J.M., Roelofs, A. & Meyer, A.S. (1999). A theory of lexical access in speech production. *Behavioral and Brain Sciences, 22,* 1-75.

Linde, C. & Labov, W. (1975). Spatial networks as a site for the study of language and thought. *Language, 51,* 924-939.

Mangold-Allwinn, R., Barattelli, S., Kiefer, M. & Koelbing, H.G. (1995). *Wörter für Dinge. Von flexiblen Konzepten zu variablen Benennungen.* Opladen: Westdeutscher Verlag.

Meyer, A.S., Sleiderink, A.M. & Levelt, W.J.M. (1998). Viewing and naming objects: Eye movements during noun phrase production. *Cognition, 66,* B25-B33.

Meyer, A.S. & van der Meulen, F.F. (2000). Phonological priming effects on speech onset latencies and viewing times in object naming. *Psychonomic Bulletin and Review, 7,* 314-319.

Niemann, T., Lappe, M. & Hoffmann, K.P. (1996). Visual inspection of three-dimensional objects by human observers. *Perception, 25,* 1027-1042.

Pechmann, T. (1989). Incremental speech production and referential overspecification. *Linguistics, 27,* 89-110.

Pechmann, T. (1994). *Sprachproduktion: Zur Generierung komplexer Nominalphrasen.* Opladen: Westdeutscher Verlag.

Pomplun, M., Sichelschmidt, L., Wagner, K., Clermont, T., Rickheit, G. & Ritter, H. (2001). Comparative visual search: a difference that makes a difference. *Cognitive Science, 25,* 3-36.

Rayner, K. & Sereno, S.C. (1994). Eye movements in reading. Psycholinguistic studies. In: M.A. Gernsbacher (Ed.), *Handbook of psycholinguistics* (pp. 57-81). San Diego: Academic Press.

Rayner, K., Sereno, S.C., Morris, R.K., Schmauder, A.R. & Clifton, C. (1989). Eye movements and on-line language comprehension processes. *Language and Cognitive Processes, 4,* 21-49.

Schade, U. (1999). *Konnektionistische Sprachproduktion.* Wiesbaden: Deutscher Universitätsverlag.

Sichelschmidt, L. (1995). *Der Augenblick des Verstehens: Motorische Indikatoren unmittelbarer semantischer Verarbeitung.* ZiF-Mitteilungen 4/95; Forschungsgruppe „Mental models in discourse processing". Bielefeld: Zentrum für interdisziplinäre Forschung.

Thibadeau, R.H., Just, M.A. & Carpenter, P.A. (1982). A model of the time course and content of reading. *Cognitive Science, 6,* 157-203.

van Tuinen, M. (2000). *Augenblick mal! Ist die Blick-Sprech-Spanne ein Maß für kognitive Verarbeitungsprozesse bei der Beschreibung von räumlichen Objektkonfigurationen?* Unveröffentlichte Magisterarbeit. Bielefeld: Universität Bielefeld.

Wrobel, H. (1994). *Sprachverstehen als kognitiver Prozess. Zur Rezeption komplexer Temporalsätze.* Opladen: Westdeutscher Verlag.

Freier Zugang: Anmerkungen aus der Sicht der Sprachproduktion

Eva Belke, Hans-Jürgen Eikmeyer und *Ulrich Schade*

Ein spezifischer Teilprozess der Sprachproduktion, nämlich der Zugang zu mentalen Lexikoneinträgen (‚lexical access'), wird in einem Experiment auf der Grundlage des Bild-Wort-Interferenz-Paradigmas untersucht. In diesem Zusammenhang werden verschiedene Erklärungsansätze zum ‚lexical access' – die ‚Zwei-Stufen'-Theorie, die Kaskaden-Theorie und die interaktive Theorie – diskutiert. Im Experiment sind verschiedene Arten von zielwortrelatierten Distraktoren im Hinblick auf ihre systematische Wirkung untersucht und mit unrelatierten Distraktoren verglichen worden: Distraktoren, die dem Zielwort semantisch und phonologisch (‚doppelt') ähnlich waren, und solche, die dem Zielwort nur phonologisch ähnlich waren. Die Ergebnisse werden mit Bezug auf die unterschiedlichen Erklärungsansätze vor dem Hintergrund konnektionistischer Modellvorstellungen erörtert.

1 Einleitung

Die strukturalistische Linguistik nach Chomsky hat mit ihrer Fokussierung auf die Beschreibung der Kompetenz lange Zeit wichtige empirische Fakten außer acht gelassen, die dem Bereich der Performanz zugeordnet wurden. Die Psycholinguistik dagegen stellt sprachliche Strukturen in den Kontext der Sprachverarbeitung; sie betrachtet sprachliche Strukturen im Rahmen ihrer Produktion beziehungsweise Rezeption. Damit geraten auch so genannte ‚Performanzphänomene' in das Blickfeld, die wertvolle Hinweise auf die zugrunde liegenden und zu modellierenden kognitiven Prozesse geben (vgl. Eikmeyer & Schade, 1993). Für die gesprochene Sprache sind Reparaturen, ihre Rezeption und ihre Produktion ein klassisches Beispiel (vgl. Eikmeyer, Kindt, Laubenstein, Lisken, Polzin, Rieser & Schade, 1991). Die Produktionsperspektive verlangt konsequenterweise auch die Modellierung von ‚fehlerhaften' Produktionsprozessen, die den Anlass für Reparaturen darstellen. Hierfür haben sich neuronale oder konnektionistische Modelle als sehr geeignet erwiesen (vgl. Schade & Laubenstein, 1993). Diese Modelle erlauben nicht nur die Modellierung von Sprachproduktionsprozessen auch auf höheren Ebenen als der der phonologischen Enkodierung (vgl. Schade & Eikmeyer, 1998), sondern auch die Modellierung aphasischer Sprachproduktion (vgl. Eikmeyer & Ahlsén, 1998; Schade, 1999). Diese Modellklasse konstituiert auch den Rahmen für die vorliegende Untersuchung eines spezifischen Teilprozesses der Sprachproduktion – des Zugriffs auf mentale Lexikoneinträge (‚lexical access‘). Die ‚lexical access‘-Thematik hat in den zurückliegenden Jahren den Schwerpunkt der Forschung im Bereich der Sprachproduktion ausgemacht.

2 Theorien zum ‚lexical access‘

Der Zugang zu Lexikoneinträgen ist ein wichtiger Teilaspekt der Modellierung des Sprachproduktionsprozesses. Wird ein Lexikonzugriff fehlerhaft ausgeführt, ergeben sich Versprecher in Form von Wortsubstitutionen oder Kontaminationen, wie sie exemplarisch im Folgenden aufgeführt sind (vgl. Berg, 1988):

(1a) *Das hat sie mir am Radio gesagt – am Telephon.*
(1b) *Das war ein Flamingo – 'n Flamenko.*
(1c) *Im Auto – im Augenblick auf der Strecke Würzburg - Ulm: 3 Kilometer Stau.*
(2a) *Die anderen müssen so retz– hetzen. (rennen / hetzen)*
(2b) *... wo die Gruppenarbeit losfängt ... (losgeht / anfängt)*

Bei Wortsubstitutionen wird das Zielwort durch ein anderes Wort, das Fehlerwort, ersetzt. In aller Regel besteht zwischen dem Zielwort und dem Fehlerwort eine semantische oder eine phonologische Ähnlichkeit. Beispiel (1a) illustriert den Fall der semantischen Ähnlichkeit und Beispiel (1b) den Fall der phonologischen Ähnlichkeit. Unter Umständen liegt aber sowohl eine semantische als auch eine phonologische Ähnlichkeit vor wie in Beispiel (1c); in diesem Fall sprechen wir von *doppelter Ähnlichkeit.* Bei einer Kontamination werden zwei sprachliche Ausdrücke, die jeweils für sich genommen die Sprechintention erfüllt hätten, zu einem Ausdruck verschmolzen. Sind etwa zwei lexikalische Einheiten gleichermaßen geeignet ausgewählt zu werden, entsteht durch die Kontamination ein Nichtwort, welches Phoneme (Beispiel 2a) oder Morpheme (Beispiel 2b) von beiden Einheiten enthält.

Die Analyse von Versprechern, insbesondere die der angesprochenen Wortsubstitutionen, spiegelt sich schon in den Sprachproduktionsmodellen von Fromkin (1971) und Garrett (1975) dahingehend wider, dass Lexikoneinträge als aus zwei Komponenten bestehend angenommen werden. Diese Sichtweise gilt nach eingehenden Untersuchungen (z.B. Fay & Cutler, 1977; Kempen & Huijbers, 1983) als gesichert (Bock &

Levelt, 1994; Levelt, 1989; Levelt, Roelofs & Meyer, 1999). Unterschieden werden für Lexikonelemente deren Lemma und deren Wortform. Lemmata umfassen die syntaktischen Eigenschaften ihrer Lexikoneinträge. Ihre Aktivierung und ihre Selektion (Auswahl als zu produzierende Einheit) erfolgt aufgrund konzeptueller Information. Bei einer fehlerhaften Lemmaselektion ergeben sich Wortsubstitutionen, die dem Zielwort semantisch ähnlich sind. Wortformen umfassen Informationen zur morpho-phonologischen Enkodierung. Ihre Aktivierung erfolgt durch die jeweiligen Lemmata. Ein Fehler bei der Selektion einer Wortform ergibt eine Wortsubstitution, welche dem Ziel phonologisch gleicht.

Die serielle Sicht des lexikalischen Zugriffs hat Levelt besonders deutlich formuliert (z.B. Levelt, Roelofs & Meyer, 1999). Nach seiner ‚*Zwei-Stufen*'-*Theorie* ist der Zugang zu einer Wortform erst dann möglich, wenn das entsprechende Lemma selektiert wurde. Entsprechend können nach dieser Theorie nur solche Lexikoneinträge morpho-phonologisch enkodiert werden, deren Lemmata zuvor für die Produktion ausgewählt wurden.

Im Gegensatz zu den Annahmen der ‚Zwei-Stufen'-Theorie sind die Wortformen nach der *Kaskaden-Theorie* schon vor dem Abschluss der Lemmaauswahl frei zugänglich (vgl. Blanken, 1998; Peterson & Savoy, 1998). Das bedeutet, dass nicht nur für das Lemma, welches letztlich zur Produktion ausgewählt wird, die morpho-phonologische Enkodierung einsetzt, sondern auch für diejenigen Lemmata, die zu anderen Lexikoneinträgen gehören, insbesondere zu solchen, die aufgrund der vorliegenden konzeptuellen Information ebenfalls, wenn auch schwächer, aktiviert werden. Beispielsweise wird nach dieser Theorie bei der Produktion von *Axt* auch die morpho-phonologische Enkodierung von *Beil* begonnen.

Die dritte Theorievariante stellt die so genannte *interaktive Theorie* dar (vgl. Dell, 1986; Dell & O'Seaghdha, 1991). Hiernach beginnt nicht nur die morpho-phonologische Enkodierung mehrerer Lexikoneinträge vor der Lemmaselektion. Die einsetzenden morpho-phonologischen Enkodierungen üben darüber hinaus sogar einen Einfluss auf diese Wahl aus. Im angesprochenen Beispiel könnte etwa das Lemma für *Axt* aufgrund der vorliegenden konzeptuellen Information mehr Aktivierung erhalten als das Lemma zu *Beil*. Ist aber die phonologische Enkodierung von *Beil* im Vergleich zu der von *Axt* präferiert, so ergibt sich durch diese Präferenz ein Aktivierungsvorteil für *Beil*, der zur Lemmaebene zurückwirkt und dort gegebenenfalls ausreicht, um zur Selektion des Lemmas zu *Beil* zu führen.

3 Empirische Daten zu den Theorien

Das überzufällig häufige Vorliegen von Wortsubstitutionen, die wie Beispiel (1c) eine doppelte Ähnlichkeit zwischen Fehler und Ziel erkennen lassen – und übrigens auch von Kontaminationen, sofern zwischen den beiden Lexikoneinträgen auch eine phonologische Ähnlichkeit besteht – ist etwa von Dell (Dell & Reich, 1981; Martin, Gagnon, Schwartz, Dell & Saffran, 1996) als Evidenz für die interaktive Theorie interpretiert worden: Die phonologische Ähnlichkeit führt in einem interaktiven Modell zu zusätzlicher Aktivation des entsprechenden Fehlerlemmas, was dessen Selektion begünstigt. Blanken (1998) erklärt diesen Effekt, den er seinerseits mit entsprechenden Daten aus aphasischen Produktionen belegen kann, im Rahmen eines Kaskadenmodells: Die Fehlselektion einer Wortform wird dadurch begünstigt, dass die Form schon frühzeitig aufgrund der semantischen Ähnlichkeit zum Ziel mit Aktivierung versorgt wurde. In einem ‚Zwei-Stufen'-Modell muss dieser Effekt als Artefakt des Monitoring erklärt werden (Levelt, Roelofs & Meyer, 1999: 35).

Im Prinzip sollte es möglich sein, über die Analyse von Versprecherdaten hinauszugehen und zwischen den drei Theorien aufgrund experimentell erhobener Daten zu unterscheiden. Ein wichtiger experimenteller Ansatz dazu sind Reaktionszeitexperimente im so genannten ‚Bild-Wort-Interferenzparadigma'. Dieses Paradigma, das auch für das im Folgenden darzustellende eigene Experiment genutzt wurde, sei kurz am Beispiel des Experiments von Schriefers, Meyer & Levelt (1990) beschrieben, mit dem diese Autoren für die ‚Zwei-Stufen'-Theorie argumentieren.

In einem Bild-Wort-Interferenzexperiment müssen Versuchspersonen Bilder so schnell wie möglich benennen. Gleichzeitig wird ihnen ein Distraktor präsentiert, den sie laut Versuchsanweisung ignorieren sollen. Schriefers, Meyer und Levelt nutzten als Distraktoren Wörter, die sie akustisch präsentierten und die in unterschiedlichen Relationen zu dem jeweiligen Bildnamen standen. Verwendet wurden Kohyponyme (beispielsweise *Ratte* als Distraktor zu dem Bildnamen *Maus*), phonologisch ähnliche Distraktoren (etwa *Haus*) und unrelatierte Distraktoren (etwa *Kamm*). Im Vergleich zu Benennungen bei unrelatierten Distraktoren sind Benennungen bei semantisch ähnlichen Distraktoren verlangsamt und solche bei phonologisch ähnlichen Distraktoren beschleunigt. Diese Effekte sind allerdings stark abhängig von dem exakten Zeitpunkt der Präsentation der Distraktoren. Schriefers, Meyer und Levelt boten sie 150 ms vor, gleichzeitig mit und 150 ms nach dem Beginn der Bilddarbietung an; die so genannte ‚stimulus onset asynchrony' (SOA) betrug also –150, 0 und +150. Der semantische

Verzögerungseffekt trat lediglich bei der frühen SOA (–150 ms) auf, wohingegen die phonologischen Beschleunigungseffekte bei den späteren SOAs (0 ms und insbesondere +150 ms) erkennbar wurden. Diese zeitliche Dissoziation (frühe semantisch bedingte Effekte und späte phonologisch bedingte Effekte) spricht nach Meinung der Autoren für die ‚Zwei-Stufen'-Theorie.

Die Ergebnisse von Schriefers, Meyer und Levelt lassen sich allerdings auch innerhalb der anderen Modellansätze erklären; entsprechende Simulationen haben Harley (1993) und Schade (1999) vorgelegt. Allerdings müssen dabei bestimmte Restriktionen für die Modelle beachtet werden, etwa die Verwendung von lateraler Inhibition zur Modellierung von Konkurrenz (vgl. auch Berg & Schade, 1992). Experimente in anderen Paradigmen (Jescheniak & Schriefers, 1997; Peterson & Savoy, 1998) zeigen zudem, dass in bestimmten Fällen mehr als eine Wortform bei Einzelwortproduktionen aktiviert wird, insbesondere Beinahe-Synonyme wie *Beil* bei der Produktion von *Axt*, was der ‚Zwei-Stufen'-Theorie widerspricht. Damit kann von einem Kaskadenmodell beziehungsweise einem interaktiven Modell ausgegangen werden.

4 Gegen zweistufige Verarbeitung: ein Bild-Wort-Experiment

Wie erläutert finden sich in Versprecherdaten Hinweise auf eine kaskadierende oder sogar interaktive Verarbeitung beim lexikalen Zugriff. Im Folgenden soll eine eigene Studie im Rahmen des Bild-Wort-Interferenz-Paradigmas vorgestellt werden, für die Distraktoren analog zu den spezifischen Versprechern (Kontaminationen) konstruiert wurden. Kennzeichnend für diese Versprecher ist wiederum die doppelte Ähnlichkeit.

In früheren experimentellen Untersuchungen zum Lexikonzugriff waren neben den oben erwähnten semantisch und phonologisch relatierten Distraktoren auch so genannte mittelbar ähnliche Distraktoren verwendet worden. Solche Distraktoren sind phonologisch ähnlich zu einer semantischen Alternative des Zielwortes, wie etwa *cat* (Zielwort), *dog* (vermittelndes Wort) und *log* (mittelbar ähnlicher Distraktor). Mittelbar ähnliche Distraktoren bewirkten keinerlei Interferenzeffekte (vgl. Levelt, Schriefers, Vorberg, Meyer, Pechmann & Havinga, 1991). Dell und O'Seaghdha (1991) weisen in diesem Zusammenhang auf einen wesentlichen theoretischen Unterschied zwischen mittelbarer Ähnlichkeit einerseits und der doppelten Ähnlichkeit in Versprechern andererseits hin: Während es bei mittelbar ähnlichen Wörtern immer ein vermittelndes Wort zwischen Ziel- und Fehlerwort gibt, sind Ziel- und Fehlerwort in gemischten Fehlern einander *gleichzeitig* semantisch und phonologisch ähnlich, so dass doppelt ähnliche Distraktoren im Benennprozess mehr Aktivierung erhalten als mittelbar ähnliche Distraktoren.

Im Rahmen des hier vorgestellten Experiments sollte nun geprüft werden, ob sich Effekte doppelter Ähnlichkeit auch im Rahmen eines Bild-Wort-Interferenz-Experiments nachweisen lassen. Als Distraktoren wurden Kontaminationen aus dem Zielwort und einem Kohyponym konstruiert, die zum Zielwort sowohl semantisch als auch phonologisch (‚doppelt') relatiert waren. Vor dem oben vorgestellten theoretischen und empirischen Hintergrund sollte untersucht werden, ob sich die Wirkung solcher Distraktoren von der beliebiger Lautketten unterscheidet, und wenn ja, wie sich die gleichzeitige semantische und phonologische Ähnlichkeit auf den Benennprozess auswirkt. Dabei war insbesondere relevant, ob die semantische Ähnlichkeit zwischen Zielwort und Kontamination einen Effekt haben würde oder ob möglicherweise nur der fazilitierende Effekt der phonologischen Ähnlichkeit auftritt. Entsprechend wurden Kontrollbedingungen integriert, in denen sich Zielwort und Distraktor nur phonologisch, aber nicht semantisch ähnelten.

4.1 Vorhersagen

Im Hinblick auf die Effekte doppelt ähnlicher Distraktoren machen die vorgestellten Modelltypen unterschiedliche Vorhersagen.

- Nach dem ‚Zwei-Stufen'-Modell des Lexikonzugriffs sollte die semantische Ähnlichkeit zwischen Zielwort und Kontamination keinerlei Effekt haben. Den Überlegungen von Levelt, Roelofs und Meyer (1999) zufolge wird zwar auf der Rezeptionsseite mit der Initialkohorte auch das Lexem und das Lemma des Kohyponyms aktiviert und so die Selektion des Ziel-Lemmas unter Umständen verzögert. „Diese semantischen Ähnlichkeitseffekte wirken sich aber vermutlich sehr viel langsamer aus als die phonologischen Ähnlichkeitseffekte, die bereits auf sublexikalischer Ebene ... phonologische Knoten auf der Produktionsseite aktivieren und damit den Produktionsprozess beschleunigen können" (Belke, 1998: 36; vgl. auch Roelofs, 1997).
- Nach dem Kaskaden-Modell werden neben dem Lemma des Zielwortes auch die Lemmata der semantischen Alternativen bis zu einem gewissen Grad phonologisch enkodiert, bis das Ziel-Lemma ausgewählt wird. Die Vorgabe eines zum Zielwort semantisch und phonologisch relatierten Pseudowortes sollte bewirken, dass jeweils Teile der zum Zielwort und Teile der zum Kohyponym gehörigen Phonem-

knoten zusätzliche Aktivierung erhalten, wodurch es auf der phonologischen Ebene zu Interferenz kommen kann.

- In interaktiven Netzwerkmodellen werden neben der kaskadierenden Verarbeitung auch Feedback-Effekte von der Phonem- auf die Lemma-Ebene angenommen. Das positive Feedback der aktivierten Phonemknoten an die Lemmata des Zielwortes und der semantischen Alternative sollte zu Interferenzeffekten führen.

4.2 Methode

Zur Vorbereitung des Experiments wurde das Material nach systematischen Kriterien zusammengestellt, die im Folgenden erläutert werden. Das verwendete Bildmaterial wurde der Sammlung von Snodgrass & Vanderwart (1980) entnommen. Um die Kontaminationen für das Experiment so echt wie möglich zu gestalten, wurden vorhandene Analysen ihrer Struktur herangezogen (Dressler, 1976; MacKay, 1972; Wiese, 1980) und anhand eigener Analysen der Korpora von Berg (1988) und Leuninger (1993) geprüft. Dabei wurden die folgenden Einschränkungen beachtet (Belke, 1998: 55):

- Die Kontaminationen bestanden immer aus Teilen des Zielwortes und eines seiner Kohyponyme.
- Das jeweilige Zielwort bildete den hinteren Teil der Kontamination; sie hatte damit phonologische Ähnlichkeit mit dem zweiten Teil des Zielwortes.
- Die in die Kontamination eingehenden Wörter waren jeweils zweisilbig.
- Es wurden zwei Typen von Kontaminationen gebildet: Im ersten Typ, K1, lag der Übergang vom Kohyponym zum Zielwort zwischen den Silben, im zweiten Typ, K2, lag er innerhalb der ersten Silbe zwischen Onset und Rhyme. So wurden beispielsweise zum Zielwort *Nagel* mit dem Kohyponym *Schraube* die Kontaminationen *Schrau|gel* (K1) und *Schr|agel* (K2) gebildet. Die Verwendung dieser verschiedenen Kontaminationstypen als Distraktoren bot den Vorteil, dass neben der Frage nach einem Effekt der semantischen Relation zwischen Zielwort und Kontamination auch untersucht werden konnte, „wie stark der Hinweis auf die semantische Alternative sein muss, damit überhaupt Effekte auftreten" (Belke, 1998: 56).
- Analog zu K1 und K2 wurden zwei weitere Typen von Distraktoren gebildet, die dem Zielwort nur phonologisch ähnelten. Diese Distraktoren, Ph1 und Ph2, hatten zwar dieselbe Segmentstruktur wie das Zielwort, unterschieden sich von diesem aber lautlich in der ersten Silbe (Ph1: *Di|gel*) beziehungsweise im Head der ersten Silbe (Ph2: *D|agel*).

Außer den oben erwähnten Distraktortypen wurde jedes Bild einmal ohne Distraktor (Stille) und einmal mit einem zum Zielwort unrelatierten Distraktor (Un) dargeboten. In Tabelle 1 sind zu jedem Zielwort und dessen Kohyponym die Distraktoren der verschiedenen Typen aufgeführt. Zu Einzelheiten und zu weiteren Items, die nicht in die Auswertung eingingen, siehe Belke (1998: 62).

Tabelle 1: Die konstruierten Distraktoren zu allen Zielwörtern und jeder Bedingung.

Nr.	Zielwort	Kohyponym	K1	K2	Ph1	Ph2	Un
1	Kirsche	Pflaume	Pflausche	Pflirsche	Leusche	Lirsche	Meiker
2	Tiger	Löwe	Löger	Liger	Rager	Riger	Rade
3	Spinne	Fliege	Fliene	Flinne	Grone	Grinne	Treller
4	Raupe	Larve	Larpe	Laupe	Teipe	Taupe	Teiker
5	Flöte	Geige	Geite	Göte	Krute	Schröte	Kruber
6	Geige	Flöte	Flöge	Fleige	Rauge	Reige	Laumer
7	Messer	Löffel	Lösser	Lesser	Disser	Desser	Timme
8	Löffel	Gabel	Gaffel	Göffel	Seffel	Söffel	Nucken
9	Koffer	Tasche	Taffer	Toffer	Leffer	Loffer	Lette
10	Weste	Bluse	Bluste	Bleste	Koste	Keste	Lutzer
11	Lampe	Kerze	Kerpe	Kampe	Solpe	Sampe	Tinker
12	Kerze	Lampe	Lamze	Lerze	Feize	Ferze	Forter
13	Nagel	Schraube	Schraugel	Schragel	Digel	Dagel	Luben
14	Schaukel	Wippe	Wipkel	Waukel	Tirkel	Taukel	Reuten

An dem Experiment nahmen 30 Studierende der Universität Bielefeld freiwillig teil. Die Bilder wurden den Versuchspersonen jeweils für 400 ms dargeboten; die Darbietungsreihenfolge war randomisiert. Jeweils zehn Teilnehmer hörten den Distraktor über Kopfhörer mit SOAs von –150 ms, 0 ms beziehungsweise 150 ms (vgl. Schriefers, Meyer & Levelt, 1990).

4.3 Ergebnisse

Tabelle 2 zeigt für die einzelnen SOAs die durchschnittlichen Benennzeiten unter den verschiedenen Distraktorbedingungen.

Tabelle 2: Durchschnittliche Benennzeiten für die einzelnen SOAs in jeder Distraktorbedingung

	Distraktorbedingung					
SOA	Stille	Unrelatiert	K1	K2	Ph1	Ph2
–150	580	716	826	680	672	649
0	581	760	801	727	734	695
+150	609	741	799	735	723	736

(a) frühe SOA (–150 ms)

(b) mittlere SOA (0 ms)

(c) späte SOA (+150 ms)

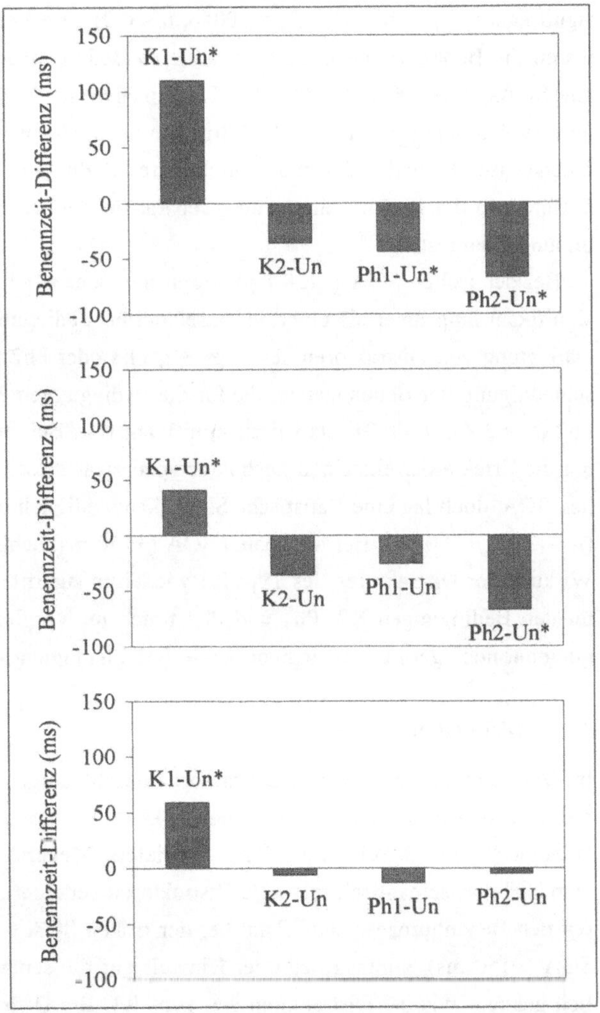

Abbildung 1 (a-c): Durchschnittliche Differenzen der Benennzeiten unter den kritischen Distraktorbedingungen und der unrelatierten Bedingung für die drei SOAs. Mit * gekennzeichnete Differenzen sind signifikant.

Auf der Grundlage einer Varianzanalyse über die Versuchspersonen mit den Faktoren SOA, Distraktorbedingung und Bild wurden F- und F'-Werte berechnet. Signifikante Haupteffekte zeigten sich für die Faktoren SOA ($F'_{2;12} = 3.95$; $MS_e = 89814$; $p < 0.05$) und Distraktor ($F'_{5;19} = 17.65$; $MS_e = 60805$; $p < 0.01$); auch der Interaktionseffekt war signifikant ($F'_{10;130} = 4.04$, $MS_e = 20056$, $p < 0.01$). Im Vergleich zur Stille-Bedingung waren die Benennzeiten unter allen anderen Bedingungen signifikant langsamer (für alle SOAs: $t_9 > 2.6$, $p < 0.05$). Mit Hilfe paarweiser Mittelwertvergleiche wurde für jede SOA untersucht, ob sich die kritischen Distraktorbedingungen K1 und K2 beziehungsweise Ph1 und Ph2 von der unrelatierten Bedingung unterschieden. Die mittleren Differenzen der Benennzeiten sind – separat für die drei SOA-Bedingungen – in Abbildung 1 dargestellt.

Bei der frühen SOA (–150 ms) waren die Benennzeiten unter der Bedingung K1 signifikant langsamer als unter der unrelatierten Bedingung ($t_9 = 4.09$, $p < 0.01$). Die Darbietung von Distraktoren des Typs K2, Ph1 oder Ph2 führte dagegen zu einer Beschleunigung der Benennzeiten, die für die Bedingungen Ph1 ($t_9 = 2.70$, $p < 0.05$) und Ph2 ($t_9 = 3.89$, $p < 0.01$) statistisch signifikant war. Bei der mittleren SOA (0 ms) hatten die Effekte der einzelnen Distraktortypen zwar dieselbe Richtung wie bei der frühen SOA, doch lag eine statistische Signifikanz lediglich unter der Bedingung Ph2 vor ($t_9 = 2.91$, $p < 0.05$). Bei der späten SOA (+150 ms) schließlich war die verzögernde Wirkung der Distraktoren des Typs K1 wiederum signifikant ($t_9 = 2.35$, $p < 0.05$). Unter den Bedingungen K2, Ph1 und Ph2 traten im Vergleich zur unrelatierten Bedingung nur noch geringe, nicht signifikante Beschleunigungseffekte auf.

4.4 Diskussion

Im Vergleich zu unrelatierten Distraktoren beschleunigen phonologisch ähnliche Distraktoren den Benennprozess bei allen SOAs. Das bestätigt weitgehend die früheren Befunde (Meyer & Schriefers, 1991; Schriefers, Meyer & Levelt, 1990). Ähnlich wie zum Zielwort semantisch relatierte Distraktoren verzögern doppelt ähnliche Distraktoren den Benennprozess signifikant bei der frühen SOA (–150 ms) und bei der späten SOA (+150 ms), vorausgesetzt der Hinweis auf die semantische Alternative ist deutlich genug – wie bei Distraktoren des Typs K1. Bei Distraktoren des Typs K2 bewirken doppelt ähnliche Distraktoren im Vergleich zu unrelatierten Distraktoren keine (signifikant) verzögernden Effekte, sondern führen zu einer leichten relativen Beschleunigung des Benennprozesses, verhalten sich also tendenziell wie zum Zielwort phonologisch ähnliche Distraktoren (vgl. Belke, 1998: 70).

Wie oben angedeutet, lassen sich diese Befunde nur schwer im Rahmen zweistufiger Modelle erklären. Levelt (pers. comm.) nimmt an, dass ein doppelt ähnlicher Distraktor auf der Rezeptionsseite eine Kohorte von Wörtern aktiviert, in der auch die semantische Alternative des Zielwortes enthalten ist. Diese Aktivierung soll dann auf der semantischen Ebene zu Interferenzeffekten führen. Diese Modellierung ist aber unseres Erachtens zu langsam und kann insbesondere den späten semantischen Effekt (SOA: +150) nur unzulänglich erklären.

In Kaskadenmodellen wird angenommen, dass multiple lexikalische Kandidaten auf der phonologischen Ebene schon vor der Lemma-Selektion phonologisch vorbereitet werden. Ein Distraktor des Typs K1 aktiviert phonologische Segmente des Zielworts und der semantischen Alternative (vgl. Abb. 2a) und erzeugt so gerade zu einem frühen Zeitpunkt vor der Lemma-Selektion Interferenz. Distraktoren des Typs K2 aktivieren dagegen anteilig mehr Segmente des Zielwortes (vgl. Abb. 2b), so dass die Gesamtwirkung dieser Distraktoren beschleunigend ist.

(a) K1-Distraktoren

(b) K2-Distraktoren

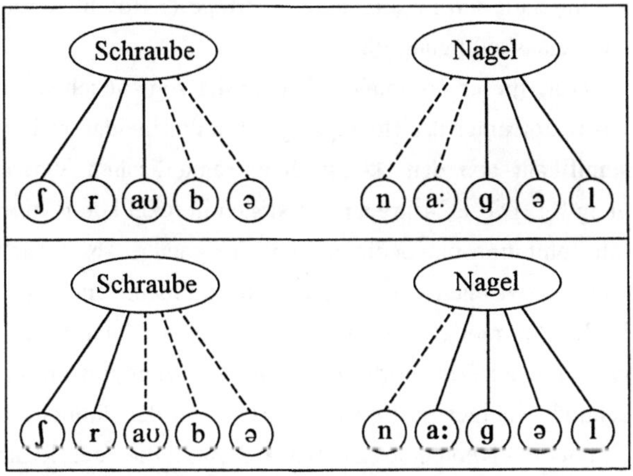

Abbildung 2 (a-b): Unterschiede zwischen den Aktivierungsverteilungen auf der phonologischen Ebene durch die Vorgabe von Distraktoren des Typs K1 und K2. Durchgezogene Linien zwischen der Phonem- und der Lemma-Ebene stellen das anteilige Feedback an die Lemma-Knoten von Zielwort und Kohyponym im Rahmen eines konnektionistischen Modells dar.

In lokal konnektionistischen Modellen lassen sich die spezifischen Effekte doppelter Ähnlichkeit folgendermaßen erklären: Wird während des Benennens ein Distraktor des Typs K1 dargeboten, so werden auf der Phonem-Ebene zum einen die Knoten der zweiten Silbe des Zielwortes aktiviert und zum anderen die Phonem-Knoten, aus denen die erste Silbe des zum Zielwort kohyponymen Wortes besteht. All diese Phonem-Knoten hatten durch die Aktivierungsausbreitung schon im Rahmen des eigentlichen Produktionsprozesses Aktivierung erhalten. Durch das positive Feedback von der Phonem- auf die Wort-Ebene werden die korrespondierenden Wort-Knoten von Zielwort und Kohyponym aktiviert (vgl. Abb. 2a). Dies führt, insbesondere wenn der Distraktor vergleichsweise früh dargeboten wird (SOA: –150) und das positive Feedback die Wort-Ebene vor der Lemma-Selektion erreicht, zu einer Verzögerung der Lemma-Selektion. Für Distraktoren des Typs K2 hingegen treten keine Verzögerungseffekte im Vergleich zu unrelatierten Distraktoren auf, weil das positive Feedback von der Phonem-Ebene an den Kohyponym-Knoten offenbar zu schwach ist, um auf der Wort-Ebene eine Konkurrenzsituation zwischen Zielwort- und Kohyponym-Knoten zu erzeugen – zumal der Zielwort-Knoten seinerseits durch die aktivierten Phonem-Knoten seiner ersten und zweiten Silbe deutlich mehr positives Feedback erhält als der Kohyponym-Knoten (vgl. Abb. 2b). Dennoch scheint das positive Feedback an den Kohyponym-Knoten die Ursache dafür zu sein, dass unter der Bedingung K2 im Vergleich zur unrelatierten Bedingung ein geringerer Beschleunigungseffekt auftrat als unter der Vergleichsbedingung Ph2.

Trotz dieser minimalen Effekte der semantischen Ähnlichkeit zwischen Ziel- und Distraktor unter der Bedingung K2 unterscheiden sich die beobachteten Benennzeiten signifikant von den ‚klassischen' semantischen Verzögerungseffekten unter Bedingung K1. Diese Diskrepanz lässt sich in lokal konnektionistischen Modellen ohne laterale Inhibition nur bedingt – mit geeigneten Abschwächungsfaktoren für die Verbindungen zwischen den Ebenen – nachbilden. Unseres Erachtens sind die Ergebnisse leichter zu modellieren unter der Annahme lateraler Inhibition zwischen den Knoten einer Ebene: Der Wort-Knoten des Kohyponyms erhält unter der Bedingung K2 wesentlich weniger positives Feedback von der Phonem-Ebene als der – ohnehin höher aktivierte – Knoten des Zielwortes. Durch die laterale Inhibition wird diese Diskrepanz so verstärkt, dass der Zielwort-Knoten um so schneller selegiert wird. Insofern sprechen die vorliegenden Ergebnisse für die Modellierung des Lexikonzugriffs im Rahmen eines lokal konnektionistischen interaktiven Netzwerkmodells mit lateraler Inhibition.

5 Ausblick

Unsere Ausführungen zum ‚lexical access' und insbesondere auch die zu dem vorgestellten Experiment machen exemplarisch deutlich, dass die Untersuchung von Sprachverarbeitung geeigneterweise in einem interdisziplinären Forschungsumfeld geschieht. Nur so kann der Prozesscharakter von Sprachrezeption und Sprachproduktion ausgeleuchtet werden, und nur so können Theorie- und Modellbildung, entsprechende Simulationen sowie experimentelle Untersuchungen systematisch aufeinander bezogen werden, was letztlich erst den Erkenntnisgewinn erlaubt.

Literatur

Belke, E. (1998). *Zum zeitlichen Ablauf lexikalischer Zugriffsprozesse.* Unveröffentlichte Magisterarbeit. Bielefeld: Universität Bielefeld.

Berg, T. (1988). *Die Abbildung des Sprachproduktionsprozesses in einem Aktivationsflußmodell: Untersuchungen an deutschen und englischen Versprechern.* Tübingen: Niemeyer.

Berg, T. & Schade, U. (1992). The role of inhibition in a spreading-activation model of language production: The psycholinguistic perspective. *Journal of Psycholinguistic Research, 22,* 405-434.

Blanken, G. (1998). Lexicalisation in speech production: Evidence from form-related word substitutions in aphasia.*Cognitive Neuropsychology, 15,* 321-360.

Bock, J.K. & Levelt, W.J.M. (1994). Language production: Grammatical encoding. In: M.A. Gernsbacher (Ed.), *Handbook of psycholinguistics* (pp. 945-985). San Diego: Academic Press.

Dell, G.S. (1986). A spreading-activation theory of retrieval in sentence production. *Psychological Review, 93,* 283-321.

Dell, G.S. & Reich, P.A. (1981). Stages in sentence production: An analysis of speech error data. *Journal of Verbal Learning and Verbal Behavior, 20,* 611-629.

Dell, G.S. & O'Seaghdha, P.G. (1991). Mediated and convergent lexical priming: A comment on Levelt et al. (1991). *Psychological Review, 98,* 604-614.

Dressler, W.U. (1976). Tendenzen in kontaminatorischen Fehlleistungen (und ihre Beziehungen zur Sprachgeschichte). *Die Sprache, 22,* 1-10.

Eikmeyer, H.-J. & Ahlsén, E. (1998). The cognitive process of referring to an object: A comparative study of German and Swedish. In: T. Haukioja (Ed.), *Papers from the 16th Scandinavian Conference of Linguistics, Turku, November 1996* (pp. 75-86). Turku: University of Turku.

Eikmeyer, H.-J., Kindt, W., Laubenstein, U., Lisken, S., Polzin, T., Rieser, H. & Schade, U. (1991). Kohärenzkonstitution im gesprochenen Deutsch. In: G. Rickheit (Ed.), *Kohärenzprozesse* (pp. 59-136). Opladen: Westdeutscher Verlag.

Eikmeyer, H.-J. & Schade, U. (1993). The role of computer simulation in neurolinguistics. *Nordic Journal of Linguistics, 16,* 153-169.

Fay, D. & Cutler, A. (1977). Malapropisms and the structure of the mental lexicon. *Linguistic Inquiry, 8,* 505-520.

Fromkin, V.A. (1971). The non-anomalous nature of anomalous utterances. *Language, 47,* 27-52.

Garrett, M.F. (1975). The analysis of sentence production. In: G.H. Bower (Ed.), *The psychology of learning and motivation,* Vol. 9 (pp. 133-177). New York: Academic Press.

Harley, T.A. (1993). Phonological activation of semantic competitors during lexical access in speech production. *Language and Cognitive Processes, 8,* 291-310.

Jescheniak, J. & Schriefers, H. (1997). Lexical access in speech production: Serial or cascaded processing? *Language and Cognitive Processes, 12,* 847-852.

Kempen, G. & Huijbers, P. (1983). The lexicalization process in sentence production and naming: Indirect selection of words. *Cognition, 14,* 185-209.

Leuninger, H. (1993). *Reden ist Schweigen, Silber ist Gold: Gesammelte Versprecher.* Zürich: Ammann Verlag.

Levelt, W.J.M. (1989). *Speaking: From intention to articulation.* Cambridge, MA: MIT Press.

Levelt, W.J.M., Roelofs, A. & Meyer, A.S. (1999). A theory of lexical access in speech production. *Behavioral and Brain Sciences, 22,* 1-75.

Levelt, W.J.M., Schriefers, H., Vorberg, D., Meyer, A.S., Pechmann, T. & Havinga, J. (1991). The time course of lexical access in language pro-duction: A study of picture naming. *Psychological Review, 98,* 122-142.

Martin, N., Gagnon, D.A., Schwartz, M.F., Dell, G.S. & Saffran, E.M. (1996). Phonological facilitation of semantic errors in normal and aphasic speakers. *Language and Cognitive Processes, 11,* 257-282.

MacKay, D.G. (1972). The structure of words and syllables: Evidence from errors in speech. *Cognitive Psychology, 3,* 210-227.

Meyer, A.S. & Schriefers, H. (1991). Phonological facilitation in picture-word interference experiments: Effects of stimulus onset asynchrony and types of interfering stimuli. *Journal of Experimental Psychology: Learning, Memory and Cognition, 17,* 1146-1160.

Peterson, R.R. & Savoy, P. (1998). Lexical selection and phonological encoding during language production: Evidence for cascaded processing. *Journal of Experimental Psychology: Learning, Memory and Cognition, 24,* 539-557.

Roelofs, A. (1997). The WEAVER model of word form encoding in speech production. *Cognition, 64,* 249-284.

Schade, U. (1999). *Konnektionistische Sprachproduktion.* Wiesbaden: Deutscher Universitätsverlag.

Schade, U. & Laubenstein, U. (1993). Repairs in a connectionist language-production model. In: R. Köhler & B. Rieger (Eds.), Contributions to quantitative linguistics (pp. 79-90). Dordrecht: Kluwer.

Schade, U. & Eikmeyer, H.-J. (1998). Modeling the production of object specifications. In: J. Grainger & A. Jacobs (Eds.), *Localist connectionist approaches to human cognition* (pp. 257-282). Mahwah: Erlbaum.

Schriefers, H., Meyer, A.S. & Levelt, W.J.M. (1990). Exploring the time course of lexical access in language production: Picture-word interference studies. *Journal of Memory and Language, 29,* 86-102.

Snodgrass, J.G. & Vanderwart, M. (1980). A standardized set of 260 pictures: Norms for name agreement, image agreement, familiarity and visual complexity. *Journal of Experimental Psychology: Human Learning and Memory, 6,* 174-215.

Wiese, R. (1987). Versprecher als Fenster zur Sprachstruktur. *Studium Linguistik, 21,* 45-55.

Synchronisierung schriftlicher und mündlicher Sprachproduktion

Rüdiger Weingarten

Üblicherweise gehen Modelle zur schriftlichen Sprachproduktion davon aus, dass es zwei Wege zur Erzeugung der Buchstabenfolge gibt. Im einen Fall wird sie direkt aus dem orthographischen Output-Lexikon zur Verfügung gestellt, im anderen Fall wird sie auf der Grundlage der phonologischen Wortform durch einen Phonem-Graphem-Konversionsmechanismus erzeugt. In einer Versuchsreihe, in der die Bereitstellung orthographischer *und* phonologischer Information erzwungen wurde, sollte überprüft werden, wie der Informationsaustausch zwischen dem phonologischen und dem orthographischen Prozess organisiert wird. Hier wird über ein Experiment berichtet, in dem die Teilnehmer Bilder einerseits gleichzeitig schriftlich und mündlich benennen sollten und andererseits nur schriftlich oder nur mündlich. Gemessen wurde insbesondere, an welchen Stellen beide Produktionsformen synchron sind und an welchen Stellen nicht, sowie an welchen Stellen im Synchronmodus ein zusätzlicher Zeitbedarf entsteht. Es zeigte sich, dass Synchronie bezogen auf Silbeneinheiten, aber nicht feinkörniger, hergestellt wird. Ein zusätzlicher Zeitbedarf in der synchronen Bedingung im Vergleich zur monomedialen Produktion entsteht nur silbeninitial. Daraus wird geschlossen, dass die phonologischen und die graphemischen Prozesse insbesondere auf der Silbenebene Information austauschen.

1 Das Zwei-Wege-Modell

Die meisten Modellen zur schriftlichen Sprachproduktion (z.B. Caramazza, 1991; Morton, 1980; Roeltgen, 1993) gehen davon aus, dass es zwei Wege zur Erzeugung der Buchstabenfolge eines Wortes gibt: Insbesondere für vertraute, hochfrequente Wörter kann die orthographische Information direkt bereitgestellt werden, bei schwierigen oder unbekannten Wörtern wird sie aus der phonologischen Wortform abgeleitet.

Weg I: Lexikon > orthographisches Output-Lexikon > graphemischer Output-Buffer.

Weg II: Lexikon > phonologisches Output-Lexikon > orthographisches Output-Lexikon > graphemischer Output-Buffer.

Zahlreiche Arbeiten der letzten Jahre haben versucht nachzuweisen, dass es den Weg I tatsächlich gibt und mit ihm die Restschreibfähigkeit bei schweren phonologischen

Störungen erklärt werden kann (z.B. Rapp, Benzing & Caramazza, 1997). Dass es den Weg II gibt, wird zum Beispiel aus Pseudowortschreibungen abgeleitet. Hier wird üblicherweise ein Phonem-Graphem-Konversionsmechanismus als Verbindung zwischen phonologischem und orthographischem Output-Lexikon angenommen. Annahmen hinsichtlich eines Interaktionsprozesses mit einer anderen Granularität, etwa in Silbengröße, werden in dem oben genannten ‚Standardmodell' nicht gemacht.

Dieser Konzeption stehen jedoch vermehrt Untersuchungen gegenüber, die festgestellt haben, dass die orthographische Information auch oberhalb der Graphemebene strukturiert ist. So gehen Ward und Romani (2000) davon aus, dass es eine ‚orthosilbische' Organisationsebene gibt, die auch bei erheblich gestörten phonologischen Fähigkeiten noch nachweisbar ist. Wenn es solche ‚orthosilbischen' – wir sagen graphosilbischen – Einheiten tatsächlich gibt, dann stellt sich natürlich auch die Frage, ob es im Falle von Weg II nur auf phonemischer Ebene einen Informationsaustausch zwischen phonologischen und graphemischen Prozessen gibt oder auch auf silbischer Ebene.

2 Dynamische Einheiten in der schriftlichen Wortproduktion

In unseren eigenen Untersuchungen zur schriftlichen Sprachproduktion einzelner Wörter erhalten die Versuchspersonen Bilder, geschriebene oder gesprochene Wörter als Stimuli. Danach sollen sie die entsprechenden Wörter auf einem Computer schreiben, wobei die Zeiten vom Stimulus-Onset bis zum ersten Tastenanschlag (Initiale Latenz, IL) und die Zeiten von einem Tastenanschlag bis zum jeweils folgenden gemessen werden (Inter-Key-Intervalle, IKI). Dabei konnten wir zeigen, dass sich im Zeitverlauf typische Muster bilden, die mit der linguistischen Struktur der zu schreibenden Wörter zusammenhängen: Die höchste Latenz entsteht immer zu Beginn eines Wortes. Innerhalb eines Wortes findet man die höchste Latenz dort, wo Silben- und Morphemanfänge (SM) zusammenfallen, danach kommen reine Silbenanfänge (S). Reine Morphemanfänge (M) führen bei der Einzelwortschreibung nicht zu Einheitenbildungen; reine Buchstabenübergänge (B) führen nur unter peripheren Bedingungen (Buchstabenfrequenz und Lage eines Buchstabens auf der Tastatur) zu erhöhten Latenzen (vgl. Will, Weingarten, Nottbusch & Albes, 2001a; b).

Diese Effekte treten – mit spezifischen Unterschieden – bei allen drei Darbietungsformen auf, bei langsamen und schnellen Schreibern, bei Unterdrückung der subvokalen Artikulation, im Englischen und Deutschen ebenso wie bei der Schreibung von Pseudowörtern. Kontrolliert sind auch die Effekte, die durch einzelne Buchstabenkombinationen auftreten (Digrapheneffekte). Insgesamt handelt es sich um ein durch sehr viele Einzelversuche abgesichertes Ergebnis, illustriert in Abbildung 1.

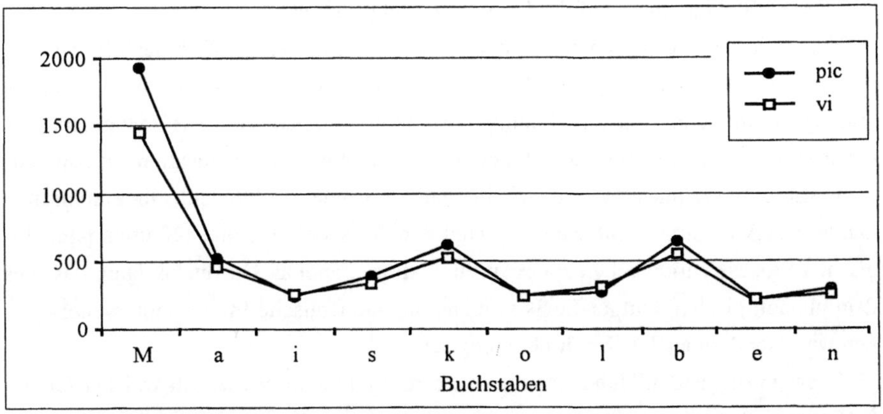

Abbildung 1: Vergleich der durchschnittlichen initialen Latenzen und Inter-Key-Intervalle (Zeit in ms) beim Schreiben des Wortes „Maiskolben“ nach Bilddarbietung (pic) und schriftlicher Darbietung (vi) durch langsame Schreiber (nach Will et al., 2001b).

Wir interpretieren diese Bildung dynamischer Muster so, dass bei der schriftlichen Wortproduktion zunächst ein Rahmen eröffnet wird, der verschiedene Subrahmen enthält. Zu Beginn der Schreibung eines (zumindest zweisilbigen) Wortes ist also noch nicht die vollständige segmentale Information vorhanden. Die Subrahmen und ihre jeweiligen Füllungen werden erst sukzessive bereitgestellt (zum Konzept von Rahmen und segmentaler Füllung in der Sprachproduktion vgl. MacNeilage, 1998). Diese Rahmen kann man im zeitlichen Verlauf erkennen: Zu Beginn eines Wortrahmens, eines silbisch-morphemischen Rahmens und zu Beginn eines rein silbischen Rahmens entsteht eine höhere Latenz.

Die erhöhten Latenzen an den SM-Anfängen, die überwiegend mit den Anfängen von Grundmorphemen, also lexikalischen Einheiten, zusammenfallen, hängen vermutlich mit Zugriffen auf das Lexikon zusammen. Für diese Annahme gibt es zwei Indizien. Erstens sind die IKIs an den SM-Anfängen bei der bildlichen Darbietung höher als bei der mündlichen oder der schriftlichen Darbietung. Da bei der bildlichen Darbietung im Unterschied zu den beiden anderen Modi eine Suche nach einem geeigneten Lexem erforderlich ist, könnte der zusätzliche Zeitbedarf auf einen erneuten Lexikonzugriff zurückgehen. Zweitens wird die Höhe der Latenz bei SM-Anfängen von der Worthäufigkeit beeinflusst, andere Stellen innerhalb eines Wortes jedoch nicht. Offensichtlich wird bei der Einzelwortschreibung nicht das komplette Wort aus dem Lexikon geladen und dann weiterverarbeitet, sondern es wird während der Wortschreibung bestimmten Stellen erneut auf das Lexikon zurückgegriffen.

Neben diesen lexikalischen Rahmen stellen wir eine weitere Rahmenbildung fest, die mit silbischen Einheiten korreliert. Es stellt sich die Frage, woher diese Rahmenbildung kommt und was ihre Funktion ist. Grundsätzlich sind zwei Möglichkeiten denkbar: Zum Einen könnte es sich um ein rein graphisches Organisationsprinzip handeln, also eine Graphosilbe, die auf eine entsprechende Struktur im orthographischen Output-Lexikon zurückgeht. Zum Anderen könnte es sich um eine auf einen phonologischen Prozess zurückgehende Organisationsform handeln. Das hieße dann, dass aus dem phonologischen Output-Lexikon nicht nur phonemische Information weitergegeben wird, sondern auch silbisch-phonologische.

In der vorliegenden Untersuchung soll herausgefunden werden, in welcher Granularität im Falle eines erzwungenen Informationsaustausches graphemische und phonologische Prozesse miteinander interagieren. Es geht also darum, inwieweit die schriftliche Sprachproduktion modular organisiert, also gegenüber der mündlichen Produktion ‚informationally encapsulated' ist. Man könnte sagen, dass ‚unterhalb' der kleinsten Einheiten, zwischen denen ein Austausch noch stattfindet, die schriftliche gegenüber der mündlichen Sprachproduktion ‚informationally encapsulated', also modular organisiert ist. Denkbar sind folgende Einheiten, bei denen ein Informationsaustausch stattfinden könnte:

I.	Wortebene:	phonologisches Wort	–	orthographisches Wort
II.	Silbenebene:	Phonosilbe	–	Graphosilbe
III.	Segmentebene:	Phonem	–	Graphem

Die Ebene I entspricht dem Weg I im oben genannten Sprachproduktionsmodell, die Ebene III dem Weg II. Die Silbenebene wäre eine in diesem Modell nicht vorgesehene Einheit.

3 ‚Dual-task'-Paradigma

Eine experimentelle Methode, mit der Interaktionen zwischen verschiedenen Produktionsformen untersucht werden können, ist das so genannte ‚dual-task'-Paradigma. Hier sollen Personen zwei Aufgaben gleichzeitig durchführen. Aus einer Analyse der genauen zeitlichen Beziehung zwischen beiden Produktionsmodi wird ein Aufschluss darüber erwartet, inwieweit beide Modi auf gemeinsame Ressourcen zurückgreifen beziehungsweise inwieweit sie unabhängig voneinander ablaufen.

Im Rahmen der Sprachproduktionsforschung wurde dieses Verfahren unter anderem von Levelt, Richardson und La Heij (1985) und von Feyereisen (1997) angewandt, in beiden Fällen zur Untersuchung parallelen Sprechens und Zeigens. Levelt, Richardson und La Heij zeigten einerseits, dass es nur in der Planungsphase zu einem Konflikt um Ressourcen kommt und dass nur dort ein Informationsaustausch zwischen Sprechen und Zeigen stattfindet. Praktisch nach Beginn der motorischen Ausführung liefen beide Prozesse modular ab. Wichtig bei diesem Ergebnis ist, dass es sich um deiktisches Zeigen handelt, das in der Regel einen Apex (einen Extrempunkt der Geste) aufweist. Feyereisen kam zu ähnlichen Ergebnissen bei deiktischen, allerdings nicht bei illustrativen Gesten.

Das ‚dual-task'-Paradigma trägt zur Aufklärung verschiedener Punkte bei (vgl. auch Rohwetter, Kessler & Hielscher-Fastabend, 2001): Kommt es in der ‚dual-task'-Bedingung an einer bestimmten Stelle zu einer Beschleunigung gegenüber der ‚single-task'-Bedingung, so kann dies interpretiert werden als wechselseitige Bahnung (Fazilitation) der beiden Prozesse. Kommt es hingegen zu einer Verlangsamung, kann dies als Konflikt um gemeinsame Ressourcen interpretiert werden. Der Ort, an dem Beschleunigungen oder Verlangsamungen auftreten, zeigt an, wo der Informationsaustausch stattgefunden hat. Die Einheiten, in denen zwischen beiden Modi Synchronie hergestellt wird, geben Aufschluss über die Granularität des Informationsaustausches.

4 Schriftliche und mündliche Sprachproduktion im Experiment

Das von uns verwendete chronometrische Verfahren zur Untersuchung der schriftlichen Sprachproduktion eröffnet auch in einem ‚dual-task'-Paradigma erheblich differenziertere Einblicke als die Untersuchung gesprochener Sprache, da wir nicht nur die initiale Latenz zur Verfügung haben, sondern den gesamten Zeitverlauf der Wortschreibung. In einer Reihe von Bildbenennungsversuchen sollen die folgenden Punkte untersucht werden:

1. Initiale Latenzen und Inter-Key-Intervalle
    - beim isolierten mündlichem Benennen,
    - beim isolierten schriftlichem Benennen,
    - beim parallelen schriftlichen und mündlichen Benennen.

2. Synchronisierungsperioden:
   - An welchen Stellen im Wort verlaufen schriftliche und mündliche Produktion synchron, und an welchen Stellen verlaufen sie zeitlich versetzt?
   - Hat hier ein bestimmter Modus gegenüber dem anderen einen zeitlichen Vorlauf, so dass er auf den anderen ‚warten' muss?

Erhöhte Latenzen in der Parallelaufgabe gegenüber der einfachen Produktionsaufgabe werden so interpretiert, dass an den Stellen, an denen sie auftreten, ein Konflikt um Ressourcen zwischen beiden Modi entstanden ist oder sie auf die gleichen Ressourcen zurückgreifen. An diesen Stellen könnte dann auch eine Interaktion oder ein Informationsaustausch zwischen schriftlicher und mündlicher Produktion auftreten. Allerdings ist dabei auch ein gewisser kognitiver Mehraufwand für die Synchronisierung selbst zu berücksichtigen. Ebenso können verringerte Latenzen oder Intervalle als Ergebnis von Interaktionen interpretiert werden: Hier haben dann möglicherweise gegenseitige Fazilitationen stattgefunden. Sind die Zeiten in der Parallelaufgabe gegenüber der einfachen Aufgabe unverändert, so wird kein Rückgriff auf gemeinsame Ressourcen und mithin keine Interaktion angenommen.

Wir gehen von folgenden Ausgangsbedingungen in der Parallelaufgabe aus: Die mündliche Sprachproduktion ist in der Ausführung mindestens viermal so schnell wie die schriftliche. In einer verbal-schriftlichen ‚dual-task'-Aufgabe wird sich die mündliche Sprachproduktion dem Tempo der schriftlichen anpassen müssen, da die eine wohl verlangsamt, die andere aber kaum beschleunigt werden kann. Beim Sprechen muss man also eine Lento-Form einhalten; das Sprechtempo muss sich nach dem Schreibtempo richten. Auch bei der Untersuchung parallelen Sprechens und Zeigens wurde übrigens festgestellt, dass die Synchronizität – bei Levelt, Richardson und La Heij (1985): „covariation" – auf eine Anpassung des Sprechens an die Gestik zurückgeht und nicht umgekehrt. Wir nehmen also an, dass beide Formen der Sprachproduktion nicht gleichartig in die Parallelaufgabe eingehen: Die mündliche Produktion kann sich der schriftlichen anpassen, der umgekehrte Fall ist unwahrscheinlicher.

Wir gehen von der Hypothese aus, dass die Silbe einen Rahmen für Synchronisierungsperioden und Interaktionen zwischen beiden Modi vorgibt. Das könnte so interpretiert werden, dass unterhalb der Silbe die Prozesse autonom ablaufen. Als Einheit des Sprechens ist die Silbe unbestritten; in unseren bisherigen Untersuchungen zur schriftlichen Sprachproduktion hat sie sich auch als eine wichtige dynamische Einheit unterhalb der Wortebene erwiesen.

4.1 Methode

Versuchspersonen: Insgesamt nahmen 58 Studierende der Universität Osnabrück mit durchschnittlichen Fähigkeiten der Tastaturschreibung an dem Versuch teil, und zwar 17 Personen unter der ‚dual-task'-Bedingung, 14 unter der ‚single-task'-Bedingung mit mündlicher Benennung, und 27 unter der ‚single-task'-Bedingung mit schriftlicher Benennung.

Versuchsmaterial: Unter den drei Bedingungen wurden jeweils 36 Bilder dargeboten. Die Bilder stammten aus dem Materialsammlung von Snodgrass und Vanderwart (1980), hier in der deutschsprachigen Normierung von Genzel, Kerkhoff und Scheffter (1995). Die Bilder waren so ausgewählt, dass bei der Benennung insbesondere mehrsilbige Wörter Berücksichtigung fanden. Die Liste der zu produzierenden Wörter findet sich im Anhang.

Versuchsablauf: In den Einzelversuchen wurde auf einem 17-Zoll-Monitor ein Bild gleichzeitig mit einem akustischen Signal („Ping") dargeboten. In der ‚dual-task'-Bedingung erhielten die Teilnehmer und Teilnehmerinnen die Instruktion, das Bild gleichzeitig schriftlich und mündlich zu benennen. Die ‚single-task'-Bedingungen hatten den gleichen Aufbau: In der einen Bedingung waren die Bilder nur mündlich, in der anderen nur schriftlich zu benennen. Nach der Benennung konnten die Teilnehmer durch Drücken der „Enter"-Taste selbst das nächste Bild aufrufen.

Versuchsdaten: Für die Analysen der mündlichen Produktion und der Synchronizität wurden akustisch-digitale Aufzeichnungen gemacht, auf denen sowohl die gesprochenen Wörter als auch die Geräusche der Tastenanschläge beim Schreiben des betreffenden Wortes zu hören waren. Die mündlichen Daten aus der ‚single-task'-Bedingung wurden ebenfalls akustisch-digital aufgezeichnet. Als Daten der ‚single-task' schriftlichen Bildbenennung wurden die Tastenanschläge von dem Computer aufgezeichnet; gemessen wurden die Zeitpunkte der einzelnen Tastenanschläge vom Beginn der Bilddarbietung an.

4.2 Ergebnisse

Initiale Latenzen: Die initialen Latenzen waren bei der ‚single-task'-Bedingung für das mündliche Benennen am kürzesten, gefolgt vom ‚single-task'-schriftlichen Benennen ($t_{35} = 26.89$; $p < 0.001$). Langsamer waren die Latenzen beim ‚dual-task'-schriftlichen Benennen ($t_{35} = 3.957$; $p < 0.001$), und am langsamsten in dieser Bedingung beim mündlichen Benennen ($t_{35} = 22.222$; $p < 0.001$). Die Signifikanzprüfung erfolgte über

Bonferroni-korrigierte t-Tests für abhängige Messreihen auf der Basis von Bildern als Verallgemeinerungsdimension.

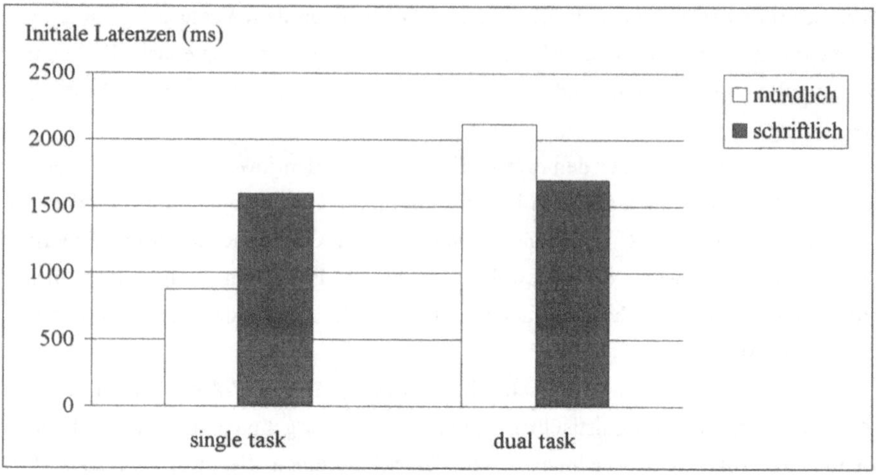

Abbildung 2: Mittelwerte der initialen Latenzen (ms) in den ‚single-task'- und ‚dual-task'-Bedingungen zum schriftlichen und mündlichen Bildbenennen.

Die Ergebnisse zeigen einen deutlichen Unterschied zwischen der ‚single-task'- und der ‚dual-task'-Bedingung. Dies deutet zunächst darauf hin, dass es in der ‚dual-task'-Bedingung einen Konflikt um gemeinsame Ressourcen gegeben hat und eine Fazilitation nicht stattfand. Der erhöhte Zeitbedarf bei der schriftlichen gegenüber der mündlichen ‚single-task'-Bedingung deutet darauf hin, dass die schriftliche Produktion kognitiv aufwendiger ist. Hier liegt möglicherweise ein Unterschied zwischen schriftlicher Produktion und Rezeption, denn bei der Rezeption schwieriger Texte ist ein Vorteil des Lesens gegenüber dem Hören zu beobachten (vgl. Rickheit & Strohner, 1983).

Die extremen Unterschiede zwischen den mündlichen Produktionen in den beiden Bedingungen zeigen sehr deutlich, dass die mündliche Produktion in der ‚dual-task'-Bedingung dem schriftlichen Prozess angepasst wird: Erst nach dem Start der schriftlichen Produktion setzt die mündliche ein. Dies zeigte auch eine Betrachtung der Einzeldaten, woraus deutlich wird, dass die mündliche Produktin die flexiblere ist.

Inter-Key-Intervalle schriftliche Benennung: Vergleicht man die Inter-Key-Intervalle der schriftlichen Bildbenennungen in der ‚single'- und der ‚dual-task'-Bedingung, so zeigen sich auch hier deutliche Differenzen: Insgesamt sind in der ‚dual-task'-Bedingung die IKIs signifikant länger (Scheffé-Test; $\Delta = 28.36$; $p < 0.01$). Betrachtet man einzelne der von uns unterschiedenen IKI-Typen, dann ist dieser Unterschied jedoch nur signifikant an den reinen Silbenanfängen (Scheffé; $\Delta = 48.78$; $p = 0.05$) und an den kombinierten Silben- und Morphemanfängen (Scheffé; $\Delta = 90.36$; $p < 0.05$). An den reinen Morphemanfängen (Scheffé; $\Delta = 78.63$; $p > 0.05$) und den sonstigen Buchstabenübergängen (Scheffé; $\Delta = 16.02$; $p > 0.05$) ergaben sich keine signifikanten Unterschiede.

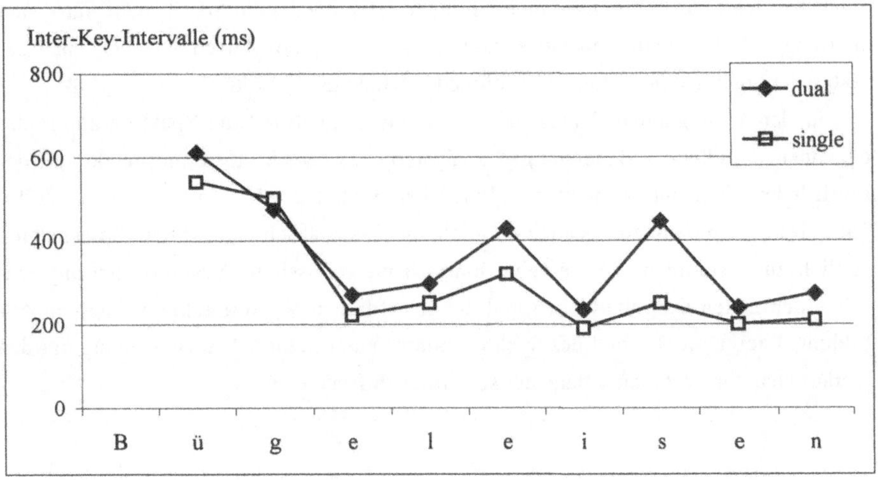

Abbildung 3: Mittelwerte der IKIs (ms) bei der schriftlichen Bildbenennung in der ‚dual-task'- und der ‚single-task'-Bedingung (ohne initiale Latenzen).

Die Ergebnisse zeigen zunächst (vgl. Abb. 3), dass in der ‚dual-task'-Aufgabe keine grundsätzlich andere Schreibdynamik entsteht als in der isolierten Schreibaufgabe. Damit kann auch ausgeschlossen werden, dass in beiden Bedingungen gänzlich andere Formen der schriftlichen Sprachproduktion stattgefunden hätten. Vielmehr kommt es nur zu sehr spezifischen Veränderungen. Gleichzeitiges Sprechen und Schreiben erfordert beim Schreiben mehr Zeit als alleiniges Schreiben. Dieser zusätzliche Zeitaufwand entsteht nicht in gleichem Maße an jeder Stelle innerhalb eines Wortes, sondern signifikant erhöht nur an den Silbengrenzen. Dort, wo Silbengrenzen mit Morphemgrenzen zusammenfallen, ist der zusätzliche zeitliche Aufwand etwa doppelt so hoch wie an reinen Silbengrenzen.

Inter-Key-Intervalle Synchronisierung Sprechen-Schreiben: Die Analyse der Lautfolge in einem akustischen Sprachsignal ist in jedem Fall eine heikle Angelegenheit. Laute innerhalb von Wörtern sind keine diskreten Einheiten: Je nach Laut haben sie eine längere Onset- und Codaphase, in der das charakteristische Frequenzspektrum eines Lautes erst allmählich entsteht beziehungsweise abgebaut wird. Besonders problematisch sind alle Formen der Koartikulation, bei denen artikulatorische Gesten über einen oder zwei Laute hinweg ‚überlappen' können. Man kann daraus die Konsequenz ziehen, dass eine Segmentierung von Wörtern in einzelne Laute grundsätzlich nicht statthaft ist. In der Phonetik ist dies jedoch keine zwingend eingenommene Position. Vielmehr gehören dort Lautsegmentierungen zur alltäglichen Arbeit; man muss sich allerdings der Probleme bewusst sein (vgl. dazu Pompino-Marschall, 1995; zur Charakterisierung einzelner Laute s. Ladefoged & Maddieson, 1996).

Für den vorliegenden Zweck haben wir mit „Signalyze" die Spektrogramme der einzelnen mündlichen Benennungen analysiert. Als Synchronisierungspunkt mit der schriftlichen Benennung stand der „Ping" bei Beginn der Bilddarbietung zur Verfügung. Darüber hinaus war es auch möglich, die Tastenanschläge auf dem Sprachsignal zeitlich zu bestimmen. So war eine hinreichend verlässliche Synchronisierung zwischen den Daten der mündlichen und der schriftlichen Wortproduktion möglich. Abbildung 4 zeigt ein Beispiel des Spektrogramms einer mündlichen Benennung mit den Geräuschen der Tastenanschläge der schriftlichen Benennung:

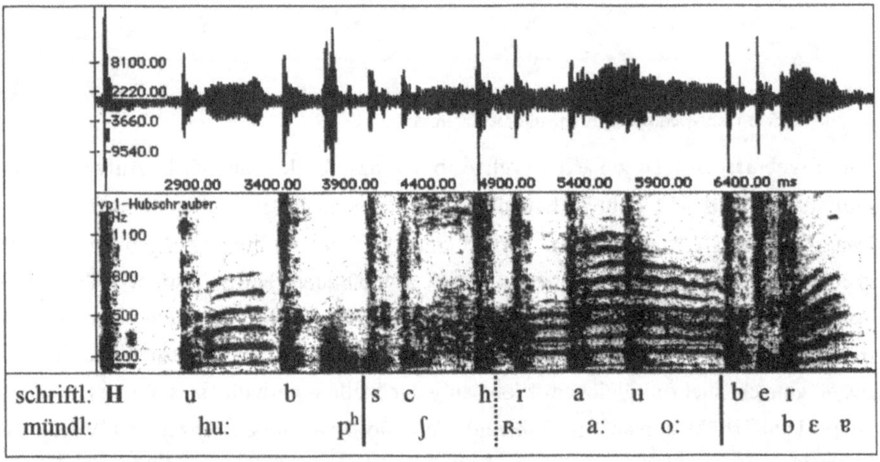

Abbildung 4: Amplitude und Spektrogramm des Wortes „Hubschrauber" in der ‚dual-task'-Bedingung. In der mit „schriftl:" gekennzeichneten Zeile sind die Zeitpunkte der Tastenanschläge notiert Sie sind in der Amplitude (oben) als große Ausschläge erkennbar und im Spektrogramm (unten) als schwarze Säulen. In der mit „mündl:" gekennzeichneten Zeile sind die Anfänge der Laute in der mündlichen Benennung notiert.

Daten, wie sie in Abbildung 4 dargestellt sind, bildeten die Grundlage für die Analyse des mündlichen Sprachsignals und die Synchronie zwischen der schriftlichen und der mündlichen Benennung.

Dabei zeigte sich, dass Sprechen und Schreiben in der ‚dual-task'-Bedingung in typischen Mustern synchron beziehungsweise asynchron verlaufen. In Abbildung 5 sind die mittleren zeitlichen Differenzen zwischen mündlicher und schriftlicher Sprachproduktion bei einem Wort dargestellt. Offensichtlich sind mit Beginn einer Silbe beide Modi stärker asynchron, wobei die Graphosilbe meist zuerst startet. Erst im Silbenkern beziehungsweise zum Silbenende hin nähern sich beide Modi einander an. Die Daten stützen die Annahme, dass in silbischen Einheiten Synchronizität zwischen beiden Modi hergestellt wird. Mit Beginn jeder neuen Silbe muss der Synchronisierungsversuch dann auch wieder neu gestartet werde.

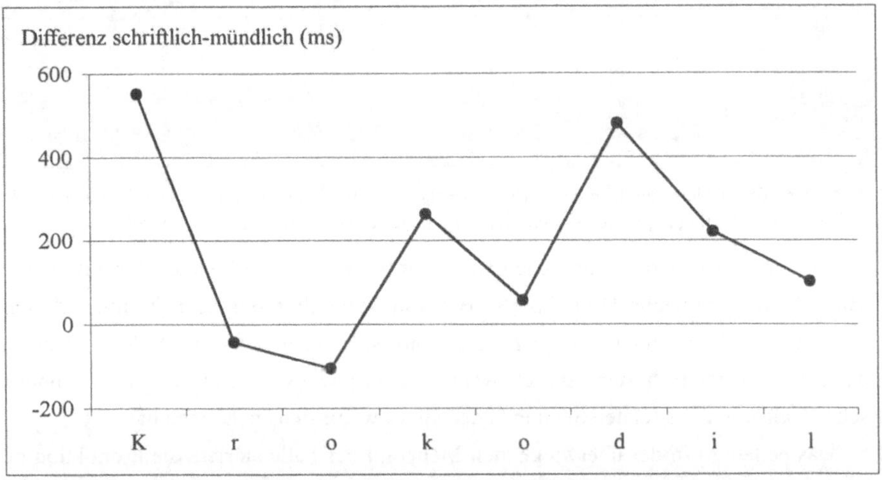

Abbildung 5: Mittlere Zeitdifferenzen (ms) zwischen schriftlichem und mündlichem Benennen in der ‚dual-task'-Bedingung. Werte im positiven Bereich geben an, wie weit die schriftliche Benennung an der entsprechenden Stelle der mündlichen vorangeht.

Im Vergleich der zeitlichen Differenzen zwischen dem schriftlichen und dem mündlichen Modus an den unterschiedlichen Einheitenanfängen innerhalb eines Wortes zeigte sich, dass nennenswerte zeitliche Differenzen (Asynchronie) zwischen beiden Modi nur an den reinen Silbenanfängen und den kombinierten Silben- und Morphemanfängen auftreten: Die Asynchronie an Silbenanfängen ist signifikant höher als die an Morphemanfängen (Scheffé; $\Delta = 238.03$; $p < 0.05$) und an sonstigen Buchstaben (Scheffé;

$\Delta = 208.77$; $p < 0.001$); ebenso ist die Asynchronie an kombinierten Silben- und Morphemanfängen signifikant höher als an reinen Silbenanfängen (Scheffé; $\Delta = 144.51$; $p < 0.001$), an Morphemanfängen (Scheffé; $\Delta = 382.54$; $p < 0.001$) und an sonstigen Buchstaben (Scheffé; $\Delta = 353.28$; $p < 0.001$).

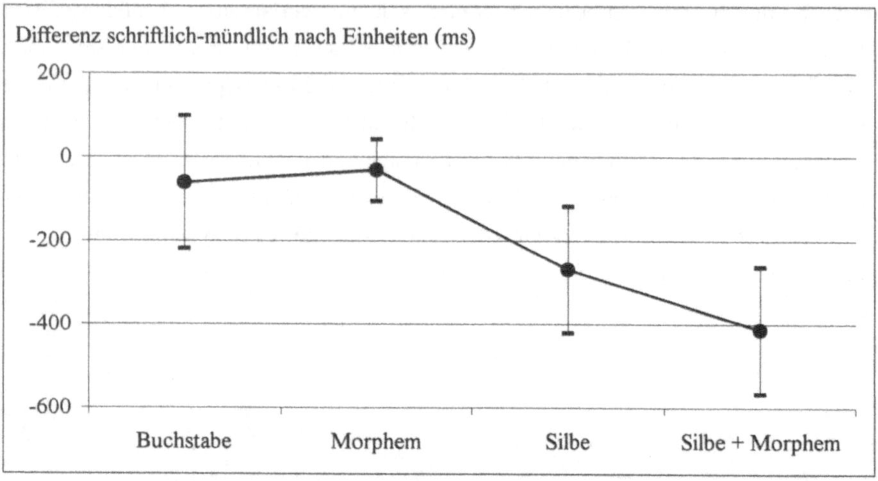

Abbildung 6: Mittlere Zeitdifferenzen (ms) zwischen schriftlichem und mündlichem Benennen in der ‚dual-task'-Bedingung an den verschiedenen Einheitenanfängen innerhalb eines Wortes.

In der Detailanalyse der akustischen Daten im Spektrogramm konnten wir ein interessantes Phänomen beobachten, das als „Blockade intersilbischer Asynchronie" bezeichnet werden soll. Es zeigte sich, dass die motorische Realisation der Silbe_{n+1} in einem der beiden Modi frühestens startet, wenn in dem jeweils anderen Modus die motorische Realisation des letzten Segments der Silbe_{n} wenigstens begonnen hat.

Das bedeutet: In der überwiegenden Mehrzahl der Fälle startete die Produktion der schriftlichen Silbe zuerst. Überlappungen zwischen der Produktion von Silbe_{n} im mündlichen und Silbe_{n+1} im schriftlichen Modus gibt es nicht, wenn Silbe_{n} mit einem Plosiv endet. Wenn aber Silbe_{n} mit einem Vokal, Frikativ, Nasal oder Liquid, also einem in seiner Dauer variablen Laut endet, kann die schriftliche Produktion von Silbe_{n+1} beginnen, während dieser Laut noch produziert wird. Seine Produktion muss aber in jedem Fall bereits begonnen haben. Es scheint weiterhin so zu sein, dass diese Überlappungen in der verlängerten Ausklingphase nicht vorkommen, wenn mit Silbe_{n+1} ein Grundmorphem beginnt. Der umgekehrte Fall, dass Silbe_{n+1} im mündlichen Modus startet, bevor das letzte Segment von Silbe$_n$ im schriftlichen Modus produziert ist, kommt praktisch nicht vor.

Nach diesen Ergebnissen ist Asynchronie nur innerhalb einer Silbe möglich, aber nicht zwischen Silben. In einigen Fällen von Di- und Trigraphemen, beispielsweise <sch>, scheint auch auf der Phonem-Graphem-Ebene die Asynchronie eingeschränkt zu sein.

Natürlich ist unter bestimmten Bedingungen auch eine Synchronisierung beider Produktionsmodi auf der graphischen Segment- beziehungsweise Buchstabenebene möglich. Insbesondere bei Schreibanfängern kann man dies feststellen. Doch führt auch dieses Vorgehen notwendigerweise zu einem silbifizierenden Buchstabieren: <Gabel> → [ge:.ʔɑ:.be:.ʔe:.ʔɛl]. Damit bliebe auch wieder die Silbe als Einheit des Informationsaustausches erhalten.

Beim Sprechen können in der Synchronbedingung die typischen Lento-Formen beobachtet werden, etwa dass aus ungespannten Vokalen gespannte werden. Dies deutet auch darauf hin, dass das Sprechen als der flexiblere Prozess in seiner Ausführung an die schriftliche Sprachproduktion angepasst wurde.

4.3 Diskussion

In den Untersuchungen konnte zunächst gezeigt werden, dass das schriftliche Benennen in der ‚dual-task'-Bedingung längere Zeit benötigt als in der ‚single-task'-Bedingung. Der zusätzliche Zeitbedarf entsteht nicht an allen Stellen eines Wortes in gleichem Maße, sondern nur dort, wo neue Silben beginnen und verstärkt dort, wo gleichzeitig ein neues Morphem beginnt. Dieses Ergebnis interpretieren wir so, dass es in der ‚dual-task'-Bedingung insbesondere an Silbengrenzen zu einen Konflikt um gemeinsame Ressourcen der schriftlichen und der mündlichen Sprachproduktion kommt. Hier könnte demzufolge eine Interaktion oder ein Informationsaustausch stattfinden, während er auf der Segmentebene (Buchstaben oder Grapheme) praktisch nicht festgestellt werden kann. Dies kann weiterhin so interpretiert werden, dass innerhalb der Silbeneinheiten beide Prozesse autonom ablaufen, hier also eine modulare Organisation vorliegt.

Diese Ergebnisse werden von der Analyse der Synchronie der beiden Produktionsmodi in der ‚dual-task'-Bedingung gestützt. Hier zeigte sich, dass die Silbe die Granularität der Synchronisierung beziehungsweise den Rahmen für Synchronisierungsperioden bestimmt. Dabei könnte es so sein, dass die Herstellung von Synchronie auf dieser Ebene ein ballistischer Prozess (Levelt, Richardson & La Heij, 1985) ist, der auf den Silbenkern gerichtet ist (dieser kann ja auch als eine Art ‚Apex' angesehen werden). Das hängt natürlich auch damit zusammen, dass im Silbenkern immer Laute sind, die zeitlich dehnbar sind, also der langsameren schriftlichen Produktion angepasst werden können.

Nach diesen Ergebnissen sehen wir die Hypothese gestützt, dass die schriftliche Sprachproduktion innerhalb der Silbe gegenüber einem phonologischen Prozess weitgehend ‚informationally encapsulated' ist. Silbeninitial findet hingegen eine Interaktion zwischen phonologischen und graphemischen Prozessen statt. Wenn insbesondere bei Schreibanfängern beobachtet werden kann, dass beim buchstabierenden Schreiben auch ein Bezug zur Segmentebene hergestellt wird, so geht dies auf der mündlichen Seiten in der Regel über den Buchstabennamen mit einem Syllabieren einher. Auch hier wird also eine, wenn auch künstliche, Silbeneinheit hergestellt.

Diese Ergebnisse passen nicht zu dem eingangs erwähnten Sprachproduktionsmodell. Gerade die in unseren Versuchen gefunden Einheiten des Informationsaustauschs, die Silben, werden dort nicht vorgesehen. Da auch, wie oben erwähnt, andere Untersuchungen auf die Relevanz diese Einheit für die schriftliche Sprachproduktion hinweisen, scheint es an der Zeit zu sein, eine Modellrevision vorzunehmen.

Abschließend seien noch einige Perspektiven der zukünftigen Forschung skizziert. Die bisherige Untersuchungsmethode weist noch einige Schwächen auf. Dies hängt insbesondere mit der Unterschiedlicheit des akustischen Spachsignals und des Tastatursignals zusammen. Das akustische Signal weist mehr oder weniger große Transitionen auf, das Tastatursignal besteht aus diskreten Einheiten. Eine Segmentierung des akustischen Signals ist daher nur bedingt möglich. Bei Plosiven ist in der Regel nur die Verschlusslösung hörbar. Da es in der Lento-Sprechweise der ‚dual-task'-Untersuchung zu langen Verschlussphasen kommen kann, führt eine ausschließliche Berücksichtigung des ‚burst' zu einer Verzerrung.

In einem Folgeversuch sollen daher bei der mündlichen Produktion auch die Artikulationsbewegungen mittels elektromagnetischer Artikulographie (EMA) erfasst werden. Hier werden dann auch artikulatorische Gesten als Segmente einbezogen.

Literatur

Caramazza, A. (1991). *Issues in reading, writing and speaking – a neuropsychological perspective*. Dordrecht: Kluwer.

Feyereisen, P. (1997). The competition between gesture and speech production in dual task paradigms. *Journal of Memory and Language, 36*, 13-33.

Genzel, S., Kerkhoff, G. & Scheffter, S. (1995). PC-gestützte Standardisierung des Bildmaterials von Snodgrass & Vanderwart (1980). *Neurolinguistik, 9*, 41-53.

Ladefoged, P. & Maddieson, I. (1996). *The sounds of the world's languages*. Oxford: Blackwell.

Levelt, W.J.M., Richardson, G. & La Heij, W. (1985). Pointing and voicing in deictic expressions. *Journal of Memory and Language, 24*, 133-164.

MacNeilage, P.F. (1998). The frame/content theory of evolution of speech production. *Behavioral and Brain Sciences, 21*, 499-546.

Morton, J. (1980). The logogen model and orthographic structure. In: U.Frith (Ed.), *Cognitive processes in spelling* (pp. 117-133). London: Academic Press.

Pompino-Marschall, B. (1995). *Einführung in die Phonetik*. Berlin: de Gruyter.

Rapp, B., Benzing, L. & Caramazza, A. (1997). The autonomy of lexical orthography. *Cognitive Neuropsychology, 14*, 71-104.

Rickheit, G. & Strohner, H. (1983). Medienspezifische Textverarbeitung. In: P. Finke (Ed.), *Sprache im politischen Kontext* (pp. 175-207). Tübingen: Niemeyer.

Roeltgen, D.P. (1997). Agraphia. In: T.E. Feinberg & M.J. Farah (Eds.), *Behavioral neurology and neuropsychology* (pp. 209-217). New York: McGraw-Hill.

Rohwetter, C., Kessler, K. & Hielscher-Fastabend, M. (2001). Buchstabieren – ein rein sprachlicher Vorgang? In: L. Sichelschmidt & H. Strohner (Eds.), *Sprache, Sinn und Situation. Festschrift für Gert Rickheit zum 60. Geburtstag* (pp. 191-208). Wiesbaden: Deutscher Universitäts-Verlag.

Will, U., Weingarten, R., Nottbusch, G. & Albes, Ch. (2001a). Linguistische Rahmen und segmentale Informationen bei der Einzelwortschreibung. Evidenzen aus Zeitstrukturen und Fehlerverteilungen. Erscheint in: Ch. Habel & Th. Pechmann (Eds.), *Sprachproduktion*. Opladen: Westdeutscher Verlag.

Will, U., Weingarten, R., Nottbusch, G. & Albes, Ch. (2001b). Linguistic units, hierarchies and dynamics in written language production. Eingereicht.

Anhang

Lister der nach Bildvorlage zu sprechenden und schreibenden Wörter:

Ameise	Gabel	Motorrad	Schreibtisch
Ananas	Hubschrauber	Nashorn	Spinnrad
Aschenbecher	Kanone	Plattenspieler	Telefon
Banane	Kinderwagen	Rollschuh	Trillerpfeife
Bügelbrett	Krokodil	Schaukel	Trompete
Bügeleisen	Krone	Schaukelstuhl	Wäscheklammer
Eichhörnchen	LKW	Schildkröte	Windmühle
Erdbeere	Luftballon	Schmetterling	Zahnbürste
Fahrrad	Maiskolben	Schneemann	Zebra

Buchstabieren – ein rein sprachlicher Vorgang?

Claudia Rohwetter, Klaus Kessler und *Martina Hielscher-Fastabend*

Im vorliegenden Beitrag wird diskutiert, ob Buchstabieren ein ebenso rein sprachlicher Prozess ist wie etwa die Produktion einer alltäglichen mündlichen Äußerung, obwohl man beim Buchstabieren die lautklangliche Form eines Wortes aufbrechen und dafür einzelne ‚Buchstabennamen' verbalisieren muss. In einem Experiment auf der Grundlage des Doppeltätigkeits-Paradigmas wurde die Frage nach den zugrunde liegenden Kodes beim Buchstabieren durch gezielte Belastung bestimmter modalitätsspezifischer Repräsentationen untersucht. Dabei zeigte sich, dass vor allem räumliche Zweitaufgaben mit dem Buchstabiervorgang interferieren. Buchstabieren kann demnach nicht als rein sprachlicher Vorgang betrachtet werden.

1 Einleitung

Im deutschsprachigen Raum wurde das mündliche Buchstabieren bislang eher selten als separate sprachliche Leistung beschrieben und untersucht. Oftmals wird das Buchstabieren dem Schreiben implizit gleichgesetzt. Auf die Vernachlässigung dieser Leistung weist beispielsweise de Langen (1992: 205) hin: „Während hierzulande immer von ‚Lesen und Schreiben' gesprochen wird, spricht man im Vereinigten Königreich und in den Vereinigten Staaten immer von ‚reading, writing, and spelling'. Warum wird im deutschsprachigen Raum das ‚spelling' immer unterschlagen? Warum wird seine Bedeutung im Lese- und Rechtschreibprozess verkannt?" Weiterhin macht de Langen (1992: 205-206) deutlich, dass dem Buchstabieren eine komplexe sprachliche Leistung zugrunde liegt, die auf verschiedenen Ebenen gestört sein kann. Dabei weist er darauf hin, dass Buchstabieren mehr ist als eine leichte Variation des ‚normalen' Sprechens: „Es bedeutet soviel wie der Umgang mit der Schriftsprache und der zugrundeliegenden Phonologie, ohne daß dabei das Schriftbild real als Lesevorlage vorhanden ist und ohne daß es zu einer schreibmotorischen Ausführung der durchgeführten Operationen kommt... Die Aufgabe, ein Wort zu buchstabieren, bedeutet, über die phonologischen und orthographischen Aspekte dieses Wortes zu reflektieren, ohne zu einem sichtbaren schriftlichen Ergebnis zu kommen."

Bei den von de Langen vorgeschlagenen Hypothesen zu möglichen Ursachen von Störungen fällt auf, dass häufig von Problemen bei der Erstellung oder Aufrechterhaltung einer *Wortvorstellung* gesprochen wird. Offen bleibt allerdings, welcher Art diese Wortvorstellung sein soll. Für eine nähere Beschreibung der Störungsursachen ist genauer zu untersuchen, ob und was für eine Wortvorstellung beziehungsweise -repräsentation dem Buchstabieren zugrunde liegt.

In diesem Zusammenhang weist de Langen darauf hin, dass Patienten häufig Aussagen treffen, die auf eine visuelle Wortvorstellung schließen lassen. Zudem zeigen Fallbeispiele von Patienten mit einer erworbenen Sprachstörung, dass in Einzelfällen Dissoziationen zwischen Schreiben und Buchstabieren möglich sind, sogar zwischen schriftlichem Buchstabieren und mündlichem Buchstabieren. So berichten Kinsborne und Warrington (1965) von einem Patienten, dessen mündliches Buchstabieren stärker gestört war als sein schriftliches Buchstabieren. Der Patient MW (Goodman & Caramazza, 1986) produzierte beim Schreiben Buchstabensubstitutionen, beim mündlichen Buchstabieren hingegen traten diese Fehler nicht auf. Nicht zuletzt lenkte die Behandlung des Patienten DH durch eine der Autorinnen die Aufmerksamkeit auf das Thema dieses Beitrags: DH konnte trotz massiver schriftsprachlicher Beeinträchtigungen im Rahmen einer schweren Broca-Aphasie erstaunlich häufig ein Wort mündlich buchstabieren, welches er weder schreiben noch aus Buchstabenplättchen zusammensetzen konnte.

Um generellere Aussagen über die dem Buchstabieren zugrunde liegenden Repräsentationen treffen zu können als dies aufgrund klinischer Einzelfallstudien möglich wäre, wird in diesem Beitrag der Buchstabierprozess bei sprachgesunden Versuchspersonen untersucht. Hierfür wurde ein neues Versuchsdesign entwickelt, das, basierend auf einem Doppeltätigkeits- oder auch ‚dual task'-Paradigma (vgl. Baddeley, 1986), einzelne Prozesskomponenten des Buchstabierens durch gleichzeitig zu bearbeitende Zweitaufgaben stört (vgl. Weingarten, 2001).

2 Die Modellierung des Buchstabiervorgangs

Es gibt nur wenige Sprachverarbeitungsmodelle, die die Routen des Buchstabierens explizit beschreiben. Zwei solcher Modelle werden im Anschluss kurz skizziert, wobei das Modell von Reitz (1994) auf dem Modell von Ellis und Young (1991) beruht, dieses jedoch unter anderem um die Annahme einer internen visuellen Wortvorstellung erweitert (siehe Abbildung 1).

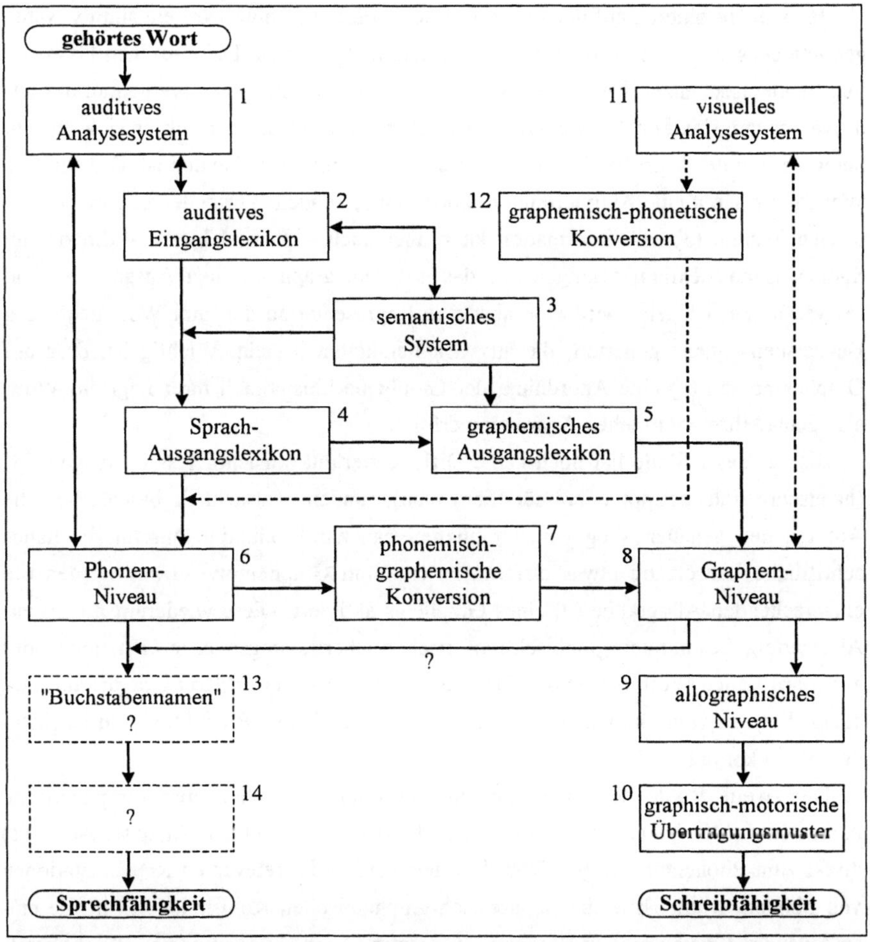

Abbildung 1: Der Buchstabiervorgang nach Ellis und Young (1991) mit Modifikationen (gestrichelt) durch Reitz (1994). Die Nummerierung der Kästchen wird im Text zur Referenz verwendet.

2.1 Buchstabieren nach Ellis und Young

Ellis und Young (1991) thematisieren das Buchstabieren nur am Rande. Sie gehen davon aus, dass der Buchstabierprozess in großen Teilen mit dem Schreibprozess übereinstimmt. Es werden zwei ‚Hauptrouten' beschrieben: eine semantisch-lexikalische Route und eine Route, die über eine phonemisch-graphemische Konversion direkt Einzellaute in Buchstaben ‚übersetzt' (siehe Abbildung 1).

Beim Buchstabieren auf der semantisch-lexikalischen Route wird ein auditiv wahrgenommenes Wort vom auditiven Analysesystem (1) erkannt. Die einzelnen Phoneme und Phonemsequenzen werden extrahiert, und diese Informationen werden an das auditive Eingangslexikon (2) weitergegeben. Hier wird entschieden, ob es sich um ein bereits bekanntes Wort handelt, für das ein Lexikoneintrag vorhanden ist. Die auditive Wortform erlaubt eine Aktivierung der korrespondierenden Wortbedeutung im semantischen System (3); die Information kann aber auch – parallel hierzu – direkt zum Sprachausgangslexikon gelangen (4), das mit dem graphemischen Ausgangslexikon (5) verbunden ist. Hier wird eine abstrakte Repräsentation der zum Wort gehörigen Buchstabensequenz generiert, die aus Graphemketten besteht. Wichtig ist, dass auf Graphemniveau (8) eine Anordnung der Grapheme hinsichtlich ihrer Lage im Wort, also gemäß ihrer räumlichen Anordnung erfolgt.

Bis zu dieser Stelle hat noch keine Differenzierung hinsichtlich der ‚Ausgabeart' (handschriftlich, getippt oder mündlich) stattgefunden. Tatsächlich beschreiben die Autoren den genauen Weg vom Graphemniveau zur Produktion nur für die handschriftliche Umsetzung etwas differenzierter: Vom Graphemniveau aus werden die entsprechenden Allographe (9) eines Graphems aktiviert. Diese wiederum führen zur Aktivierung bestimmter graphisch-motorischer Übertragungsmuster (10) und somit zur schriftlichen Wortproduktion. Die Autoren bieten keine Erklärung dafür, auf welchem Wege es vom Graphemniveau (8) aus zur mündlichen Produktion von Buchstabennamen kommt.

Die zweite Route des Buchstabierens führt über die phonemisch-graphemische Konversion. Der Verarbeitungsfluss verläuft hier vom auditiven Analysesystem (1) direkt zum Phonemniveau (6). Von dort aus werden die relevanten Repräsentationen von Phonemen mit Hilfe der phonemisch-graphemischen Konversion (7) in die entsprechenden Graphemrepräsentationen ‚übersetzt'. Vom Graphemniveau (8) aus erfolgen die oben bereits dargestellten Verarbeitungsschritte bis hin zur schriftlichen Wortproduktion oder dem Buchstabieren. Diese direkte Route ist immer dann zu verwenden, wenn ein unbekanntes Wort buchstabiert werden soll. Sie kann aber auch unterstützend oder kompensatorisch für die lexikalisch-semantische Route wirken. Leider geben Ellis und Young (1991) weder Hinweise auf die jeweilige Relevanz der direkten Route noch diskutieren sie die zeitlichen Verhältnisse der beiden Routen im ungestörten Schreibprozess.

2.2 Buchstabieren nach Reitz

Im Unterschied zu Ellis und Young (1991) findet sich im Modell von Reitz (1994) eine bidirektionale Verbindung zwischen dem Graphemniveau und einem *visuellen Analysesystem,* das im Folgenden besondere Bedeutung erhalten wird. Für das Buchstabieren auditiv vorgegebener Wörter nimmt auch Reitz zwei mögliche Verarbeitungswege innerhalb des Modells an. Sie geht davon aus, dass die Möglichkeit einer ‚ganzheitlichen' und einer ‚einzelheitlichen' Verarbeitung besteht.

Das ganzheitliche Buchstabieren entspricht bis zur Aktivierung der Graphemketten weitestgehend der semantisch-lexikalischen Route bei Ellis und Young (1991). Aber vom Graphemniveau (8) aus wird die Information über die Graphemketten über eine bidirektionale Verbindung an das visuelle Analysesystem (11) weitergeleitet, wo eine interne Repräsentation des zu buchstabierenden Wortes entsteht – eine „interne visuelle Wortvorstellung" (Reitz, 1994: 172). Der Autorin zufolge werden dabei einzelne Grapheme innerhalb des Gesamtbildes des zu buchstabierenden Wortes erkannt. Diese Graphemrepräsentationen werden anschließend mittels einer graphemisch-phonemischen Konversion (12) in Phonemrepräsentationen der Buchstabennamen umgewandelt, wobei dieser Zuordnungsvorgang von der Autorin jedoch nicht weiter spezifiziert wird. Vom Phonemniveau (6) aus werden dann (13; 14) die einzelnen Phoneme „als Buchstabennamen lautsprachlich realisiert" (Reitz, 1994: 172).

Das einzelheitliche Buchstabieren entspricht bis zur Aktivierung der Graphemketten weitestgehend der Route über die phonemisch-graphemische Konversion bei Ellis und Young (1991). Vom Graphemniveau (8) ist die Prozessabfolge identisch mit der oben beschriebenen ganzheitlichen nach Reitz; sie schließt somit ebenfalls das visuelle Analysesystem (11) und die graphemisch-phonemische Konversion (12) ein.

Für die Fragestellung dieses Beitrags ist von zentraler Bedeutung, dass innerhalb der von Reitz angenommenen Verarbeitungswege die so genannte interne visuelle Wortvorstellung eine notwendige Bedingung für das Buchstabieren auditiv vorgegebener Wörter ist. Selbst für die einzelheitliche Verarbeitung wird dieser Weg postuliert. Die Möglichkeit, dass direkt nach der Weitergabe der Information aus dem auditiven Analysesystem (1) an das Phonemniveau (6) eine Zuordnung der Buchstabennamen und ihre lautsprachliche Realisierung erfolgt, wird von Reitz nicht in Betracht gezogen.

Es stellt sich folglich die Frage, ob sich die Annahme einer Beteiligung des visuellen Analysesystems am Buchstabiervorgang im Experiment stützen oder widerlegen lässt. Grundsätzlich wird davon ausgegangen, dass durch eine Störung modalitätsspezifischer Repräsentationen bestimmte Komponenten in ihrer Funktion behindert werden und dadurch gezielt Fehlleistungen im Buchstabierprozess hervorgerufen werden können. Es ist gängige Praxis, eine solche Störung durch zusätzliche Belastung, etwa durch eine gleichzeitig zu lösende modalitätsspezifische Zweitaufgabe hervorzurufen.

Für die Belastung des Buchstabierprozesses wurden Memorierungsaufgaben als Zweitaufgabe gewählt, da für diese eine kontinuierliche Belastung über den gesamten Vorgang hinweg angenommen werden kann (vgl. Rummer, 1996) und sie durch die Wahl des zu memorierenden Materials eine Möglichkeit bieten, bestimmte postulierte Repräsentationen gezielt zu stören. Im Wesentlichen sind die hier interessierenden Komponenten des Buchstabierprozesses das semantische System, für das vorwiegend de Langen (1992) und Reitz (1994) eine Beteiligung am Buchstabierprozess von Wörtern postulieren, sowie das visuelle Analysesystem, das Reitz in ihrem Modell als am Buchstabierprozess von Wörtern wegen der internen visuellen Wortvorstellung notwendigerweise beteiligt ansieht.

Eine Beeinträchtigung der Buchstabierleistung durch die Zweitaufgabe sollte sich in der hier zu berichtenden Untersuchung durch eine höhere Fehleranzahl oder durch längere Buchstabierzeiten äußern. Zusätzlich ist die Leistung in den Zweitaufgaben zu betrachten, da es bei geteilten Aufmerksamkeitsressourcen zu einem ‚trade-off' der Leistungen in Erst- und Zweitaufgabe kommen kann.

3 Eine Untersuchung zum Buchstabieren

Wie erwähnt, baut die hier zu berichtende Untersuchung auf das Doppeltätigkeitsparadigma (‚dual task') auf. Nach der Formulierung der der Untersuchung zugrunde liegenden Hypothesen erfolgt zuerst eine Darstellung des Materials für die Erst- und die Zweitaufgabe, um im Anschluss den Ablauf der Untersuchung sowie die Ergebnisse zu schildern.

3.1 Hypothesen

Grundlegend lassen sich unabhängig von den oben angestellten theoretischen Erörterungen einige Hypothesen darüber aufstellen, wie sich die Eigenschaften der zu buchstabierenden Ausdrücke auf die Buchstabierleistung auswirken. Diese Effekte sollten auch beim Buchstabieren ohne Zweitaufgabe auftreten. Zu erwarten ist Folgendes:

- Einsilbige Wörter sollten besser buchstabiert werden als zweisilbige.

- Wörter mit einfacher Silbenstruktur sollten besser buchstabiert werden als solche mit komplexer Silbenstruktur.
- Reguläre Wörter sollten besser buchstabiert werden als irreguläre.

Darüber hinaus lassen sich aus den beiden dargestellten Modellen zum Teil differierende Hypothesen dazu ableiten, wie unterschiedliche Materialien in der Zweitaufgabe den Buchstabierprozess jeweils spezifisch stören sollten. Insgesamt wird hier vorausgesetzt, dass verschiedene visuell dargebotene Materialien für den Memorierungsprozess die entsprechenden visuellen Repräsentationskanäle für die Buchstabieraufgabe blockieren oder zumindest behindern sollten.

Wie dargestellt postuliert Reitz, dass das visuelle Analysesystem immer am Buchstabierprozess beteiligt ist. Folglich sollte die konkurrierende Memorierung visuell dargebotener sprachlicher Stimuli einen massiven Einfluss auf die Buchstabierleistung haben. Beim Memorieren von Wörtern sollte zusätzlich die semantische Verarbeitung beteiligt sein, was für Kunstwörter nicht zutrifft. Bei Letzteren wäre daher eventuell eine geringere Beeinträchtigung des Buchstabierprozesses zu erwarten als bei Wörtern. Allerdings finden sich in den Ausführungen von Reitz hierzu keine klaren Aussagen, sodass man hier spekulativ argumentieren muss.

Reitz bleibt auch in ihren Ausführungen über die Art der Verarbeitung im visuellen Analysesystem sehr ungenau. Geht man in diesem Zusammenhang von der einfachsten Annahme aus, es gebe nur ein einziges, einheitliches visuelles Analysesystem, das nicht nur auf die Verarbeitung sprachlicher visueller Reize ausgelegt ist, so sollte eine Störung des Buchstabierprozesses nicht nur durch verbales, sondern auch durch nichtverbales Material zu beobachten sein.

Die Hypothesen, die sich aus dem Modell von Ellis und Young ableiten lassen, unterscheiden sich von den Annahmen von Reitz im Wesentlichen hinsichtlich der fehlenden Beteiligung des visuellen Analysesystems. Somit ist keine dementsprechende Belastung durch visuelle Stimuli zu erwarten. Die Autoren postulieren jedoch deutlicher als Reitz, dass auf Graphemniveau eine Anordnung der Grapheme oder Graphemsequenzen hinsichtlich ihrer Lage im Wort, also ihrer räumlichen Anordnung, erfolgt. Allenfalls sollten sich also Memorierungsaufgaben, die hohe Anforderungen an eine räumliche Repräsentation stellen, störend auf den Buchstabierprozess auswirken.

Über die dargestellten Modelle hinausgehend sind einige Überlegungen dazu anzustellen, wie visuell enkodiertes sprachliches oder nicht sprachliches Material über kurze Zeit memoriert werden kann. Bei sprachlichem Material sollte auch bei visueller

Darbietung durch den Memorierungsprozess in erster Linie das Phonemniveau mitbetroffen sein, wie aus Arbeiten zur Funktion der so genannten ‚phonologischen Schleife' hervorgeht (z.B. Baddeley, 1986). Beim Memorieren von Wörtern ist die semantische Ebene beteiligt, was bei Kunstwörtern nicht der Fall sein kann. Bei Letzteren ist hingegen eine Beeinträchtigung des Graphemniveaus sowie des visuellen Analysesystems plausibel, um die phonologische Schleife zu entlasten, so dass eine höhere Belastung des Buchstabierprozesses zu erwarten ist. Insgesamt ist daher bei sprachlichem Material in der Zweitaufgabe eine Beeinträchtigung zu erwarten, die bei Kunstwörtern durch die höhere visuelle Beanspruchung stärker ausgeprägt sein sollte. Insbesondere bei komplexem und mehrsilbigem Material sollte dieser Unterschied deutlich hervortreten.

3.2 Material für die Erstaufgabe

Die zu buchstabierenden Wörter wurden gemäß den Materialfaktoren *Silbenzahl*, *Silbenstruktur-Komplexität* und *Regularität* ausgesucht.

Es wurden ein- und zweisilbige Nomina verwendet. Die Anzahl der Grapheme lag bei den Einsilbern zwischen 3 („Hof") und 7 („Strauch"), bei den Zweisilbern zwischen 4 („Sofa") und 14 („Strauchschnitt"). Unter den Zweisilbern waren auch Komposita, die gleichmäßig auf die verschiedenen Aufgabengruppen verteilt waren.

Desweiteren wurden Wörter mit unterschiedlich komplexer Phonemstruktur, also Kombinationen von Konsonanten (C) und Vokalen (V), gewählt. So gab es einsilbige Items mit einer einfachen CVC-Struktur („Ton") über CCVC („Schwan") bis hin zu CCCVC („Strauch"). Zu beachten ist in diesem Zusammenhang, dass ein Phonem mehreren Graphemen entsprechen kann (beispielsweise entspricht der Konsonant /sch/ der Graphemfolge ‚sch').

Der Faktor Regularität schließlich bezog sich auf die orthographisch korrekte Realisation der einzelnen Wörter. Regeln bezüglich der Graphem-Phonem-Konversion sowie orthographische Regeln werden mit dem Schriftspracherwerb gelernt; sie geben an, auf welche Art und Weise ein bestimmtes Phonem graphemisch realisiert werden kann. In einigen Fällen gibt es mehrere Möglichkeiten der Graphem-Phonem-Konvertierung. Das Phonem /f/ zum Beispiel kann realisiert werden als ‚f' (wie in „Fliege"), als ‚v' (wie in „Vater") oder als ‚ph' (wie in „Photo"). Diese Möglichkeiten der Phonemrealisierung treten unterschiedlich häufig auf und folgen bestimmten Regeln, die oft vom Kontext, also den benachbarten Phonemen im Wort, abhängen. Im

Allgemeinen entwickelt sich eine reguläre Schreibweise (langes /i/ wird meist als ‚ie' realisiert: „Brief"), und manchmal auch eine irreguläre Schreibweise (langes /i/ wird als ‚i' realisiert: „Fibel"). Für das Untersuchungsmaterial war die Einteilung in reguläre und irreguläre Schreibweisen laut Duden maßgeblich.

So wurde eine Liste von 80 gängigen Nomina erstellt, die von den Versuchspersonen laut buchstabiert werden sollten. Aus diesen 80 Wörtern wurden fünf verschiedene, jeweils 16 Wörter umfassende Wort-Sets gebildet, die hinsichtlich der Merkmalsfaktoren gleichmäßig zusammengesetzt waren: Jedes Set enthielt zwei Wörter aus jeder Merkmalskombination (ein- vs. zweisilbig; einfach vs. komplex; regulär vs. irregulär). Eine detaillierte Erörterung der Auswahlgesichtspunkte sowie eine Liste des Materials findet sich bei Rohwetter (2001).

3.3 Material für die Zweitaufgabe

Die Art der Zweitaufgabe ist bereits beschrieben worden. Es handelte sich dabei um Memorierungsaufgaben, für die die Stimuli visuell dargeboten wurden, was zu einer mehr oder weniger starken Beeinträchtigung der auditiven Erstaufgabe – des Buchstabierens – führen sollte. Die oben angestellten Überlegungen machten insgesamt fünf verschiedene Aufgabentypen erforderlich:

- lautes Buchstabieren mit Memorieren von Wörtern,
- lautes Buchstabieren mit Memorieren von Kunstwörtern,
- lautes Buchstabieren mit Memorieren von Figuren,
- lautes Buchstabieren mit Memorieren von räumlichen Anordnungen,
- lautes Buchstabieren ohne Zweitaufgabe (zur Kontrolle).

Konkret bestand die Zweitaufgabe darin, dass den Versuchspersonen zunächst eine horizontale Reihe von vier Elementen auf einem Bildschirm zum Memorieren präsentiert wurde. Danach folgte jeweils eine Buchstabieraufgabe. Anschließend wurde eine zweite Reihe von vier Elementen auf dem Bildschirm dargeboten. Diese Vergleichsreihe war entweder identisch mit der vorher gesehenen oder aber in genau einem Element verschieden. Anzugeben war, ob die Vergleichsreihe vollkommen identisch mit der vorher gesehenen war oder nicht.

Das Material für die Zweitaufgabe wurde gemäß den verschiedenen Aufgabentypen erstellt. Zum Memorieren von Wörtern wurden 32 einsilbige Wörter jeweils zweimal verwendet und zu 16 unterschiedlichen Vier-Element-Reihen kombiniert (Beispiel in Abbildung 2a).

(a)
Memorieren von Wörtern

(b)
Memorieren von Kunstwörtern

(c)
Memorieren von Figuren

(d)
Memorieren von Konstellationen

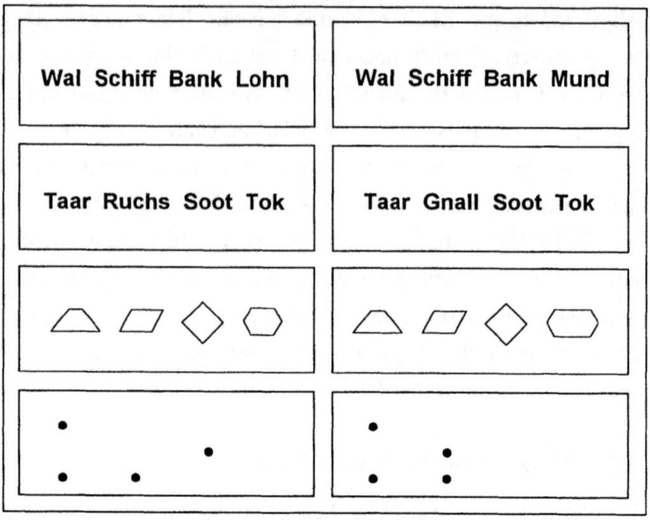

Abbildung 2 (a-d): Beispiele für (nicht identische) Materialien zum Memorieren (links) beziehungsweise zum Vergleich (rechts).

Zum Memorieren von Kunstwörtern wurden 32 Kunstwörter jeweils zweimal verwendet und zu 16 unterschiedlichen Vier-Element-Reihen kombiniert. Die Kunstwörter entsprachen den phonotaktischen Regeln der deutschen Sprache; sie wurden durch Ersetzung eines oder mehrerer Phoneme („Knall" → „Knill") aus dem zu memorierenden Wortmaterial abgeleitet (Beispiel in Abbildung 2b).

Für das Memorieren figuraler Objekte wurden verschiedene geometrische Figuren (z.B. Ellipse, Dreieck, Trapez, Sechseck) je zweimal verwendet und zu 16 unterschiedlichen Vier-Element-Reihen kombiniert. (Beispiel in Abbildung 2c). Zur Überprüfung der Merkleistung wurde in der nicht-identischen Bedingung die Breite einer der Figuren leicht verändert (im Beispiel: Sechseck). Die Gesamtform und die Reihenfolge der Figuren blieb unverändert, um zu gewährleisten, dass die Versuchspersonen eine visuelle Repräsentation, nicht aber Elementbenennungen generierten und memorierten.

Zum Memorieren von räumlichen Anordnungen wurden jeweils vier Punkte an verschiedenen Positionen des Bildschirms dargestellt. Die Positionen ergaben sich aus den 16 Zellen einer 4×4 Matrix. Mit Hilfe eines Zufallsgenerators wurden 16 verschiedene Konstellationen erstellt (Beispiel in Abbildung 2d). Diese Aufgabenstellung verlangt ein Erinnern der Konstellation anhand der Lage der Punkte auf dem Bildschirm und relativ zueinander, womit eine räumliche Komponente eingebracht wurde.

3.4 Versuchspersonen

An der Untersuchung nahmen 13 Studierende der Universität Bielefeld freiwillig teil. Bei den Versuchsteilnehmerinnen und Versuchsteilnehmern handelte es sich um deutsche Muttersprachler ohne irgendwelche Sprachauffälligkeiten.

3.5 Versuchsablauf

Der jeweiligen Bedingung entsprechend wurde eine Reihe von vier Elementen auf dem Bildschirm dargeboten. Die Versuchsperson sollte sich diese Reihe genau ansehen und einprägen. Nach Ablauf von acht Sekunden wurde der Bildschirm schwarz, und es wurde ein zu buchstabierendes Wort auditiv vorgegeben. Dieses Wort war unmittelbar im Anschluss zügig laut zu buchstabieren. Zehn Sekunden nach Ende der auditiven Wortvorgabe wurden die Elemente der Vergleichsreihe auf dem Bildschirm dargeboten. Durch Tastendruck gab die Versuchsperson an, ob ihrer Erinnerung nach die Vergleichsreihe mit der zuvor gesehenen Elementreihe identisch war oder nicht. Unter der Kontrollbedingung (ohne Zweitaufgabe) bestand die einzige Aufgabe natürlich darin, auditiv vorgegebene Wörter laut zu buchstabieren.

Jede Versuchsperson bearbeitete sämtliche Aufgabentypen, wobei die Reihenfolge der Bearbeitung unterschiedlich war. Die Wort-Sets für die Buchstabieraufgabe waren den Aufgabentypen fest zugeordnet, die auditive Präsentation erfolgte jedoch in zwei verschiedenen Abfolgen (eine Zufallsreihenfolge und ihre Umkehrung). Somit ergaben sich zehn mögliche Abläufe der Untersuchung, die jedoch nicht alle realisiert wurden (vgl. Rohwetter, 2001).

Als abhängige Variablen wurden die folgenden Verhaltensmaße protokolliert. Das Buchstabierverhalten wurde so aufgenommen, dass sowohl die Fehler registriert als auch die benötigte Zeit analysiert werden konnten. Dazu wurde ein Index für die Buchstabiergeschwindigkeit errechnet, indem die Gesamtdauer für das Buchstabieren des jeweiligen Wortes durch die Anzahl der geäußerten Buchstaben dividiert wurde. Die Güte der Reaktion auf die Zweitaufgabe sowie die Reaktionszeit hierfür wurden ebenfalls erhoben und ausgewertet. Sie können im begrenzten Rahmen dieses Beitrags jedoch nicht näher dargestellt werden, sondern finden lediglich als zusätzliche Indikatoren Eingang in die Diskussion. Für eine ausführliche Darstellung und eine eingehende Erörterung sei auf Rohwetter (2001) verwiesen.

4 Ergebnisse zum Buchstabieren

Die Beobachtungen, die im Rahmen des vorliegenden Beitrags berichtet werden können, beziehen sich sowohl auf die Qualität des Buchstabierens als auch auf die dazu erforderliche Zeit (Geschwindigkeit als mittlere Zeit pro Buchstabe).

4.1 Buchstabier-Reaktionen

Die in der Buchstabieraufgabe erhobenen Reaktionen wurden in fünf Kategorien zusammengefasst: korrekte Reaktionen, Fehler, Selbstkorrekturen, fehlerhafte Selbstkorrekturen, Unsicherheit und Fehlkorrektur einer richtigen Reaktion. Im Weiteren wird auf die richtigen Reaktionen, auf die Fehlerkategorie und auf die Unsicherheit genauer eingegangen. Eine ausführliche Beschreibung der anderen Variablen findet sich in Rohwetter (2001). Alles in Allem traten folgende Fehlertypen auf:

- Auslassungen oder *Elisionen*, zum Beispiel „Fenster" → F E N S T R;
- Hinzufügungen oder *Additionen*, zum Beispiel „Schneefall" → S C H N E E L F A L L;
- Ersetzungen oder *Substitutionen*, zum Beispiel „Vogel" → F O G E L;
- Vertauschungen oder *Metathesen*, zum Beispiel „Knall" → K A N L L;
- lexikalische *Verwechslungen*, zum Beispiel „Trumpf" → T R I U M P H.

Elisionen und Substitutionen waren die am häufigsten aufgetretenen Fehler. Wenn vor Beginn oder während des Buchstabiervorganges lange Pausen oder metasprachliche Äußerungen wie „äh", „hm" und dergleichen auftraten, so wurde dies als Unsicherheit kategorisiert.

Pro Versuchsperson gingen 80 Werte für die Buchstabier-Reaktion in die Analyse ein – zu jedem Aufgabentyp 16 Werte; über alle Versuchspersonen 1040 Reaktionen. Eine log-lineare Analyse ergab im bestmöglichen Modell ($Chi^2_{168} = 89.623$; $p = 1.000$) die drei Terme Aufgabentyp × Silbenanzahl × Fehler, Regularität × Fehler sowie Komplexität × Fehler. Der erste Term bedeutet, dass sich die Fehlerverteilung in Abhängigkeit von der Anzahl der Silben des zu buchstabierenden Wortes über die fünf verschiedenen Aufgabentypen hinweg unterschiedlich verhält. Dies ist in erster Linie darauf zurückzuführen, dass sich bei der räumlichen Zweitaufgabe insbesondere bei Zweisilbern die Leistung gegenüber den anderen Aufgabentypen verschlechtert, und zwar besonders in der Kategorie der ‚eigentlichen' Fehler und in der Fehlerkategorie ‚Unsicherheit' (siehe Tabelle 1). Bezüglich der Faktoren Regularität und Komplexität sind die Ergebnisse erwartungsgemäß: Weniger korrekte Reaktionen, dafür mehr Fehler und Selbstkorrekturen für irreguläre Wörter. Bei komplexen Wörtern traten zwar nicht wesentlich mehr Fehler, dafür jedoch wesentlich mehr Unsicherheiten auf.

Tabelle 1: Fehlerverteilung in Abhängigkeit vom Typ der Zweitaufgabe und von der Silbenzahl

Aufgabentyp	Reaktion	Einsilber	Zweisilber
Wörter	1. korrekte Reaktion	100	94
	2. Fehler	0	3
	3. Unsicherheit	3	3
Kunstwörter	1. korrekte Reaktion	91	89
	2. Fehler	5	4
	3. Unsicherheit	3	8
figurale Objekte	1. korrekte Reaktion	100	90
	2. Fehler	1	4
	3. Unsicherheit	1	6
räumliche Konstellationen	1. korrekte Reaktion	*102*	*76*
	2. Fehler	*0*	*11*
	3. Unsicherheit	*2*	*13*
‚baseline' (ohne Zweitaufgabe)	1. korrekte Reaktion	91	96
	2. Fehler	6	3
	3. Unsicherheit	2	3

4.2 Buchstabiergeschwindigkeit

Für die Buchstabiergeschwindigkeiten als abhängige Variablen wurde eine Varianzanalyse mit Messwiederholung unter Einschluss der Faktoren Silbenzahl, Komplexität, Regularität und Aufgabentyp berechnet. Die statistisch signifikanten Ergebnisse sind in Tabelle 2 zusammengefasst.

Die Interaktion von Silbenzahl und Aufgabentyp liegt knapp unterhalb des Signifikanzniveaus; sie wird daher als klare Tendenz ebenfalls genauer betrachtet. Die erwarteten Haupteffekte für die Materialfaktoren Silbenzahl, Komplexität und Regularität konnten statistisch gesichert werden. Die Interaktion zwischen regulären und komplexen Wörtern beruht auf einer leichten Verminderung des Geschwindigkeitsnachteils für irreguläre Wörter, wenn diese zusätzlich komplex sind. Dies könnte auf einem so genannten Deckeneffekt beruhen, was besagt, dass unter den gegebenen Umständen die maximale Buchstabiergeschwindigkeit erreicht wurde.

Tabelle 2: Statistisch relevante Ergebnisse der ANOVA für die Buchstabiergeschwindigkeit.

Faktoren	**Freiheitsgrade *(df)***	***F*-Wert**	***p (F)***
Silbenanzahl	1	61.28	0.000
Komplexität	1	23.39	0.000
Regularität	1	11.17	0.006
Aufgabentyp × Silbenanzahl	4	2.44	0.059
Aufgabentyp × Regularität	4	2.96	0.029
Komplexität × Regularität	1	5.37	0.039
Aufgabentyp × Silbenzahl × Komplexität	4	3.83	0.009
Aufgabentyp × Silbenzahl × Regularität	4	2.88	0.032
Aufgabentyp × Komplexität × Regularität	4	3.66	0.011

Die Zweifachinteraktion der Faktoren Silbenzahl und Aufgabentyp ist in erster Linie darauf zurückzuführen, dass sich die räumliche Zweitaufgabe von den anderen Aufgabentypen insofern unterscheidet, als die Buchstabiergeschwindigkeit für die Zweisilber stärker ansteigt als bei den anderen Zweitaufgaben (siehe Abbildung 3).

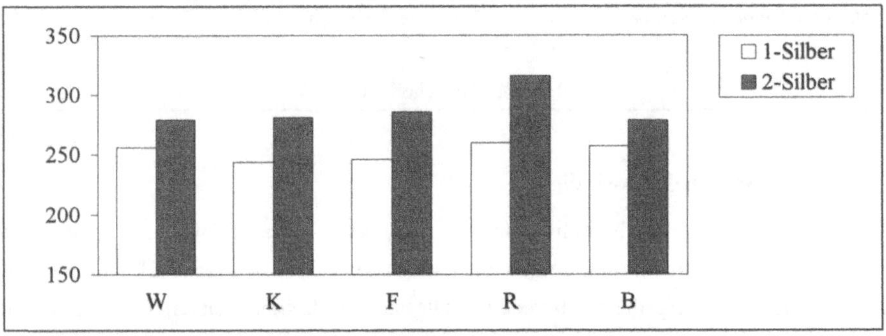

Abbildung 3: Interaktion von Aufgabentyp und Silbenzahl bezüglich Buchstabiergeschwindigkeit (mittlere Zeit pro Buchstabe, in ms). Die Abkürzungen auf der Abszisse bedeuten: W = Wörter, K = Kunstwörter, F = figurale Objekte, R = räumliche Konstellationen, B = ‚baseline'.

Für die Zweifachinteraktion von Regularität und Aufgabentyp ist ebenfalls vor allem die räumliche Zweitaufgabe ausschlaggebend: Die Buchstabiergeschwindigkeit für die irregulären Wörter steigt hier stärker an als bei den anderen Aufgabentypen (siehe Abbildung 4). Reguläre und irreguläre Wörter weisen darüber hinaus unter der figuralen Zweitaufgabe einen ähnlich hohen Unterschied auf, während in der Bedingung ohne Zweitaufgabe überhaupt kein Unterschied auftritt.

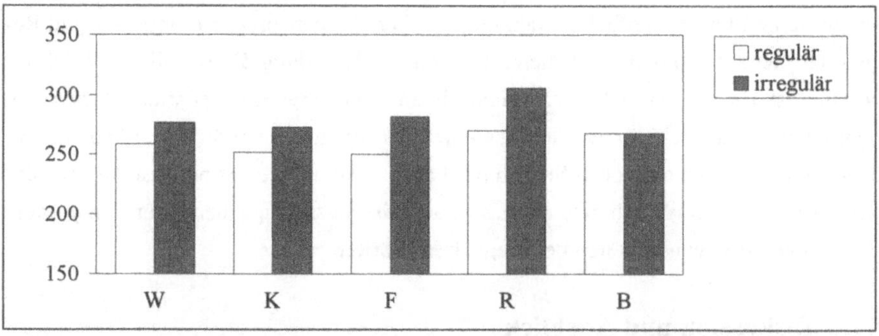

Abbildung 4: Interaktion von Aufgabentyp und Regularität bezüglich Buchstabiergeschwindigkeit (mittlere Zeit pro Buchstabe, in ms). Die Abkürzungen auf der Abszisse bedeuten: W = Wörter, K = Kunstwörter, F = figurale Objekte, R = räumliche Konstellationen, B = ‚baseline'.

Die beiden Dreifachinteraktionen, die den Faktor Silbenzahl einschließen (Tabelle 2), sind ordinal und lassen sich somit problemlos interpretieren, ohne die Haupteffekte infrage zu stellen. Sie verdeutlichen das Bild der Zweifachinteraktion von Silbenzahl und Aufgabentyp: Die Effekte von Silbenzahl und Komplexität beziehungsweise von Silbenzahl und Regularität sind jeweils gleichsinnig, addieren sich aber in einigen Bedingungen zu größeren Unterschieden als in anderen. Dies ist wiederum bei der räumlichen Zweitaufgabe der Fall, wo bei zweisilbigen komplexen Wörtern beziehungsweise bei zweisilbigen irregulären Wörtern die langsamsten Buchstabiergeschwindigkeiten zu beobachten sind.

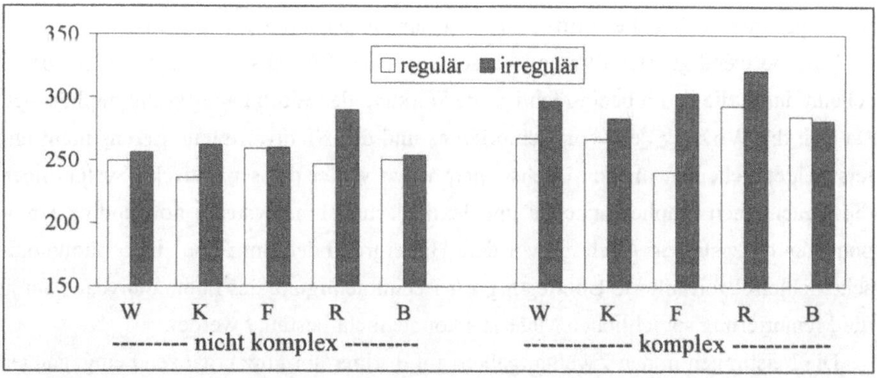

Abbildung 5: Die Dreifachinteraktion von Aufgabentyp, Komplexität und Regularität bezüglich der Buchstabiergeschwindigkeit. Links sind die Ergebnisse für die nicht-komplexen Wörter und rechts die für die komplexen Wörter abgebildet. Die Abkürzungen auf der Abszisse bedeuten: W = Wörter, K = Kunstwörter, F = figurale Objekte, R = räumliche Konstellationen, B = ‚baseline'.

Die dritte und letzte Dreifachinteraktion zwischen Aufgabentyp, Komplexität und Regularität bietet ein ungewöhnlicheres Bild (siehe Abbildung 5). Bei dieser Wechselwirkung ist für den Aufgabentyp ‚Memorieren räumlicher Konstellationen' zwar ein relativ hoher Unterschied zwischen regulären und irregulären Wörtern zu beobachten, doch ist dies nur bei einfachen Stimuli der Fall. Bei komplexen Stimuli ist dagegen das Memorieren figuraler Objekte als Zweitaufgabe ausschlaggebend für langsamere Buchstabiergeschwindigkeiten bei irregulären Wörtern.

5 Diskussion und Ausblick

Die Frage, die bereits im Titel formuliert wurde, ob Buchstabieren eine rein sprachliche Angelegenheit sei, muss man angesichts der Daten verneinen. Es waren nämlich gerade nicht die sprachlichen und sprachnahen Zweitaufgaben, die die größte Störung des Buchstabierprozesses bewirkten. Es war aber auch nicht die visuelle Zweitaufgabe, die vermutlich de Langen (1992) und Reitz (1994) ganz dezidiert favorisiert hätten, sondern es war die räumliche Zweitaufgabe, die hinzugenommen wurde, weil Ellis und Young (1991) quasi in einem Nebensatz die Möglichkeit eines räumlichen Kodes beim Buchstabieren erwähnten. Das einzige Ergebnis, das man ansatzweise als Bestätigung für die Modifikationen durch Reitz (1994) am Modell von Ellis und Young (1991) hinsichtlich des visuellen Analysesystems heranziehen kann, ist die Rolle, welche die visuelle Zweitaufgabe bei der Interaktion zwischen regulären und komplexen Wörtern spielt (siehe Abschnitt 4.2). Es kann von daher nicht ausgeschlossen werden, dass eine „interne visuelle Wortvorstellung" am Buchstabieren beteiligt ist.

Eine notwendige Beteiligung des semantischen Systems am Buchstabierprozess scheint durch die kaum beeinträchtigende Wirkung der Wortmemorierung unplausibel. Da sich die Wirkung des Wortmemorierens und des Nichtwortmemorierens nicht unterscheidet, scheinen für den Buchstabierprozess weder das semantische System noch die sprachnahen graphematischen und lexikalischen Inputsysteme notwendige Komponenten darzustellen. Auch die vor dem Hintergrund der Annahme einer ‚phonologische Schleife' formulierte Überlegung zur Beeinträchtigung des Phonemniveaus durch die Memorierung sprachlichen Materials konnte nicht bestätigt werden.

Die Leistungen in den Zweitaufgaben, auf die hier nur kurz ergänzend eingegangen werden kann, weisen noch einmal klarer auf die räumliche Zweitaufgabe als wichtigste Interferenzquelle hin. Dies ist nicht etwa deswegen der Fall, weil die Memorierungsleistungen in der räumlichen Aufgabe unterdurchschnittlich gewesen wären – ganz im

Gegenteil: Diese Aufgabe wurde durch die Versuchspersonen als leichteste eingestuft und die erbrachten Leistungen entsprachen dieser Einschätzung. Demgegenüber wurde die visuelle Aufgabe als schwerste eingestuft; entsprechende Leistungen waren die Folge. Es zeichnet sich hier das erstaunliche Bild ab, dass eine als leicht empfundene Zweitaufgabe dennoch die größte Störung des Buchstabierens hervorrufen kann, wohingegen die subjektiv schwerste Zweitaufgabe nur vergleichsweise leichten Einfluss nimmt. Der Schluss liegt nahe, dass die räumliche Aufgabe einen automatisierten Teilprozess des Buchstabierens zu stören vermochte, ohne selbst jedoch gestört zu werden. Letzteres kann darauf zurückgeführt werden, dass die Zweitaufgaben instruktionsgemäß die höhere Relevanz für die Versuchspersonen hatten. Die Erstellung einer räumlichen Repräsentation der Graphemfolge erscheint uns geeignet, einen solchen Teilprozess darzustellen, der durch das Memorieren von räumlichen Konstellationen gestört werden kann, dadurch den gesamten Buchstabierprozess verlangsamt und gerade bei irregulären Wörtern vermehrt zu Fehlern und Unsicherheit führt.

Vor dem Hintergrund der eingangs betrachteten Patientenergebnisse (Abschnitt 1) ergibt sich ein interessantes Gesamtbild. Die Patientenberichte weisen gemeinsam auf eine Dissoziation zwischen mündlichem und schriftlichem Buchstabieren hin, wobei der Patient von Kinsbourne und Warrington (1965) mehr Schwierigkeiten beim mündlichen Buchstabieren offenbarte, während die Patienten MW und DH Buchstabierdefizite im schriftlichen Bereich zeigten.

Im Hinblick auf den erstgenannten Patienten kann argumentiert werden, dass beim schriftlichen Buchstabieren ein Außenspeicher zur Verfügung steht, so dass kein aufwendiger Positionskode der einzelnen Grapheme benötigt wird. Dies ist beim mündlichen Buchstabieren jedoch der Fall, so dass bei diesem Patienten gerade die Fähigkeit gestört sein könnte, einen räumlichen Kode zu generieren.

Die Symptome von MW und DH scheinen hingegen auf einer selektiven Störung der Graphemrepräsentation zu beruhen, so dass gefolgert werden kann, diese Form der Repräsentation sei zwar für das Schreiben und für das schriftliche Buchstabieren notwendig, nicht aber für das mündliche Buchstabieren. Dies passt zum Ergebnis, dass die visuelle Zweitaufgabe ausschließlich bei komplexen irregulären Wörtern eine Rolle gespielt hat. Man kann vermuten, dass Sprachgesunde im Allgemeinen bestens ohne eine „interne Visualisierung“ der Grapheme auskommen, nicht jedoch ohne einen Positionskode für „Buchstabennamen“. Wie erwähnt (siehe Abschnitt 2.1) berücksichtigt Reitz nicht die Möglichkeit einer direkten Verbindung zwischen einer phonembasierten Repräsentation und den entsprechenden Buchstabennamen. Die Daten der vorliegenden Untersuchung, gemeinsam mit den Patientenberichten, stützen jedoch genau diese Möglichkeit. Unter erschwerten Umständen könnte die interne Visualisierung allerdings dennoch eine Rolle spielen, nämlich bei komplexen irregulären Wörtern, die aufgrund ihrer Abweichung von der Norm nicht über die ‚übliche' automatisierte Konvertierung von Phonemketten in Buchstabennamen verarbeitet werden können, sondern eventuell tatsächlich einer internen Visualisierung bedürfen.

Um die Argumentationslinie der drei letzten Absätze zu stützen, müsste der Patient von Kinsbourne und Warrington selektive Defizite in weiteren räumlichen Aufgaben zeigen, während die Patienten MW und DH überdurchschnittliche Schwierigkeiten beim mündlichen Buchstabieren von komplexen und insbesondere irregulären Wörtern zeigen sollten. Dies kann jedoch nicht mehr Teil dieses Beitrags sein, sondern muss als Ausblick auf die zukünftige Arbeit verstanden werden. Diese sollte Ergebnisse aus allgemeinpsychologischen Untersuchungen und Patientenberichte wechselseitig aufeinander beziehen, um so den Erkenntnisgewinn iterativ zu maximieren. Der vorliegende Beitrag ist daher als Anstoß für ein denkbares Forschungsprogramm zum Buchstabieren zu betrachten, wobei ein relevanter theoretischer Anknüpfungspunkt sowie eine geeignete Methode zur Untersuchung des Phänomenbereichs auch bei sprachgesunden Versuchspersonen zur Verfügung gestellt wurden.

Literatur

Baddeley, A. (1986). *Working Memory*. Oxford: Oxford University Press.

de Langen, E.G. (1992). Die mentale Vorstellung beim Buchstabieren. Klinische Daten einer unsichtbaren Leistung. In: G. Rickheit, R. Mellies & A. Winnecken (Eds.), *Linguistische Aspekte der Sprachtherapie* (pp. 205-215). Opladen: Westdeutscher Verlag.

Ellis, A.W. & Young, A.W. (1991). *Einführung in die kognitive Neuropsychologie*. Bern: Huber.

Goodman, R.A. & Caramazza, A. (1986). Aspects of the spelling process: Evidence from a case of acquired dysgraphia. *Language and Cognitive Processes, 1,* 1-34.

Kinsbourne, M. & Warrington, E.K. (1965). A case showing selectively impaired oral spelling. *Journal of Neurology, Neurosurgery and Psychiatry, 28,* 563-566.

Reitz, J. (1994). *Erworbene Schriftsprachstörungen. Eine neurolinguistische Aufgabensammlung zur Erfassung schriftsprachlicher Leistungen.* Opladen: Westdeutscher Verlag.

Rohwetter, C. (2001). *Mentales Buchstabieren – interne visuelle Wortvorstellung ja oder nein?* Unveröffentlichte Magisterarbeit. Bielefeld: Universität Bielefeld.

Rummer, R. (1996). *Kognitive Beanspruchung beim Sprechen.* Weinheim: Psychologie Verlags Union.

Weingarten, R. (2001). Synchronisierung schriftlicher und mündlicher Sprachproduktion. In: L. Sichelschmidt & H. Strohner (Eds.), *Sprache, Sinn und Situation. Festschrift für Gert Rickheit zum 60. Geburtstag* (pp. 175-189). Wiesbaden: Deutscher Universitäts-Verlag.

Zwischen Grundlagenforschung und Anwendung: Texte in der Aphasiologie

Tatjana Hedtmann

In diesem Beitrag geht es um die Rolle von Texten in der Aphasiologie. Nach einer Erörterung des Textbegriffs unter text- und psycholinguistischen Gesichtspunkten und einem Überblick über aktuelle Modellvorstellungen zur Textverarbeitung werden spezifische Bezüge zur Aphasie diskutiert. Im Vordergrund stehen dabei Ergebnisse bereits vorliegender Text-Untersuchungen bei Aphasikern sowie praktische Möglichkeiten der Anwendung von Texten im Rahmen der Diagnose von Störungen der Rezeption und der (Re-)Produktion von Texten. Der Aspekt der Therapie solcher Textverarbeitungsstörungen muss an dieser Stelle jedoch ausgeklammert werden.

1 Textwissenschaft

Texte, die denkbar komplexesten sprachlichen Handlungen, lassen sich unter den verschiedensten Gesichtspunkten betrachten. Welche Aspekte im Vordergrund stehen, ist jeweils davon abhängig, welche Disziplin sich mit dem Thema auseinandersetzt. Bei der Textlinguistik beispielsweise handelt es sich um eine Teildisziplin der Textwissenschaft, die es sich seit den 60er Jahren zur Aufgabe gemacht hat, den Aufbau und die Verarbeitung von Texten systematisch zu analysieren. Dabei haben sich zwei Hauptrichtungen herauskristallisiert: zum Einen die sprachsystematische und zum Anderen die kommunikationsorientierte Textlinguistik (Vater, 1992). Seit Anfang der 70er Jahre wird die Textwissenschaft auch unter dem psycholinguistischen Aspekt der kognitiven Verarbeitung vorangetrieben. Die Psycholinguistik der Textverarbeitung geht von einem empirisch orientierten, an funktionalen Kriterien ausgerichteten Textbegriff aus. Dies hat den Vorteil, dass es – im Gegensatz zur Textlinguistik – nicht notwendig ist, im Vorhinein Festlegungen darüber treffen zu müssen, welche strukturellen Charakteristika gegeben sein müssen, um eine sprachliche Äußerung als Text zu bezeichnen. „Ein Text ist in dem Maß vollständig, in dem er zur Erreichung des Ziels der kommunikativen Handlung beiträgt" (Rickheit & Strohner, 1993: 22).

1.1 Textualität

Im Zuge der Frage, was ein Text ist, was einen Text zu einem Text macht, und was einen Text von einem ‚Nicht-Text' unterscheidet, kommt man trotz unterschiedlicher theoretischer Ansätze nicht umhin, Kriterien zu formulieren, die Textualität definieren. Dies ist in der Aphasiologie besonders im Hinblick auf die Diagnose und Therapie von Textverarbeitungsstörungen wichtig. De Beaugrande und Dressler (1981) verstehen unter einem Text eine „kommunikative Begebenheit", die sieben Textualitätskriterien erfüllt:

- *Kohäsion* bezeichnet die durch syntaktische Mittel hergestellten textbildenden Beziehungen zwischen Äußerungselementen, also den formalen Zusammenhang.
- *Kohärenz* bezeichnet die textbildenden Beziehungen von Sätzen, die semantisch-kognitive Aspekte umfassen, also den inhaltlichen Zusammenhang.
- *Intentionalität* bezeichnet die Einstellung des Produzenten und seine Absicht, mit der Produktion des Texts ein bestimmtes Ziel zu erreichen.
- *Akzeptabilität* bezeichnet die Einstellung des Rezipienten, eine Äußerung als Text anzuerkennen, also davon auszugehen, sie sei nützlich oder relevant.
- *Informativität* bezeichnet das Ausmaß der Bekanntheit oder der Erwartetheit von Elementen des betreffenden Texts.
- *Situationalität* bezeichnet den Bezug eines Texts auf nichtsprachliche Elemente der jeweiligen Kommunikationssituation.
- *Intertextualität* bezeichnet den Bezug eines Textes auf andere Texte bestimmten Typs im Rahmen des jeweiligen Diskurses.

Die aufgeführten Kriterien können sicherlich kritisch diskutiert werden. In diesem Zusammenhang sollen sie jedoch lediglich verdeutlichen, wie vielschichtig Textualität verstanden werden kann. Unterteilt man die Kriterien – wie Stark und Stark (1991) – in *verwenderzentrierte* (Intentionalität, Akzeptabilität, Informativität, Situationalität, Intertextualität) und *textzentrierte* (Kohäsion und Kohärenz), dann wird deutlich, dass im Hinblick auf Textrezeption und Textproduktion primär Kohäsion und Kohärenz von Belang sind, während die verwenderzentrierten Kriterien eher sekundären Stellenwert besitzen. Unter den textzentrierten Kriterien wiederum ist Kohärenz besonders wichtig, denn neuere Auffassungen betrachten diese im Unterschied zu Kohäsion als textkonstitutiv (vgl. Hellman, 1995). Dabei darf man allerdings nicht außer Acht lassen, dass bei der Bestimmung von Kohärenz das Weltwissen des Rezipienten eine entscheidende Rolle spielt.

1.2 Kohärenz und Kohäsion

Bei Kohärenz handelt es sich also offensichtlich um den wichtigsten definierenden Faktor bezüglich dessen, was einen Text von nicht-textuellem Sprachgebrauch unterscheidet. Was aber ist Kohärenz genau? Diese Frage lässt sich nicht ohne weiteres beantworten, denn sowohl der Begriff „Kohärenz" als auch der Begriff „Kohäsion" wurden und werden sehr unterschiedlich verwendet (vgl. z.B. Halliday & Hasan, 1976; Sanford, Barton, Moxey & Paterson, 1995). Die weitaus meisten Autoren allerdings verstehen – wie de Beaugrande und Dressler (1981) – unter Kohärenz den semantisch-kognitive Aspekte umfassenden textbildenden Zusammenhang von Sätzen oder Satzteilen.

Innerhalb der letzten Jahre kann man von einer stetigen Erweiterung dieses Kohärenzbegriffes sprechen. Die frühen Ansätze textlinguistischer Provenienz – Viehweger (1989) unterscheidet hier textgrammatische, semantisch-thematische und pragmatisch-funktionale Ansätze – sind durch eine an der Künstlichen Intelligenz orientierte und eine psycholinguistische Sichtweise (vgl. Schade, Langer, Rutz & Sichelschmidt, 1991) sowie durch eine diskursorientierte Betrachtungsweise (vgl. Hellman, 1995) ergänzt worden. Die verschiedenen Ansätze werden im Folgenden kurz angerissen.

Der *textgrammatische Ansatz* betont die sehr enge Anbindung von Kohärenz an kohäsive Mittel, denn Kohärenz liegt nach diesem Ansatz dann vor, wenn bestimmte syntaktisch-semantische Bezüge in Form von referenzidentischen Phrasen wiederholt auftreten. Kohäsion wird hier gewissermaßen als notwendige und hinreichende Voraussetzung von Kohärenz betrachtet. Die Kernaussage des *semantisch-thematischen Ansatzes* dagegen ist, „daß als notwendige (aber nicht hinreichende) Bedingung für Textkohärenz anzunehmen ist, daß entweder Lexeme oder Propositionen in der logisch-semantischen Struktur eines Textes *wiederholt* vorkommen. Als Wiederholung gilt auch ein Vorkommen (in) einer Proposition, die nicht geäußert wurde, aber von den geäußerten Propositionen abgeleitet werden kann" (Schade et al., 1991: 11). Das Besondere an diesem Ansatz ist demnach, dass Kohärenz nicht ausschließlich an den Text gebunden ist, sondern als mit Interpretationsprozessen des Rezipienten einhergehend gesehen wird. Der Ausgangspunkt des *pragmatisch-funktionalen Ansatzes* ist die Annahme, dass propositional aufgefasste Teile eines Textes dann kohärent sind, wenn zwischen ihnen definierte Relationen, so genannte Kohärenzrelationen, identifiziert werden können. Diese Kohärenzrelationen sind als Resultat genereller, auf das Erkennen allgemeiner Zusammenhänge ausgerichteter Verarbeitungsprozesse zu verstehen.

Das Konzept der Kohärenzrelationen findet auch in der *Künstlichen Intelligenz (KI)* Anwendung, denn „in der KI arbeitet man im allgemeinen mit einem pragmatisch-funktional geprägten Kohärenzbegriff." (Schade et al., 1991: 13). Eine Alternative zur Berechnung von Kohärenzrelationen stellt dabei die Berechnung von Intentionen dar. Auch in der *Psycholinguistik* wird Kohärenz nicht struktural, sondern prozedural verstanden. Im Fokus des Interesses stehen hier die kognitiven Prozesse der Sprachverarbeitung, vor allem jene Prozesse, die zum Aufbau einer kohärenten Repräsentation der im Text beschriebenen Sachverhalte führen. Dabei geht man davon aus, dass Rezipienten auch dann versuchen, Zusammenhänge herzustellen, wenn diese nicht durch kohäsive Mittel im Text nahe gelegt werden. In der *diskursorientierten Kohärenzforschung* schließlich steht im Mittelpunkt der Versuch, Regelmäßigkeiten in den Beziehungen zwischen den einzelnen Redebeiträgen in einem Diskurs aufzuzeigen, wobei auch hier unter Kohärenz eher eine Eigenschaft mentaler Repräsentationen als eine Eigenschaft des Diskurses verstanden wird.

Insgesamt hat sich damit ein Wandel in den Auffassungen zu Kohärenz vollzogen – ein Wandel derart, dass Kohärenz weniger als eine Struktureigenschaft von Texten angesehen wird, sondern vielmehr als eine Eigenschaft mentaler Repräsentationen, und dass sowohl die strukturellen Merkmale dieser Repräsentationen als auch die Prozesse ihres Zustandekommens für ein umfassendes Verständnis von Textproduktion und -rezeption von Belang sind (vgl. Givón, 1995).

Gegenüber den vielfältigen Ansätzen zur Beschreibung und Erklärung von Kohärenz ist der Kohäsionsbegriff viel klarer zu umreißen. Wie bereits erwähnt, versteht man darunter einen durch formale Mittel hergestellten Textzusammenhang. Mit Kohäsion sind die „phonologischen, morphologischen, lexikalischen oder syntaktischen Phänomene der Form eines Ausdrucks gemeint, die einen ‚grammatischen' Zusammenhang zwischen den Äußerungsteilen herstellen" (Schade et al., 1991: 7). Im Bereich der Syntax fungieren unter anderem Konjunktionen, Anaphora, Pronominalisierungen und Wiederholungen von Lexemen als Kohäsionsmittel. Auch Kongruenz in Bezug auf Genus, Numerus und Kasus ist als Kohäsionsmittel anzusehen. Betrachtet man die Übereinstimmung von Äußerungsteilen im Tempus, so kann keine eindeutige Zuweisung zur syntaktischen Ebene getroffen werden, denn man findet ein Ineinandergreifen der syntaktischen und morphologischen Merkmale (Rickheit & Schade, 2000). Reime und Betonungsmuster gehören zu den eher selten gebrauchten phonologischen Kohäsionsmitteln, die einen Textzusammenhang herstellen können.

In der aktuellen psycholinguistischen Forschung ist der Untersuchungsgegenstand jedenfalls nicht mehr ausschließlich der Text, sondern es werden generelle kognitive Prozesse der Sprachproduktion und Sprachrezeption bezüglich Kohärenz und Kohäsion untersucht (vgl. Costermans & Fayol, 1997; Gernsbacher & Givón, 1995). Dabei wird angenommen, dass die kognitiven Prozesse auf einem Produktionssystem und einem Rezeptionssystem ablaufen. „Erreichen diese Systeme einen stabilen Zustand, so kann man Kohäsion bzw. Kohärenz konstatieren" (Rickheit & Schade, 2000: 279). Daraus ergibt sich unter anderem der Vorteil, dass Kohärenz konstituierende Prozesse empirisch messbar werden, etwa über Reaktionszeit- oder Augenbewegungs-Untersuchungen (z.B. Rickheit, Günther & Sichelschmidt, 1992; Vauras, Hyönä & Niemi, 1992). Da diese Prozesse jedoch nicht isoliert ablaufen, versucht man, sie in umfassende Modellvorstellungen der Textverarbeitung einzubinden.

2 Textverarbeitungsmodelle

Die Rahmenvorstellung, der gemäß in der Psycholinguistik Textverarbeitungsprozesse beschrieben werden, ist die eines in ein Umweltsystem eingebetteten Kommunikationssystems, das seinerseits wiederum zwei Komponenten umfasst: Das Sprachrezeptionssystem umfasst das Verstehen, das Sprachproduktionssystem das Hervorbringen von laut- oder schriftsprachlichen Äußerungen. Für beide Verarbeitungsrichtungen hat die Psycholinguistik Modellvorstellungen der entsprechenden kognitiven Prozesse entwickelt.

2.1 Rezeptionsmodelle

Die psycholinguistischen Modellvorstellungen zur Textrezeption lassen sich grob in zwei Theoriefamilien unterteilen. *Elementaristische Ansätze* stellen datengetriebene Prozesse in den Vordergrund. Sie gehen von der Annahme aus, dass Wissensstrukturen aus vernetzten semantischen Einheiten bestehen, die während der Textverarbeitung aktiviert und schrittweise zu einem kohärenten Ganzen, der Textbasis, aggregiert werden. *Holistische Ansätze* dagegen betonen die Relevanz schemagetriebener Prozesse. Sie gehen von der Überzeugung aus, dass Wissensstrukturen holistischen Charakter haben, und dass bei der Verarbeitung eines Texts ein so genanntes mentales Modell synthetisiert und schrittweise aktualisiert wird, in dem die im Text behandelten Sachverhalte ganzheitlich und strukturanalog repräsentiert sind.

Der wohl verbreitetste elementaristische Ansatz ist die propositionale Theorie der Textrezeption (Kintsch, 1998). Sie beschreibt Textverstehen als zyklisch ablaufende Extraktion von Bedeutungselementen: Ein Text wird Schritt für Schritt abgearbeitet, wobei in jedem Verarbeitungsschritt eine begrenzte Menge von explizit und implizit erwähnten Konzepten und Propositionen aktiviert und in eine Textbasis integriert wird, die man sich als strukturiertes semantisches Teilnetz in einem bestimmten Ausbauzustand und mit einem gewissen Kohärenzgrad vorstellen kann. Ein Problem bei der Annahme, Textrezeption sei nichts weiter als das Extrahieren von Bedeutungselementen, ist die daraus resultierende mechanistische, ausschließlich analytische Auffassung von Verstehen, die keinen Raum für konstruktive Prozesse auf Seiten des Rezipienten lässt. Auch bei komplexen Texten sieht das Modell keine umfangreiche Inferenzbildung vor, sondern nur eine minimale, die für die Kohärenzbildung erforderlich ist. Das hat unter anderem zur Folge, dass es mit dieser Modellvorstellung nicht möglich ist, Phänomene wie etwa semantische Täuschungen zu erklären, die auf Vorwissen oder Erwartungen der Rezipienten beruhen, oder den Umstrukturierungsprozessen gerecht zu werden, die bei inhaltlichen Missverständnissen nötig sind (vgl. Rickheit & Strohner, 1999).

Ein holistischer Ansatz zur Beschreibung von Textrezeption, der ebenfalls einige Verbreitung gefunden hat, ist die Theorie der mentalen Modelle (Johnson-Laird, 1983). Diese Theorie beschreibt Verstehen als einen im Wesentlichen konstruktiven Prozess. Dahinter stehen drei Annahmen: Erstens können bereits zu einem frühen Zeitpunkt im Prozess des Verstehens bestimmte wissensbasierte Schemata wirksam werden, die den weiteren Verlauf bestimmen. Zweitens verschmelzen im Verarbeitungsverlauf explizite und inferierte Informationen zu einem holistischen mentalen Modell des jeweiligen Sachverhalts, das weit über das im Text Gesagte hinausgehen kann. Drittens entspricht die Struktur dieses mentalen Modells idealerweise der Struktur des repräsentierten Sachverhalts. Das Hauptproblem der Theorie mentaler Modelle liegt in ihrer mangelnden Spezifität in Bezug auf das Format der postulierten Repräsentation und in Bezug auf die postulierten Operationen auf mentalen Modellen im Prozess des Verstehens (vgl. Rickheit & Sichelschmidt, 1999).

Beide Theoriefamilien – elementaristische und holistische Ansätze – beschreiben vermutlich wichtige Komponenten des Gesamtprozesses. Das wird auch in der Gegenüberstellung von algorithmischen und heuristischen Verarbeitungsstrategien deutlich: Huber, Klingenberg, Poeck und Willmes (1993) gemäß erfolgt das algorithmische Verarbeiten „bottom up“ und beschreibt somit die mikropropositionale Verarbeitung, während die heuristischen Strategien „top down" laufen und die makropropositionale Verarbeitung betreffen. Auch ein Zusammenspiel verschiedener Repräsentationsformate ist denkbar (vgl. Rickheit, Sichelschmidt & Strohner, 1995). Allerdings stellt sich hier die Frage, ob in der Alltagskommunikation mentale Modelle gegenüber einer propositionalen Textbasis eventuell die funktional dominante Repräsentationsform sind (Kaup, 1994). Diese Überlegung hätte direkte Konsequenzen für die Gestaltung von Texten für die Aphasiediagnostik und -therapie, denn dann könnte neben textnahem Arbeiten mit Aphasikern auch auf der Grundlage mentaler Modelle gearbeitet werden.

2.2 Produktionsmodelle

Der Bereich der Textproduktion ist in der Vergangenheit nicht so intensiv untersucht worden wie beispielsweise der der Wortproduktion. Deshalb gibt es in diesem Bereich auch nur wenige gut ausgearbeitete Modellvorstellungen.

Herrmann und Grabowski (1994) haben ein Rahmenmodell vorgelegt, das sowohl eine prinzipielle Erklärung von Textproduktion liefert als auch die Möglichkeit bietet, Einzelbefunde zur Textproduktion einzuordnen. Das Modell sieht drei simultan arbeitende, ständigen Rückkopplungen unterliegende Instanzen vor: die Zentrale, die den Gesamtablauf der Äußerungsproduktion kontrolliert, Hilfssysteme, die für Details zuständig sind und unter anderem für Kohärenz sorgen, sowie ein Enkodiermechanismus, der die Umsetzung in eine Phonem- oder Graphemfolge vorbereitet. Die Produktion einer Äußerung erfolgt nach diesem Modell in drei Phasen: Zunächst ist der – vorsprachliche – *Inhalt der Äußerung* festzulegen; die entsprechenden Wissensbestände müssen ausgewählt, unter Berücksichtigung der Kommunikationsziele und -partner aufbereitet und in eine lineare Ordnung gebracht werden. Anschließend ist eine *Versprachlichung* zu leisten; es müssen Formulierungsfestlegungen getroffen werden – unter anderem hinsichtlich Wortwahl, Wortstellung, Pronominalisierung, Emphase und vielem mehr, wobei sich an dieser Stelle vielfältige Möglichkeiten der konkreten Ausgestaltung der Äußerung ergeben. Schließlich ist eine *phonetische oder graphematische Umsetzung* zu leisten; die Formulierungsfestlegungen müssen gewissermaßen zu einer ausführbaren Phonem- oder Graphemfolge kompiliert werden. Mit seinem hohen Grad an Flexibilität, Adaptivität und Interaktivität trägt das Modell von Herrmann und Grabowski (1994) der Dynamik der Textproduktion in großem Maß Rechnung. Jedoch erlaubt das komplexe Bedingungsgefüge konkrete Vorhersagen über die zu produzierenden Texte nur in eingeschränktem Umfang.

Das Sprachproduktionsmodell von Levelt (1989) geht ebenfalls von drei Ebenen der Verarbeitung aus. Dieses Modell umfasst folgende Module: den ‚conceptualizer', ein vorsprachliches konzeptuelles System, in dem Propositionen entwickelt und linearisiert werden, den ‚formulator', ein sprachliches System, in dem die lexikalische, syntaktische und phonologische Enkodierung stattfindet, und den ‚articulator', ein Artikulationssystem, das für die artikulatorische Realisation zuständig ist. Im Gegensatz zu Herrmann und Grabowski (1994) geht Levelt (1989) allerdings davon aus, dass die Module autonom arbeiten und der Verarbeitungsverlauf zwar inkrementell, aber eindeutig gerichtet ist. Rückkopplungen und damit Anpassungen und Korrekturen bei der Textproduktion sind damit nur eingeschränkt möglich.

3 Textverarbeitung und Aphasiologie

Nach diesen grundlegenden Ausführungen zum Textbegriff und zu psycholinguistischen Modellvorstellungen von Textrezeption und -produktion werden nun Bezüge zur Aphasiologie erörtert.

3.1 Aphasien

Bei Aphasien handelt es sich um erworbene Störungen des zentralen Sprachsystems mit Störungen in allen sprachlichen Modalitäten und auf allen sprachlichen Ebenen aufgrund von neurologischen Erkrankungen (Huber, Poeck & Weniger, 1997). Die häufigste Ursache ist der Schlaganfall in der für die Sprachverarbeitung zuständigen, meist linken, Hemisphäre. Die Aphasien werden nach wie vor neben den transkortikalen Formen und der Leitungsaphasie in die vier klassischen Hauptsyndrome unterteilt:

- die *globale Aphasie* mit den größten Beeinträchtigungen sowohl bei der Sprachproduktion als auch bei der -rezeption bezogen auf alle sprachlichen Modalitäten und Ebenen;
- die *Broca-Aphasie* mit unflüssiger Sprachproduktion und erheblichen Störungen auf der morpho-syntaktischen Ebene, die unter anderem bei relativ gut erhaltenem Sprachverständnis und einem starken Störungsbewusstsein das Kardinalsymptom Agrammatismus verursachen;
- die *Wernicke-Aphasie* mit dem typischen Symptom der Logorrhoe und dem damit einhergehenden Paragrammatismus bei schwer beeinträchtigten Rezeptionsfähigkeiten und einer stark verringerten Störungseinsicht;

- die *amnestische Aphasie*, die als die leichteste Störung gilt, da sowohl die Sprachproduktion als auch die Sprachrezeption nur geringfügig gestört sind. Als Kardinalsymptom werden hier die Wortfindungsstörungen angeführt, da die hauptsächlichen Defizite auf der lexikalisch-semantischen Ebene liegen, oder auch bereits in der semantisch-konzeptuellen Verarbeitung.

Bei allen aufgeführten Aphasieformen sind bei erhaltenem Wissen um die allgemeinen Kommunikationsregeln die Kompetenzen sowohl für die Textrezeption als auch für die Textproduktion ebenso wie die kommunikativen Fähigkeiten unterschiedlich schwer eingeschränkt. Störungen im Bereich der Textverarbeitung findet man selbst bei den so genannten Restaphasien, die in der Alltagskommunikation sprachlich unauffällig sind (Stark & Stark, 1991). Deshalb ist es von großer Bedeutung, die Textverarbeitung von Aphasikern genauer zu untersuchen, zumal sich Kommunikation stets in Form von Diskursen ereignet und unser alltägliches Leben von Texten durchsetzt ist.

3.2 Textrezeption bei Aphasie

Untersuchungen zur Textrezeption, die sich hauptsächlich auf die Modellvorstellungen propositionaler Ansätze beziehen (z.B. van Dijk & Kintsch, 1983) und meistens mit narrativen oder prozeduralen Texten arbeiten, gibt es bereits seit mehreren Jahren. Die beobachteten Textverarbeitungsleistungen der Aphasiker bewegen sich auf einem Kontinuum, denn auch innerhalb der einzelnen Aphasiesyndrome zeigen sich diesbezüglich große Schwankungen. Eine generelle Beobachtung, die in diesem Zusammenhang gemacht werden konnte, ist die Bevorzugung von Makrostrukturen durch die Aphasiker, denn die Verarbeitung dieser Strukturen erfolgt hauptsächlich über das Weltwissen und über Inhaltswörter bei einer Vernachlässigung morphosyntaktischer Informationen. Außerdem zeigte sich, dass Propositionen und Informationen reduziert wurden (Stark & Stark, 1991).

Betrachtet man zusammenfassend nach Ohlendorf (1993) die syndromspezifischen Schwierigkeiten der Aphasiker bei der Textrezeption, dann zeigen *globale Aphasiker* erwartungsgemäß eine quantitativ verminderte und qualitativ veränderte Leistung, wobei der Textzusammenhang bei leicht zu verarbeitenden Inhaltswörtern mit günstiger Abfolge das Sprachverständnis erleichtern kann. *Broca-Aphasiker* weisen hauptsächlich Verständnisdefizite bei abstrakten und komplexen Sachverhalten auf, da sie Texte anhand von Inhaltswörtern und Weltwissen verarbeiten. Texte mit einfachen Satzmustern, auffälligen Inhaltswörtern und einfachen Wortformen können durchaus adäquat rezipiert werden. Bei *Wernicke-Aphasikern* dagegen kann man, bedingt durch ihr schlechtes Sprachverständnis, bei der Textverarbeitung ein ratendes, parataktisches Vorgehen nach den auffälligsten Inhaltswörtern beobachten. Für ein adäquates Textverständnis sind sie auf eine starke Redundanz angewiesen, zum Beispiel durch Abbildungen oder situative Hinweise. Die geringsten Schwierigkeiten haben *amnestische Aphasiker*, denn bei ihnen werden die Probleme nur bei abstrakten und komplexen Sachverhalten sichtbar. Bei ihnen herrscht ähnlich wie bei Restaphasikern eine parataktische Verarbeitung vor; Genauigkeit und Flexibilität sind beeinträchtigt, und die vorgegebenen Inhalte werden oft mit der eigenen Meinung vermischt.

Bei diesen Untersuchungen blieben holistische Ansätze wie beispielsweise die Theorie der mentalen Modelle bisher weitgehend unberücksichtigt. Eine Studie, die sich mit mentaler Modellierung, ausgelöst durch Schlüsselwörter im Text, auseinandersetzt, stammt von Hielscher (1997). Das Hauptinteresse galt hier der Untersuchung affektiver Inferenzleistungen bei amnestischen Aphasien und Restaphasien. Dabei zeigte sich, dass die Aphasiker die meisten Fehler dann machten, wenn es nötig war, detaillierte Informationen auszuwerten. Grobe Klassifizierungen der Situationen waren jedoch möglich. Die Ergebnisse sind ein Indiz dafür, dass Aphasikern das grobe Kategorisieren anhand von Schlüsselwörtern möglich ist – entsprechend der Annahme einer parallel zur algorithmischen erfolgenden heuristischen Verarbeitung (Huber et al., 1993).

3.3 Textproduktion bei Aphasie

Auch zur Textproduktion gibt es seit Jahren Untersuchungen, die sich genauso wie die zur Textrezeption auf propositionale Ansätze beziehen. Das heißt, dass die Analyse der aphasischen Textproduktion an der Anzahl und der Anordnung der Propositionen ansetzt. Deshalb sind in vielen Studien ausschließlich Textreproduktionen untersucht worden. Reproduktionen können aber nicht ohne weiteres auf Textproduktionsleistungen von Aphasikern in Alltagssituationen übertragen werden. Weitere gängige Untersuchungsmethoden sind das Erzählen von Bildergeschichten, Erlebnisberichte oder auch Interviews, während die freie Textproduktion bisher kaum Berücksichtigung fand. Schließlich können Texte, denen eine feste Struktur zugrunde liegt, anhand der Normabweichungen besser untersucht werden. Die Ergebnisse der vorliegenden Studien zeigen, dass Aphasiker wichtige Informationen generell besser aufnehmen und wiedergeben als nebensächliche Details. Die Produktionen haben dabei aber einen eher geringen Informationsgehalt. Insbesondere werden Propositionen, die sich auf innere Gefühle, Zustände und Motive der Personen beziehen, meist nicht produziert (Ohlendorf, 1993).

Bezogen auf die einzelnen Syndrome können die Textproduktionsleistungen von Aphasikern nach Kotten (1990) folgendermaßen zusammengefasst werden: *Globalen Aphasikern* ist es unmöglich, Textproduktion zu planen und durchzuführen. Aus diesem Grund werden sie auch aus den meisten Textproduktionsuntersuchungen ausgeschlossen. Bei *Broca-Aphasikern* unterliegt der mündliche Output erwartungsgemäß einer starken Kontrolle und Anstrengung, aber einige Patienten können im Gegensatz dazu syntaktisch und morphologisch reichhaltigere Texte schriftsprachlich produzieren. Zusätzlich ist bei manchen Patienten mit einer Broca-Aphasie eine Störung der Textplanung zu beobachten, die sich im Fehlen eines Erzählrahmens zeigen kann; auch können emotionelle Kommentierungen fehlen. *Wernicke-Aphasikern* ist eine eigenständige Textproduktion oftmals unmöglich. Das begründet sich unter anderem in den fehlenden Monitoringprozessen und den meist unangemessenen Abschweifungen bei der Textproduktion. Außerdem beeinflussen die syntaktischen und morphologischen Störungen die Textproduktion maßgeblich. Hier sind insbesondere Fehler beim Gebrauch von Pronomina zu nennen, wodurch Kohäsion und Kohärenz der Texte beeinträchtigt sind. Bei Patienten mit *amnestischen Aphasien* ist die Versprachlichung von bildlichen Produktionsvorgaben aufgrund der Abrufstörung von Wörtern schwieriger als die Reproduktion von Texten. Teilweise können leichte Textplanungsstörungen beobachtet werden, ähnlich wie bei Restaphasien. Die produzierte Textoberfläche reflektiert demnach bei Aphasikern abhängig vom jeweiligen Syndrom eindeutige Unterschiede. Weiter berichten Dressler, Wodak und Pléh (1990) von gewissen geschlechtsspezifischen Unterschieden bei der Textverarbeitung von Aphasikern.

3.4 Diagnose aphasischer Störungen auf der Textebene

Trotz der inzwischen zahlreich vorliegenden Einzeluntersuchungen der Textverarbeitungsleistungen von Sprachgesunden und auch von Aphasikern steht das Erstellen von Diagnosematerialien in diesem Bereich noch am Anfang. Derzeit gibt es im deutschsprachigen Raum nur die Materialien „Texte verstehen" (Claros Salinas, 1993), das Supplement 5 „Nacherzählen von Texten" zum ‚Aachener Aphasie-Test' (Huber et al., 1993) sowie eine – weder standardisierte noch normierte – unveröffentlichte deutsche

Version der ‚Boston Diagnostic Aphasia Examination' (Goodglass & Kaplan, 1994), die eine Bildbeschreibung enthält. Demgegenüber wurden in den letzten Jahren diverse Therapiematerialien speziell für die Arbeit mit Texten entwickelt, wie beispielsweise „Media-Teil 1: Zeitungen" (Stanschus, 1996), die auch zur Diagnose eingesetzt werden, jedoch ebenfalls weder standardisiert noch normiert sind.

Das Material von Claros Salinas hat leichte Aphasien als Zielgruppe und untersucht, basierend auf den Modellvorstellungen von van Dijk und Kintsch (1983), lediglich Textverständnisleistungen mit Hilfe von ‚multiple choice'-Aufgaben. Das AAT-Supplement hat demgegenüber das Ziel, „zu ermitteln, inwieweit Patienten mit mittelgradigen bis minimalen aphasischen Störungen den propositionalen Inhalt von Texten korrekt wiedergeben" (Huber et al., 1993: 59). Dabei liegt, wie bereits erwähnt, die Vorstellung zugrunde, dass aphasische Patienten über eine algorithmische und eine heuristische Verarbeitungsroute verfügen, wobei sie die heuristische bevorzugen, um die sprachlichen Defizite zu kompensieren.

Alle diese Verfahren untersuchen nur ganz kleine Ausschnitte der Textverarbeitungsleistungen. Sie beziehen keine neueren Modellvorstellungen in den Aufbau des jeweiligen Testmaterials ein. Das derzeit einzige Verfahren, welches die individuellen Kommunikationsfähigkeiten aphasischer Patienten in ihrer Gesamtheit untersucht und damit richtungsweisend ist, ist der ‚Amsterdam-Nijmegen Everyday Language Test' (ANELT) von Blomert und Buslach (1994), der in der deutschen Fassung jedoch noch in der Erprobung ist. Eigentlich sollte jeder Aphasietest Textverarbeitungsleistungen mit überprüfen. Gegenwärtig aber fehlen unter anderem noch Untersuchungen zur Materialauswahl, zur Aufbereitung und Präsentation von Textmaterialien, zur Aufgabenstellung und zur Auswertung der Textverarbeitungsleistungen. Diesen Aspekten muss sich die klinisch-linguistische Forschung unter Einbeziehung der aktuellen psycholinguistischen Modellvorstellungen und Forschungsergebnisse dringend widmen.

4 Ausblick

Bedauerlicherweise wird in den sehr wenigen Diagnosematerialien, die sich mit Textverarbeitungsstörungen befassen, nur selten Bezug auf neuere Forschungsergebnisse genommen. Auch die Ergebnisse neuerer Studien, die sich explizit mit aphasischer Textverarbeitung auseinandersetzen, spiegeln sich noch nicht in den vorhandenen Materialien wider.

Zukünftig muss demnach unbedingt – wie Rickheit (1997) fordert – eine Brücke zwischen den aktuellen experimentell-simulativen kognitionswissenschaftlichen Untersuchungen und den eher praktisch ausgerichteten Fragestellungen der Klinischen Linguistik geschlagen werden, um theoretische und methodologische Grundlagen tatsächlich effizient in der Praxis umsetzen zu können. Ein Ziel aktueller Forschung ist deshalb, unter Berücksichtigung neuester Forschungsergebnisse ein Screening zu erstellen und zu standardisieren. Mit dessen Hilfe sollte es zum einen möglich sein, Störungen im Bereich der Text- und Diskursrezeption bei aphasischen Patienten allgemein zu erkennen und zu bestimmen. Zum anderen sollte es mit diesem Screening gelingen, genaue diagnostische Aussagen über den Schweregrad und das Profil der Textverarbeitungsstörung treffen zu können. Gerade diese Ergebnisse nämlich sind im Rahmen von gutachterlichen Stellungnahmen von erheblicher Relevanz. Sie geben aber auch für die Therapieplanung wichtige Hinweise. Selbst leichte sprachliche Beeinträchtigungen hinsichtlich alltagsrelevanter Kompetenz sollen erfasst werden.

Literatur

Blomert, L. & Buslach, D.C. (1994). Funktionelle Aphasiediagnostik mit dem Amsterdam-Nijmegen Everyday Language Test (ANELT). Deutsche Fassung. *Forum Logopädie, 2,* 3-6.

Costermans, J. & Fayol, M. (Eds., 1997). *Processing interclausal relationships: Studies in the production and comprehension of text.* Mahwah: Erlbaum.

Claros Salinas, D. (1993). *Texte verstehen. Materialien für Diagnostik und Therapie.* Dortmund: borgmann publishers.

de Beaugrande, R. & Dressler, W. (1981). *Einführung in die Textlinguistik.* Tübingen: Niemeyer.

Dressler, W.U., Wodak, R. & Pléh, C. (1990). Gender-specific discourse difference in aphasia. In: Y. Joanette & H. Brownell (Eds.), *Discourse ability and brain damage: Theoretical and empirical perspectives* (pp. 236-245). New York: Springer.

Gernsbacher, M.A. & Givón, T. (Eds., 1995). *Coherence in spontaneous text.* Amsterdam: Benjamins.

Givón, T. (1995). Coherence in text vs. coherence in mind. In: M.A. Gernsbacher & T. Givón (Eds.), *Coherence in spontaneous text* (pp. 59-115). Amsterdam: Benjamins.

Goodglass, H. & Kaplan, E. (1994). *The assessment of aphasia and related disorders.* Chester: Lea & Febiger.

Halliday, M. & Hasan, R. (1976). *Cohesion in English.* London: Longman.

Hellman, C. (1995). The notion of coherence in discourse. In: G. Rickheit & C. Habel (Eds.), *Focus and coherence in discourse processing* (pp. 190-202). Berlin: de Gruyter.

Herrmann, T. & Grabowski, J. (1994). *Sprechen: Psychologie der Sprachproduktion.* Heidelberg: Spektrum Akademischer Verlag.

Hielscher, M. (1997). Aphasie und Textrezeption. Störungen affektiver Inferenzleistungen. In: G. Rickheit (Ed.), *Studien zur Klinischen Linguistik. Modelle, Methoden, Intervention* (pp. 257-289). Opladen: Westdeutscher Verlag.

Huber, W., Klingenberg, G., Poeck, K. & Willmes, K. (1993). Die Supplemente zum AAT: Aufbau und Resultate der Validierung. *Neurolinguistik, 7,* 43-66.

Huber, W., Poeck, K. & Weniger, D. (1997). Aphasie. In: W. Hartje & K. Poeck (Eds.), *Klinische Neuropsychologie* (pp. 80-143). Stuttgart: Thieme.

Johnson-Laird, P.N. (1983). *Mental models: Towards a cognitive science of language, inference, and consciousness.* Cambridge: Cambridge University Press.

Kaup, B. (1994). Der Aufbau mentaler Modelle beim Textverstehen. *Logos Interdisziplinär, 2,* 106-116.

Kintsch, W. (1998). *Comprehension: A paradigm for cognition.* New York: Cambridge University Press.

Kotten, A. (1990). Textproduktion bei Aphasie. In: G. Antos & H.P. Krings (Eds.), *Textproduktion* (pp. 463-482). Tübingen: Niemeyer.

Levelt, W.J.M. (1989). *Speaking: From intention to articulation.* Cambridge: MIT Press.

Ohlendorf, I.M. (1993). Textverarbeitung in der Aphasietherapie. In: M. Grohnfeldt (Ed.), *Handbuch der Sprachtherapie. Band 6: Zentrale Sprach- und Sprechstörungen* (pp. 199-212). Berlin: Spiess.

Rickheit, G. (1997). Ergebnisse und Perspektiven der Klinischen Linguistik. In: G. Rickheit (Ed.), *Studien zur Klinischen Linguistik. Modelle, Methoden, Intervention* (pp. 11-23). Opladen: Westdeutscher Verlag.

Rickheit, G., Günther, U. & Sichelschmidt, L. (1992). Coherence and coordination in written text: Reading time studies. In: D. Stein (Ed.), *Cooperating with written texts* (pp.103-127). Berlin: Mouton de Gruyter.

Rickheit, G. & Schade, U. (2000). Kohärenz und Kohäsion. In: K. Brinker, G. Antos, W. Heinemann & S.F. Sager (Eds.), *Text- und Gesprächslinguistik* (pp. 275-283). Berlin: de Gruyter.

Rickheit, G. & Sichelschmidt, L. (1999). Mental models: Some answers, some questions, some suggestions. In: G. Rickheit & C. Habel (Eds.), *Mental models in discourse processing and reasoning* (pp. 9-40). Amsterdam: North-Holland.

Rickheit, G., Sichelschmidt. L. & Strohner, H. (1995). Economical principles in coherence management: A cognitive systems approach. In: G. Rickheit & C. Habel (Eds.), *Focus and coherence in discourse processing* (pp. 170-189). Berlin: de Gruyter.

Rickheit, G. & Strohner, H. (1993). *Grundlagen der kognitiven Sprachverarbeitung. Modelle, Methoden, Ergebnisse.* Tübingen: Francke.

Rickheit, G. & Strohner, H. (1999). Textverarbeitung: Von der Proposition zur Situation. In: A. Friederici (Ed.), *Sprachrezeption* (pp. 271-306). Göttingen: Hogrefe.

Sanford, A.J., Barton, S.B., Moxey, L.M. & Paterson, K. (1995). Cohesion processes, coherence, and anomaly detection. In: G. Rickheit & C. Habel (Eds.), *Focus and coherence in discourse processing* (pp. 203-213). Berlin: de Gruyter.

Schade, U., Langer, H., Rutz, H. & Sichelschmidt, L. (1991). Kohärenz als Prozess. In: G. Rickheit (Ed.), *Kohärenzprozesse* (pp. 7-58). Opladen: Westdeutscher Verlag.

Stanschus, S. (1996). *Media. Teil 1: Zeitung.* Hofheim: NAT-Verlag.

Stark, J. & Stark, H.K. (1991). Störungen der Textverarbeitung bei Aphasie. In: G. Blanken (Ed.), *Einführung in die linguistische Aphasiologie. Theorie und Praxis* (pp. 231-278). Freiburg: Hochschul-Verlag.

van Dijk, T.A. & Kintsch, W. (1983). *Strategies of discourse comprehension.* New York: Academic Press.

Vater, H. (1992). *Einführung in die Textlinguistik.* München: Fink.

Vauras, M., Hyönä, J. & Niemi, P. (1992). Comprehending coherent and incoherent texts: Evidence from eye movement patterns and recall performance. *Journal of Research in Reading, 15,* 39-54.

Viehweger, D. (1989). Coherence: Interaction of modules. In: W. Heydrich, F. Neubauer, J.S. Petöfi & E. Sözer (Eds.), *Connexity and coherence* (pp.256-274). Berlin: de Gruyter.

Textoptimierung: Von der Verständlichkeit zur Intentionsadäquatheit

Elke Prestin

Dieser Beitrag ist ein Plädoyer für eine Neuorientierung in der Textverständlichkeitsforschung. Es wird gezeigt, dass eine vollständige Theorie der Textverständlichkeit neben Text- und Rezipientenmerkmalen auch den Produzenten und dessen Intentionen systematisch berücksichtigen muss. Dies gilt insbesondere dann, wenn im Sinne einer anwendungsorientierten Linguistik Kriterien für die Textoptimierung entwickelt werden sollen. In diesem Zusammenhang erscheint es sinnvoll, eine weiter gefasste Konzeption der *Intentionsadäquatheit* zu entwickeln, die die reine Verständlichkeit subsumiert und dem Aushandlungscharakter der Kommunikation besser als bisherige Theorien der Textverständlichkeit gerecht wird.

1 Einleitung

Die Textverständlichkeitsforschung gehört zweifellos zu jenen Bereichen der Linguistik, die ein großes Potenzial zur Praxisorientierung aufweisen. Ihre Erkenntnisse sollten dazu beitragen können, die schriftliche Kommunikation in verschiedenen Lebensbereichen zu optimieren. Dass solche Transferleistungen bislang kaum erfolgt sind, hängt mit einem großen Manko der bisherigen Theorieansätze zusammen: Sie berücksichtigen entweder nur den Text oder aber Text- und Rezipientenmerkmale, lassen den Produzenten und dessen Intentionen aber außer Acht. Nimmt man jedoch den Aushandlungscharakter sprachlicher Kommunikation ernst, dann müssen praxistaugliche Ratgeber zur Optimierung von Texten alle beteiligten Akteure gleichermaßen in Betracht ziehen.

Im Folgenden wird, ausgehend von einem Überblick über wichtige Theorien der Textverständlichkeitsforschung (Abschnitt 2), für eine entsprechende Erweiterung argumentiert (Abschnitt 3). Deren Notwendigkeit wird sowohl im Blick auf die Handlungsziele als auch auf die kognitiven Prozesse des Textverstehens belegt. Die Überlegungen münden in dem Vorschlag, als relevanten Parameter für die Textoptimierung die Intentionsadäquatheit anzusehen, die die Verständlichkeit subsumiert.

2 Entwicklung der Textverständlichkeitsforschung

Die bisherige Forschungstradition auf dem Gebiet der Textverständlichkeit weist eine Entwicklung von rein textbasierten Ansätzen zu kognitionsorientierten und schließlich zu situierten Theorien auf. Die wichtigsten Theorien sollen im Folgenden skizziert und kritisch beleuchtet werden. Die dabei zu Tage tretenden Defizite stellen den Ausgangspunkt für die Argumentation in Abschnitt 3 dar.

2.1 Lesbarkeitsforschung

Die so genannte Lesbarkeitsforschung wird im Allgemeinen als Vorstufe der eigentlichen Verständlichkeitsforschung angesehen. Die Lesbarkeitsforschung ging davon aus, dass die Verständlichkeit eines Textes allein von textimmanenten Oberflächenmerkmalen abhänge und sich deshalb anhand von Formeln berechnen lasse (z.B. Klare, 1971; Fey, 1990). Als Voraussagevariablen (Prädiktoren) galten dabei unter anderem Wortarten, Satztypen und Satzlängen. Operationalisiert wurde die Lesbarkeit anhand von Zielvariablen (Kriterien) wie Lesegeschwindigkeit, Behaltensleistung, Rating und Schwierigkeitseinschätzung durch Experten.

Da die Lesbarkeitsformeln anhand englischer Texte entwickelt wurden, erscheint ihre Übertragung auf die deutsche Sprache zumindest fragwürdig (Dickes & Steiwer, 1977). Daneben kamen aber mit der Zeit weitere, den Ansatz in seinen Grundfesten betreffende Kritikpunkte auf. So ist die empirische Methodologie zwar objektiv und reliabel, aber nicht valide: Verschiedene Lesbarkeitsformeln führen zu unterschiedlichen Ergebnissen, und Lesbarkeitsformeln sind nicht imstande, zwischen kohärenten Texten und Folgen so genannter ‚scrambled sentences' zu unterscheiden (vgl. Duffy, 1985; Rickheit & Strohner, 1999). Eine ausgearbeitete theoretische Fundierung fehlt der Lesbarkeitsforschung völlig. Und schließlich lässt die Beschränkung auf strukturale Oberflächenmerkmale kognitive Aspekte außer Acht. Verstehen beziehungsweise Nichtverstehen ist aber „ein Problem der Textverarbeitung und nur als Interaktion zwischen Leser und Text zu verstehen" (Sumfleth & Schüttler, 1995: 56).

2.2 Von textorientierten zu kognitionsorientierten Ansätzen

Ein erster Schritt in Richtung kognitionsorientierter Ansätze erfolgte mit dem so genannten Hamburger Verständlichkeitskonzept (Langer, Schulz von Thun & Tausch, 1974), das neben textimmanten Merkmalen auch die inhaltliche Organisation und die motivationale Wirkung berücksichtigt. Auf der Grundlage von Faktorenanalysen, in die Daten von mehr als tausend Versuchspersonen einflossen, identifizierten die drei Hamburger Wissenschaftler vier Dimensionen der Verständlichkeit.

Die erste Dimension *Einfachheit der sprachlichen Form* beinhaltet wesentliche Textmerkmale, die schon von der Lesbarkeitsforschung für relevant erachtet wurden. Die empirische Überprüfung ergab, dass kurze und einfache Satzstrukturen, geläufige Wörter, Erklärung von Fachwörtern sowie eine allgemein konkrete und anschauliche Sprache die Verständlichkeit fördern.

Die zweite Dimension betrifft die *Gliederung und Ordnung* der vermittelten Textinhalte. Mit innerer Ordnung sind eine sinnvolle Reihenfolge der Informationen und deutliche Bezüge zwischen den Sätzen gemeint. Die äußere Gliederung zeigt sich an Absätzen, Überschriften, Zusammenfassungen und Hervorhebungen. Eine in diesem Sinne gute Gliederung und Ordnung bewirkten bei den Versuchspersonen ein besseres Verständnis des Textes.

Ob Sprachaufwand und Informationsziel zueinander passen, wird in der Dimension *Kürze / Prägnanz* bewertet. Als besonders verständlich erwiesen sich empirisch solche Texte, die auf einer fünfstufigen bipolaren Skala etwa mittlere Werte einnehmen, also weder so knapp gehalten sind, dass kein Wort mehr gestrichen werden kann, noch allzu viel Unwesentliches enthalten.

Als *anregende Zusätze* gelten in der vierten Dimension unter anderem Ausrufe, wörtliche Reden, rhetorische Fragen, witzige Formulierungen und das Auftreten von Menschen. Im Versuch waren solche Mittel nur bei gut gegliederten Texten verständnisfördernd; ansonsten trugen sie eher zur Verwirrung bei.

Das Hamburger Verständlichkeitskonzept hat den Vorteil, sehr anwendungsorientiert zu sein. So wurde aufgrund der empirischen Befunde ein Trainingsprogramm zur Verbesserung von Lehr- und Informationstexten entwickelt, das auch in der Praxis große Beachtung fand (Langer, Schulz von Thun & Tausch, 1993). Negativ ist jedoch anzumerken, dass nach wie vor eine theoretische Fundierung fehlt, und dass eine Ausrichtung auf kognitive Aspekte nur ansatzweise realisiert ist: Zwar spielen motivationale Faktoren und die Gliederung der Informationen eine Rolle; eine systematische Verknüpfung mit Rezipientenmerkmalen erfolgt jedoch nicht.

Dem Kritikpunkt des fehlenden theoretischen Unterbaus beim Hamburger Verständlichkeitskonzept begegnete Groeben (1982): Im Gegensatz zum empirisch-induktiven Vorgehen der Hamburger Wissenschaftler wählte er ein theoretisch-deduktives

Verfahren. Er zeigte, dass sich aus psychologischen, pädagogischen, linguistischen und informationstheoretischen Überlegungen (Shannon, 1951; Berlyne, 1960; Ausubel, 1968; Chomsky, 1969) vier Verständlichkeitskriterien ableiten lassen, die den von Langer, Schulz von Thun und Tausch genannten Dimensionen weitgehend entsprechen. Das zweite Problem des Hamburger Verständlichkeitskonzepts blieb jedoch ungelöst, denn auch Groeben untersuchte letztlich nur Texte und ließ die spezifischen Voraussetzungen des Rezipienten außer Acht. Einen Ausweg bot erst die Bezugnahme auf psycholinguistische Theorien des Textverstehens, die die kognitiven Prozesse der Sprachverarbeitung beschreiben.

2.3 Am Kognitionsprozess orientierte Ansätze

Für die in diesem Abschnitt beschriebenen Ansätze finden sich in der Literatur verschiedene Bezeichnungen: Sumfleth und Schüttler (1995) sprechen von prozessorientierten, Rickheit und Strohner (1999) von kognitionsorientierten Ansätzen, denen Rickheit (1995) aber auch das Hamburger Konzept und das Konzept von Groeben zuordnet. Um gerade diese mögliche Unklarheit zu vermeiden, sollen hier die im vorangegangenen Abschnitt genannten teils textbasierten, teils kognitionsorientierten Konzepte von jenen unterschieden werden, in deren Mittelpunkt die Kognitionsprozesse des Rezipienten stehen.

Prägend für diese Forschungstradition waren die ersten Modellvorstellungen von Kintsch und Mitarbeitern (Kintsch & Vipond, 1979; Miller & Kintsch, 1981), denen zufolge Verständlichkeit als Ergebnis der Interaktion von Text und Leser anzusehen ist. Den Hintergrund für diese Annahme bildet die Theorie der zyklischen Verarbeitung (Kintsch & van Dijk, 1978), die besagt, dass ein Leser im Verlauf der Textrezeption schrittweise eine Textbasis, das heißt eine geordnete, nach inhaltlichen Kriterien vernetzte Liste von ‚Bedeutungsmolekülen', so genannten Propositionen, erstellt. Die Anzahl der in jedem Schritt zu verarbeitenden Propositionen hängt dabei sowohl von der individuellen Verarbeitungskapazität des Rezipienten und dessen Vorwissen als auch von Satz- und Phrasengrenzen ab.

Später sind verschiedene Variationen und Erweiterungen dieses Modells entwickelt worden (vgl. Kintsch, 1998). Beispiele sind die Strategietheorie (van Dijk & Kintsch, 1983), die das Textverstehen als ein zielgerichtetes, auch von Vorannahmen und kommunikativen Faktoren abhängiges Verhalten kennzeichnet, oder der Ansatz von Ballstaedt, Mandl, Schnotz und Tergan (1981), der noch detaillierter als die Theorie der zyklischen Verarbeitung einzelne Stufen des Verstehensprozesses unterscheidet. Wesentlich für die Frage nach der Verständlichkeit von Texten ist aber die grundsätzliche Gegenüberstellung von textgeleiteten ‚bottom-up'- und wissens- oder schemageleiteten ‚top-down'-Prozessen, die allen hier genannten Ansätzen zu eigen ist (vgl. Rickheit, Sichelschmidt & Strohner, 1995). Daraus ergeben sich zwei wesentliche Einflussfaktoren der Textverständlichkeit: erstens die Textstrukturmerkmale, beispielsweise die Abfolge von Propositionen, und zweitens die Rezipientenmerkmale wie Vorwissen, Interessen, Zielsetzung und Verarbeitungskapazität.

Die am Kognitionsprozess orientierten Modelle stellen somit im Vergleich zu rein oder überwiegend textorientierten Ansätzen einen deutlichen Fortschritt dar (vgl. auch Wagenaar, Schreuder & Wijlhuizen, 1987). Insbesondere liefern sie Erklärungsmuster dafür, dass der gleiche Text für verschiedene Rezipienten unterschiedlich verständlich sein kann. Es fehlt aber ein systematischer Bezug zu den Kontextfaktoren, deren Einfluss auf die Sprachverarbeitung in der Strategietheorie bereits Erwähnung fand.

2.4 Situierte Modelle der Textverständlichkeit

In neueren Arbeiten zur Verständlichkeitsforschung (z.B. Rickheit, 1995; Sauer, 1995; Rickheit & Strohner, 1999) wird gefordert, neben Text- und Rezipientenmerkmalen auch die Situiertheit der Kommunikation in Betracht zu ziehen.

Ein wichtiges Argument hierfür liefert eine Untersuchung von Kintsch (1994), der zufolge ein Text, der leicht zu behalten sein soll, anders aufgebaut sein muss als ein Text, der gut erlernbar sein soll. Dass *Behalten*, definiert als die Fähigkeit zur Reproduktion der Inhalte, und *Lernen*, definiert als Erwerb der Fähigkeit, die Information auch in anderen Kontexten anzuwenden, tatsächlich völlig unabhängig voneinander sein können, wird durch experimentelle Untersuchungen belegt (vgl. Kintsch, 1998). Kintsch (1994) legt nun auch verschiedene Maßstäbe für die Textoptimierung an: Nach einer Studie von Mannes und Kintsch (1987) lässt sich die *Behaltensleistung* dadurch optimieren, dass man es dem Rezipienten durch lokale Kohärenz und eine deutliche Makrostruktur erleichtert, eine Textbasis zu erstellen. Zum *Lernen* muss der Rezipient hingegen ein mentales Situationsmodell aufbauen, in dem die Textinformation mit dem Vorwissen verknüpft und durch Inferenzen ergänzt wird. Gestützt auf erst später veröffentlichte empirische Evidenz (Songer, Kintsch, McNamara & Kintsch, 1996) kommt Kintsch hier zu dem Schluss, dass die Inhalte mit dem Vorwissen des Lesers hinreichend, aber nicht vollständig überlappen sollten.

Diese Detailaussagen zum Behalten und Lernen finden deshalb in der Literatur häufig Erwähnung, weil sich die linguistische Textverständlichkeitsforschung bislang primär mit Unterrichtstexten beschäftigt hat. Die generalisierbare Aussage hinter den genannten Ergebnissen lautet jedoch, dass die Textoptimierung genuin vom jeweiligen Aufgabenkontext abhängt. Vor diesem Hintergrund wählt Sauer (1995) einen weiter gefassten Ansatz, der sich nicht nur auf Lehr- und Lernsituationen, sondern allgemein auf berufliche Kontexte bezieht. Den Kern seiner Überlegungen bildet die Aussage: „Der Leser liest, um zu X-en." Der Rezipient eines Textes soll also nicht nur eine mentale Repräsentation erstellen, sondern im Anschluss daran in der Lage sein, bestimmte Handlungen zu vollziehen. Als Beispiele nennt Sauer Gebrauchsanweisungen und Arbeitsanleitungen, aber auch Pressemitteilungen und schriftliche Vorlagen für Sitzungen, auf deren Grundlage ein Beschluss gefällt werden soll. In allen diesen Fällen verfolgt der Rezipient bestimmte Ziele, zu deren Erreichen ihn die Lektüre in die Lage versetzen soll und an denen somit auch die Textoptimierung auszurichten ist.

Sauer entwickelt nun eine ‚Minimalkonstellation der Textverständlichkeit', die sowohl die Handlungsorientierung als auch Aspekte der kognitiven Sprachverarbeitung berücksichtigt. Dabei unterscheidet er die vier Faktoren Lesbarkeit (Übersichtlichkeit, wesentlich durch das Layout bestimmt), Verstehbarkeit (Anpassung an das Vorwissen des Lesers), Brauchbarkeit (eine deutliche innere Struktur des Textes mit Zusammenfassungen etc.) und Anwendbarkeit (Ausrichtung am Handlungsziel).

Damit ergibt sich eine Konzeption der Textverständlichkeit, die zumindest teilweise auf einem funktionalen Textbegriff beruht und so eine zentrale Forderung von Rickheit und Strohner (1999) partiell erfüllt. Dass die Funktionalität noch nicht vollständig erfasst wird, ist jedoch ein wesentlicher Mangel auch der situierten Ansätze der Textverständlichkeitsforschung. Wie zu zeigen sein wird, besteht ein grundsätzliches Problem in der völligen Vernachlässigung des Textproduzenten.

3 Von der Textverständlichkeit zur Intentionsadäquatheit

Wie oben bereits erwähnt, unterscheidet Sauer zwischen dem Aufbau einer mentalen Repräsentation als primärem Leseergebnis und der Anschlusshandlung, die zudem in einen übergeordneten Handlungsablauf des Lesers integrierbar sein sollte (vgl. Sauer, 1995: 156). Als relevante Einflussfaktoren sind dabei nach dem gegenwärtigen Stand der Textverständlichkeitsforschung im ersten Schritt Text- und Rezipientenmerkmale anzusehen. Mit Blick auf die Anschlusshandlung müssen im zweiten Schritt zudem die spezifischen mit der Lektüre verbundenen (Handlungs-)Ziele des Rezipienten berücksicht werden. Dass tatsächlich aber bei beiden Stufen auch der Autor eine wesentliche Rolle spielt, sollen die folgenden Überlegungen zeigen. Um einen logischen Argumentationsaufbau zu erreichen, wird dabei zunächst der zweite Schritt, also die Anschlusshandlung, in den Blick genommen. Aus den hier vorgeschlagenen Modifikationen folgt dann eine veränderte Sichtweise der Faktoren, die für den Aufbau einer mentalen Repräsentation von Bedeutung sind.

3.1 Orientierung an den Handlungszielen – von wem?

Dass der Textproduzent im Rahmen der Textverständlichkeitsforschung bislang kaum berücksichtigt wurde, hängt eng mit der expliziten Beschränkung des Untersuchungsgegenstands auf informierende Texte zusammen (vgl. Langer, Schulz von Thun & Tausch, 1993; Christmann & Groeben, 1996). In der Tradition des Hamburger Verständlichkeitskonzepts standen dabei zunächst *Unterrichtstexte* im Mittelpunkt des Interesses, die offenbar als weitgehend autorenunabhängig angesehen wurden. Tatsächlich scheint die Frage nach den Absichten des Autors eines Schulbuchtextes auf den ersten Blick überflüssig zu sein, wenn man davon ausgeht, dass ein solcher Text lediglich bestimmtes, bereits vorher (etwa in Curricula) festgelegtes Wissen vermitteln soll. Bei genauerem Hinsehen stellt sich eine solche Annahme jedoch als unzulässige Idealisierung heraus: Wie bereits im Zusammenhang mit den situierten Modellen der Textverständlichkeit erwähnt, hat schon die Frage, ob ein Text das Behalten erleichtern oder Transferleistungen fördern soll, Einfluss auf die zu wählende Optimierungsstrategie. Hinzu kommt, dass auch mit Unterrichtstexten weitere Zielsetzungen verfolgt werden können – vielleicht möchte der Autor neben der reinen Wissensvermittlung auch Interesse am Fach wecken, die Relevanz der Inhalte für den Alltag des Rezipienten aufzeigen etc.

Noch deutlicher wird der Einfluss des Produzenten, wenn man wie Sauer (1995) nicht nur Lehrmaterial betrachtet. Sauer macht deutlich, dass bei den verschiedensten informierenden Texten Intentionen eine wesentliche Rolle spielen, doch bezieht er dies mit der Feststellung „Der Leser liest, um zu X-en" in erster Linie auf den Rezipienten. Schon eine kurze Betrachtung verschiedener Textarten zeigt jedoch, dass auch der Autor bestimmte Ziele verfolgt, die nicht immer mit denen des Lesers übereinstimmen müssen. So dienen beispielsweise *Gebrauchsanweisungen* durchaus nicht, wie Orna (1985) nahe legt, nur dem Wissenstransfer, sondern auch der Werbung für das Produkt und den Hersteller. Ein typisches Beispiel ist der folgende Auszug aus der Gebrauchsanweisung eines Mikrowellengeschirrs:

> „Optitherm: Das zukunftsweisende, moderne und fortschrittliche Mikrowellengeschirr von Vitri. Die neue Materialzusammensetzung bei Optitherm zeigt Ihnen mit einem Farbwechsel von blau zu milchig-transparent an, wann die Speisen oder Getränke heiß und servierfertig sind. (...) Wenn die Deckelfarbe vollständig umgeschlagen hat, sind die Speisen / Getränke heiß. Dieser einzigartige Effekt bleibt Optitherm immer erhalten. Fantastisch!“

Legt man die bisherigen Modelle der Textverständlichkeit und – darauf basierend – der Textoptimierung zu Grunde, dann müsste diese Passage deutlich gekürzt werden: Unmittelbar relevant für den Nutzer ist nur die Aussage: Wenn das Geschirr durchsichtig geworden ist, sind die Speisen heiß. Dass eine derartige Revision dem Text nicht gerecht würde, liegt daran, dass die Handlungsabsichten des Autors unbeachtet blieben. Eine wirkliche Textoptimierung muss aber beide Seiten berücksichtigen: den Textproduzenten mit seinen Zielen, die ihn zum Schreiben überhaupt erst veranlassen, und den Rezipienten mit seinen Bedürfnissen. Im genannten Beispiel hieße das etwa:

Der Autor möchte (vor dem Hintergrund der Regeln, die mit seinem Beruf als technischer Redakteur verbunden sind) erstens eine verständliche Gebrauchsanweisung liefern, die den Kunden in die Lage versetzt, das Gerät problemlos zu bedienen, zweitens möglichen Regressforderungen im Rahmen der Produkthaftung aus dem Weg gehen, und drittens den Kunden dazu veranlassen, weitere Produkte des Herstellers zu kaufen. Der (typische) Rezipient möchte erstens mit Hilfe der Gebrauchsanweisung das Gerät problemlos bedienen können, zweitens eine nachträgliche Bestätigung seiner Kaufentscheidung erfahren und drittens nicht mit zuviel Werbung konfrontiert werden. Die in Abschnitt 2 vorgestellten Theorien der Textverständlichkeit betreffen nur das erste Ziel des Rezipienten: Ob die Gebrauchsanweisung die problemlose Bedienung des Gerätes ermöglicht, hängt von Textmerkmalen sowie von den kognitiven Voraussetzungen des Nutzers ab. Für die Textoptimierung sind hingegen alle Ziele der Beteiligten von Bedeutung. Sofern sich diese widersprechen – beispielsweise im Hinblick auf den Umfang der Werbung –, ist ein Aushandlungsprozess erforderlich, wie er für die mündliche Kommunikation längst angenommen wird (vgl. z.B. Clark, 1996). Der optimierte Text wird dann einen Kompromiss darstellen, der in größtmöglicher Weise den Erwartungen beider Seiten gerecht wird.

Ein solcher Aushandlungsprozess läuft auch ab, wenn es um *Pressemitteilungen* geht. Ähnlich wie bei Gebrauchsanweisungen will auch hier der Autor Information und Werbung verbinden, muss sich dabei aber noch stärker an den Erwartungen des Rezipienten – in diesem Fall: des Redakteurs – orientieren. Wer ein technisches Gerät gekauft hat, ist zunächst auf die Gebrauchsanweisung angewiesen. Der Redakteur bei einer Zeitung oder beim Rundfunk erhält dagegen täglich eine Flut von Pressemitteilungen, von denen ein großer Teil umgehend im Papierkorb landet. Insofern tut der Autor einer solchen Mitteilung gut daran, sich eng an der Frage zu orientieren, welche Informationen journalistisch relevant sind. Als Faustregel sind hier immer noch die klassischen W-Fragen (Wer, Was, Wann, Wo, Wie, Warum) hilfreich, die an prominenter Stelle deutlich beantwortet sein sollten. Mit einem entsprechenden Textaufbau erleichtert der Autor die „Leseaufgabe" (Sauer, 1995) des Redakteurs, die durch dessen Arbeitssituation bestimmt wird.

Allerdings merkt auch Sauer zumindest am Rande an, eine Presseerklärung müsse „so bearbeitet werden, dass sie den erstadressierten Journalisten eine Interpretation ermöglicht, bei der die Firma ‚gut abschneidet'" (Sauer, 1995: 155f.). Damit ist nun, ohne dass Sauer dies weiter ausführt, eindeutig die Intention des Produzenten angesprochen. Fasst man die verschiedenen Ziele wiederum kurz zusammen, dann ergibt sich etwa folgendes Bild: Der Autor einer Pressemitteilung möchte, dass sein Text (möglichst ganz) gelesen wird, dass der Redakteur als erster Adressat bei der Lektüre ein positives Bild von der Organisation erhält, die die Mitteilung herausgibt, und dass dieses positive Bild letztlich in eine Berichterstattung des Redakteurs einfließt. Der Redakteur hingegen möchte den Text schnell verstehen und nutzen können (hier kommen also wieder die sprachwissenschaftlichen Erkenntnisse zur Textverständlichkeit ins Spiel), und er möchte nicht manipuliert werden, sondern möglichst objektiv berichten. Auch hier muss ein optimaler Text also einen Kompromiss darstellen, der den Erwartungen beider Seiten soweit wie möglich gerecht wird.

Als letztes Beispiel seien *nachrichtliche Texte* (also Meldungen oder Nachrichten und Berichte) in den Medien genannt, die ebenfalls den informierenden Texten zugeordnet werden. Die Anforderung der Objektivität (vgl. Lüger, 1995) scheint hier auf den ersten Blick nahe zu legen, dass mögliche Absichten des Autors bei der Textoptimierung keine Rolle spielen. Die Aufgabe des Journalisten scheint es lediglich zu sein, Sachverhalte zu recherchieren und nach allgemeinen beruflichen Regeln so aufzubereiten, dass sie – prinzipiell vergleichbar mit Unterrichtstexten – für den Leser verständlich und interessant sind. Auch diese Annahme trifft jedoch nicht in allen Fällen zu, wie eine detaillierte Betrachtung der Printmedien, ihrer Funktionen und verschiedenen Einflussgrößen zeigt (Prestin, 2000).

So kann bei Fachpublikationen die Nichtverständlichkeit für einen kleinen Teil von Lesern gerade intendiert sein, wenn es darum geht, die Bedürfnisse der eigentlichen Zielgruppe zu erfüllen und dieser ein Gefühl der Exklusivität zu geben. Diese Konzentration nur auf ein bestimmtes Publikum betrifft übrigens nicht nur die vorausgesetzten Vorkenntnisse, sondern wird oft schon in der Anrede im Editorial deutlich: Sportzeitschriften, obwohl auch von Frauen gelesen, verwenden in der Regel die Anrede „lieber Leser", während der neueste Klatsch aus der Gesellschaft, obwohl auch für manche Männer interessant, in entsprechenden Publikationen nur an die „liebe Leserin" adressiert ist. Eine Textoptimierung auf der Grundlage von Verständlichkeitskriterien müsste also im Medienbereich sehr genau die jeweilige Zielgruppe in Betracht ziehen.

Völlig unzureichend wird die reine Bezugnahme auf Text- und Lesermerkmale schließlich dann, wenn auch nachrichtliche Texte Wertungen transportieren sollen. Im Hinblick auf Ironie in Printmedien (vgl. Prestin, 2000) wurde gezeigt, dass entgegen den strengen handwerklichen Regeln für diese Textart in der Praxis Nachricht und Kommentierung immer wieder vermischt werden. In diesem Fall sind bei der Optimierung sogar drei Interessen zu berücksichtigen: das Ziel des Autors, mit der Information auch seine Meinung zu vermitteln und den Leser möglichst davon zu überzeugen, das Ziel des Lesers, sachlich informiert zu werden (sofern er überhaupt sachlich informiert und nicht in erster Linie unterhalten werden möchte), und schließlich das prinzipielle gesellschaftliche Interesse an einem seriösen Journalismus, der durch die objektive Darstellung von Sachverhalten seiner in der Verfassung festgeschriebenen Aufgabe gerecht wird. Wie sich dieses Dilemma lösen lässt, hängt natürlich auch von der Gewichtung der einzelnen Interessen ab. Ein Kompromiss könnte etwa darin bestehen, die Nachricht selbst neutral zu formulieren und daneben einen – als solchen gekennzeichneten – Kommentar zu stellen, der durchaus auch mit Elementen der Ironie unterhaltsam gestaltet sein kann.

Als ein erstes Fazit lässt sich somit festhalten, dass die Grenze zwischen informierenden und fiktionalen Texten nicht (wie offenbar gelegentlich angenommen) diskret, sondern graduell ist, da auch bei informierenden Texten der Autor eigene Ziele verfolgt. Auch wenn der Einfluss des Textproduzenten je nach Textart und Einzelfall sicherlich variiert, gibt es generell in der Realität keine reine, vom Autor unabhängige Sach- beziehungsweise Inhaltsebene, die allein auf ihre Verständlichkeit zu untersuchen wäre. Diese Feststellung erinnert an die Psycholinguistik, in der heute weitestgehend Konsens darüber besteht, dass Sätze (und damit auch Texte) keine isolierte Bedeutung haben, sondern nur mit Rücksicht auf den jeweiligen Kontext interpretierbar sind. Der Produzent und seine mit der Textproduktion verbundenen Absichten aber sind notwendigerweise Bestandteile dieses Kontexts.

3.2 Aufbau einer mentalen Repräsentation – wovon?

Mit dem Hinweis auf die Psycholinguistik rückt nunmehr die Sprachverarbeitung selbst in den Blickpunkt. Wenn es keine kontextunabhängige Bedeutung gibt, dann muss auch die vom Rezipienten aufzubauende mentale Repräsentation der Textinhalte Kontextfaktoren beinhalten. Verortet werden diese Faktoren in der Literatur meist im Situationsmodell, das der Leser ausgehend von der Lektüre mit Hilfe seines Vorwissens bildet (van Dijk & Kintsch, 1983; Rickheit, Sichelschmidt & Strohner, 1995). Dass das Bild, welches der Leser vom Autor und seinen Intentionen hat, auch bei informierenden Texten zu den relevanten Kontextfaktoren zählt und den Prozess des Textverstehens beeinflusst, lässt sich wiederum anhand der drei oben genannten Textarten zeigen.

Der Autor einer *Gebrauchsanweisung* ist dem Hersteller des Gerätes (vertraglich) verpflichtet; zu seinen Aufgaben gehört es, das Produkt in ein gutes Licht zu rücken. Dieser Sachverhalt ist allgemein bekannt und bestimmt somit auch die Erwartungen des Kunden an den Text. Die bereits zitierte Passage aus einer Gebrauchsanweisung entspricht diesen Erwartungen:

> „Optitherm: Das zukunftsweisende, moderne und fortschrittliche Mikrowellengeschirr von Vitri. Die neue Materialzusammensetzung bei Optitherm zeigt Ihnen mit einem Farbwechsel von blau zu milchig-transparent an, wann die Speisen oder Getränke heiß und servierfertig sind. (...) Wenn die Deckelfarbe vollständig umgeschlagen hat, sind die Speisen / Getränke heiß. Dieser einzigartige Effekt bleibt Optitherm immer erhalten. Fantastisch!“

Nun stelle man sich aber eine modifizierte Version vor, die etwa wie folgt lauten könnte:

„Optitherm: Das klassische, altmodische und überkommene Mikrowellengeschirr von Vitri. Die altbekannte Materialzusammensetzung bei Optitherm zeigt Ihnen mit einem Farbwechsel von blau zu milchig-transparent an, wann die Speisen oder Getränke heiß und servierfertig sind. (...) Wenn die Deckelfarbe vollständig umgeschlagen hat, sind die Speisen / Getränke heiß. Dieser für Mikrowellengeschirr übliche Effekt bleibt Optitherm immer erhalten."

Ohne Zweifel ist zu erwarten, dass die zweite Version beim Leser erhebliche Irritationen auslöst und das Verstehen deutlich verlangsamt. Da sich weder die Textstruktur noch die kognitiven Voraussetzungen des Lesers geändert haben, ist dies auf den Konflikt von Inhalt und Erwartung zurückzuführen. Ein Bild vom Autor und seinen Intentionen ist also offenbar Bestandteil des rezipientenseitigen Situationsmodells.

Analog zu Gebrauchsanweisungen werden auch in *Pressemitteilungen* keine negativen Aussagen über den Auftraggeber erwartet. Hinzu kommt hier aber, dass der Redakteur oft eine bestimmte Vorstellung davon hat, was für ein Bild die betreffende Organisation vermutlich von sich vermitteln will – bei der Deutschen Bank beispielsweise das Bild von Erfolg, Seriösität und Verlässlichkeit, bei Greenpeace das Bild von Engagement und moralischer Legitimität. Auch hier wird das Verstehen zunächst behindert, wenn die tatsächliche Selbstdarstellung den Erwartungen nicht entspricht. Im Einzelfall kann dies aber wiederum vom Autor der Pressemitteilung durchaus intendiert sein, wenn er Aufmerksamkeit wecken will.

In Bezug auf *nachrichtliche Texte* in den Medien gilt, dass der Rezipient in der Regel von seiner Zeitung bzw. seinem Sender eine bestimmte Ausrichtung und Schwerpunktsetzung erwartet. Diese Annahmen bestimmen unter anderem, ob und wie wertende Textbestandteile verstanden werden. Dabei ist zu vermuten, dass beispielsweise ein positiv gefärbter Bericht über die Politik von Bündnis 90 / Die Grünen in der ‚taz' problemlos rezipiert würde, in der ‚FAZ' dagegen den Leser irritieren und dessen Verstehensprozess behindern würde. Wenn der Leser davon ausgeht, dass seine Erwartung einer konservativen Grundhaltung auch den Redakteuren der ‚FAZ' bekannt ist, dann kann dies zum Versuch einer Neuinterpretation führen, die das Gelesene als ironisch gemeint bewertet. Die wechselseitigen Vorannahmen von Produzent und Rezipient würden ausreichen, um einen Kontext zu bilden, der ein wörtliches Verstehen des Textes verhindert und die korrekte Interpretation von Ironie ermöglicht (vgl. Prestin, 2000).

Bei den hier genannten Überlegungen handelt es sich natürlich zunächst lediglich um Hypothesen, deren empirische Bestätigung noch aussteht. Dass der Rezipient bei der Sprachverarbeitung in vielen Fällen ein Situationsmodell aufbaut, welches auch Annahmen über den Textproduzenten beinhaltet, ist jedoch prinzipiell unstrittig – anders wäre das Verstehen nicht-wörtlichen Sprachgebrauchs gar nicht zu erklären. Die obigen Ausführungen lassen es plausibel erscheinen, dass ein solches komplexes Situationsmodell auch bei der Verarbeitung von Informationstexten gebildet wird.

3.3 Eine erweiterte Konzeption: Intentionsadäquatheit von Texten

Als Fazit der vorangegangenen beiden Abschnitte lässt sich festhalten, dass der Autor keineswegs, wie von Orna (1985) nahe gelegt, in erster Linie als mögliches Hindernis bei der Verbesserung der Textverständlichkeit anzusehen ist, sondern vielmehr eine eigenständige Einflussgröße darstellt. Wie in Abschnitt 3.2 gezeigt, sind der Textproduzent und seine Intentionen insofern für die kognitiven Prozesse des Textverstehens von Bedeutung, als sie Bestandteil des rezipientenseitigen Situationsmodells sind. Auch wenn man Textverständlichkeit als Ergebnis der Interaktion von Text- und Lesermerkmalen – im Sinne von Sauer (1995) und Rickheit und Strohner (1999) ergänzt durch situative Faktoren – auffasst, kommt also der Autor doch zumindest mittelbar über die Kognition des Rezipienten mit ins Spiel. Daher muss auch eine Textverständlichkeitsforschung, die als Grundlagenforschung aufgefasst wird, den Textproduzenten als weitere relevante Größe systematisch in Betracht ziehen.

Soll die Textverständlichkeitsforschung nun aber für die Optimierung von Informationstexten genutzt werden, dann fällt die bisherige weitgehende Nichtberücksichtigung des Autors noch viel stärker ins Gewicht. In Abschnitt 3.1 wurde anhand verschiedener Textarten erläutert, dass auch bei Informationstexten durchaus nicht nur der Leser, sondern ebenso der Autor mit der (in diesem Fall indirekten, weil medial vermittelten) Kommunikation bestimmte Ziele verfolgt. Vor diesem Hintergrund kann sich Textoptimierung nicht auf das Erreichen einer möglichst hohen Verständlichkeit und, im Sinne von Sauer (1995), Umsetzbarkeit der Inhalte beschränken. Vielmehr ist nach der *Intentionsadäquatheit* eines Textes zu fragen.

Je nachdem, ob man die Perspektive des Autors oder die des Lesers einnimmt, werden an einen Text natürlich zunächst verschiedene Anforderungen gestellt, so dass die Kriterien für die Intentionsadäquatheit divergieren – dies wurde in Abschnitt 3.1 exemplarisch gezeigt. In der Praxis können die Erwartungen der Kommunikationspartner aber nicht isoliert voneinander betrachtet werden: Wenn der Leser nicht wenigstens einen Teil seiner Interessen berücksichtigt sieht, wird er die Lektüre verweigern (z.B. bei nachrichtlichen Texten), den Inhalt ignorieren (z.B. bei Pressemitteilungen) oder gar Regressforderungen stellen (bei Gebrauchsanweisungen). In allen diesen Fällen kann auch der Autor seine Ziele nicht erreichen. Wenn andererseits der Autor keine Möglichkeit sieht, zumindest partiell seine Ziele umzusetzen, hat er keinen Grund, überhaupt den zeitlichen und finanziellen Aufwand auf sich zu nehmen, der mit der Textproduktion verbunden ist.

Ein optimaler Text muss somit einen Kompromiss darstellen, der beide Seiten zufrieden stellt. Textoptimierung heißt dann, eine hinreichende Intentionsadäquatheit für Produzent und Rezipient zu erreichen. Verständlichkeit ist dabei ein zentraler, aber eben nicht der einzige zu berücksichtigende Teilbereich.

4 Ausblick

Wenn die Sprachwissenschaft praxistaugliche Hilfen zur Textoptimierung geben will, dann ist die systematische Erfassung aller Parameter erforderlich, die für medial vermittelte Kommunikation von Bedeutung sind. Wie in diesem Beitrag gezeigt wurde, sind dabei auf jeden Fall der Text selbst und die Kommunikationspartner mit ihren jeweiligen Zielen zu berücksichtigen. Angesichts der zunehmenden Bedeutung neuer Medien in allen Lebensbereichen wird zudem aber auch nach den Rahmenbedingungen zu fragen sein, die der jeweils gewählte Kommunikationskanal vorgibt: Das Internet beispielsweise bietet hier ganz andere Möglichkeiten, aber auch Beschränkungen, als die Printmedien. Damit sind letztlich alle fünf Einflussgrößen aus der klassischen ‚Lasswell-Formel' (Lasswell, 1948) relevant: die Mitteilung, also der Text, und die Wirkung ebenso wie Produzent, Rezipient und Medium. Deren Wechselwirkungen im Einzelnen zu erforschen, wird künftig eine wichtige gemeinsame Aufgabe von Sprach- und Kommunikationswissenschaft sein.

Literatur

Ausubel, D.P. (1968). *Educational psychology. A cognitive view.* New York: Holt, Rinehart & Winston.

Ballstaedt, S.P., Mandl, H., Schnotz, W. & Tergan, S.O. (1981). *Texte verstehen – Texte gestalten.* München: Urban & Schwarzenberg.

Berlyne, D.E. (1960). *Conflict, arousal and curiosity.* New York: McGraw-Hill.

Chomsky, N. (1969). *Syntactic structures.* The Hague: Mouton.

Christmann, U. & Groeben, N. (1996). Textverstehen – Textverständlichkeit. Ein Forschungsüberblick unter Verständlichkeitsperspektive. In: H.P. Krings (Ed.), *Wissenschaftliche Grundlagen der technischen Kommunikation* (pp. 129-189). Tübingen: Narr.

Clark, H.H. (1996). *Using language.* Cambridge: Cambridge University Press.

Dickes, P. & Steiwer, L. (1977). Ausarbeitung von Lesbarkeitsformeln für die deutsche Sprache. *Zeitschrift für Entwicklungspsychologie und Angewandte Psychologie, 9,* 20-26.

Duffy, T.M. (1985). Readability formulas: What's the use? In: T.M. Duffy & R. Waller (Eds.), *Designing usable texts* (pp. 113-143). Orlando: Academic Press.

Fey, W.E.H. (1990). Verständlichkeitsformeln im Vergleich. In: G. Kegel, T. Arnhold, K. Dahlmeyer, G. Schmidt & B. Tischer (Eds.), *Sprechwissenschaft und Psycholinguistik. Band 4* (pp. 151-160). Opladen: Westdeutscher Verlag.

Groeben, N. (1982). *Leserpsychologie: Textverständnis – Textverständlichkeit.* Münster: Aschendorff.

Kintsch, W. (1986). Psychologische Studien zum Verstehen von Texten. In: H.G. Bosshardt (Ed.), *Perspektiven auf Sprache. Interdisziplinäre Beiträge zum Gedenken an Hans Hörmann* (pp. 149-165). Berlin: de Gruyter.

Kintsch, W. (1994). Text comprehension, memory and learning. *American Psychologist, 49,* 294-303.

Kintsch, W. (1998). *Comprehension: A paradigm for cognition.* New York: Cambridge University Press.

Kintsch, W. & van Dijk, T.A. (1978). Toward a model of text comprehension and production. *Psychological Review, 85,* 363-394.

Kintsch, W. & Vipond, D. (1979). Reading comprehension and readability in educational practice and psychological theory. In: L.G. Nilsson (Ed.), *Perspectives on memory research* (pp. 329-365). Hillsdale: Erlbaum.

Klare, G.R. (1971). Some empirical predictors of readability. In: E.Z. Rothkopf & P.E. Johnson (Eds.), *Verbal learning research and the technology of written instruction* (pp. 241-254). New York: Teacher's College Press.

Langer, I., Schulz von Thun, F. & Tausch, R. (1974). *Verständlichkeit in Schule, Verwaltung, Politik und Wissenschaft.* München: Reinhardt.

Langer, I., Schulz von Thun, F. & Tausch, R. (1993). *Sich verständlich ausdrücken.* München: Reinhardt.

Lasswell, H.D. (1948). The structure and function of communication in society. In: L. Bryson (Ed.), *The communication of ideas* (pp. 37-51). New York: Columbia University Press.

Lüger, H.H. (1995). *Pressesprache.* Tübingen: Niemeyer.

Mannes, S.M. & Kintsch, W. (1987). Knowledge organization and text organisation. *Cognition and Instruction, 4,* 91-115.

Miller, J.R. & Kintsch, W. (1981). Knowledge-based aspects of prose comprehension and readability. *Text, 1,* 279-313.

Orna, E. (1985). The author: Help or stumbling block on the road to designing usable texts? In: T.M. Duffy & R. Waller (Eds.), *Designing usable texts* (pp. 19-41). Orlando: Academic Press.

Prestin, E. (2000): *Ironie in Printmedien.* Wiesbaden: Deutscher Universitäts-Verlag.

Rickheit, G. (1995). Verstehen und Verständlichkeit von Sprache. In: B. Spillner (Ed.), *Sprache: Verstehen und Verständlichkeit* (pp. 15-30). Frankfurt: Lang.

Rickheit, G., Sichelschmidt, L. & Strohner, H. (1995). Economical principles in coherence management: A cognitive systems approach. In: G. Rickheit & C. Habel (Eds.), *Focus and coherence in discourse processing* (pp. 170-189). Berlin: de Gruyter.

Rickheit, G. & Strohner, H. (1999). Textverarbeitung: Von der Proposition zur Situation. In: A. Friederici (Ed.), *Sprachrezeption* (pp. 271-306). Göttingen: Hogrefe.

Sauer, Ch. (1995). Ein Minimalmodell zur Verständlichkeitsanalyse und -optimierung. In: B. Spillner (Ed.), *Sprache: Verstehen und Verständlichkeit* (pp. 149-171). Frankfurt: Lang.

Shannon, C.E. (1951). Prediction and entropy of printed english. *Bell Systems Technical Journal, 30,* 50-64.

Songer, N.B., Kintsch, E., McNamara, D.S. & Kintsch, W. (1996). Are good texts always better? Interactions of text coherence, background knowledge, and levels of understanding in learning from text. *Cognition and Instruction, 14,* 1-15.

Sumfleth, E. (1996). Chemie verstehbar und verständlich – Anspruch und Wirklichkeit. *CHEMKON, 3,* 167-171.

Sumfleth, E. & Schüttler, S. (1995). Linguistische Textverständlichkeitskriterien – helfen sie bei der Darstellung chemischer Inhalte? *Zeitschrift für Didaktik der Naturwissenschaften, 1,* 55-72.

van Dijk, T.A. & Kintsch, W. (1983). *Strategies of discourse comprehension.* London: Academic Press.

Wagenaar, W.A., Schreuder, R. & Wijlhuizen, G.J. (1987). Readability of instructional text, written for the general public. *Applied Cognitive Psychology, 1,* 155-167.

Erinnert oder vergessen? Sprachliche Gedächtnisprozesse und neuronale Synchronisation

Horst M. Müller und *Sabine Weiss*

Sprachliche Gedächtnisprozesse lassen sich im elektrophysiologischen Experiment auch mit nicht-invasiven Verfahren untersuchen. Besonders geeignet ist die spektralanalytische Technik der EEG-Kohärenzanalyse, bei der neuronale Synchronisationsprozesse in bestimmten Frequenzbändern erfasst werden. Anhand der Untersuchung der EEG-Kohärenz während der Verarbeitung natürlichsprachlicher Stimuli werden Unterschiede beschrieben, die die kognitive Realität der Unterscheidung von konkreten und abstrakten Nomina unterstützen. Es wird gezeigt, dass die bessere Behaltensleistung für konkrete Nomina wahrscheinlich auf der effizienten Nutzung von unabhängig agierenden Netzwerken der linken und der rechten Hemisphäre beruht.

1 Sprache und Gedächtnis

Gedächtnisprozesse spielen bei allen kognitiven Leistungen eine wichtige Rolle, da stets Informationen nicht nur verarbeitet, sondern während ihrer Verarbeitung auch kurzfristig zwischengespeichert und mit bereits im Gedächtnis gespeicherten früheren Informationen verrechnet werden müssen (z.B. Rickheit & Strohner, 1993; Engelkamp & Zimmer, 1994). Die unterschiedliche Robustheit und zeitliche Verfügbarkeit von Gedächtnisinhalten deuten auf unterschiedliche Teilprozesse, funktional unterschiedliche Systeme und auch auf unterschiedliche physiologische Realisierungen hin (Baddeley, 2000). Während kurzfristig existierende Gedächtnis lediglich für die Zeitdauer eines einzigen, aktuell ablaufenden Vorgangs vorhanden sein können, kann es sich bei anderen Gedächtnisinhalten durchaus um längerfristig oder gar lebenslang präsente Einträge handeln. Weiterhin muss auch die den Gedächtnisprozessen zugrunde liegende funktionelle Anatomie und Physiologie als neuronal manifestierte Information verstanden werden. Teile der anatomisch-physiologischen Ausprägung des Gedächtnisses sind nämlich nichts anderes als Struktur gewordene stammesgeschichtliche Erfahrung des Menschen (z.B. Müller, 2002). Mit ihren Eigenschaften haben diese stammesgeschichtlich weit zurückreichenden Informationen auch das Gedächtnis während der evolutionären Entwicklung gewissermaßen mitgeformt. Sollen nun Gedächtnisprozesse anhand der neuronalen Aktivität analysiert werden, so können sowohl die neuronalen Prozesse selbst als auch die anatomisch-physiologischen Rahmenbedingungen als Informationsträger ausgewertet werden: Für ein umfassendes Verständnis der Gedächtnisprozesse ist es nicht nur wichtig zu erfassen; *wann* und *welche* physiologischen Vorgänge im Gehirn stattfinden, sondern auch; *wie* und *wo* diese Vorgänge ablaufen.

Da es sich bei der menschlichen Sprache nicht um eine gänzlich neuartige Entwicklung, sondern um eine auf bereits zuvor erlangten kognitiven Fähigkeiten aufbauende Verhaltensleistung handelt (z.B. Müller, 1990), nehmen Gedächtnisprozesse bei der Sprachverarbeitung und Sprachproduktion eine wichtige Rolle ein (vgl. Engelkamp, 1991; Rickheit & Strohner, 1993; 1999). Mit elektrophysiologischen Techniken wie der Analyse so genannter ‚event related potentials' (ERP), also ereigniskorrelierter Potentiale im Elektroenzephalogramm (EEG), lassen sich solche Gedächtnisprozesse während der Verarbeitung natürlichsprachlicher Äußerungen gut erfassen und mit einer zeitlichen Auflösung im Millisekundenbereich in ihrem Ablauf darstellen (z.B. Müller, King & Kutas, 1997; Müller, 1998). Auf diese Weise können unterschiedliche Gedächtnisprozesse während der Sprachverarbeitung – quasi ‚on line' – in ihrem überlagerten Verlauf hinsichtlich ihrer Intensität und ihres Zeitverhaltens beurteilt werden, nicht jedoch hinsichtlich ihrer Eigenständigkeit, da anatomische Strukturdaten nur unwesentlich zum EEG-Befund beitragen. Zudem fehlen völlig Informationen darüber, welche Gehirnbereiche miteinander kooperieren und wie jene parallelen Kooperationsprozesse ablaufen können, von deren Existenz in mehreren Disziplinen der Kognitionswissenschaft ausgegangen wird (vgl. Rickheit & Strohner, 1993). Um diese Erkenntnislücke zu schließen, können weitere Techniken zur Untersuchung des sprachlichen Gedächtnisses eingesetzt werden. Neben der funktionellen Kernspinresonanztomographie (z.B. Carpenter, Just & Reichle, 2000) ist in diesem Zusammenhang vor allem die spektralanalytische Auswertung elektrophysiologischer Daten mittels EEG-Kohärenzanalyse zu nennen (z.B. Petsche & Etlinger, 1998). Auf das Verfahren der Kohärenzanalyse, bei der in verschiedenen Frequenzbereichen parallel ablaufende neuronale Aktivitätskooperationen ermittelt werden, soll im vorliegenden Beitrag weiter eingegangen werden.

2 Neuronale Synchronisation während kognitiver Aufgaben

Neurophysiologische Befunde zeigen, dass kurzzeitige funktionelle Kopplungen von unterschiedlichen Hirnregionen für viele kognitive Aufgaben von besonderer Bedeutung sind (Singer, 1994). Vor allem für so komplexe Aufgaben wie etwa die Sprachverarbeitung müssen Hirnregionen, die normalerweise nicht unmittelbar miteinander in direkter Verbindung stehen, kurzfristig zusammenarbeiten. Die etwa beim Vorlesen eines Textes stattfindenden Synchronisationsprozesse zwischen neuronalen ‚cell assemblies' (z.B. zur visuellen Mustererkennung, zur phonologischen Analyse usw.) können anhand spektralanalytischer Verfahren der EEG-Analyse dargestellt werden (Petsche & Etlinger, 1998). Bislang wurden zur Untersuchung der Sprachverarbeitungsprozesse überwiegend ereigniskorrelierte Potentiale im EEG analysiert (ERP). Dabei betrachtet man diejenige Aktivität im EEG, die in einem festen zeitlichen Abstand auf einen Stimulus folgt. Mit der ERP-Methode erhält man Informationen über den genauen zeitlichen Ablauf und zum Teil auch über die räumliche Verteilung von kognitiven Prozessen. Jedoch bekommt man keine Informationen über nicht exakt phasengekoppelte Ereignisse oder, in anderen Worten, über Potentialmuster, die nicht in festem zeitlichen Abstand zum Stimulus auftreten. Darüber hinaus fehlen auch Informationen über Frequenzanteile im EEG, die oberhalb von etwa 10 Hz zu finden sind. Da aber mehrfach gezeigt wurde, dass auch höhere Frequenzen entscheidende Komponenten der menschlichen Informationsverarbeitung darstellen (z.B. Petsche, Lacroix, Lindner, Rappelsberger & Schmidt-Henrich, 1992; Başar, Schürmann, Başar-Eroğlu & Demiralp, 1994; Başar-Eroğlu, Strüber, Schürmann, Stadler & Başar, 1996; Pulvermüller, Eulitz, Pantev, Mohr, Feige, Lutzenberger, Elbert & Birbaumer, 1996; Weiss & Rappelsberger, 1996), schließt die spektralanalytische Auswertung von EEG-Signalen eine offensichtliche Lücke in der Analyse von EEG-Daten. Weiterhin wird gegenwärtig für die Realisierung von kognitiven Prozessen eine parallele Verarbeitung von Information angenommen, die durch die Annahme von simultan ablaufenden Vorgängen in den jeweiligen Frequenzbändern erklärt werden könnte. So könnte die beobachtbare enorme Ablaufgeschwindigkeit kognitiver Vorgänge wenigstens teilweise erklärt werden.

Bei der Spektralanalyse wird das EEG-Signal in einzelne Frequenz- oder Schwingungskomponenten aufgespalten, so dass eine Transformation der EEG-Signale vom Zeitbereich in den Frequenzbereich erfolgt. Die Transformation vom Zeit- in den Frequenzbereich hat vor allem zwei Vorteile: Erstens verlieren Signalschwankungen im

Analysezeitraum ihren störenden Einfluss, und zweitens werden auch Frequenzkomponenten mit kleinen Amplituden erfasst, die von Frequenzkomponenten mit hohen Amplituden verdeckt sind. Das Ergebnis dieser Transformation wird zumeist als Leistungs- oder Powerspektrum dargestellt, wobei unter Leistung die quadrierte Amplitude verstanden wird. Hierdurch kann ermittelt werden, wie groß zum Beispiel der Leistungsanteil einer Frequenz oder eines Frequenzbandes (z.B. des Alpha-Bandes) im jeweiligen EEG-Signal ist. Für eine detaillierte Darstellung der Auswertungsmethode siehe Rappelsberger (1998).

Mit den Aktivitäten in den jeweiligen Frequenzbändern gehen vermutlich unterschiedliche kognitive Prozesse einher. Wenn auch bei visueller Analyse des menschlichen Erwachsenen-EEGs Delta- und Theta-Wellen zumeist nur während des Schlafs oder bei pathologischen Prozessen zu sehen sind, so kann durch die Spektralanalyse gezeigt werden, dass diese Frequenzkomponenten auch im Wachzustand beim gesunden Erwachsenen auftreten. Sie lassen sich mit grundlegenden kognitiven Prozessen in Verbindung bringen. Mehrere EEG-Studien am Menschen weisen zum Beispiel darauf hin, dass Theta-Aktivitäten mit Gedächtnisprozessen in Zusammenhang stehen (Sarnthein, Petsche, Rappelsberger, Shaw & Stein, 1998; Klimesch, 1999). Im Alpha-Band, das häufig noch weiter unterteilt wird (Alpha-1, Alpha-2, Alpha-3), scheinen sich allgemeine Aufmerksamkeitsprozesse und darüber hinaus auch sensorische Verarbeitungsprozesse widerzuspiegeln (Başar et al., 1994, Weiss & Rappelsberger, 1996, Klimesch, 1999). Höhere Alpha-Bänder und das Beta-Band sind im engeren Sinne ‚kognitive' Bänder, die mit einer erhöhten Aktivität kortikaler Neuronen einhergehen (Weiss & Rappelsberger, 1996; 1998; 2000). Das Gamma-Band, unter dem alle hochfrequenten Aktivitäten zusammengefasst werden, reflektiert motorische Prozesse, aber auch Prozesse erhöhter Aufmerksamkeit. Vor allem die 40-Hz Komponente wird seit einiger Zeit mit kognitiven Prozessen in Verbindung gebracht (z.B. Başar-Eroğlu et al., 1996; Başar & Schürmann, 2001). Während man in der Klinik vergleichsweise grobe Frequenzbandeinteilungen verwendet, zeigt sich in der kognitionswissenschaftlichen Forschung die Tendenz, immer engere Frequenzbereiche zu untersuchen. So zeigen neuere Studien, dass einzelne Frequenzanteile im EEG sehr spezifische Bedeutung für unterschiedliche Informationsverarbeitungsprozesse haben (z.B. Başar, Başar-Eroğlu, Karakaş & Schürmann, 2001; Pulvermüller et al., 1996; Weiss & Rappelsberger, 1996; 1998; Weiss, Müller & Rappelsberger, 2000).

Sollen mögliche Korrelationen im Frequenzbereich zwischen zwei EEG-Signalen ermittelt werden, so wird zunächst das Kreuzleistungsspektrum berechnet und normiert. Diese Berechnung führt zur so genannten Kohärenz, die als statistisches Maß für die Verwandtschaft zweier Signale im Frequenzbereich gilt. Die Kohärenz zweier Signale kann Werte zwischen 0 und 1 annehmen, wobei 0 eine völlige Unabhängigkeit der Signale und 1 eine völlige Identität bedeutet.

Zwar wird die EEG-Kohärenz in vielen Studien mit kognitiven Aufgaben in Zusammenhang gebracht; der prinzipielle Zusammenhang sowohl zwischen EEG-Kohärenz und Kognition als auch zwischen neuronaler Aktivität und EEG-Kohärenz ist jedoch noch unklar. Wenn aber während der Bearbeitung einer bestimmten Aufgabe die EEG-Kohärenz zweier Hirnbereiche beispielsweise auf 0.8 steigt, so kann man unter Berücksichtigung gewisser methodischer Einschränkungen (vgl. Andrew & Pfurtscheller, 1996) annehmen, dass während dieser kognitiven Aufgabe die Zusammenarbeit der untersuchten Hirnregionen stärker ist. Im umgekehrten Fall, nämlich eines Absinkens der Kohärenz während der Durchführung der Aufgabe, werden die dem EEG-Signal zugrunde liegenden Regionen entkoppelt; sie arbeiten dann vermutlich mit anderen Regionen des Kortex oder mit subkortikalen Strukturen zusammen (Weiss, 1997).

3 EEG-Kohärenzanalyse und sprachliche Gedächtnisprozesse

Die Analyse von Aufbau und Funktion der kognitiven Kategorien stellt eine wichtige Aufgabe in der Linguistik und den Kognitionswissenschaften dar. Eine Möglichkeit, kognitive Kategorien anhand ihrer sprachlichen Realisierungen zu untersuchen, ist die Analyse von hirnelektrischen Phänomenen während der Verarbeitung von Nomina. Vor allem über die unterschiedlichen Gedächtnisanforderungen lassen sich frequenzbandspezifische Synchronisationsprozesse während der Verarbeitung natürlichsprachlicher Nomina gut untersuchen. Dazu wurde ein Experiment durchgeführt, bei dem Versuchspersonen Wörter hörten und sich einprägen sollten, wobei während der Rezeption ein Elektroenzephalogramm (EEG) abgeleitet wurde, das später mit einer spektralanalytischen Methode ausgewertet wurde. Die zugrunde liegende Fragestellung lautete: Lassen sich sprachliche Gedächtnisprozesse anhand frequenzspezifischer Aktivität im EEG feststellen und beurteilen? Aufgrund früherer Studien wurde erwartet, dass sich sprachliche Gedächtnisprozesse vorwiegend im Theta-Band (5-7 Hz) widerspiegeln sollten.

3.1 Methode

An dem Experiment nahmen 23 weibliche Versuchspersonen teil. Ihr mittleres Alter lag bei 23.6 Jahren (Minimum 19, Maximum 30). Es handelte sich um rechtshändige, monolinguale deutsche Muttersprachlerinnen ohne neurologische Auffälligkeiten (Fragebogen), die für ihre Teilnahme mit 15 DM pro Stunde bezahlt wurden.

Das Experiment wurde als Einzeluntersuchung in einem schallreduzierten Raum durchgeführt, wo die Versuchsperson in einem Ruhesessel saß. Jeder Versuchsperson wurden mittels Computer über Kopfhörer 50 konkrete und 50 abstrakte deutsche Nomina präsentiert, die zuvor von einer Sprecherin gesprochen und computergestützt aufgezeichnet und editiert worden waren. Die mittlere Artikulationslänge der Stimuli betrug 760 ms. Die 100 Stimuli wurden für jede Versuchsperson randomisiert und mit einem ‚Stimulus Onset Intervall' (SOI) von 2.5 s in vier Blöcken zu je 25 Wörtern dargeboten. Die Versuchsperson hatte die Aufgabe, sich die 25 Wörter zu merken. Am Ende eines jeden Blocks wurde die Versuchsperson befragt; die jeweils erinnerten Wörter wurden notiert.

Das EEG wurde mit 19 Elektroden (Goldbecher, geklebt) nach dem 10/20-System gegen die gemittelten Signale beider Ohrläppchen ((A1+A2)/2) abgeleitet, gefiltert (0.3-35 Hz) und mit einer Abtastrate von 256 Hz digitalisiert. Solche EEG-Abschnitte, die aufgrund von Artefakten durch Lidschlag, Augenbewegungen oder Muskeltätigkeit unbrauchbar waren, wurden manuell von der Analyse ausgeschlossen. Ausgewertet wurden, für Konkreta und Abstrakta getrennt, EEG-Abschnitte von jeweils 1000 ms ab Wortanfang. In einer weiteren Unterteilung der EEG-Abschnitte wurde berücksichtigt, ob das gehörte Wort nach dem Experiment erinnert und wiedergegeben werden konnte oder nicht. Alle EEG-Abschnitte wurden Fourier-transformiert; für jede Versuchsperson wurden die gemittelten Leistungsspektren für die 19 Elektrodenpositionen sowie die Kreuzleistungsspektren für jede mögliche Elektrodenpaarkombination und jedes untersuchte Frequenzband berechnet. Danach wurden die Kreuzleistungsspektren normiert und so für jede Versuchsperson 171 Kohärenzwerte ermittelt. Untersucht wurden Kohärenzen in den folgenden sechs Frequenzbändern: Delta-1-Band (1-2 Hz), Delta-2-Band (3-4 Hz), Theta-Band (5-7 Hz), Alpha-1-Band (8-10 Hz), Alpha-2-Band (11-12 Hz) und das Beta-1-Band (13-18 Hz). Abschließend wurden die Werte über alle 23 Versuchspersonen gemittelt. Für die statistische Auswertung wurden über die Fisher-z-transformierten Kohärenzwerte Varianzanalysen für Messwiederholungen durchgeführt, wobei als Faktoren und Stufen *Behalten* (*erinnert* vs. *nicht-erinnert*), *Wortart* (*konkret* vs. *abstrakt*) und *Entfernung* (*short-range* vs. *long-range*) verwendet wurden. Als ‚short-range' wurden Paare benachbarter Elektroden eingestuft (Entfernung etwa 5 cm); als ‚long-range' galten Paare, bei denen sich mindestens eine weitere Elektrode zwischen den betreffenden Elektroden-Orten befand (Entfernung über 10 cm).

3.2 Ergebnisse und Diskussion

In Bezug auf die Anzahl der von den Versuchspersonen richtig erinnerten Wörter zeigte sich die erwartete Verteilung: Von den jeweils 25 präsentierten Wörtern der vier Wortlisten wurden pro Versuchsperson im Mittel neun Konkreta und sechs Abstrakta korrekt erinnert. Im Vergleich zu den Abstrakta wurden die konkreten Nomina signifikant besser reproduziert ($t_{22} = 8.04$; $p \leq 0.0001$). Aufgrund früherer Verhaltensversuche können diese Werte als typisch für das Erinnern von Wortlisten angesehen werden (z.B. Walker & Hulme, 1999).

In Bezug auf die Ergebnisse der EEG-Kohärenzanalyse soll an dieser Stelle nur auf das Theta-Band (5-7 Hz) eingegangen werden, da die hier untersuchten Gedächtnisprozesse vorwiegend in diesem Band ablaufen (Miller, 1989; Sarnthein et al., 1998; Klimesch, 1999). Die Ergebnisse für die anderen Bänder sowie Details zu auditorischer und visueller Verarbeitung finden sich in Weiss und Rappelsberger (2000) sowie in Weiss, Müller und Rappelsberger (2000). Die varianzanalytische Untersuchung der Kohärenzen während der Verarbeitung von Nomina als Funktion von Behalten, Wortart und Entfernung ergab für das Theta-Band die folgenden Befunde: Zunächst zeigte sich ein signifikanter Haupteffekt der *Entfernung* der beteiligten Elektrodenpositionen ($F_{1;22} = 5303.3$; $p \leq 0.001$) derart, dass insgesamt die Kohärenzen bei benachbarten Elektrodenpositionen – wie zu erwarten – deutlich höher ausfielen als bei nicht benachbarten. Ein weiteres, wesentliches Ergebnis der Studie zeigte sich im signifikanten Effekt des Faktors *Behalten* ($F_{1;22} = 11.7$; $p \leq 0.01$). Im Vergleich zu den nichterinnerten Nomina war bei den erinnerten Nomina eine signifikant höhere mittlere Kohärenz zu verzeichnen, unabhängig davon, ob es sich um ein Konkretum oder ein Abstraktum handelte (siehe Abbildung 1). Wörter werden offenbar dann erfolgreich erinnert, wenn während des Hörens und Einspeicherns Gehirnbereiche verstärkt miteinander kooperieren, was sich in hoher Kohärenz manifestiert. Weiterhin zeigte die signifikante Zweifach-Interaktion der Faktoren *Behalten* und *Entfernung* ($F_{1;22} = 12.2$; $p \leq 0.01$), dass die höchsten Kohärenzunterschiede zwischen erinnerten und nichterinnerten Nomina bei ‚long-range'-Elektrodenpaaren zu finden waren (siehe Abbildung 1). Mit einem erfolgreichen Speicherprozess geht also vor allem die gesteigerte Kooperation zwischen weit voneinander entfernt liegenden Hirnarealen einher.

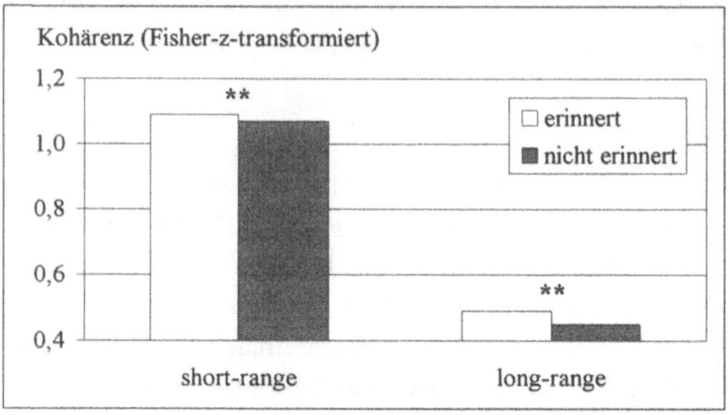

Abbildung 1: Mittlere EEG-Kohärenz für erinnerte und nicht-erinnerte Nomina in Abhängigkeit von der Entfernung zwischen den beteiligten Elektrodenpositionen (**: signifikanter Einfacheffekt).

Betrachtet man die mittleren Kohärenzunterschiede während der Rezeption abstrakter und konkreter Nomina, so ergab sich – unabhängig vom Erfolg des Speicherprozesses und der nachfolgenden Reproduktionsleistung – eine signifikante Interaktion von Wortart und Entfernung ($F_{1;22} = 8.2$; $p \leq 0.01$): Konkrete Nomina zeigten eine höhere EEG-Kohärenz zwischen benachbarten Elektroden-Orten, während für abstrakte Nomina eine Erhöhung der EEG-Kohärenz zwischen weit auseinanderliegenden Elektroden-Orten kennzeichnend war (siehe Abbildung 2).

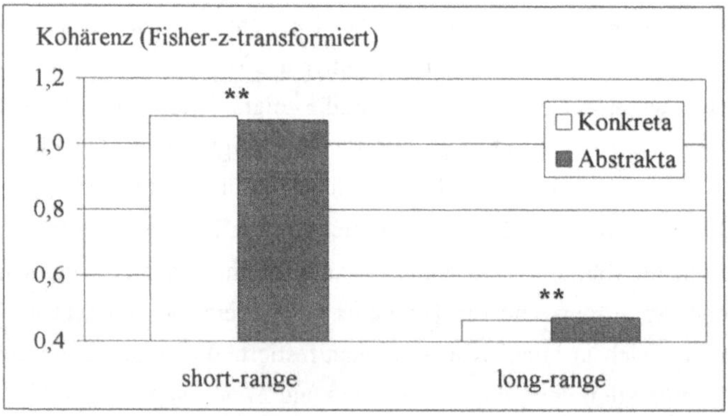

Abbildung 2: Mittlere EEG-Kohärenz für konkrete und abstrakte Nomina in Abhängigkeit von der Entfernung zwischen den beteiligten Elektrodenpositionen (**: signifikanter Einfacheffekt).

Unabhängig von der späteren Reproduktionsleistung weisen Konkreta also eine höhere Kohärenz zwischen benachbarten Regionen auf, während Abstrakta eine höhere Kohärenz zwischen weit auseinanderliegenden Regionen zeigen.

Um Informationen über die topographische Verteilung der Kohärenzunterschiede zwischen einzelnen Elektrodenpaaren und somit über die jeweiligen Muster der neuronalen Synchronisation während der erfolgreichen Speicherung von gehörten Nomina zu erhalten, wurden gepaarte Wilcoxon-Tests gerechnet. Diese Tests dienten lediglich als statistische Filter, wobei die jeweiligen Fehlerwahrscheinlichkeiten als Indikatoren des Kohärenzgrades betrachtet wurden. Anhand der Kohärenzgrade für die einzelnen Elektrodenpaare wurden dann Einträge in Gehirnschemata vorgenommen, um so die miteinander kooperierenden Bereiche zu veranschaulichen (siehe Abbildung 3).

Auch in dieser Darstellungsweise zeigt sich deutlich, dass während des Hörens und Abspeicherns von später erfolgreich erinnerten Wörtern eine höhere EEG-Kohärenz im Vergleich zu den nicht-erinnerten Wörtern auftritt, und zwar sowohl bei konkreten als auch bei abstrakten Nomina. Das trifft vor allen Dingen für die Kooperation zwischen frontalen (F1, F7) und temporo-parieto-okzipitalen Elektroden-Orten (T5, P3, O1) der linken Hemisphäre zu (siehe Abbildung 3, oben). Mit der erfolgreichen Speicherung abstrakter Nomina geht eine zusätzliche Kohärenzzunahme zwischen T3 und posterioren Elektroden-Orten einher. Die erfolgreiche Speicherung konkreter Nomina geht mit zusätzlichen Kohärenzerhöhungen zwischen direkt benachbarten, fronto-temporalen und zentro-parietalen Elektroden-Orten einher. Die gesteigerte Kooperation zwischen frontalen und temporo-parieto-okzipitalen Regionen bei der erfolgreichen Speicherung von Wörtern hängt wahrscheinlich mit verschiedenen Komponenten der verbalen Gedächtnisenkodierung zusammen. Einerseits muss die phonologische Repräsentation der Wörter enkodiert und gespeichert werden (temporaler Kortex), und das Material muss aus dem Langzeitgedächtnis geholt, organisiert, kategorisiert und semantisch enkodiert werden (zentrale Exekutive des Arbeitsgedächtnissystems im präfrontalen Kortex). Andererseits sind auch parieto-okzipitale Assoziationsregionen beteiligt, wobei alle diese Prozesse, die in unterschiedlichen Gehirnregionen stattfinden, miteinander synchronisiert werden müssen. Eine Erhöhung der Theta-Aktivität zwischen weit auseinanderliegenden Hirnregionen ist bei komplexeren kognitiven Aufgaben bereits beobachtet worden (Petsche & Etlinger, 1998; Sarnthein et al., 1998). Es ist denkbar, dass solche Theta-Aktivitäten zwischen frontalen und parieto-okzipitalen Netzwerken als generelles Anzeichen für eine anspruchsvolle und komplexe

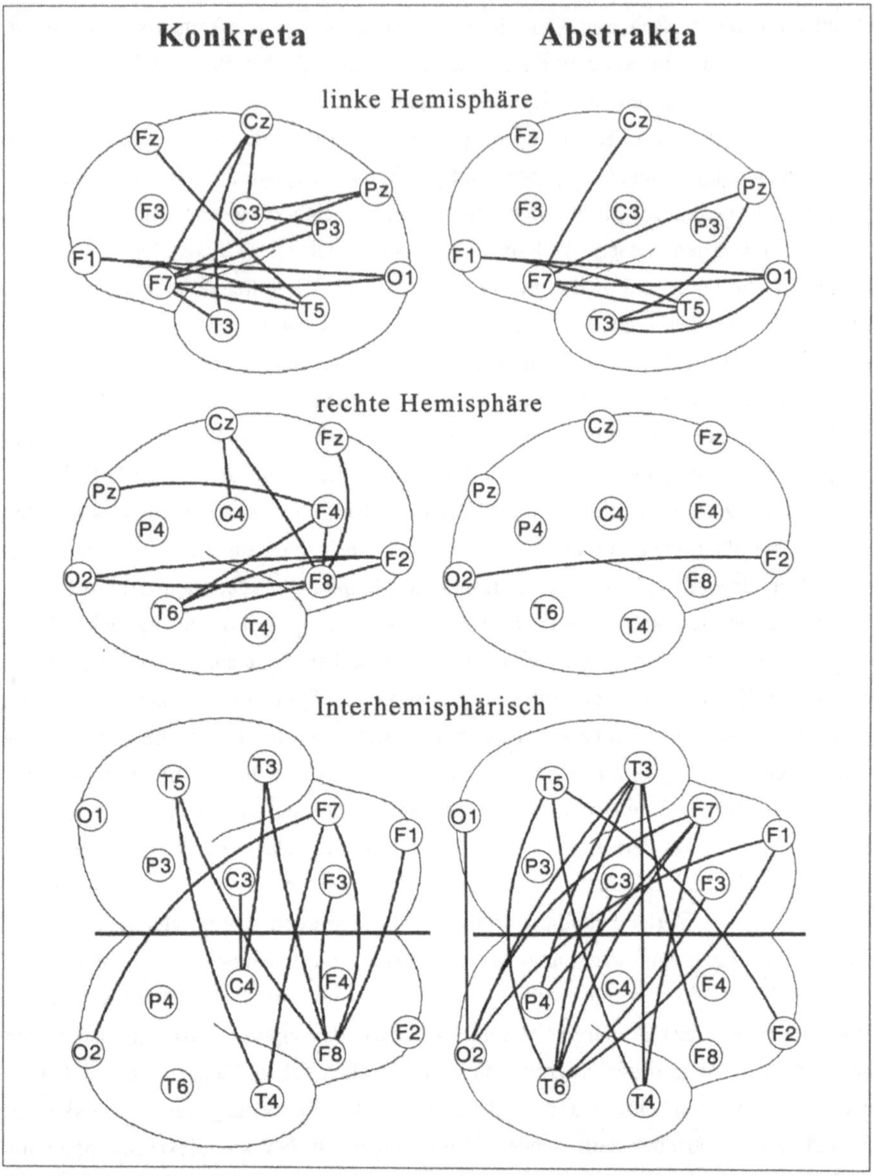

Abbildung 3: Kohärenzunterschiede zwischen erinnerten und nicht-erinnerten Wörtern, getrennt für konkrete und abstrakte Nomina. Gezeigt sind Gehirnschemata als seitliche Ansichten auf die linke und rechte Hemisphäre sowie als beidseitige Aufsicht (interhemisphärisch) mit den jeweiligen Positionen der Elektroden (10/20-System).

Informationsverarbeitung gesehen werden können. Ein Zusammenhang von semantischen Assoziationen und der Enkodierungsleistung des semantischen Gedächtnisses ist für höhere Frequenzen zwischen 10 und 12 Hz (Klimesch, 1999) sowie zwischen 13 und 18 Hz (Weiss & Rappelsberger, 1996) beschrieben worden. Prozesse des episodischen Enkodierens gehen mit Aktivitäten zwischen 4 und 7 Hz einher (Klimesch, 1999; Doppelmayr et al., 2000).

Ein weiteres wesentliches Ergebnis ist die unterschiedliche Beteiligung der beiden Hemisphären bei der Speicherung konkreter und abstrakter Nomina. Die Zusammenarbeit zwischen frontalen und temporo-parietalen Gehirnregionen ist sowohl für die effiziente Einspeicherung von Konkreta als auch für die effiziente Einspeicherung von Abstrakta notwendig. Während sich bei den Konkreta in der linken und rechten Hemisphäre ein annähernd gleiches Muster bei den ermittelten Kohärenzunterschieden zeigt, trifft dies für die Abstrakta nicht zu: Im Vergleich von erinnerten und nicht-erinnerten Abstrakta zeigt sich für die rechte Hemisphäre praktisch kein Unterschied (siehe Abbildung 3, Mitte rechts). Mit anderen Methoden haben Villardita, Grioli und Quattropani (1988), Müller und Kutas (1997) sowie Volf und Razumnikova (1999) einen solchen rechtshemisphärischen Anteil der Verarbeitung von Konkreta ebenfalls zeigen können. Bei der Verarbeitung von Konkreta zeigen die beiden Hemisphären relativ unabhängige Netzwerke, während bei der Verarbeitung von Abstrakta die rechte Hemisphäre die Prozesse der linken Hemisphäre zwar unterstützt, aber kein eigenständiges Netzwerk aufweist. Das könnte einer der Gründe dafür sein, dass Abstrakta deutlich schlechter reproduziert werden und anfälliger für Störungen oder Ausfälle sind (Weiss & Rappelsberger, 1996; Weiss, 1997). Obwohl die rechte Hemisphäre bei der Verarbeitung von Abstrakta eine Beteiligung zeigt, scheint die Kooperation beider Hemisphären, zumindest was die Reproduktionsleistung im Verhältnis zu den Konkreta betrifft, nicht sehr effizient zu sein. Das Gehirn versucht anscheinend, die Abstrakta in ein ‚large-scale'-Netzwerk zu integrieren, das bewirken soll, dass sie besser behalten und reproduziert werden können. Es könnte vielmehr die höhere Kohärenz innerhalb benachbarter Regionen und die zusätzliche Interaktion mit entfernteren Regionen sein, die die Verarbeitung der beiden Wortarten unterscheidet.

Zusammenfassend lässt sich feststellen, dass sich mit der EEG-Kohärenzanalyse die den sprachlichen Gedächtnisprozessen zugrunde liegenden neuronalen Kooperationsprozesse erfassen lassen. Mit sprachlichen Gedächtnisprozessen gehen vor allem funktionelle Kooperationen im Theta-Band (5-7 Hz) einher. Unabhängig von der späteren erfolgreichen Reproduktion geht die Wahrnehmung und Speicherung von Konkreta mit stärkeren lokale Kooperationen in beiden Hemisphären einher, während sich die Enkodierung von Abstrakta stärker durch eine interhemisphärische Kooperation auszeichnet. Die erfolgreiche Speicherung eines Wortes lässt sich jedoch in beiden Fällen anhand der starken Zunahme der funktionellen Verkopplung von Hirnbereichen feststellen. Die EEG-Kohärenzanalyse bietet somit die Möglichkeit, während der Wahrnehmung von Wörtern anhand der gemessenen neuronalen Synchronisation im Theta-Band die spätere Erinnerungsleistung zu beurteilen und tendenziell vorherzusagen. In der Kombination mit Daten der ERP-Analyse und der funktionellen Kernspinresonanztomographie ist es somit möglich, sprachliche Gedächtnisprozesse hinsichtlich ihres Zeitverlaufes, ihrer Lokalisation und auch ihrer Parallelität zu beurteilen, was für die Modellierung solcher Prozesse von großer Bedeutung ist (Rickheit & Strohner, 1994).

4 Literatur

Andrew, C. & Pfurtscheller, G. (1996). Event-related coherence as a tool for studying dynamic interaction of brain regions. *Electroencephalography and Clinical Neurophysiology, 98,* 144-148.

Baddeley, A.D. (2000). Short-term and working memory. In: E. Tulving & F.I.M. Craik (Eds.), *The Oxford handbook of memory* (pp. 77-92). New York: Oxford University Press.

Başar, E., Başar-Eroğlu, C. Karakaş, S. & Schürmann, M. (2001). Gamma, alpha, delta, and theta oscillations govern cognitive processes. *International Journal of Psychophysiology, 39,* 241-248.

Başar, E. & Schürmann, M. (2001). Toward new theories of brain function and brain dynamics. *International Journal of Psychophysiology, 39,* 87-89.

Başar, E., Schürmann, M., Başar-Eroğlu, C. & Demiralp, T. (1994). Theta and delta responses in cognitive event-related potential paradigms and their possible psychophysiological correlates. In: H-J. Heinze, T.F. Münte & G.R. Mangun (Eds.). *Cognitive Electrophysiology* (pp. 334-367). Boston: Birkhäuser.

Başar-Eroğlu, C., Strüber, D., Schürmann, M., Stadler, M. & Başar, E. (1996). Gamma-band responses in the brain: A short review of psychophysiological correlates and functional significance. *International Journal of Psychophysiology, 24,* 101-112.

Carpenter, P.A., Just, M.A. & Reichle E.D. (2000). Working memory and executive function: evidence from neuroimaging. *Current Opinion in Neurobiology, 10,* 195-199.

Doppelmayr, M., Klimesch, W., Schwaiger, J., Stadler, W. & Röhm, D. (2000). The time locked theta response reflects interindividual differences in human memory performance. *Neuroscience Letters, 278,* 141-144.

Engelkamp, J. (1991). *Das menschliche Gedächtnis.* 2. Aufl. Göttingen: Hogrefe.

Engelkamp, J. & Zimmer, H.D. (1994). *The human memory: A multi-modal approach.* Seattle: Hogrefe & Huber.

Klimesch, W. (1999). EEG alpha and theta oscillations reflect cognitive and memory performance: a review and analysis. *Brain Research Reviews, 29,* 169-195.

Miller, R. (1989). Cortico-hippocampal interplay: Self-organizing phase-locked loops for indexing memory. *Psychobiology* 17:115-128.

Müller, H.M. (1990). *Sprache und Evolution: Grundlagen der Evolution und Ansätze einer evolutionstheoretischen Sprachwissenschaft*. Berlin: de Gruyter.

Müller, H.M. (1998). EKP-Analyse der Verarbeitung natürlichsprachlicher Äußerungen. In: M. Hielscher, P. Clarenbach, S. Elsner, W. Huber & B. Simons (Eds.), *Beeinträchtigungen des Mediums Sprache: Aktuelle Untersuchungen in der Neurolinguistik* (pp. 19-35). Tübingen: Stauffenburg.

Müller, H.M. (2002). Neurobiologische Grundlagen der Sprachfähigkeit. In: G. Rickheit, T. Herrmann & W. Deutsch (Eds.) *Psycholinguistik: Ein internationales Handbuch*. Berlin: de Gruyter (im Druck).

Müller, H.M. & Kutas, M. (1997). Die Verarbeitung von Eigennamen und Gattungsbezeichnungen. Eine elektrophysiologische Studie. In: G. Rickheit (Ed.) *Studien zur Klinischen Linguistik: Methoden, Modelle, Intervention* (pp. 147-169). Opladen: Westdeutscher Verlag.

Müller, H.M., King, J.W. & Kutas, M. (1997). Event related potentials elicited by spoken relative clauses. *Cognitive Brain Research, 5,* 193-203.

Petsche, H. & Etlinger, S.C. (Eds., 1998). *EEG and thinking*. Wien: Österreichische Akademie der Wissenschaften.

Petsche, H., Lacroix, D., Lindner, K., Rappelsberger, P. & Schmidt-Henrich, E. (1992). Thinking with images or thinking with language: A pilot EEG probability mapping study. *International Journal of Psychophysiology, 12,* 31-39.

Pulvermüller, F., Eulitz, C., Pantev, C., Mohr, B., Feige, B., Lutzenberger, W., Elbert, T. & Birbaumer, N. (1996). High-frequency cortical responses reflect lexical processing: An MEG study. *Electroencephalography and Clinical Neurophysiology, 98,* 76-85.

Rappelsberger, P. (1998). Probability mapping of amplitude and coherence: Technical aspects. In: H. Petsche & S.C. Etlinger (Eds.). *EEG and thinking* (pp. 63-78). Wien: Österreichische Akademie der Wissenschaften.

Rickheit, G. & Strohner, H. (1993). *Grundlagen der kognitiven Sprachverarbeitung: Modelle, Methoden, Ergebnisse*. Tübingen: Francke.

Rickheit, G. & Strohner, H. (1994). Kognitive Grundlagen situierter künstlicher Kommunikatoren. In: H.-J. Kornadt, J. Graboswki & R. Mangold-Allwinn (Eds.), *Sprache und Kognition: Perspektiven moderner Sprachpsychologie* (pp. 73-92). Heidelberg: Spektrum.

Rickheit, G. & Strohner, H. (1999). Textverarbeitung: Von der Proposition zur Situation. In: A.D. Friederici (Ed.). *Sprachrezeption* (pp. 271-306). Göttingen: Hogrefe.

Sarnthein, J., Petsche, H., Rappelsberger, P. Shaw, G.L. & Stein, A.v. (1998). Synchronization between prefrontal and posterior association cortex during human working memory. *Proceedings of the National Acadamy of Sciences U.S.A, 95,* 7092-7096.

Singer, W. (1994). Coherence as an organizing principle of cortical functions. *International Review of Neurobiology, 37,* 153-183.

Villardita, C., Grioli, S. & Quattropani, MC. (1988). Concreteness/abstractness of stimulus-words and semantic clustering in right brain-damaged patients. *Cortex, 24,* 563-571.

Volf, N.V. & Razumnikova, O.M. (1999). Sex differences in EEG coherence during a verbal memory task in normal adults. *International Journal of Psychophysiology, 34,* 113-122.

Walker, I. & Hulme, Ch. (1999). Concrete words are easier to recall than abstract words: Evidence for a semantic contribution to short-term serial recall. *Journal of Experimental Psychology: Learning, Memory and Cognition, 25,* 1256-1271.

Weiss, S. & Rappelsberger, P. (1996). EEG coherence within the 13-18 Hz band as a correlate of a distinct lexical organisation of concrete and abstract nouns in humans. *Neuroscience Letters, 209,* 17-20.

Weiss, S. & Rappelsberger, P. (1998). Left frontal EEG coherence reflects modality independent language processes. *Brain Topography, 11,* 33-42.

Weiss, S. & Rappelsberger, P. (2000). Long-range EEG synchronization during word encoding correlates with successful memory performance. *Cognitive Brain Research, 9,* 299-312.

Weiss, S. (1997). EEG-Kohärenz und Sprachverarbeitung: Die funktionelle Verkopplung von Gehirnregionen während der Verarbeitung unterschiedlicher Nomina. In: G. Rickheit (Hrsg.) *Studien zur Klinischen Linguistik: Methoden, Modelle, Intervention* (pp.125-146). Opladen: Westdeutscher Verlag.

Weiss, S., Müller, H.M., & Rappelsberger, P. (2000). Theta synchronization predicts efficient memory encoding of concrete and abstract nouns. *NeuroReport, 11,* 2357-2361.

Neue Herausforderungen der Linguistik

Helmut Schnelle

Die eigentliche Herausforderung der Linguistik liegt heute darin, zu erklären, aufgrund welcher geistigen und physischen Konstitution der Mensch über die Sprache verfügt. Geeignete Modellbildungen ermöglichen einen Brückenschlag zwischen neurobiologisch begründeten Annahmen über die neuronalen Vernetzungen im menschlichen Gehirn und linguistischen Charakterisierungen der Sprache als kognitives System. Der vorliegende Beitrag reflektiert die Grundlagen von Korrelationen der neurobiologischen Struktur mit der linguistischen Struktur und liefert Beispiele für detaillierte Messungen, die einen Zugang zum Verständnis dieser Zusammenhänge bieten.

1 Vorbemerkungen

Zentrale Aufgabe der Linguistik ist es, zu einem angemessenen Menschenbild beizutragen. Hier bin ich mit Chomsky einer Meinung. Der Mensch ist das sprachlich auf komplexe Weise geprägte Wesen und nur sprachlich reflektiert gewinnen sein Denken und Tun die Tiefe und Breite, die ihn von allen anderen Lebewesen unterscheidet.

Chomskys Auffassung, die Sprache sei dem Menschen in ihrer vollen Komplexität von Anfang an in klarer Weise verfügbar gewesen und habe ihn aufgrund einer einzigen physischen oder psychischen Mutation von den Tieren unterschieden, teile ich dagegen nicht. Die Menschheit hat eine Entwicklung durchgemacht, die sich auch in der Entfaltung der verfügbaren Sprachformen ausprägte. In analoger Weise geschieht dies auch in der Entwicklung der Sprachbeherrschung in jedem einzelnen Menschen.

Das hat seine Gründe in unserer körperlichen Struktur, und zwar nicht so sehr in der Entwicklung der äußeren Organe, sondern entscheidender in der Organisation unseres Gehirns, die es erlaubt, dass in unterschiedlichen Entwicklungsstufen schrittweise mehr und mehr neuronale und mentale Ressourcen in Anspruch genommen werden können. Die Möglichkeiten, die sich in der Organisation des menschlichen Gehirns bieten, scheinen aber weit umfassender und differenzierter zu sein als diejenigen der Primaten. Die im Menschen sich entfaltenden Entwicklungsstufen sind aber nicht voneinander unabhängig. Bei jedem Entwicklungsschritt werden, wie auch sonst in der biologischen Entwicklung üblich, Umorganisationen und Adaptationen der Organisationsstruktur sowie der kontrollierenden Komponenten erforderlich. Ein angemessenes Verständnis der Sprache verlangt also sowohl die klare Erkenntnis der spezifischen Ausprägung des Menschen durch die Sprache, in der zerebral-distinktiven Organisationsstruktur und in der intentionalen Kontrollstruktur als auch das Verständnis der in der Sprache aufeinander aufbauenden und aneinander angepassten Komplexitätsstufen.

Es gibt zwei zentrale Fragen. Die erste ist: Wie beschreiben wir die Organisationsstruktur und die intentionale Kontrollstruktur der Sprache? Hier gibt es eine Kontroverse zwischen dem Theoretiker der intentionalen Sprechakte, Searle, und dem Formalisten der regelbestimmten Sprachstruktur, Chomsky (hierzu Chomsky, 2000: 113-115; Dennett, 1995: 398-399; Paul, 1966: 24; Searle, 1987: 159-160). In dieser Kontroverse nehme ich eine vermittelnde und, wie ich meine, zugleich klärende Position ein, indem ich den konkreten Charakter der Sprache als einer strukturbeherrschenden beziehungsweise formbestimmten intentionalen Tätigkeit betone.

Eine zweite zentrale Frage ist: Wie beurteilen wir die Entwicklung der Sprache und das Zusammenspiel der verschiedenen resultierenden Komplexitätsstufen? Ist der Entwicklungsprozess ein für das Verständnis der Sprache und der Prägung des Menschen sekundäres Moment? Ist er also ein implizit schon im Anfang bestimmter oder gar ein bloß zufälliger Weg zum Ziel der vollen Komplexität? Oder ist es umgekehrt: Ist es erst die – keineswegs triviale – Entwicklung der Komplexitätsstufen, welche die Möglichkeiten und Aspekte der Sprache überhaupt erst deutlich macht? Gilt eventuell Analoges beim jeweiligen Sprechakt – sind lediglich die erzeugten Strukturschemata relevant und sind die Erzeugungsprozesse sekundär, oder ist die Dynamik der Erzeugungsprozesse fundamental und enthält die erzeugten Schemata implizit? Es ist bekannt, dass das zwanzigste Jahrhundert grosso modo die erste Auffassung vertrat, das neunzehnte dagegen die zweite. Ich bin überzeugt davon, dass das begonnene Jahrhundert hier eine Synthese finden muss, dazu aber entschieden die Grundposition des neunzehnten Jahrhunderts ernst nehmen sollte. Insgesamt brauchen wir aber eine Klarheit über die Grundkonzeption der Sprache. Dieser Frage werde ich mich zuerst widmen.

Die hiermit gegebene Herausforderung hat theoretische und praktische Konsequenzen. Auf die theoretische Konsequenz werde ich in der hier erforderlichen Kürze nicht eingehen können. Drängender ist dagegen die praktische Herausforderung. Bisher war es Hauptaufgabe der linguistischen Praxis, zur Sprachlehre beizutragen oder Computer mit einer gewissen Sprachbeherrschung zu versehen. Der heute geforderte Beitrag ist die Untersuchung der Sprache im Gehirn. Neue technische Möglichkeiten bieten einen empirischen Zugang zu den neuronalen Aktivitäten des Gehirns. Beim Entwurf spezifischer Experimente wird die hier erörterte neue Form der Linguistik wesentlich mitwirken müssen. Darauf wird der dritte Abschnitt dieses Beitrags eingehen.

2 Zwei Varianten der neuen Linguistik

2.1 Zur Organisation der Sprache im menschlichen Individuum

Die klassische Linguistik hat ein *instrumentales Verständnis* der Sprache. Nach ihr ist eine Sprache ein System von Ausdrucksmitteln zur Kommunikation und zum Verstehen der Welt. Als Ausdrucksmittel kommen Laute, Wörter und Sätze infrage. Spezifischer ist man hier der Meinung, dass Form und Funktion der Ausdrucksmittel die entscheidende Basis für ihre Leistung sei. Auf sie konzentriert man sich daher. Betonen wir die Zusammenhänge noch einmal in knapper Form in der umgekehrten Reihenfolge: Form und Funktion von Wörtern und Sätzen bestimmen, was man mit ihnen machen kann, nämlich sprachlich miteinander kommunizieren und sich die Welt, in der man lebt, vergegenwärtigen. Somit sind Wörter und Sätze *Instrumente* des kommunikativen und des reflektierten Handelns. An Form und Funktion der Instrumente erkennt man, was sie leisten.

Die neue Linguistik sieht das anders: Sprechen, Verstehen und sprachliches Denken sind spontane *Tätigkeiten.* Wir nennen sie Sprechakte. Sie werden *im Inneren des menschlichen Organismus organisiert.* Der Mensch erwirbt in der Jugend die Beherrschung der Sprechakte und der zugehörigen Organisation, und zwar in einer Form, die der Sprachbeherrschung der Menschen, in deren Gemeinschaft er lebt, entspricht. In unterschiedlichen Sprachgemeinschaften finden wir unterschiedliche Formen der Sprachbeherrschung, mit anderen Worten: unterschiedliche Sprachen. Jeder normal aufgewachsene Mensch hat seine Sprachbeherrschung aufgrund seiner ihm, wie allen Menschen, angeborenen Basisfähigkeit, der Sprachbegabung. Sie ist die Fähigkeit, Sprache erwerben und erlernen zu können.

Da also Sprache im Gehirn des Menschen ausgeprägt ist, können wir hier Chomsky (1995: 166) folgen, wenn er formuliert, Sprache sei als ein Teil der natürlichen Welt anzusehen. Das menschliche Gehirn stelle einen Zusammenhang von Fähigkeiten zur

Verfügung, die den Gebrauch und das Verstehen der Sprache mitbestimmen; dies sei die Sprachbegabung. Die Fähigkeiten seien offenbar zu einem großen Teil für diese Funktion spezialisiert und bildeten eine allen Menschen gemeinsame Begabung. Mit Einschränkung stimmen wir weiterhin zu, wenn Chomsky (2000: 4) schreibt, die Sprachbegabung könne vernünftigerweise in gleicher Weise als ‚Sprachorgan' angesprochen werden, wie Wissenschaftler vom visuellen System, vom Immunsystem oder vom System des Blutkreislaufs als körperlichen Organen sprechen. So verstandene Organe könne man nicht so aus dem Körper entfernen, dass der Rest intakt bleibe.

Wir können hoffen, die volle körperliche Komplexität zu verstehen, wenn wir die Teile, die sich durch *distinktive Organisations-Charakteristik* auszeichnen, in ihrem Aufbau und ihrer Wechselwirkung mit anderen Teilen studieren. In gleicher Weise wird die Untersuchung der Sprachbegabung verfahren. Wir nehmen weiter an, dass sie den anderen Organen entspricht insofern auch hier der grundlegende Charakter ein Ausdruck der Gene ist. Schließlich kann man zustimmen, wenn es bei Chomsky (2000: 5) heißt, der Ansatz habe es mit dem Anfangszustand der Sprachbegabung zu tun, das heißt mit der neuronalen Vernetzung im Gehirn, wie sie in jedem Menschen bei seiner Geburt ausgeprägt ist und ihm die Entwicklung der Beherrschung einer spezifischen Sprache ermöglicht. So verstanden sei Sprache etwas wie ‚die Art und Weise, wie wir sprechen und verstehen'.

Hier und an anderen Stellen wird die Sprachbegabung mit Recht kausal verstanden: Sie ist die Ursache, die, im Kontext der Äußerungen anderer Sprachteilhaber in bestimmten Situationen, in mehreren Zwischenstadien die volle Sprachausprägung hervorbringt. Ebenso kann man auch die Sprachbeherrschung kausal verstehen: In jedem einzelnen konkreten Sprechakt bringt die Sprachbeherrschung die einzelnen Formen des Formulierens und des Verstehens gerade dieses Sprechakts zustande. Hinsichtlich der Kausalität des Hervorbringens haben wir also die Beziehungen

Sprachbegabung → Sprachbeherrschung → Sprechakt.

Die Darlegungen sind korrekt, beschreiben aber nur die halbe Wahrheit. Im Gegensatz zum Immunsystem und zum Blutkreislauf ist die Sprache, neben der Tatsache dass sie organisch fundiert ist, dadurch charakterisiert, dass sie ein *intentionales System* ist. Das gilt übrigens auch für das visuelle System. Die organisch fundierten Akte des Sprechens und des Sehens sind intentionale Akte, die durch ihre Realisierung im Organismus zugleich als biologische und physikalisch messbare Eigenschaften beschrieben werden können. Es wird sehr wesentlich sein, bei der Erklärung dessen, wie das

Gehirn beim Sprechen und Verstehen wirkt, klar herauszuarbeiten, in welchen Formen der biologischen Organisation die Intentionalität gründet. Wir werden sehen, dass es sich vor allem um *Kontrollstrukturen des Gehirns* handelt, die in oben schon genannte distinktive Organisationsstrukturen eingreifen. Dies meinten wir mit der Feststellung, dass Chomsky, wenn er nur die distinktiven Organisationsstrukturen im Auge hat, nur die halbe Wahrheit sage, wir ihm also nur mit Einschränkung zustimmen könnten.

Deutlich tritt aber unser gemeinsam vertretener Gegensatz zur instrumentalen Auffassung von der Sprache hervor. Sprechen und Verstehen sind ebenso wenig instrumentale Tätigkeiten wie Atmen und Gehen. Lungen und Beine sind nicht die Instrumente dieser Tätigkeiten, sondern nur die Körperteile, deren Beteiligung und Lokalisierung uns besonders bewusst wird und die unbedingt in den komplexen Organisationen dieser Tätigkeiten angemessen *mit*organisiert werden müssen. Eine entsprechende Rolle spielen die Sprechorgane. Sprechakte sind aber wesentlich komplexere Tätigkeiten; ihre Ausführung verlangt eine spezifische innere Organisation, die durch die die Sprachbeherrschung organisierende Ausprägung des Hirn-Organismus eines Sprechers realisiert wird.

2.2 Die Differenzen zwischen generativem und kausalem Ansatz

Analysieren wir nun die Kausalitätsbeziehung, gemäß der jedes Stadium der Sprachbeherrschung von der Sprachbegabung und jeder konkrete Sprechakt durch die Sprachbeherrschung bestimmt wird, so tritt allerdings eine radikale Differenz zwischen dem generativen und dem kausalen Ansatz zu Tage. Diese Differenz hat für die Ausrichtung und Organisation der Forschung sowie für die spezifische Ausgestaltung unserer jeweiligen linguistischen Theorien entscheidende Konsequenzen. Der Unterschied prägt sich in doppelter Weise aus.

Zum Einen sind alle Formen der Sprachbeherrschung bei Chomsky bloße Spezialisierungsstufen der in der Sprachbegabung angelegten Möglichkeiten, während in unserem Ansatz die Sprachbegabung kritische Phasen der Komplexitätsausbildung hat, in denen nicht bloß Spezialisierungen, sondern strukturelle Umorganisationen stattfinden. Ich sehe hier eine gewisse Verwandtschaft zu den Ansätzen Bickertons (1995). In unserer Sicht sind individuelle und geschichtliche Sprachentwicklung dialektische Prozesse. Ähnlich wie bei Hegel finden Umorganisationen statt, wobei gewisse Momente der jeweils früheren Phase in der späteren ‚aufgehoben' sind – durchaus im doppelten Sinn des Wortes „aufheben".

Der zum Anderen zu besprechende Unterschied ist noch wichtiger für die beiden in Betracht zu ziehenden Ansätze. In beiden Ansätzen unterscheiden wir ein *kognitives System* von einem *Sprechakt-Ausführungssystem*. Der Unterschied liegt in ihrer Organisation. Bei Chomsky handelt es sich um *symbolisch beschriebene* informationsverarbeitende Systeme. Das kognitive System speichert Symbolkonfigurationen, und das Sprechakt-Ausführungssystem nimmt Zugriff auf sie (Chomsky 1995: 2; 2000: 117). Die Linguistik in der von Chomsky entwickelten Form konzentriert sich vor allem auf das erstgenannte. Über das Sprechakt-Ausführungssystem werden nur wenige Bemerkungen gemacht: Es wird angenommen, dass die Sprechakt-Ausführungssysteme im Wesentlichen für alle Sprachen gleich seien und der eigentliche Unterschied zwischen den Sprachen vom Sprachinformationen speichernden kognitiven System ausgedrückt werde.

Demgegenüber habe ich eine völlig andere Vorstellung von der Darstellung der Information, ihrer Speicherung und ihrer Benutzung. Das *kognitive System* ist *eigendynamisch*. Die in ihm realisierte Struktur wird nicht durch gespeicherte Symbolkonfigurationen dargestellt, sondern durch kausal wirksame Vernetzungen zwischen Aktivitätsknoten. Die Aktivitätsknoten können als linguistische Konzepte gedeutet werden. Entscheidend aber ist, dass sie nicht nur statisch miteinander verbunden sind, sondern dass die Aktivierung von Kategorienknoten ursächlich für die Aktivierungen anderer Knoten im Vernetzungszusammenhang ist. Durch diesen kausalen Zusammenhang werden bei partiellen äußeren Anregungen unterschiedliche räumliche und zeitliche Ausbreitungen von Aktivierungen über dem Netz erzeugt. Sie entsprechen den Symbolkonfigurationen des speichernden Systems Chomskyscher Prägung. Im Unterschied dazu sind unsere Aktivierungsmuster nicht aktuell in einem Speicherbereich fixiert, sondern potenziell in den Vernetzungen des kognitiven Systems enthalten; aktuell werden sie in jedem Sprechaktprozess neu erzeugt. Dieses Erzeugen ist – das sei betont – keine Aktivität des Sprechakt-Ausführungssystems, sondern eine des kognitiven Systems selbst.

Deutet man die Knoten des Vernetzungssystems linguistisch, so kann man sagen, das kognitive System erfasse die inneren Abhängigkeiten zwischen Merkmalen und Kategorien und realisiere sie kausal. Es bestimme also die Distinktivitätsbeziehungen, die Beziehungen der *möglichen* Simultaneität bzw. Parallelität und die Beziehungen der *möglichen* kategorialen Hierarchien einerseits sowie die Beziehungen des *möglichen* Nacheinander in der Zeit andererseits.

Das, was im kognitiven System als möglich charakterisiert wird, bedarf bei der Realisierung einer Alternative der selektiven Bewertung, Kontrolle und Steuerung durch das Sprechakt-Ausführungssystem. Dieses ist selbst auch eine Vernetzung von interaktiven Knoten, die aber vermutlich an anderer Stelle des Gehirns – etwa im Frontal-Hirn – realisiert ist. Durch seine Verbindung mit dem Bereich des kognitiven Systems kann das Ausführungssystem dort aber selektiv und steuernd wirksam werden, insbesondere auch in der Ordnung von Satzgliederfolgen und anderen syntaktischen Prozessen. So werden die im kognitiven System enthaltenen alternativen Ordnungen und Möglichkeiten durch von Außen kommende Primäraktivierungen angeregt und bei der Selektion der Alternativen vom Sprechakt-Ausführungssystem gesteuert.

Gegen unseren Ansatz mag man zwei Einwände erheben. Erstens drücke ein so verstandenes System jede seiner sprachlichen Gewohnheiten auf dieselbe Weise aus, handele es sich nun um eine sprachliche Regelmäßigkeit oder um eine Idiosynkrasie. Dies ist einerseits richtig, andererseits nicht. Jedes spontane Verhalten ist tatsächlich durch implizit strukturbestimmende Kausalvernetzung realisiert. Das schließt aber nicht aus, dass bei ausreichender Entwicklung des Systems eine bewertende Kontrollvernetzung im Gehirn existiert, die eine – meist bewusste – Regularitätskontrolle ausführt. Diese kann bei rascher Korrektur vor der Äußerung wirksam werden, sonst aber nach der Äußerung die Korrektur eines Fehlers veranlassen. Dass Komponenten mit unterschiedlicher Aufgabe bei unserem Ansatz kooperieren, ist selbstverständlich nicht ausgeschlossen.

Der zweite Einwand ist von Chomsky schon gegen andere Entwürfe vorgebracht worden: Hirntraumatisch bedingte Sprachausfälle beträfen anscheinend nur das Sprechakt-Ausführungssystem, denn nach Beseitigung des Traumas sei die spezifische Sprachbeherrschung im Wesentlichen wieder verfügbar. Dieser Einwand ist aber ebenso wenig stichhaltig wie der vorige. Schon bei einem Einzelneuron gilt, dass der Ausfall der Blutversorgung die Funktion des Neurons beeinträchtigt oder unterbindet, dass aber eine nicht zu lange danach wieder einsetzende Blutversorgung das kausale Verhalten aller Zellkomponenten wieder in Gang setzt. Das hat nichts mit der Unterscheidung in ein passives kognitives Struktur-System und ein aktives Ausführungs-System zu tun.

Chomsky (1995: 6) gibt nun weitere Spezifikationen für seine Vorstellung vom kognitiven System einer Sprache: Es bestehe aus einem *Lexikon*, welches wiederum aus lexikalischen Einheiten bestehe, die selbst als Konfigurationen von phonetischen, semantischen und formalen Merkmalen verstanden werden sollen, sowie einem *berechnungsanalytischen System*, welches komplexe Einheiten als Kombinationen von lexikalischen und eventuell anderen elementaren Einheiten bilde. Somit sind in diesen Zusammenhängen folgende mögliche Einheiten im Spiel: die Merkmale als Menge der relevanten Eigenschaften von Schall und Bedeutung, die lexikalischen Einheiten als Konfigurationen dieser Merkmale, und die komplexen Einheiten, die vom berechnungsanalytischen System aus den lexikalischen Einheiten gebildet werden.

In unserem Ansatz entspricht dem das folgende System von dynamischen Komponenten: Statt des Lexikons haben wir ein *Lexikon-Organisations-System* (LO), welches hinsichtlich der Lexikon-Organisations-Struktur (LOS), der Lexikon-Organisations-Dynamik (LOD) und der Lexikon-Organisations-Aktivierungen (LOAs) beschrieben wird. Statt eines berechnungsanalytischen Systems haben wir ein *Zeitgebilde-Organisations-System* (TO), welches hinsichtlich der Zeit-Organisations-Struktur (TOS), der Zeit-Organisations-Dynamik (TOD) und der Zeit-Organisations-Aktivierungen (TOAs) analysiert wird.

Wir gehen davon aus, dass Struktur, Dynamik und Aktivierungen in neuronalen Vernetzungen des Gehirns realisiert sind. Die Struktur wird durch den bloßen Vernetzungszusammenhang wiedergegeben, das heißt durch Zellen und Verbindungen zwischen ihnen, die ein zusammenhängendes Netz bilden. Die Dynamik wird durch die Gesamtheit der kausalen Reaktivitäten der Zellen realisiert. Die Aktivierungen sind die Gesamtheiten aktivierter Zellen, die so genannten *aktivierten Zellverbände*, die sich in den Vernetzungen durch die Wirksamkeit der kausalen Dynamik bei einer externen oder internen Anregung des Systems ausbilden.

Im Gegensatz zum formal-berechnungsanalytischen Ansatz ist mit unserm Ansatz aber auch eine klare Vorstellung von Sprechakt-Ausführungssystem verbunden. In dessen Interpretation halten wir uns an Erkenntnisse der funktionalen Neuroanatomie, wie sie vor allem von Posner und Raichle (1997), von Damasio (1997; 1999) und von Edelman (1995) entwickelt wurden. Wir heben aus diesen Ansätzen folgende Systematik heraus.

Zunächst gehen wir davon aus, dass das *kognitive System* dem *Perzeptions-Aktions-*System entspricht, das im Fall der Sprache perisylvisch im Broca- und Wernicke-Bereich realisiert ist, wobei der Wernicke-Bereich mehr das Lexikon-Organisations-System (LO) ausprägt und der Broca-Bereich Kernelemente des Zeit-Organisations-Systems (TO).

Der *Sprechakt-Ausführungsbereich* ist, wie oben schon angedeutet, das im Gehirn allgemeiner ausgeprägte Ausführungs-System, das auch für die Kontrolle und Bewertung anderer kognitiver Systeme maßgebend ist. In einer ersten Untergliederung enthält es zweierlei: zum Einen – gemäß Posner und Raichle (1995) – das *Aufmerksamkeits-Kontroll-System* (AK) mit den Teilsystemen *Orientierungs-Kontroll-System* (OKS), *Exekutiv-Kontroll-System* (EKS) und *Wachsamkeits-Kontroll-System* (WKS); zum Anderen – gemäß Damasio (1999) – das *Selbst-System* (SS) mit den Teilsystemen *Proto-Selbst* (PS), *Kern-Selbst* (KS) und *autobiographisches Selbst* (AS), das wiederum das *autobiographisch individuell entfaltete Selbst* (AES) und das *autobiographisch kulturgeprägte und -mitprägende Selbst* (ACS) umfasst. Die Selbst-Systeme bilden nach Damasio die Basis der verschiedenen Stufen des Bewusstseins.

Wir kehren zum Zeit-Organisationssystem zurück. Zur Charakterisierung der wirksamen Prozesse postulieren wir *zeitorganisierbare Zellgruppen*, die aus einer oder mehreren Hauptzellen und einigen Markierungszellen dieser Hauptzellen bestehen. Die Hauptzelle ist eine Zelle, die mit Hauptzellen anderer perzeptions- und aktionsspezifischer Zellgruppen im Hinblick auf die Bildung einer Lexikon-Struktur verbunden ist. Bei den Markierungszellen gehen wir typischerweise von dreien aus: Eine der Markierungszellen ist vom Typus der gesetzten Neuronen (set neurons, LTP). Wir nennen sie (Kurzzeit-)*Durativ-Zelle*. Sie markiert eine für eine gewisse Zeit aktivierte Zellgruppe, wenn nötig für mehrere Sekunden. Sie kann zum Beispiel eine *voraktivierte* Zellgruppe markieren. Im ersten Entwicklungsstadium treten zunächst nur Durativ-Zellen zusätzlich zu den Hauptzellen auf. Später entstehen dann die beiden anderen Zelltypen in der Zellgruppierung. Sie erst ermöglichen im kindlichen Gehirn von mehr als zwei Jahren die Organisation zeitlich geordneter und syntaktisch strukturierter Ausdrücke. Der erste der beiden anderen Zelltypen hat initiierende Funktion – wir nennen eine Zelle dieses Typs *Inchoativ-Zelle*. Sie geht der Aktivierung der zugehörigen Durativ-Zelle unmittelbar voran. Der letzte der drei Zelltypen hat die Funktion, durch seine Aktivierung den erfolgreichen Abschluss einer Aktivierung der Zellgruppen anzuzeigen. Wir nennen eine Zelle dieses Typs *Perfekt-Zelle*. Die Aktivierungen aller Markierungszellen haben nur Einfluss auf die Zellgruppierung. Einwirkungen auf größere Distanzen im Gehirn kann nur die Hauptzelle haben. Je nach dem von der Gruppe empfangenen Einfluss von anderen Zellen kann die Aktivierung der Hauptzelle entweder unmittelbar durch die Inchoativ-Zelle ausgelöst werden (direkte Reaktivität), oder aber durch Kombination der aktiven Durativzelle mit einem von anderen

Zellen her eintreffenden Auslösesignal. In diesem Fall repräsentiert die Durativzelle die Voraktivierung der Hauptzelle.

Die Wirkungsweise dieser Zellen ist in Schnelle (1991, § 5.1.3 und § 7.1.2) unter den Stichworten der Lokutionierung mithilfe der Sprachaktaspekte diskutiert und erläutert worden.

Die Aktivierung der Wörter und Sätze im Gehirn stellen wir uns folgendermaßen vor: Sie werden repräsentiert durch die Aktivierung von Zellen und Zellgruppen, die Merkmalen und Kategorien zugeordnet sind und zwar denjenigen Merkmalen und Kategorien, die eben gerade dieses Wort oder diesen Satz charakterisieren. Ein bestimmtes aktuelles Wort oder ein bestimmter aktueller Satz ist also im Gehirn als ein bestimmtes Muster von Zellaktivitäten ausgedrückt. Zustande kommen die Aktivierungen durch die kausal wirkenden Vernetzungen. Diese bedingen sowohl die Assoziationen von Merkmalen und Kategorien als auch deren zeitlichen Organisationen und schließlich auch die Aufrechterhaltung der lexikon-internen Aktivierungen.

3 Linguistische Beobachtungen und Messungen am Gehirn

3.1 Die korrelierten Phänomene

Im vorangegangenen Abschnitt haben wir versucht zu klären, wie linguistische Fakten im Gehirn präsent sein können. Wir fragen uns nun, wie diese Fakten gemessen werden können. Aus der Sicht der Linguistik geht es um die Bestimmung der Sprachbegabung, um die der Muttersprache (und auch einer erlernten Zweitsprache) entsprechende Sprachbeherrschung und schließlich um die aktuellen Sprechakte. Sprachbegabung und Sprachbeherrschung sollten durch die Vernetzung des Gehirns bestimmt sein. Die Sprachbegabung wird sich im globalen Vernetzungsgrad des Gehirns Neugeborener ausdrücken, die Sprachbeherrschung eher in der Feinstruktur und der mit ihr verbundenen kausalen Dynamik der während des Spracherwerbs zunehmend spezifizierten Vernetzung. Deren Bestimmung, sowohl in ihrer Feinstruktur wie in der Vernetzung von Arealen, wäre Aufgabe der Neuroanatomie. Die hier erforderlichen empirischen Untersuchungen sind außerordentlich schwierig und bisher nur für das visuelle System bei Primatengehirnen gelungen. Die Art der hier erforderlichen Eingriffe sind bei menschlichen Gehirnen ethisch nicht zu vertreten, sodass hier kaum direkte Fortschritte zu erwarten sind. Man kann zunächst nur indirekt Erkenntnisse gewinnen, indem man Folgerungen aus der Fülle der Aphasieforschungen zieht und andererseits Untersuchungsergebnisse über die Hirnstruktur anderer Säugetiere und Primaten verallgemeinert.

Dagegen kann man die Korrelation der Hirnaktivität mit aktuellen Sprechakten messen und zwar mithilfe bildgebender Verfahren. Das Vorgehensprinzip soll hier kurz besprochen und durch Ergebnisse von Forschungen, an denen ich teilgenommen habe, veranschaulicht werden.

Wie soeben betont, kommt die empirische Bestimmung der Hirnstrukturen und deren kausaler Dynamik als Entsprechungen sprachlicher Regeln noch nicht in Betracht. In der gegenwärtigen Situation wird man sich zuerst auf die Korrelation ausgewählter Typen sprachlicher Ausdrücke mit Messungen der Hirnaktivität beschränken. Das heißt, man wird Probanden entsprechende sprachliche Ausdrücke in gesprochener oder geschriebener Form präsentieren oder auch sie von ihnen sprechen lassen, und parallel dazu die Hirnaktivität beobachten, die bei der Verarbeitung des Gehörten oder Gesprochenen auftreten.

Zur Messung der Hirnaktivität kommen heute vor allem zwei Techniken infrage. Bei der Messung so genannter ereigniskorrelierter Potentiale (event related potentials; ERPs) erfasst man über Elektroenzephalographie die Veränderungen der elektrischen Aktivität in Abhängigkeit von wahrnehmbaren und im Hirn verarbeiteten Ereignissen. Die zeitliche Messgenauigkeit dieses Verfahrens ist relativ hoch. Bei Tomographien (etwa der funktionalen Magnet-Resonanz-Tomographie; fMRT) erfasst man dagegen die Blutversorgung des Gehirns, um so ein vollständiges Bild von der Verteilung der Blutfluss-Aktivitäten und damit von den Zellaktivitäten in allen Arealen des Gehirns zu erhalten. Die Messgenauigkeit dieses Verfahrens ist in zeitlicher Hinsicht gering, in räumlicher Hinsicht jedoch relativ hoch.

Es ist bekannt, dass die Menge unterschiedlicher sprachlicher Äußerungen unendlich groß ist. Zur systematischen Korrelation mit den zuvor charakterisierten Messungen kommt es heute darauf an, eine für bestimmte Zwecke angemessene Auswahl zu treffen. Die Zwecke können entweder solche der Gewinnung systematisch geordneter wissenschaftlicher Erkenntnisse sein, oder solche der praktisch relevanten Information für den Arzt in Chirurgie oder Therapie.

3.2 Ein Beispiel aus der Praxis

In dem hier zu erläuternden Beispiel war der Zweck von der chirurgischen Zielsetzung bestimmt.

Die typische von uns in Betracht zu ziehende Situation war die folgende: In einer großen Zahl von Fällen wird das Überleben von Patienten mit Hirntumoren durch operative Entfernung des Tumors erreicht. Für den Chirurgen kommt es darauf an, durch seine Schnitte das Gehirn so wenig wie möglich in denjenigen Leistungen zu beeinträchtigen, die für die Lebensqualität des Patienten wichtig sind. Dazu gehört nach übereinstimmender Meinung der Chirurgen die Sprachbeherrschung.

Die Chirurgen stellten nun die Frage, ob es präoperative Untersuchungen gibt, mit denen man bestimmen kann, welche Hirnteile wesentliche Beiträge zum sinnvollen Sprechen und Verstehen leisten. In diesem Fall könnte die operative Strategie so angelegt werden, dass die betreffenden Hirnteile nicht in Mitleidenschaft gezogen werden. Spezifischer noch stellte sich die Frage, ob man zum Beispiel bei einem linkshemispärischen Tumor die bei Rechtshändern zu erwartende linkshemispärische Sprachverarbeitung lokalisieren könne.

An der Klinik, an der ich bei den Untersuchungen mitwirken konnte, stand ein fMR-Tomograph zur Verfügung. Die heute mit solchen Geräten üblicherweise durchgeführten Standarduntersuchungen an sprachlichen Wahrnehmungen hatten nur unbefriedigende Ergebnisse gebracht, nämlich vor allem sprachliche Aktivitäten, die nicht in den erwarteten Bereichen der linkshemisphärischen Sprachverarbeitung lagen.

Bei den genannten Standarduntersuchungen handelt es sich darum, dass den Patienten Paare von Substantiven und Verben vorgelesen werden, die entweder assoziativ zueinander passen (wie zum Beispiel „Durst – trinken“) oder nicht (wie zum Beispiel „Zahl – trinken“). Der Patient hatte die Aufgabe, die passenden Paare zu markieren, indem er mit den Fingern einen Druck auf ein Gerät in seiner Hand ausübte. Die Ergebnisse zeigten, dass, wie üblich, gewisse frontale linksseitige Aktivierungen auftreten, allerdings auch in starkem Maße rechtshemisphärische.

Angeregt durch das Studium neuerer Forschungsergebnisse, die darauf hinwiesen, dass die Konzentration auf die dominante Hemisphäre bei spezifischen grammatischen und syntaktischen Aufgaben besonders ausgeprägt ist, schlug ich zwei hier relevant erscheinende Testreihen vor. In der ersten wurden den Patienten Sätze der folgenden Form vorgelesen:

„Der Arzt wird gerufen.“ (Richtig; keine Reaktion erforderlich)

„Die Mädchen hat gegangen.“ (Falsch; Reaktion erforderlich)

In der zweiten waren Einbettungs-Sätze von folgender Form passiv, aber mit Aufmerksamkeit zu hören:

„Der Arzt, der den Patienten, der den Tumor hatte, behandelte, war sehr erfahren.“ Da die untersuchten Patienten im allgemeinen unter Aphasie-Störungen leiden, erwartete ich die deutlichsten Ergebnisse von der ersten Testreihe. Die Sätze der zweiten Testreihe könnten, wie ich meinte, für die Patienten zu schwer sein.

Das Ergebnis der ersten Testreihe entsprach unserer Erwartung: Die Tomographien zeigten die wesentlichen Hirnaktivitäten in wohl umgrenzten Bereichen der dominanten Hemisphäre. Weit über unsere Hoffnungen hinaus gingen aber die Ergebnisse der zweiten Testreihe: Die Patienten zeigten trotz ihrer Aphasie eine markierte und besonders deutlich lokalisierte Aktivität. Bei einer linkshändigen Patientin konnten wir sogar eine entsprechende rechtsdominante Aktivität nachweisen.

Die Untersuchungsergebnisse waren für die Chirurgen sehr wertvoll. In mehreren Fällen konnten die Tumor-Extraktionen so durchgeführt werden, dass die Sprachbeherrschung weitgehend verschont bleibt.

3.3 Diskussion

Das Beispiel zeigt deutlich, dass Linguisten einen wesentlichen Beitrag bei Tomographie-Messungen der Hirnaktivität leisten können. Die Hinweise auf bestimmte linguistische Charakteristika, die zu Formulierungen fruchtbarer Tests führen können, sind natürlich auch dem Neurobiologen oder dem Neuropsychologen zugänglich; ihre systematische Einschätzung im Verhältnis zu anderen sprachlichen Erscheinungen gelingt aber dem Linguisten aufgrund seiner Kenntnisse des Sprachsystems leichter. Zwar stützt auch er sich niemals auf bloße empirische Fakten. Ebenso wie bei anderen Wissenschaftlern hängen seine Kenntnisse auch ab von der besonderen Sprachtheorie, in der er geschult ist oder die er selbst entwickelt hat. Dennoch dient ihm die Theorie bei der Aufstellung der Testreihen nur zur Sortierung und präjudiziert die Messergebnisse nicht.

Dies ist angemessen in der gegenwärtigen Forschungsphase, in welcher nur festzustellen ist, welche Spracherscheinungen an welchen Stellen des Gehirns Aktivitäten zeigen. Nach Fortschritten in den nächsten Jahren wird man dann aber weiter gehen und erklären wollen, *weshalb* die Hirnaktivitäten gerade an diesen Stellen auftreten. Dann wird es darum gehen, Sprachtheorien mit theoretisch motivierten Modellen der Hirnaktivität explanatorisch zu korrelieren. Meine Perspektiven für diese zukünftige Forschung sollen wenigstens kurz angedeutet werden.

4 Perspektiven

Kernstück der explanatorischen Analyse ist die Erklärung der konkreten Sprechakte. Sie müssen auf drei Ebenen erfasst werden: der Ebene der Intentionalität der Handlung, der Ebene der raumzeitlichen Verteilung von Messgrößen und der Ebene der Körperorganisation. Die erste Ebene entspricht der seit Austin und Searle klassischen Sprechakttheorie. Die zweite Ebene ist diejenige der physikalistischen Beschreibung, wie sie im letzten Jahrhundert effektiv auf Chemie und Biologie ausgedehnt wurde. Die dritte Ebene entspricht der klassischen Beschreibung von Organismen. Die logische Form der Aussagen der beiden erstgenannten Ebenen sind: Jemand *tut das-und-das* beziehungsweise etwas *ist so-und-so*. Auf der dritten Ebene erscheinen die in den Subjektausdrücken genannten Akteure oder Objekte nicht mehr als einfache Entitäten, sondern als Organismen. Das bedeutet: Es handelt sich um Ganze, die *zusammenwirkende Teile* haben, Teile von Teilen und so fort bis in kleinste Gebilde. Das Ganze und jeder seiner Teile wird erstens als ein aktives Etwas charakterisiert, das zugleich hinsichtlich seiner messbaren Struktur erfassbar ist, und zweitens sind die Aktivitäten aller Teile und des Ganzen so aufeinander bezogen, dass sie im Normalfall im Einklang miteinander wirken.

In dieser Beschreibung muss nun der Platz der Sprachstruktur markiert werden, und zwar auf jeder der drei Ebenen. Auf der Ebene der Intentionalität der Handlung ist die Sprachstruktur eines Wortes oder Satzes das Handlungs-Schema oder der Plan für die Äußerung oder die Identifikation des Wortes oder Satzes. In dieser Sicht liefert die Sprachstruktur des Satzes eine partielle Beschreibung der Äußerung beziehungsweise des Verständnisses. Darüber hinaus stehen alle alternativ möglichen Handlungsschemata in einem strukturell spezifizierbaren Zusammenhang. Dieser bildet die Sprachstruktur der gesamten Sprache. Deren Beschreibung wird als die Hauptaufgabe der modernen Linguistik angesehen. Dabei wird meist vergessen, dass hier nur eine partielle Beschreibung der Sprachhandlungen und ihres Gesamtzusammenhangs geliefert wird, die Theorie der Sprachbeherrschung also eine Komponente der Sprechakttheorie wird. Diese Tatsache wird meist durch die Bemerkung heruntergespielt, die linguistische Beschreibung sei grundlegend für alle Aspekte der Sprachhandlungen. Eine genauere Bestimmung dessen, was man hier unter „grundlegend“ versteht, wird nicht gegeben.

Auf der zweiten Ebene ist die Sprache hinsichtlich ihrer messbaren Eigenschaften zu erfassen. Darauf bestand man schon seit Ende des neunzehnten Jahrhunderts. Hier ist eine radikale Änderung der Situation eingetreten: Damals waren nur die phonetischen Prozesse messtechnisch zugänglich, nicht dagegen die Vorgänge im Gehirn jenseits von Ohr, Auge oder Muskelbewegungen. Heute können wir uns, wie im letzten Abschnitt beschrieben, auf die Messungen im Gehirn konzentrieren. Die bloßen raumzeitlichen Verteilungen von Hirnaktivitäten liefern hier allerdings noch keine Basis für die mathematisch oder logisch konstruierbare Theorie – und somit keinen Beitrag zur explanatorischen Perspektive, um die es hier geht.

Man muss zur dritten Ebene übergehen, zur Ebene der Körperorganisation. Für den Bereich des Gehirns wird sie in der funktionalen Neuroanatomie artikuliert: Der Handelnde korreliert mit seinem Gehirn; tut er etwas, so korrelieren damit die Prozesse seines Gesamtgehirns. Das Gehirn hat Teile, die unterschiedliche Funktionen haben: die primären sensorischen und motorischen Bereiche, die kortikalen Assoziationsbereiche und das limbische System. Diese haben ihrerseits Teile und Teile von Teilen – die Areale, die Neuronengruppen, die Neuronen, die Dendriten und Axonen, die Synapsen, die Zellmembranen, Proteine und so weiter. Jeder Teil hat eine Funktion – das, was er tun kann für den Gesamtkörper – und jeder lässt sich als raumzeitliche Verteilung von Messgrößen charakterisieren. Die Funktionen und Messverteilungen eines Ganzen bestimmen diejenigen Funktionen und Messverteilungen ihrer Teile, die sinnvoll sind, und werden selbst aus ihnen konstituiert. Man erkennt, welch ungeheure Aufgabe in der empirisch korrekten Beschreibung der Einzelheiten und des systematischen Zusammenhangs liegt.

Im Bereich der Sprachhandlung stellt sich konkret folgende Aufgabe: Sprachstruktur wurde oben als Zusammenhang von Handlungsschemata der Äußerung und der Identifikation der Wörter und Sätze charakterisiert, also als partielle Bestimmung der Sprachhandlungen. Man kann nun den Eindruck haben, dass auch die Vernetzungen von Neuronen partielle Bestimmungsstrukturen für die im Gehirn ablaufenden Prozesse sind. Diese Prozesse kommen nur durch die Aktivierung der kausalen Eigenschaften der Neuronenvernetzungen zustande und werden durch sie wesentlich bestimmt. Hier zeigt sich, was der oben noch im Dunkeln bleibende Begriff „grundlegend" bedeuten kann. Die zukünftige Forschung wird also die Aufgabe haben, die Körperorganisation – hier also die Gehirnorganisation – in ihrer strukturierenden Leistung so zu beschreiben, dass der Aufbau aus funktionalen Komponenten, Arealen, Neuronengruppen und so fort in seinen Aspekten der Aktivität und der Messbarkeit die komplexen sprachlichen Handlungsweisen des Menschen erklärt.

Über diese Erfassung der Sprachbeherrschung des erwachsenen Menschen hinaus wird man auch deren Ontogenese in jedem Einzelnen wie auch die Genese der Sprache in vorhistorischer und historischer Zeit zu erklären haben – und zwar ebenfalls auf den Ebenen des sinnvollen Handelns des menschlichen Organismus, der messbaren Konstitution sowie schließlich der sinnvollen Organisation seines Körpers.

Es sollte klar sein, dass die hier erstrebte Erklärung der Sprache auch formal mehr erfordert als eine Kombinatorik der Ausdrucksformen oder statischer Strukturgebilde, und dass die Einsicht in Semantik und Pragmatik mehr erfordert als homogene mengentheoretische Konstrukte über abstrakten Entitäten. Sie ist stattdessen auf eine Logik der Handlungssätze (als Basis der Sprachhandlungstheorie) und eine Logik der naturwissenschaftlichen Messtheorie zu gründen.

Wird die beschriebene Herausforderung ernst genommen, so führt sie zu einer radikalen Neuorientierung der Linguistik.

Literatur

Bickerton, D. (1995). *Language and human behavior.* Seattle: University of Washington Press.

Chomsky, N. (1995). *The minimalist program.* Cambridge, MA: MIT Press.

Chomsky, N. (2000). *New horizons in the study of language and mind.* Cambridge: Cambridge University Press.

Damasio, A.R. (1997). *Descartes' Irrtum.* München: Deutscher Taschenbuch Verlag.

Damasio, A.R. (1999). *Ich fühle, also bin ich. Die Entschlüsselung des Bewusstseins.* München: List.

Dennett, D.G. (1995). *Darwin's dangerous idea.* New York: Touchstone.

Edelman, G.M. (1995). *Göttliche Luft, vernichtendes Feuer.* München: Piper.

Paul, H. (1966). *Prinzipien der Sprachgeschichte.* Tübingen: Niemeyer.

Schnelle, H. (1991). *Die Natur der Sprache.* Berlin: de Gruyter.

Searle, J.R. (1987). *Intentionalität.* Frankfurt: Suhrkamp.

Bewegung ist überall.
Perspektiven der ökologischen Linguistik

Peter Finke und *Hans Strohner*

Wir möchten in diesem Beitrag unreißen, in welchem Sinne wir wichtige Veränderungsperspektiven für die Sprachwissenschaft und über diese hinaus in einer Bewegung erkennen, die in den letzten Jahren zunehmend zur Ausformung einer Alternative zu den bislang herrschenden Mehrheitsströmungen in der Linguistik geführt hat, der so genannten ökologischen Linguistik. Nach einer Skizze wichtiger wissenschafts- und sprachtheoretischer Rahmenbedingungen behandeln wir kurz eine Reihe von theoretischen und empirischen Problembereichen, die exemplarisch zeigen sollen, welcher Art die von der neuen Richtung aufgespannten Fragen und Erwartungshorizonte sind, bevor wir abschließend noch einmal zur allgemeinen Frage des zugrunde liegenden Wissenschaftsverständnisses zurückkehren.

1 Linguistik im Umbruch?

1.1 Der logische und der ökologische Raum

Vor fast einem halben Jahrhundert hat der bedeutende Wissenschaftsphilosoph Willard V.O. Quine den Buchtitel geschrieben, der das Selbstverständnis der in der Gegenwart herrschenden Form von Wissenschaft gut zum Ausdruck brachte: „From a logical point of view“ (Quine, 1953). Unser heutiges wissenschaftliches Weltbild bezieht seine rationale Kraft weitgehend aus den Ordnungsstrukturen der Logik. Dieser ‚logical point of view‘ definiert das heute durchweg vorherrschende Bild, das wir uns von der Welt und dem in Bezug auf sie möglichen Wissen machen. Der logische Raum definiert damit auch Rahmenbedingungen unseres rationalen Handelns.

Leitideen des durch den ‚logical point of view‘ definierten wissenschaftlichen Handelns sind unter anderem die Widerspruchsfreiheit der Begriffssysteme und die Folgerungsbeziehungen in ihrer Entwicklung. Diese analytischen Leitideen sind erfolgreich und unverzichtbar. Eine Rationalität, die auf sie verzichten möchte, müssten wir fürchten. Aber viele sehen nicht, dass wir auch etwas anderes fürchten müssen: die Zumutung, dass dies die ganze Rationalität wäre. Sie ist es nicht. Der logische Raum ist eine notwendige, aber keine hinreichende Bedingung für Rationalität. Wenn wir unser Wissenschaftsverständnis von ihm allein definieren lassen, vernachlässigen wir die für unser gesamtes Leben notwendige Rationalität der Synthese. Das auf Ganzheiten gerichtete Denken in Zusammenhängen, Ungleichgewichten, Energieflüssen und Wechselwirkungen ist zwar der logischen Analyse zugänglich, doch übersteigt seine synthetisierende Kraft deren Grenzen. Wir überlassen es weitgehend immer noch Physikern und Biologen als Spezialproblem, obwohl es alle Disziplinen betrifft, nicht zuletzt auch die Sprach- und Geisteswissenschaften.

Nach den wichtigen Fortschritten in der Logik haben andere Wissensbereiche, sowohl der Formalwissenschaften (allgemeine Systemtheorie, Chaostheorie, Theorie evolutionärer Systeme) als auch der empirischen Wissenschaften (Kognitionswissenschaften, Evolutionsbiologie, Ökologie), zunehmend an Bedeutung gewonnen und zwingen uns in der Gegenwart immer mehr, den Standort, von dem aus wir die Welt wahrnehmen, zu verändern, auf einen höheren Aussichtspunkt zu verlegen. So entstand im letzten Drittel des zwanzigsten Jahrhunderts ein neues Bild von der Welt, das man mit Bezug auf Quines Titel den „ecological point of view" nennen kann, weil vor allem die Ökologie uns gelehrt hat, dass wir lebende Systeme, ihre Lebensbedingungen und Fähigkeiten nur mit einer konsequenten Zusammenhangsforschung verstehen können. Der ökologische Raum, den wir damit erschließen, verändert und erweitert unsere Idee rationalen Handelns erheblich. Er entkräftet den logischen Raum keineswegs, aber er relativiert ihn: Das neue Blickfeld ist weiter als das alte, aber es enthält dieses als Teilbild in sich (siehe Abbildung 1):

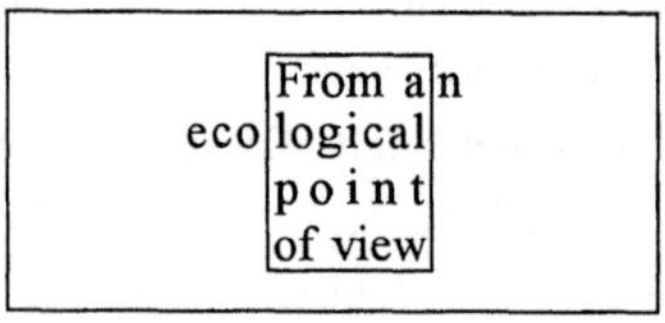

Abbildung 1: Die Erweiterung der Perspektive

Diese Veränderung zieht ein deutlich verändertes Wissenschaftsverständnis nach sich; wir stehen – um einen weiteren programmatischen Buchtitel zu zitieren – „am Ende des Baconschen Zeitalters" (Böhme, 1993). Neue Werte rationalen Verhaltens relativieren die alten: so beispielsweise das Denken in Zusammenhängen statt in angeblich autonomen Disziplinen, die Erforschung der energetischen Grundlagen der Dynamik lebender Systeme, eine verstärkte Wertschätzung ihrer Vielfalt, eine durch Nachhaltigkeitserwägungen bestimmte Praxis unseres Umgangs mit ihnen. Wissenschaft, die sich hierdurch leiten lässt, ist keineswegs völlig neu, aber gegenwärtig existiert sie doch kaum mehr als in Form von Inseln im Meer der herkömmlichen Wissenschaftsformen Baconscher Provenienz. Dies gilt auch für die Linguistik.

1.2 Zum Begriff der ökologischen Linguistik

Die linguistische Form der Baconschen Wissenschaft ist der seit Ferdinand de Saussure diese Disziplin prägende Strukturalismus. Bei sehr vielen Linguisten gilt es heute als geradezu sakrosankt, die paradigmatischen Leitideen des modernen linguistischen Strukturalismus zu kritisieren, so sehr beherrschen diese die grundlegenden Überzeugungen der Sprachwissenschaft. Deshalb ist hier Genauigkeit wichtig. Es kann nicht darum gehen, den Strukturalismus als allgemeines methodologisches Prinzip infrage zu stellen, das sich in vielen Wissenschaften als unverzichtbar bewährt hat, so auch in der Linguistik (Stork, 1996). Sehr wohl aber ist diejenige Form des linguistischen Strukturalismus fragwürdig, welche sich seit de Saussure mit gewissen Modifikationen in der Sprachwissenschaft behauptet hat und darin besteht, Sprachen als quasigeschlossene Systeme zu betrachten, deren Wandel nur als eine Abfolge mehr oder weniger veränderter statischer Sprachzustände zu verstehen ist. Diese Perspektive führt letzten Endes im wahrsten Sinne des Wortes zur Weltfremdheit. Sie erklärt auch die großen Defizite, die der de Saussuresche Strukturalismus (mit Ausnahme weniger, vor allem technologischer Praxisfelder) noch immer bei den Erfordernissen der angewandten Linguistik hat.

Seit etwa einem Vierteljahrhundert hat demgegenüber die Vision einer neuen Linguistik zunehmend an Klarheit gewonnen, die heute als ökologische Linguistik bezeichnet wird. Ihr Begriff wird freilich nicht einheitlich verwendet. Uns erscheint es als besonders aussichtsreich, unter ihm eine noch relativ junge sprachwissenschaftliche Konzeption zu verstehen, die Sprache weder wie de Saussure nach dem Systemmuster des Schachspiels, noch wie Wittgenstein nach den Systemmustern verschiedenster Spiele modelliert, sondern nach dem Systemmuster eines Ökosystems. Eine Sprache ist danach eine spezielle systemische Größe, die Teil umfassenderer Zusammenhänge mit den Welten ist, welche durch sie aufgeschlossen und von ihr mit beeinflusst werden. Der spezielle Systemcharakter, der die Dynamik dieser Wechselbeziehung prägt, ist der eines durch Homöostaseprozesse geprägten, energetisch abhängigen und aktiven Ökosystems. Wenn wir so versuchen, nicht nur die Welt(en), sondern auch die

Sprache(n) ‚from an ecological point of view' zu sehen, wird auch das jetzige Weltbild der Sprachwissenschaft substantiell verändert. Dann bestimmt nicht mehr nur die Sprache die grundlegende Problemkonstellation der Linguistik, sondern ein Zusammenhang von Sprache und Welt. Dieser Zusammenhang war beispielsweise für Humboldt noch selbstverständlich, wurde allerdings später von den Junggrammatikern und dann ziemlich dauerhaft seit de Saussure als ‚philosophisch' gebrandmarkt und damit streng genommen aus der Wissenschaft ausgeschlossen: eine Thematisierung des Geistes von Individuen, Gruppen und Ethnien durch die Koppelung von Sprachen und Welten (Finke, 1983; 1996). Solche Sprache-Welt-Systeme entwickeln sich in permanenten Wechselwirkungsprozessen koevolutionär; ihre Thematisierung leitet einen frischen Wind in die mittlerweise etwas verbrauchte strukturalistische Methodologie (Finke, 1996; Trampe, 1990; 1996).

Dass dies notwendig ist, zeigen nicht nur die Entwicklungen in den kognitiven Wissenschaften außerhalb der Linguistik, sondern auch die wachsenden Anwendungserfordernisse in ihrem Innern. So argumentieren zum Beispiel Rickheit und Strohner (1993) gegen die verbreitete Computermetapher und für eine Ökosystemmetapher bei der Modellierung der kognitiven Sprachverarbeitung. Dabei wird deutlich, dass es nicht – wie einige Ökolinguisten glauben – das grundsätzliche Systemdenken ist, das in der neuen Perspektive durch ein holistisches und synthetisches Denken abgelöst wird, sondern die zu einfachen Systembegriffe der de Saussureschen Linguistik, die sich trotz einiger Differenzierungen bis in die neueste Zeit vor allem im linguistischen Generativismus halten konnten.

Da es sich beim Begriff des Sprachsystems um einen Kernbereich der Linguistik handelt, muss hier mit besonderer Sorgfalt geforscht und argumentiert werden. Es ist das große Verdienst der Ökolinguistik, jene Beziehung zwischen Sprache und Welt auf der Basis einer umfassenden Konzeption thematisiert und in die moderne Linguistik wieder eingeführt zu haben. Diese Konzeption bezog ihre heuristische Kraft anfangs zum Teil aus einer metaphorischen Anwendung von Aspekten der biologischen Ökologie auf sprachliche Sachverhalte (z.B. Haugen, 1972; Finke, 1983), inzwischen freilich überwiegend aus den raschen aktuellen Entwicklungen auf den Feldern der Human- und Kulturökologie, vor allem im Gefolge der Ansätze Batesons (z.B. Finke, 1996; 2001; Trampe, 2000). Die Ökolinguistik besitzt einstweilen noch keine umfassende, explizite Sprachtheorie, aus der spezifische Hypothesen deduziert und empirisch geprüft werden könnten. Wenn Sprache zum Beispiel ein konkretes und nicht nur abstraktes System – also eine funktionale Verbindung physischer Komponenten – ist, wo ist dieses System dann aufzufinden? Es ist naheliegend, etwa mittels neurophysiologischer Methoden nach ihm in den Köpfen der Sprecher und Hörer zu suchen, aber mit welcher Konzeptualisierung lässt sich dieses komplexe System analysieren? Die noch offene Antwort auf solche Fragen entscheidet darüber, ob die Ökolinguistik es schafft, sich von der traditionellen Systemlinguistik, die von der Annahme eines abstrakten Sprecher/Hörers ausging, endgültig zu lösen und zu einer empirisch fundierten Analyse konkreter Sprachsysteme vorzudringen. Ihre Chance ist, dass sie sich für diesen Horizont geöffnet hat.

An der Präzision des Sprachsystembegriffs hängt auch die Klärung der Begriffe der sprachlichen Umwelt und Innenwelt. Wenn das Sprachsystem auf konkreten Systemen aufbaut, dann gibt es sicherlich so etwas wie eine sprachliche Umwelt, aber ebenso eine Innenwelt, die als psychische Welt der individuellen Sprachbenutzer mit jener keineswegs identisch ist. Allerdings sind diesen beiden Weltbereichen ganz unterschiedliche methodische und damit auch theoretische Qualitäten zuzuordnen. Die Forschung der nächsten Zeit wird in Bezug auf diese und ähnliche Fragen wahrscheinlich mehr Klarheit bringen. Weil aber mit dem ökolinguistischen Ansatz auch neue methodologische Positionen verbunden sind, die auf eine Öffnung der Linguistik gegenüber ihrer gesamten wissenschaftlichen Umwelt hinauslaufen, sind wir zuversichtlich, dass sich hierbei ihre neue linguistische Problemsicht als fruchtbar erweisen wird.

1.3 Die Treppe: Auf welcher Stufe steht die Ökolinguistik?

Wissenschaftliche Veränderungen gibt es auf verschiedenen Ebenen. Wie bei einer Treppe können wir verschiedene Stufen der Stärke oder Durchschlagskraft solcher Veränderungen unterscheiden: geringere auf den unteren, stärkere auf den oberen Stufen. Sehr vereinfacht kann man sich die Verhältnisse an einem Treppenmodell mit lediglich vier Stufen klar machen (siehe Abbildung 2):

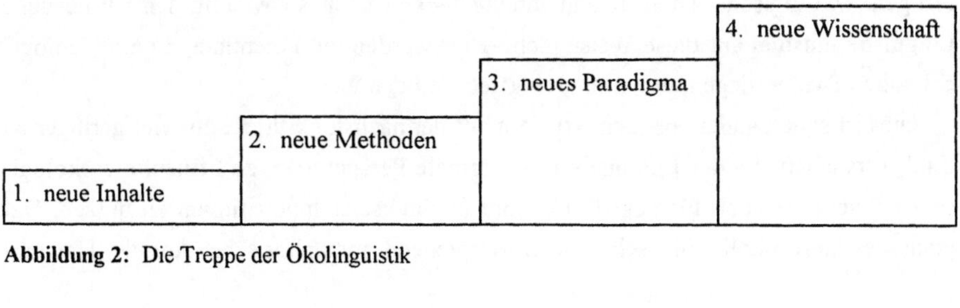

Abbildung 2: Die Treppe der Ökolinguistik

Auf der ersten Stufe gibt es ausschließlich inhaltliche Veränderungen; es werden neue Themen und Probleme aufgegriffen, aber die gesamte Methodik bleibt im Wesentlichen die gleiche wie bisher. Dies wird anders auf der zweiten Stufe; hier umfassen die Veränderungen auch die Formen der Thematisierung der Probleme und schließen die Entwicklung neuer Beschreibungs- und Untersuchungsmethoden ein. Doch noch immer gilt das alte Paradigma; zu grundsätzlichen Überzeugungsbrüchen kommt es nicht. Eben dies ist auf der dritten Treppenstufe der Fall: Die Innovationen in der Disziplin sind nicht mehr auf den bisherigen Grundlagen darstellbar, ein Paradigmawechsel erscheint unausweichlich. Bis hierhin bewegen sich alle Veränderungen im Rahmen der betroffenen Disziplin, aber alles, was nun noch darüber hinaus geht, verlässt ihn. Für viele Wissenschaftler ist es daher gar nicht vorstellbar, dass es noch eine weitere Stufe der Eskalation geben kann und gleichwohl der Rahmen der Wissenschaft nicht verlassen wird. Aber wenn das anfangs Gesagte zutrifft, gibt es sie: ein verändertes Verständnis von Wissenschaft.

Wir stellen jetzt eine einfache Frage: Auf welcher Stufe steht die Ökolinguistik?

Wenn wir die bisherige ökolinguistische Literatur kritisch mustern, kommen wir nicht zu einer Einstufen-Entscheidung. Für alle vier Stufen gibt es Beispiele. Es ist aber nicht verwunderlich, dass der Löwenanteil der bisher veröffentlichten ökolinguistischen Arbeiten auf der ersten, der ‚Stufe des geringsten Risikos' steht. Es gibt sehr viele Untersuchungen (vor allem zu pragmatischen und semantischen Fragen, aber auch solchen des Sprachenkontakts, der Sprachenverdrängung, des Sprachenschwunds und anderen), die sich methodisch nicht oder kaum von herkömmlichen Vorgehensweisen unterscheiden, beispielsweise problemlos in den Bereich der Kommunikationsanalyse oder der Soziolinguistik eingeordnet werden könnten. Diese Untersuchungen sind oft von großem Wert, weil sie eine inhaltliche Perspektive auf Sprache zur Geltung bringen, die bislang nicht gesehen oder vernachlässigt wurde. Freilich finden wir, dass dies zu wenig ist, um die Ausrufung eines neuen linguistischen Ansatzes zu rechtfertigen. Ökologische Themen und Inhalte mögen noch so wichtig sein: Eine neue Linguistik entsteht auf diese Weise nicht. Hier werden die Potentiale, die im ‚ecological point of view' liegen, nur zum geringsten Teil genutzt.

Dies ist schon anders bei den Arbeiten auf der nächsten Stufe. Sehr viel geringer an Zahl, versuchen sie, der Linguistik neue formale Perspektiven zu öffnen, die ökologischen Potentiale auch für begriffliche und methodische Innovationen zu nutzen. Der erste dezidiert ökolinguistische, noch weitgehend metaphorische Ansatz, Haugens

(1972) „ecology of language", steht bereits auf dieser Stufe, wie etwa auch Weinrich (1990) oder Mühlhäusler (1996). Die neuen Inhalte bleiben auf ihr möglich, wie jede höhere Treppenstufe auf der bisherigen Höhe weiter aufbaut, aber die neuen ökolinguistischen Begriffe schneiden auch das klassische Problemfeld der Linguistik neu zu. Ein neues Linguistikparadigma entsteht dennoch auch so nicht.

Es gibt auch Ökolinguisten, die genau dies anstreben, sich also selbst auf die dritte Treppenstufe stellen würden. Hierzu zählen wir etwa Halliday (1990), Fill (1993), Makkai (1993) oder Harré, Brockmeier und Mühlhäusler (1999). Auch einige unserer eigenen älteren Arbeiten (etwa Finke, 1983 oder Strohner, 1995) wären hier einzuordnen. Natürlich ist ein angestrebter Paradigmawechsel noch kein tatsächlicher Paradigmawechsel, aber dies ist hier nebensächlich. Wichtig ist, dass es nur mehr sehr wenige Linguisten sind, die sich auf dieser dritten Stufe treffen, die die letzte ist, welche Veränderungen markiert, die ausschließlich in der Linguistik vonstatten gehen. Nach dem eingangs Gesagten wird es nicht verwundern, dass wir heute von der Notwendigkeit überzeugt sind, noch eine weitere Stufe zu erklimmen. Mit einem veränderten Verständnis von Sprachwissenschaft allein ist es nicht getan; der ‚ecological point of view' wirkt sich auf die gesamte Wissenschaftstheorie und -praxis aus (Finke, 2000; 2001).

Aus konventioneller wissenschaftstheoretischer Sicht kann dies als Bild einer uneinheitlichen, hinsichtlich ihrer Grundlagen noch unsicheren Disziplin erscheinen. Doch was sich so als Schwäche ausnimmt, kann man auch anders sehen, wenn man die kreativen Potentiale neu bewertet, die in teilweise inhomogenen, verschiedene Sichtweisen umfassenden Forschungsinnovationen liegen können. Zu einer ökologischen Wissenschaftstheorie gehört ebenso die Überzeugung, dass die Vielfalt verschiedener Perspektiven ein bislang unterschätzter methodologischer Wert ist, wie die weitere Überzeugung, dass es nicht damit getan ist, immer nur neue, bessere Paradigmen zu entwickeln. Vielmehr muss es darum gehen, das Denken in Paradigmen, welches die freie Kreativität der bisherigen Wissenschaft lähmt und an Machtkategorien bindet, zu überwinden. Wir sehen deshalb eine Chance darin, auf der Grundlage des Unterbaus der drei ersten Treppenstufen auf der vierten Stufe ökolinguistische Entwicklungen zu ermöglichen, die für die Zukunft der Linguistik insgesamt bedeutungsvoll werden können. Einige theoretische und empirische Konsequenzen hieraus sollen in den folgenden Abschnitten kurz skizziert werden.

2 Theoretisch motivierte Beispiele des Umdenkens

Aus theoretischer Sicht ragen drei Kennzeichen des herrschenden linguistischen Strukturalismus heraus, die einer ökolinguistischen Perspektive nicht standhalten: allgemein das seit de Saussures Zeiten kaum substantiell veränderte Verständnis von begrifflichen Dichotomien (ein zu einfaches Verständnis von Abgrenzungen), der ebenfalls auf de Saussure zurückgehende Primat der Synchronie über die Diachronie (ein falsches Verständnis der Sprachdynamik) und der Chomskysche Generativismus (die fragwürdige Auffassung von Grammatik als Theorie und Erzeugungssystem von Sprache).

2.1 Grenzen sind Übergangszonen

Der Strukturalismus ist seit de Saussure von Dichotomien beherrscht, die in jeder linguistischen Einführungsvorlesung vorkommen: ‚langue' und ‚parole', Kompetenz und Performanz, Synchronie und Diachronie, Zeichen und Bezeichnetes, Grammatik und Pragmatik und dergleichen mehr. Prinzipiell ist dagegen nichts einzuwenden; die Frage ist aber, welche Idee von Abgrenzung hinter diesen Denkweisen steht.

Unser Denken und Handeln in Wissenschaft und im Leben leidet nämlich unter allzu vereinfachten Abgrenzungsideen. Wir praktizieren in vielen unserer Auffassungen de facto ein digitales ja-nein-Weltbild, das – plakativ formuliert – das Rationale mit dem Rationellen verwechselt. Statt die gewiss wichtigen, aber sekundären Tugenden des Letzteren – wie Effizienz, Exaktheit, Präzision oder Machbarkeit – wie in vielen anderen Bereichen auch in der (Sprach-)Wissenschaft weiterhin überzubewerten, sollten wir ihnen die primären Werte eines wirklich rationalen Bemühens um kreatives und nachhaltiges Wissen – wie Vielfalt, Unschärfe, Flexibilität und Fehlerfreundlichkeit – wieder vorordnen. Was bedeutet dies für unser Problem?

Wir malen zum Beispiel einen Kreis an die Tafel, nennen sein Inneres ein System und alles Äußere seine Umwelt, ähnlich einem Gebäude, dessen Mauern es von der Außenwelt abtrennen. Ökosysteme sind anders, nämlich ‚fuzzy' begrenzt – bildlich gesprochen nicht durch Mauern, sondern durch Hecken. Sie kennen zwar eine Innen-Außen-Differenzierung, aber nicht als ja-nein-Demarkationslinie á la Maturana oder Luhmann. Deren Problem, dass anscheinend nichts von innen nach außen gelangen kann oder umgekehrt, haben Ökosysteme nicht. Ihre Grenzen sind nicht Linien, sondern mehr oder weniger breite Unschärfezonen. Jenes Problem ist künstlich geschaffen, durch ein Denken in zu stark simplifizierten Grenzkategorien. Statt uns an Grenzlinien zu orientieren, könnten beispielsweise schmalere oder breitere Farbverläufe eine differenziertere Idee möglicher Grenzen vermitteln.

An vielen Stellen präsentiert sich auch die heutige Linguistik als eine Bastion des Linien- oder Mauerdenkens; die eingangs erwähnten Dichotomien sind ein Beleg dafür. Aber Unschärfen sind auch in der Ökologie des Geistes nichts Schlimmes, sondern notwendige ‚amphibische Zonen', ähnlich den Verlandungszonen naturnaher Seen: Sie grenzen durchaus wirksam ab, sind aber zugleich bis zu einem gewissen Grade für innovative Prozesse durchlässig. Auch das Wahre ist vom Falschen durch eine solche ‚Verlandungszone' abgegrenzt, die Syntax von der Semantik, die Innenwelt von der Außenwelt, die Linguistik von anderen Wissenschaften und der übrigen Welt. Batesons Ideen hierzu, die er im Rahmen seiner „ecology of mind" (1972) entwickelt hat, führen gegenwärtig in der evolutionären Kulturökologie zu einem völlig neuen Verständnis kultureller Systeme. Wenn es uns mithilfe dieser Ansätze gelingt, Unschärfen nicht immer nur negativ, als Verlust an Präzision, sondern positiv, als Quellen evolutorischer Prozesse und Zonen höchster Kreativität, zu sehen, entsteht auch ein neues Bild von Sprache und Sprachwissenschaft.

2.2 Wider das Filmmodell der Sprachdynamik

Seit de Saussure gilt die synchrone Linguistik als das Standbein des linguistischen Strukturalismus. Die Beschreibung und Erklärung diachroner Prozesse, obwohl diese sprachlich allgegenwärtig sind, hat bislang fast immer eine Nebenrolle gespielt und wurde stets von der Synchronie her gedacht. Es ist ein Denken, das einem Filmmodell folgt. Ein konventioneller Film, der Bewegung zeigen kann, besteht aus Einzelbildern, auf denen jeweils ein bestimmter Bewegungszustand eingefroren ist. In einem geeigneten Projektor vorgeführt, entsteht bei uns wieder die Illusion der Bewegung, die der Film eigentlich aufnehmen wollte. Auch für die heutige strukturelle Linguistik ist die Sprachdynamik noch immer eine dichte Abfolge von Sprachzuständen. Aber dieses Filmmodell ist falsch.

Illusion ist nicht die Bewegung, sondern die Nichtbewegung, die Starre des Einzelbilds oder des Sprachzustands. Sprache, ein Wort, ein Satz, ist immer in Bewegung, ähnlich den mikrophysikalischen Prozessen in einem anscheinend starren Körper. Ähnlich einer Bienenwabe, die von fern betrachtet einen statischen Gesamteindruck macht, von nahem gesehen aber die fortwährenden Bewegungen Tausender Einzelinsekten offenbart, sehen wir vieles als statisch an, was bei genauer Betrachtung jegliche

Statik verliert und eine verwirrende Komplexität dynamischer Prozesse darstellt. Die Starrheit ist die Illusion, die wir in der makrophysikalischen Welt offenbar brauchen. In der quantenphysikalischen Perspektive verliert sie sich, löst sich in hochdynamische Felder auf. Nicht einmal das einzelne Atom bleibt als starrer Körper zurück. Was auch die Physiker nur mühsam gelernt haben, steht der Linguistik als Lernschritt noch großenteils bevor. Wir müssen – sozusagen – eine quantenlinguistische Perspektive entwickeln, um die Verzerrungen zu erkennen, die das Filmmodell in unseren Theorien angerichtet hat.

Genau genommen sind alle unsere steifen Strukturbäume falsch, mit denen wir die grammatikalische Form eines Satzes abbilden, denn ein Satz ist ebenso wenig eine statische Größe wie ein Wort oder ein längerer Text. Die Debatten über ‚government and binding'- oder ‚minimalist theory'- oder andere Modelle erscheinen im Lichte der ökologischen Perspektive auf Sprachen und Welten als Scheindebatten, die durch ein falsches Ausgangsmodell verursacht werden. Sie treffen nicht den kritischen Punkt. Insofern ist es klug gewesen, dass die Ökolinguisten sich aus ihnen herausgehalten haben. Welche Graphen man immer bevorzugt: Sie ähneln allesamt eingefrorenen Mobiles, denen das Wesentliche abhanden gekommen ist, die ständige Bewegung.

Man darf darüber spekulieren, wie es zu dieser verkehrten Perspektive gekommen ist. Der Begründer der ‚theory of spiral dynamics', de Landa (1999: 22), vermutet, es könne mit der Tatsache zusammenhängen, dass einige europäische Sprachen, die bei der Geburt der strukturalistischen Linguistik im Zentrum des Interesses standen, frühen Normierungsversuchen unterlagen: „Future linguists may one day look back with curiosity at our twentieth century linguistics, and wonder if our fascination with a static (synchronic) view of language could not be due to the fact that the languages where these views where first formulated (French and English), had lost their fluid nature by being artificially frozen a few centuries earlier." Wir denken freilich, dass es eher die einfachen frühen Systemkonzepte de Saussures waren, die hier noch immer nachwirken.

2.3 Grammatiken sind dynamische Steuerungssysteme

Das eben Gesagte bedeutet nicht, dass die Ökolinguistik auf eigene Vorstellungen zur Sprachstruktur verzichten könnte; im Gegenteil: Sie muss und sie kann hierzu weiterführende Beiträge leisten. Damit ihre Reformkonzepte weiter an Boden gewinnen können, muss sie unter anderem eine Grammatiktheorie entwickeln. Dies ist derzeit noch kaum der Fall. Wir deuten deshalb eine Richtung an, die hierfür erfolgversprechend erscheint.

Es gibt drei verbreitete Vorstellungen von Grammatik, die wir für falsch halten: Erstens glauben viele Linguisten seit Chomsky (auch wenn sie ihm ansonsten nicht mehr folgen), eine Grammatik sei eine Theorie der Sprache. Wir glauben demgegenüber, dass eine Grammatik ein Steuerungssystem ist, genauer: das Selbststeuerungssystem einer Sprache. Ein solches System aber ist keine Theorie, denn es beschreibt und erklärt nichts. Eine Grammatiktheorie ist eine Theorie, eine Grammatik nicht.

Zweitens glauben viele Linguisten, eine Grammatik erzeuge Sprache. Wer eine Sprache zu einer Menge von Sätzen verkürzt, kann das so sehen. Sie ist aber mehr; zum Beispiel ist jede natürliche Sprache ein kognitives und kommunikatives Teilsystem einer Kultur. Wenn aber eine Grammatik ein dynamisches System ist, ist die Erzeugungsmetapher gegenstandslos, denn ein dynamisches System erzeugt überhaupt nichts, sondern es organisiert Verläufe. In diesem Falle steuert es den Sprachverlauf, indem es ihm Ordnungen einprägt. Dies bedeutet nicht, dass die Sprecher nicht auch noch etwas zu steuern hätten; sie tun dies sehr wohl, müssen hierfür aber die Steuerungskräfte der Grammatik voraussetzen. Sprache als dynamisches System hat in all seinen Subsystemen, also zum Beispiel in der Phonologie, der Syntax, der Semantik und der Pragmatik, interne und externe Aspekte, die eng miteinander verwoben sind. Wie die kognitive Forschung zeigt, ist etwa bei der Sprachrezeption die Syntax einer groben Analyse der Semantik und Pragmatik zeitlich nachgeordnet und deshalb von diesen Bereichen abhängig (z.B. Bever, Sanz & Townsend, 1998). In vielen anderen Fällen beobachten wir komplexe Wechselwirkungsverhaltnisse, die die bisherigen Annahmen der Linguistik als zum Teil hochgradig simplifizierte Modellbildungen erscheinen lassen.

Besonders erstaunt uns, drittens, dass die meisten Linguisten ein hochdynamisches System wie Sprache thematisieren und dabei ganz ungerührt die Kräfte ignorieren, ohne die seine Dynamik unerklärt bleiben muss. Dies ist der Preis dafür, dass man seit de Saussure Humboldts Gedankenblitz, eine Sprache sei eine ‚energeia', kaum mehr wirklich zu verstehen versucht, sondern als romantische Metapher abgetan und zugleich keine moderne Sprachphysik entwickelt hat. Wir denken, dass Sprache eine energetische Qualität besitzt, die noch nicht wirklich verstanden ist. Unsere ökolinguistische Grammatikkonzeption beschreibt daher eine Grammatik als einen Attraktor im Sinne der Chaostheorie, der Syntropie enthält und diese bei Bedarf – das heißt im Falle des konkreten Sprachgebrauchs zu kognitiven und kommunikativen Zwecken – freisetzt. Syntropie ist negative Entropie; sie kennzeichnet alle Systeme, in denen freie Energie die sonst unvermeidlichen Ordnungsverluste kompensiert (vgl. Dürr, 1995: 53). Für das hochgradig strukturierte Sprachsystem gilt dies offenbar ebenfalls. Es ist der grammatische Attraktor, der die sprachliche Ordnungsenergie speichert, die wir zur Steuerung der linearen und nonlinearen Verläufe des Sprachgebrauchs benötigen und einsetzen. Da Sprache ein Teil der menschlichen Kognition ist, profitiert sie grundsätzlich auch von den energetischen Qualitäten, die in allen wichtigen Subsystemen der Kognition, dem Wissen, der Emotion und der Sensomotorik, vorzufinden sind. Dies führt zu Synergien, mit denen wir sprachlich neue Wege des kulturellen Handelns erschließen können.

3 Empirisch motivierte Beispiele des Umdenkens

Wir wissen nicht, was aus der Linguistik wird. Doch nicht nur in theoretischer, sondern auch in empirischer Hinsicht ist die Zukunft der Linguistik sowohl chancenreich als auch Gefahren ausgesetzt, und zwar von innen wie von außen. Von innen deshalb, weil große Teile der Linguistik in den letzten Jahrzehnten unter einer Fehlentwicklung ihrer Wissenschaft zu leiden hatten. Von außen deshalb, weil sich immer stärker andere Wissenschaften daran machen, das Feld der Linguistik wegen deren Versagens selbst zu bestellen. Vielleicht ist es nicht schlimm, wenn die Linguistik diese Bedrohung nicht überlebt. Es geht weniger um die Existenz oder Nichtexistenz einer bestimmten Wissenschaft als vielmehr darum, dass faktisch gegebene, im Spannungsfeld von Natur und Kultur enstehende Probleme der Biosphäre, insbesondere die Probleme des humanen und gesellschaftlichen Lebens, unter Mitwirkung der Wissenschaften gelöst werden. Wir meinen jedoch, dass auch die Sprachwissenschaft hierbei einen größeren Teil dieser Aufgabe übernehmen muss und kann, als sie auf Grund ihrer teilweise zu engen Perspektiven schon bisher übernommen hat und glauben, dass eine ökologische Orientierung der Linguistik hierzu einen wertvollen Beitrag leisten könnte. Wir möchten dies im Folgenden auf der Basis der für jede empirische Wissenschaft grundlegenden Dimensionen der Methodologie, der Problemorientierung sowie der Praxis exemplarisch andeuten.

3.1 Für eine supradisziplinäre Methodologie

Eine der wichtigsten wissenschaftlichen Aktivitäten ist die Methodologie, die sich bei einer empirischen Wissenschaft vor allem auf das Spannungsfeld zwischen Theorie und Empirie bezieht. Allerdings sind die Kriterien hierfür sehr umstritten. Teile der Linguistik haben sich in der Vergangenheit dafür entschieden, sehr spezifische Konzepte von Erklärungsadäquatheit zu verteidigen, die sich vor allem auf Grammatiktheorien bezogen. Für diese Theorien wurde unter anderem eine Trennung der so genannten linguistischen Kompetenz und Performanz postuliert und die Theorie speziell auf die empirisch nur schwer zugängliche Kompetenz beschränkt. Die Folge war eine Selbstisolierung der Linguistik sowohl in theoretischer als auch empirischer Hinsicht, die die Forschung lähmte und die Kooperation mit den Nachbarwissenschaften behinderte. Um einen Weg aus dieser Selbstisolierung zu finden, scheint uns der beste Wegweiser die Orientierung an methodologischen Erfahrungen der Nachbarwissenschaften in den neuronalen, kognitiven und kommunikativen Feldern zu sein, die für die Linguistik relevant sind: eine radikale Infragestellung des Sinns disziplinären Autonomiedenkens. Die in jüngster Zeit forcierten Entwicklungen zu supradisziplinären Zusammenschlüssen in den Bereichen Neuro-, Kognitions- und Kommunikationswissenschaft tragen ersichtlich dazu bei, jene unfruchtbaren isolationistischen Positionen aufzubrechen, die noch immer große Teile der Sprechwissenschaft lähmen (Rickheit & Strohner, 1993; Strohner, 2000; 2001). Ökologisches Denken eröffnet der Linguistik auch in dieser Hinsicht neue Perspektiven.

3.2 Für eine größere Offenheit bei der Problemorientierung

Ein für die Zukunftsfähigkeit jeder Wissenschaft entscheidender Faktor ist ihre Problemorientierung. Was will sie eigentlich erforschen? Auch in diesem Punkt hat die Linguistik in den letzten Jahrzehnten zu sehr auf ihre Sonderrolle und ihre Spezialfragestellungen gesetzt. Das hatte zum Teil sicher inhaltliche Gründe, da der linguistische Untersuchungsgegenstand, die Sprache, zunächst noch ziemlich unerforscht war. Dies hat sich jedoch geändert. Wir wissen heute zum Teil auch durch die Forschung in den Nachbardisziplinen sehr viel mehr über die Sprache. Dieser Weg muss konsequent weiter gegangen werden. Eine noch weit größere Öffnung der Linguistik gegenüber sozialen und gesellschaftlichen Problemen ist unumgänglich. Für die wissenschaftstheoretische Zukunftsperspektive der Linguistik bedeutet dies in erster Linie eine prinzipielle Offenheit gegenüber allen Entwicklungen in ihrem wissenschaftlichen Umfeld und die sehr viel stärkere Entwicklung von Kooperationsangeboten in allen Bereichen wissenschaftlicher Tätigkeit: Es gibt Testfragen an eine zukunftsfähige Wissenschaft, und sie gelten für zukunftsfähige Geistes- und Kulturwissenschaften genauso wie für alle anderen Disziplinen. Zu ihnen gehören die folgenden:

- Reflektiert ihre Theorie und Praxis die heutigen Debatten über den Wandel unseres wissenschaftlichen Weltbildes oder findet sie eher fern davon statt?
- Hat sie die überholte Vorstellung von einem Gegensatz zwischen Geist und Natur, Natur und Kultur hinter sich gelassen?
- Arbeitet sie gegen den Trend zu immer weiterer Spezialisierung, ja Fachidiotentum?
- Beteiligt sie sich mit ihren spezifischen Kompetenzen an der Lösung der großen Gegenwartsaufgaben?
- Ermuntert sie zu unkonventionellen Ideen und wissenschaftlichem Querdenkertum?

Wir meinen, dass die herkömmliche Linguistik auf diesen Feldern nicht durchweg gut aussieht und sehen in den Ideen der Ökolinguistik gute Chancen, deren Enge zu verlassen.

3.3 Die Praxis ist der Testfall

Neben der sicher notwendigen Grundlagenforschung ist die Anwendung der wissenschaftlichen Erkenntnisse eine der heute zu Recht verstärkt vorgebrachten Forderungen. Dies gilt in gleicher Weise für die Geistes- wie für die Sozial- und Naturwissenschaften, und für die Linguistik als typische Querschnittswissenschaft gilt es selbstverständlich auch. In der gesellschaftlichen Praxis tritt Sprache nur selten als einzelnes Phänomen auf. Vielmehr sind sprachliche Probleme im Allgemeinen verbunden mit Problemen neuronaler, kognitiver oder kommunikativer Natur, so dass spätestens bei dem Vorhaben, sprachliche Probleme in der Praxis zu lösen, die Linguistik das Gespräch mit anderen Wissenschaften suchen muss und darüber hinaus an gemeinsamen Lösungsvorschlägen mitarbeiten muss. Tut sie dies nicht, wird sie von den anderen Disziplinen beiseite geschoben, die dann ihre eigenen Strategien der Problembewältigung durchsetzen. Da von der Kompetenz zur Problemlösung immer stärker auch die Zuteilung finanzieller Mittel abhängig gemacht wird, ist der letztendlich entscheidende Prüfstein für die Zukunftsfähigkeit der Linguistik die Praxis (Finke, 1997).

Sowohl hinsichtlich der theoretischen Forschung und der empirischen Methodologie als auch hinsichtlich der in der bisherigen Sprachwissenschaft lange unterschätzten Fragen ihrer Anwendbarkeit auf vielen Problemfeldern unserer Lebenspraxis ist mithin für die Zukunft eine neue Bewegung in der Linguistik notwendig. Unserer Meinung nach wird diese neue Beweglichkeit am besten unterstützt durch eine Perspektive, durch die die Linguistik theoretisch, methodologisch und praktisch in die Lage versetzt wird, mit substantiellen Beiträgen aus ihrem Kompetenzbereich unsere Erfahrungen mit einer nachhaltigen Entwicklung des Lebens auf der Erde nicht nur partiell zu bereichern, sondern alle sich bietenden Gelegenheiten drängender Probleme zu suchen, sie am Testfall Praxis zu erproben. Sprache ist überall; die Sprachwissenschaft kann, ja muss sich auch auf solchen Feldern einmischen, zu solchen Themen zu Wort melden, zu denen sie bisher geschwiegen hat. Auch dies ist die Perspektive der ökologischen Linguistik.

4 Mehr Wissenschaft, weniger Machenschaft

Die Veränderungen im wissenschaftlichen Denken und Handeln müssen die Grenzen der Linguistik weit überschreiten. Damit nehmen wir unsere Eingangsüberlegungen noch einmal auf. Das heute noch vorherrschende Wissenschaftsverständnis ist paradigmageleitet. Eine exemplarische wissenschaftliche Leistung, die als methodologisches Leitbild wirkt, wird zum Musterbeispiel, dem es zu folgen gilt. Bisweilen sehen sich dann kritische Minderheiten von Forschern aus guten Gründen veranlasst, vom Pfad der Tugend abzuweichen und einen ‚Paradigmawechsel' in Gang zu setzen, der alle Stärken des Überzeugungswechsels bis zu einem völligen Austausch der geltenden Werte und Normen umfassen kann. Ersichtlich gilt dies auch für einige ökolinguistische Ansätze; sie nehmen für die Linguistik einen mehr oder weniger massiven Paradigmawechsel ins Visier.

Allerdings ist ein Paradigma nicht unbedingt das, was wahr ist, sondern das, was sich durchsetzt (oder was durchgesetzt wird). Die Idee eines wissenschaftlichen Paradigmas ist also eine Machtkategorie und passt damit eher zur politisch-ökonomischen Sphäre als in die Welt der Erkenntnissuche. Deren Ziel ist Wissen, nicht Macht. Paradigmen drücken zwar verbreitete Einsichten aus, aber wenn sie prinzipiell gewechselt werden können, beruht ihre Geltung nicht auf einer Gewissheit von ihrer Wahrheit, sondern höchstens auf deren Vermutung und manchmal weniger. Letztlich beruht sie faktisch auf der (zeitweiligen) Macht ihrer Vertreter; die bisherige Wissenschaft ist –

um ein Wort von Carl-Friedrich von Weizsäcker aufzugreifen – ‚machtförmig'. Sie ist deshalb immer in der Gefahr – wie Hans-Peter Dürr es ausdrückt – zur Machenschaft zu werden: Die Spezialisten bauen ihre Überzeugungen zu immer perfekter organisierten Überzeugungskartellen aus, sie etablieren Institutionen und Institute, und die Linguistik macht keine Ausnahme.

‚From an ecological point of view' erscheint das wissenschaftliche Denken in Paradigmen und ihren Wechseln als eine zwar realistische Beschreibung der Wissenschaft am Ende des Baconschen Zeitalters, aber zugleich als ein Hemmnis bei den sinnvollen Versuchen, die gleichwohl bereits vorhandenen Inseln eines neuen, anderen Selbstverständnisses der Wissenschaft zu vermehren. Genau hierum aber muss es gehen. Deshalb enthält das auf Ganzheiten gerichtete ökologische Denken in Zusammenhängen, Ungleichgewichten, Energieflüssen und Wechselwirkungen eine begründete Hoffnung: Die ihm inhärenten neuen forschungsleitenden Werte könnten dazu beitragen, das Denken in Paradigmen zunehmend unattraktiv zu machen und so die Machtförmigkeit der Wissenschaft im Zuge ihrer Reform von innen abzubauen. Wenn es in den einzelnen Disziplinen gelingt, im Zuge ihrer Öffnung das Bewusstsein der Forscher für die von der Geschichte ihrer Diszplinen mit zu verantwortenden verbundenen Tatsachen der Welt zu sensibilisieren und damit die Verantwortung für sämtliche Praxisbezüge zu stärken, wandelt dies den Wissenschaftsbegriff mehr als vieles andere.

In der Sprachwissenschaft gibt es hierzu keinen konsequenteren Ansatz als den der ökologischen Linguistik; sie besitzt dafür ein kreatives theoretisches und methodologisches Potential. Nicht alle Ökolinguisten werden diesen Weg mitgehen, aber in der positiv diskutierten Vielfalt ihrer Ansätze liegt eine Chance. Diese Vielfalt eröffnet nämlich die Perspektive, nicht nur die Zukunft der Linguistik in wichtigen Punkten mitzugestalten, sondern diese gemeinsam mit anderen Disziplinen in die offene Dynamik der veränderten Rolle von Wissenschaft in einer neuen Zeit nicht bloß inter-, sondern supra- und transdisziplinärer Forschung hinein zu führen.

Literatur

Bateson, G. (1972). *Steps to an ecology of mind.* San Francisco: Chandler.

Bever, T.G., Sanz, M. & Townsend, D.J. (1998). The emperor's psycholinguistics. *Journal of Psycholinguistic Research, 27,* 261-283.

Böhme, G. (1993). *Am Ende des Baconschen Zeitalters.* Frankfurt: Suhrkamp.

de Landa, M. (1999). *Virtual environments and the emergence of synthetic reason*. HTML document (URL: http://www.t0.or.at/delanda/delanda.htm). Last accessed 1 July 2001.

Dürr, H.-P. (1995). *Die Zukunft ist ein unbetretener Pfad*. Freiburg: Herder.

Fill, A. (1993). *Ökolinguistik. Eine Einführung*. Tübingen: Narr.

Finke, P. (1983). Ökologische konstruktive Linguistik. In: P. Finke (Ed.), *Sprache im politischen Kontext* (pp. 15-75). Tübingen: Niemeyer.

Finke, P. (1996). Sprache als *missing link* zwischen natürlichen und kulturellen Ökosystemen. Überlegungen zur Weiterentwicklung der Sprachökologie. In: A. Fill (Ed.), *Sprachökologie und Ökolinguistik* (pp. 27-48). Tübingen: Stauffenburg.

Finke, P. (1997). Zehn Gründe, Linguistik zu studieren. In: Bielefelder Linguistik (Ed.), *Linguistik: Die Bielefelder Sicht* (pp. 19-22). Bielefeld: Aisthesis.

Finke, P. (2000). Zukunftsfähigkeit, heilige Kühe und Grammatik. Metalinguistische Überlegungen am Ende des Baconschen Zeitalters. In: B. Kettemann & H. Penz (Eds.), *Econstructing language, nature and society. The ecolinguistic project revisited. Essays in honour of Alwin Fill* (pp. 63-84). Tübingen: Stauffenburg.

Finke, P. (2001). Die Nachhaltigkeit der Sprache. Erscheint in: A. Fill (Ed.), *Referate der Sektion Ökolinguistik des 12. Österreichischen Linguistenkongresses* (Arbeitstitel). Tübingen: Stauffenburg.

Halliday, M.A.K. (1990). New ways of meaning. The challenge to applied linguistics. *Journal of Applied Linguistics, 6*, 7-36.

Harré, R., Brockmeier, J. & Mühlhäuser, P. (1999). *Greenspeak: A study of environmental discourse*. Thousand Oaks: Sage.

Haugen, E. (1972). *The ecology of language*. Palo Alto: Stanford University Press.

Makkai, A. (1993). *Ecolinguistics. Toward a new paradigm for the science of language?* London: Pinter.

Mühlhäusler, P. (1996). Linguistic adaptation to changed environmental conditions: Some lessons from the past. In: A. Fill (Ed.), *Sprachökologie und Ökolinguistik* (pp. 105-130). Tübingen: Stauffenburg.

Quine, W.V.O. (1953). *From a logical point of view*. Boston: MIT Press.

Rickheit, G. & Strohner, H. (1993). *Grundlagen der kognitiven Sprachverarbeitung. Modelle, Methoden, Ergebnbisse*. Tübingen: Francke.

Stork, Y. (1996). Die Rolle des Ökonomiebegriffs in der Ökolinguistik. In: A. Fill (Ed.), *Sprachökologie und Ökolinguistik* (pp. 93-104). Tübingen: Stauffenburg.

Strohner, H. (1995). *Kognitive Systeme – eine Einführung in die Kognitionswissenschaft*. Opladen: Westdeutscher Verlag.

Strohner, H. (2000). Kognitive Voraussetzungen: Wissenssysteme – Wissensstrukturen – Gedächtnis. In: K. Brinker, G. Antos, W. Heinemann & S.F. Sager (Eds.), *Text- und Gesprächslinguistik, Band 1* (pp. 261-274). Berlin: de Gruyter

Strohner, H. (2001). *Kommunikation: Grundlagen und Anwendungen*. Opladen: Westdeutscher Verlag.

Trampe, W. (1990). *Ökologische Linguistik. Grundlagen einer ökologischen Wissenschafts- und Sprachtheorie*. Opladen: Westdeutscher Verlag.

Trampe (1996). Ökosysteme und Sprache-Welt-Systeme. In: A. Fill (Ed.), *Sprachökologie und Ökolinguistik* (pp. 59-76). Tübingen: Stauffenburg.

Trampe, W. (2000). Von der Ökologie der Sprache zu einer Ökologie der Zeichen. In: B. Kettemann & H. Penz (Eds.), *Econstructing language, nature and society. The ecolinguistic project revisited. Essays in honour of Alwin Fill* (pp. 85-104). Tübingen: Stauffenburg.

Weinrich, H. (1990). Ökonomie und Ökologie in der Sprache. *Zeitschrift für französische Sprache und Literatur, 100*, 213-223.

Autorinnen und Autoren

Stefan Barattelli, Cand. phil. (Sprachpsychologie), Fakultät für Linguistik und Literaturwissenschaft, Universität Bielefeld, Postfach 10 01 31, D-33501 Bielefeld.
E-Mail: stefanb@lili.uni-bielefeld.de

Eva Belke, Cand. phil. (Psycholinguistik), GK Aufgabenorientierte Kommunikation, Fakultät für Linguistik und Literaturwissenschaft, Universität Bielefeld, Postfach 10 01 31, D-33501 Bielefeld.
E-Mail: eva.belke@uni-bielefeld.de

Hans-Jürgen Eikmeyer, Dr. phil. (Computerlinguistik), Fakultät für Linguistik und Literaturwissenschaft, Universität Bielefeld, Postfach 10 01 31, D-33501 Bielefeld.
E-Mail: eikmeyer@lili.uni-bielefeld.de

Reinhard Fiehler, Prof. Dr. (Kommunikationsanalyse), Institut für deutsche Sprache, Postfach 101621, D-68016 Mannheim.
E-Mail: fiehler@ids-mannheim.de

Peter Finke, Prof. Dr. (Ökolinguistik), Fakultät für Linguistik und Literaturwissenschaft, Universität Bielefeld, Postfach 10 01 31, D-33501 Bielefeld.
E-Mail: peter.finke@uni-bielefeld.de

Tatjana Hedtmann, Cand. phil. (klinische Linguistik), Fakultät für Linguistik und Literaturwissenschaft, Universität Bielefeld, Postfach 10 01 31, D-33501 Bielefeld.
E-Mail: tatjana.hedtmann@uni-bielefeld.de

Theo Herrmann, Prof. Dr. (Sprachpsychologie), FB Psychologie, Schloss, Ehrenhof Ost, Universität Mannheim, D-68131 Mannheim.
E-Mail: fprg@rumms.uni-mannheim.de

Martina Hielscher-Fastabend, Dr. phil. (klinische Linguistik), Fakultät für Linguistik und Literaturwissenschaft, Universität Bielefeld, Postfach 10 01 31, D-33501 Bielefeld.
E-Mail: martina.hielscher@uni-bielefeld.de

Siegfried Kanngießer, Prof. Dr. (Sprachwissenschaft), FB Sprach- und Literaturwissenschaft, Universität Osnabrück, Neuer Graben 40, D-49069 Osnabrück.
E-Mail: skanngie@uos.de

Klaus Kessler, Dr. phil. (Kognitionswissenschaft), Psychology, University of Wales, Brigantia Bldg., Penrallt Rd., Bangor, Gwynedd, LL57 2AS, Wales.
E-Mail: k.kessler@bangor.ac.uk

Walther Kindt, Prof. Dr. (Sprachwissenschaft), Fakultät für Linguistik und Literaturwissenschaft, Universität Bielefeld, Postfach 10 01 31, D-33501 Bielefeld.
E-Mail: walther.kindt@uni-bielefeld.de

Josef Meyer-Fujara, Prof. Dr. (Künstliche Intelligenz), FB Elektrotechnik und Informatik, Fachhochschule Stralsund, Zur Schwedenschanze 15, D-18435 Stralsund.
E-Mail: josef.meyer-fujara@fh-stralsund.de

Horst M. Müller, PD, Dr. phil., Dr. rer. nat. (Neurolinguistik), Fakultät für Linguistik und Literaturwissenschaft, Universität Bielefeld, Postfach 10 01 31, D-33501 Bielefeld.
E-Mail: horst.mueller@uni-bielefeld.de

Elke Prestin, Dr. phil. (Kommunikationsmanagement), Jöllenbecker Straße 123, D-33613 Bielefeld.
E-Mail: elke.prestin@t-online.de

Hannes Rieser, Prof. Dr. (Sprachwissenschaft), Fakultät für Linguistik und Literaturwissenschaft, Universität Bielefeld, Postfach 10 01 31, D-33501 Bielefeld.
E-Mail: hannes.rieser@uni-bielefeld.de

Claudia Rohwetter, M.A. (klinische Linguistik), Fakultät für Linguistik und Literaturwissenschaft, Universität Bielefeld, Postfach 10 01 31, D-33501 Bielefeld.
E-Mail: claudia.rohwetter@uni-bielefeld.de

Ulrich Schade, PD, Dr. phil. (Psycholinguistik), Fakultät für Linguistik und Literaturwissenschaft, Universität Bielefeld, Postfach 10 01 31, D-33501 Bielefeld.
E-Mail: schade@lili.uni-bielefeld.de

Helmut Schnelle, Prof. Dr. (Sprachwissenschaft), Sprachwissenschaftliches Institut, Ruhr-Universität Bochum, Postfach 10 21 84, D-44780 Bochum.
E-Mail: helmut.schnelle@ruhr-uni-bochum.de

Wolfgang Schnotz, Prof. Dr. (Kognitionspsychologie), FB Psychologie, Universität Koblenz-Landau, Thomas-Nast-Str. 44, D-76829 Landau (Pfalz).
E-Mail: schnotz@uni-landau.de

Lorenz Sichelschmidt, Dr. phil. (Sprachpsychologie), Fakultät für Linguistik und Literaturwissenschaft, Universität Bielefeld, Postfach 10 01 31, D-33501 Bielefeld.
E-Mail: max.sichelschmidt@uni-bielefeld.de

Hans Strohner, Prof. Dr. (kognitive Linguistik), Fakultät für Linguistik und Literaturwissenschaft, Universität Bielefeld, Postfach 10 01 31, D-33501 Bielefeld.
E-Mail: hans.strohner@uni-bielefeld.de

Marja van Tuinen, M.A. (Psycholinguistik), Fakultät für Linguistik und Literaturwissenschaft, Universität Bielefeld, Postfach 10 01 31, D-33501 Bielefeld.
E-Mail: mvtuinen@gmx.net

Constanze Vorwerg, Dr. phil. (Sprachpsychologie), Fakultät für Linguistik und Literaturwissenschaft, Universität Bielefeld, Postfach 10 01 31, D-33501 Bielefeld.
E-Mail: cvorwerg@techfak.uni-bielefeld.de

Rüdiger Weingarten, Prof. Dr. (Psycholinguistik), FB Sprach- und Literaturwissenschaft, Universität Osnabrück, Neuer Graben 40, D-49069 Osnabrück.
E-Mail: ruediger.weingarten@uos.de

Petra Weiß, Cand. phil. (Sprachpsychologie), Fakultät für Linguistik und Literaturwissenschaft, Universität Bielefeld, Postfach 10 01 31, D-33501 Bielefeld.
E-Mail: petra.weiss@uni-bielefeld.de

Sabine Weiss, Dr. rer. nat. (Neurolinguistik), Institut für Hirnforschung, Fakultät für Medizin, Universität Wien, Spitalgasse 4, A-1090 Wien.
E-Mail: sabine.weiss@univie.ac.at